# 历史唯物主义视域下的
# 宗教与启蒙

田云刚◎著

中国社会科学出版社

图书在版编目（CIP）数据

历史唯物主义视域下的宗教与启蒙/田云刚著.—
北京：中国社会科学出版社，2019.2
ISBN 978 - 7 - 5161 - 9210 - 8

I.①历… II.①田… III.①宗教—研究—中国 IV.①B928.2

中国版本图书馆 CIP 数据核字（2019）第 018158 号

出 版 人　赵剑英
责任编辑　张　林
特约编辑　文一鸥
责任校对　张依婧
责任印制　戴　宽

出　　版　中国社会科学出版社
社　　址　北京鼓楼西大街甲 158 号
邮　　编　100720
网　　址　http://www.csspw.cn
发 行 部　010 - 84083685
门 市 部　010 - 84029450
经　　销　新华书店及其他书店

印　　刷　北京明恒达印务有限公司
装　　订　廊坊市广阳区广增装订厂
版　　次　2019 年 2 月第 1 版
印　　次　2019 年 2 月第 1 次印刷

开　　本　710×1000　1/16
印　　张　26
插　　页　2
字　　数　427 千字
定　　价　108.00 元

# 自　序

　　自出版《老子人本思想研究》，对老子思想乃至先秦子学进行一番阐发后，我尝试进入佛学研究的领域。然而佛典卷帙浩繁，迟迟未能登堂入奥形成成果。后有幸到北京大学哲学系访学，开始深入学习宗教哲学、科技哲学、语言哲学、现象学、解释学和后现代主义，也开始接触到了启蒙哲学。访学期间和结束以后，一度收集并阅读国内外启蒙文献，尝试突破断代性的启蒙时代观念，建立整体性的启蒙时代观念。然而论文发表不畅，基础论证和部分展开性论证未能得到认可。遂针对宗教复兴以及宗教在农村地区有广泛传播的现象，将研究视角转移到农村宗教文化的变迁上来。

　　正如研究启蒙必须研究宗教，研究宗教也必须研究启蒙。这不仅仅由于宗教与启蒙成为当今时代的两个显学，凸显出神圣和世俗的巨大张力，也是由于宗教与启蒙有着复杂的纠缠关系。一方面，宗教与启蒙相互批判又相互吸收，在此消彼长的斗争中，合力推动了文化繁荣和社会变迁。另一方面，宗教文化中包含着启蒙的因子，启蒙思想又转化利用宗教的要素。两者都运用光源隐喻，都以人类的光明自居。任何理性与信仰、科学与人文等的界分，都很难准确地揭示两者的关系。所谓"宗教的启蒙"，更是吊诡地表明宗教与启蒙的纠缠关系。加之其中有理性与情感、理性与信仰、激进主义与保守主义和浪漫主义的争论，中西启蒙以及传统启蒙与现代启蒙和后现代启蒙的张力，形成了乱花渐欲迷人眼的格局。要拨开历史的迷雾，防止对宗教与启蒙作简单和片面的理解，防止在宗教与启蒙问题上走向历史终结论和历史虚无主义，必须运用历史唯物主义，以开放的态度和整体的历史视野看待人类文明与人类社会的历史走向。本书站在历史唯物主义的立场上，将其分解出思想史、社会学、人类学的三个维度，考察宗教与启蒙的历史演进以及对于社会人生，尤其是对农村和农民的影响。进而考察宗教经启蒙的批判，启蒙经宗教的反思之后，与全球化时代和中国和平崛起相适应的中国人的精神状况与价值追求。

该项研究的意义不在于提供一个逻辑严密的思想体系，而在于以历史唯物主义的开放视野回应宗教与启蒙关涉的重要议题。第一编的六章站在思想史的维度，选择先秦、近代、现代、当代的几个节点，基础性地考察中国宗教与启蒙的历史变迁和后续影响。针对国内外发达的基督教和儒教的研究，本人对老子抑或道家做了重点考察和价值发掘。"老子'道'喻中的生命观"从隐喻的视角，考察了老子之"道"的文化属性和生命关怀；"老子之'道'的哲学性与宗教性"用追根溯源的方式，发掘了先秦道家的哲学和宗教面向及其文化特质；"老子之'道'与马克思的幽灵"以历史的轴线与融通的视角，探讨了马克思主义中国化的道家基础；近代时期重点选择了洪秀全的宗教哲学，"洪秀全宗教哲学的辩证性"反驳了将洪秀全创建的拜上帝会视为邪教的判定，揭示了洪秀全宗教哲学的爱国属性和时代价值；现代时期选择了陈独秀、李大钊、胡适、梁漱溟和鲁迅的宗教观，"五四学人宗教观的开放性"回应了一些当代学者对于五四运动的历史虚无主义的质疑，揭示了其朝向传统文化和社会主义的开放性；当代比较了亨廷顿与中国特色社会主义的宗教观，"亨廷顿和中国特色社会主义的宗教观"揭示了当代中西方主流意识形态中的宗教政治观的本质区别。上述思想史的论述，揭示了中国的宗教与启蒙的范式演进和独特发明。

本书的第二编站在社会学的维度，将思想史的考察引入到农村和农民的特殊领域。关注农村和农民不仅在于农村中国和农民中国曾是并将长期是中国的显性特征，也在于中国的城市化进程一定程度上弱化了农村和农民的精神生活，这为宗教在农村的复苏或介入提供了土壤和空间。那么宗教对于农村和农民产生哪些影响，如何从历史和现实的角度看待宗教的影响，就成为我们应关注的时代议题。"儒学与中国农村社会的变迁"用前现代性、现代性、后现代性、马克思主义的视界，考察了儒学与中国农村社会变迁的相适应性，明确了儒学是中国农村社会由传统走向现代的支持力量；"佛教与中国农村社会的变迁"以佛教理论的净土观念为切入点，考察了中国佛教与中国农村社会变迁的关联性，明确了净土观念的创造性转换及其实践方式是支持中国农村社会由传统走向现代的重要力量。"道教与中国农村社会的变迁"和"基督教与中国农村社会的变迁"同样表明了宗教与中国农村社会变迁的关联性，在提倡和强调宗教本土化的基础上，提出了宗教传统支持中国特色社会主义的规范性要求。"农村宗教文化的存在与变迁"和"农民宗教文化心态的现代性调适"作为调研成果，前者运用了文化社会学的方法，后者糅入了宗教心理的分析。两者共同折射了农民的生活状况和现实要求，也表明了宗教对于农村社会和农民群体既有积极意义也有负面影响，最重要的是积极引导宗教与社会主义社会相适应，当然也包括社会主义社会与信教农民乃至农民群体的合理诉求相适应。

本书第三编站在人类学的维度，将农村和农民的考察进一步扩展到人类价值与目标重建的领域，突出强调了共同发展的人类学主题。这是因为城乡关系不能涵盖全部的社会关系，在全球化和中国崛起以及人类面临生态危机、信仰迷失、道德滑坡的背景下，中国必须为人类的生存发展承担责任，提供新的目标和出路。"对话的和谐意蕴"以人与神、人与机、人与人等的对话而展开，在和谐的伦理规范下设定了一些子规范。"宗教共同体与人类命运共同体"针对宗教冲突问题而展开，提出宗教共同体的生成依赖人类命运共同体的创建，人类命运共同体必须以共同发展作为价值目标和建制方式。"共同发展：全球性的统一性""确立社会主义核心价值观的四个维度""生活世界的去碎片化""启蒙的反思与重建"，分别针对全球化时代人类的价值目标如何确立、社会主义核心价值观如何再凝练、如何去除解构主义的碎片化倾向、启蒙的理性价值目标遭受质疑后如何重新确立价值目标等问题，推出了共同发展的启蒙宏旨和价值目标，明确了这一价值目标的世俗性、交互性、批判性、代际性。在本编中本人将和谐作为重要价值目标，将共同发展作为具有兼容其他价值目标的最核心的价值目标。书末附录的"启蒙时代的整体性——基于早期启蒙说的思考"主张的启蒙时代具有整体性，是本人多年来试图确立的一个核心观念，该观念依托最具本土化色彩的早期启蒙说生成。作为几年前生成的一项研究成果，对早期启蒙论者将中国启蒙的最初生成设定在明清之际的批评色彩略显浓重，随后发表在《中国哲学史》2015 年第 2 期的《早期启蒙说的当代使命》作了调整，但坚持了启蒙具有整体性，主张启蒙的出路在于人类和平而共同的发展。

本书作为关于宗教与启蒙问题的研究，对一些重大理论和现实问题作了积极回应，问题的选择和论证经过了深思熟虑，逻辑结构和学术观点清晰可辨。首先从思想史层面考察中国宗教与启蒙的代际转型，接着将思想史的分析转入社会学关涉的中国农村和农民的特殊领域，再进一步由农村和农民的特殊领域转入人类学关涉的价值目标与信仰的领域。在人物与思想部分及附录的"启蒙时代的整体性——基于早期启蒙说生存状态的思考"，明确了中国宗教的特殊性，强调了基督教的中国化，揭示了启蒙与宗教同根同源且与时俱进地发生代际转型；在农村与农民部分，提出宗教变迁与中国农村社会的变迁具有协同性，宗教对于农民适应城乡一体化发展既有助益又有限制。对于深受宗教影响的农民来说，主导性方向在于中国式的现代性培育；在价值与目标部分，主张将和谐作为重要目标，将共同发展作为交互性、批判性、代际性的可以整合其他价值的核心价值。提出将共同发展作为启蒙的宏旨和价值目标，能规避西式道路暴露的缺陷，整合多元价值和引领多元社会思潮，去除生活世界的碎片化，推进人类命运共同体的构建。

尽管如此，本书的研究仍留下诸多缺憾。譬如第一编中可以增加对先秦诸子的其他各家以及对两汉、魏晋南北朝、隋唐、宋明和明清之际等节点的专题研究；第二编中可以开展伊斯兰教与中国农村社会变迁的关系研究，更加深入地开展农村宗教的专题调研；第三编中可以开展跨国宗教和断代启蒙等方面的深入研究。这些缺憾只能留待后续研究予以弥补。

谨以此书献给我年迈的父母和可爱的妻女，并向给予我帮助与支持的师友和同事致以诚挚的感谢！尤其向给予我学术指导和鼓励的段忠桥先生、刘建军先生、韩水法先生、张学智先生、陈来先生、卢风先生、王治河先生和赵春明校长等致以诚挚的感谢！当然书中的学术观点和文字责任要由我本人承担。也向为本书出版和校对付出辛劳的张林女士和张依婧女士以及长期帮助我收递图书的郝香荣女士致以诚挚的谢意！欢迎学界同仁对书中观点给予批评指正！

田云刚

2016 年 1 月 22 日

于山西农业大学

# 目　录

# 第 一 编

## 思想史维度的人物与思想

# 第 一 章

# 老子"道"喻中的生命观

库珀在谈到帕斯卡尔的隐喻观念时讲:"帕斯卡尔把'审美的'观点归因于我们对于象征的喜好、字面语言的死板性以及隐喻具有的'想象性力量'。但是,帕斯卡尔也谈到了隐喻传达真理的力量——'真理是通过比喻被认识的';同时他也提到,人们由于具有过多的'肉欲性'而无法理解精神概念的抽象,这时就有使用隐喻的必要。"① 如同赫拉克利特用"火"隐喻世界变化的秩序,柏拉图用"日"隐喻灵魂观照的理念,释迦牟尼用"光"隐喻摆脱痛苦的智慧。人类为了弥补理性的不足,不得不借助于隐喻语义的转换生成,诠释生命体的运动规律。中国传统哲学的一个显著特征,就是运用"道"的隐喻总括生命体的运动规律。而最先明确说明"道"的隐喻性质,确立"道"的本体论地位,并赋予"道"以有无相生的生成辩证法含义的,是道家创始人老子。本章将通过分析老子的"道""母""子""乐"等关联隐喻,揭示他的生成辩证法的独特价值。

## 一 "道"喻

### 1. 道不可言

对于"道"的隐喻性质,老子在他著作的一开始就有所说明。他认为"道"有可言与不可言之分,恒常的"道"不可言,无法用概念表达。

---

① [英]戴维·E.库珀:《隐喻》,郭贵春、安军译,上海科技教育出版社2007年版,第4页。

他讲："道可道，非常道；名可名，非常名。"① 接着，老子又将"道"作了可感与不可感的分别，指出恒常的"道"不可见、不可闻、不可触，无法用概念表达，不是具体有形的道路。他讲："视之不见，名曰夷；听之不闻，名曰希；搏之不得，名曰微。"② 在老子看来，恒常的"道"之所以不可感、不可言，是因为它藏匿在物象背后。他讲："大象无形，道隐无名。"③ 既然恒常的"道"藏匿在物象背后，那么就不能用指称实物的概念为它命名。

2. 道存古今

老子同时指出，"道"虽隐匿在物象背后，但其实存性从古至今都不容置疑。他讲："道之为物，惟恍惟惚；惚兮恍兮，其中有象；恍兮惚兮，其中有物；窈兮冥兮，其中有精，其精甚真，其中有信。自古及今，其名不去。"④ 在"理""定理""规律"等概念还未出现的情况下，老子不得不勉强地借助于可感、可言的"道"或"物"来为它命名。他讲："有物混成，先天地生，寂兮寥兮，独立不改，周行而不殆，可以为天下母。吾不知其名，字之曰道，强为之名曰大。"⑤ 这样，老子就通过可感与不可感、可言与不可言的划分，运用"先天地生""独立而不改""周行而不殆"和"为天地母"说明了"道"的喻体具有初始性、独立性、恒常性和生成性。

3. 有无体道

为了讲清楚"道"的喻体究竟是什么，老子引入了两个概念——"有"和"无"。他讲："无，名天地之始；有，名万物之母。故常无，欲以观其妙；常有，欲以观其徼。此两者同出而异名，同谓之玄。"⑥ 老子由此表明，"道"是从"有"和"无"的生成作用体现出来的。在生成次序上，表现为"天下万物生于有，有生于无"⑦。也就是说"无"最初生出"有"，然后"有"生出万物。原因就在于"凿户牖以为室，当其

---

① 楼宇烈：《老子道德经注校释》，中华书局 2008 年版，第 1 页。
② 同上书，第 31 页。
③ 同上书，第 113 页。
④ 同上书，第 52 页。
⑤ 同上书，第 62—63 页。
⑥ 同上书，第 1—2 页。
⑦ 同上书，第 110 页。

无，有室之用。故有之以为利，无之以为用"①。这就是说，"无"是空虚的容物作用，"有"是存物的益处。空虚才能有容，有容才能使万物生于其中。在老子那里，"无"不仅意味着空虚，也意味着清静。他讲："天地不仁，以万物为刍狗"②，"清静为天下正"③。天地不求私利，不扰不言，包容万物，因此能够使万物生生不息。老子由此说明了无生有和有生万物。

4. 有无相生

老子同时指出，从无到有再到万物的生成过程，还必须遵循"反"的法则。他讲："反者道之动，弱者道之用。"④ 这是因为，生命体由弱变强总要与他物争夺能量，然而夺取越多越会盛极而衰。他讲："物壮则老，是谓不道，不道早已。"⑤ 而若像水那样，守柔处下，利他不争，就不会加速灭亡。他讲："上善若水。水善利万物而不争，处众人之所恶，故几于道。"⑥ 生命体要避免盈满而亡，就必须回复到虚静状态，节制对外物的索取。这样老子就从生成目的和生成要求两个对立统一的方面，说明了"有"和"无"相对相生和相反相成，并把它归结为"有无相生"的自然法则。他讲："有无相生，……恒也。"⑦ 由此可见，老子是要用不可感不可言的"道"，喻指有无相生的生成辩证法。

# 二 "母"喻

## 1. 道生万物

老子将有无相生的要义放在"生"上，认为"道"的作用是致虚静而成化育。他讲："道生一，一生二，二生三，三生万物。"⑧ 即"道"本身就是一，一包含着有和无，有和无的相对相生就是三，有与无的相对

---

① 楼宇烈：《老子道德经注校释》，中华书局2008年版，第26—27页。
② 同上书，第13—14页。
③ 同上书，第123页。
④ 同上书，第110页。
⑤ 同上书，第78页。
⑥ 同上书，第20页。
⑦ 同上书，第6页。
⑧ 同上书，第117页。

相生化育万物。只强调无生出有，也即只强调成化育，必然盈满而亡；只强调有生于无，也即只强调致虚静，必然不存一物。这两者都是偏执一端，因此并不符合"道"。只有致虚静而成化育的有无相生才是"道"，老子又将其称为"无为而无不为"①。对于"无为"，他阐释道："天地所以能长且久者，以其不自生，故能长生"②，"希言自然。故飘风不终朝，骤雨不终日。孰为此者？天地"③。也即天地公正无私，少言寡令，容物润物，不干涉万物的生息。这样就能生生不息地化育生命，达到"无不为"的功效。

2. 道之为母

为了形象地说明"道"如何致虚静而成化育，老子又将"道"转喻为"母"。他讲："有物混成，先天地生。……可以为天地母。吾不知其名，字之曰道。"④ 老子以"母"喻"道"，是因为"母"和"道"一样具有致虚静而成化育的作用。他讲："道冲，而用之或不盈。渊兮，似万物之宗"⑤，"谷神不死，是谓玄牝，玄牝之门，是谓天地根"⑥。即"道"就像渊、谷、母体一样，空虚容物，化育生命，因此是万物的宗主。在老子看来，"母"不仅空虚，而且守静。"母"化育生命的过程是躁，而躁必须满足静的要求。他讲："牝常以静胜牡。"⑦ 老子总结道："容乃公，公乃全，全乃天，天乃道，道乃久，没身不殆。"⑧ 只有发挥"道"的致虚守静和公平待物的作用，生命体才能够长久生存。

3. 道莅天下

老子借助"母"把"道"放到了宇宙本体地位，具有祛魅除迷的重要作用。老子把"道"称为万物之宗和天地根，表明了"道"的根本性和至上性。老子讲："故道大，天大，地大，王亦大。域中有四大，而王居其一焉。人法地，地法天，天法道，道法自然。"⑨ 这里已没有鬼神的

---

① 　楼宇烈：《老子道德经注校释》，中华书局 2008 年版，第 90 页。
② 　同上书，第 19 页。
③ 　同上书，第 57 页。
④ 　同上书，第 63 页。
⑤ 　同上书，第 10 页。
⑥ 　同上书，第 16 页。
⑦ 　同上书，第 159 页。
⑧ 　同上书，第 36 页。
⑨ 　同上书，第 64 页。

地位和存在，人和天地都要取法于"道"，这就祛除了夏商周时期"敬天"思想中的附魅成分。老子认为，"道"发挥的作用才是"神"，天地川谷清宁灵动而富有生机就在于蕴含着"道"。他讲："天得一以清；地得一以宁；神得一以灵，谷得一以生。"① 这样，鬼神观念就成了迷惑人的虚妄之言，而唯有致虚静而成化育的"道"才真实可信。既然如此，人就不能再用鬼神观念治理天下，而只能用"道"治理天下。老子讲："以道莅天下，其鬼不神。"②

4. 尊道守母

老子将尊道而行喻为"守母"，认为人要避免盈满而亡就必须守母。他讲："复守其母，没身不殆。"③ 人要"守母"，就必须在张歙、强弱、兴废、与取之间保持中道。老子讲："将欲歙之，必故张之；将欲弱之，必故强之；将欲废之，必故兴之；将欲取之，必故与之。"④ 也必须保持柔弱谦下，避免刚强处上。老子讲："人之生也柔弱，其死也坚强。草木之生也柔脆，其死也枯槁。故坚强者死之徒，柔弱者生之徒。"⑤ 而最为根本的，是必须做到化育生命而不将其据为己有，不将其作为统治对象。老子讲："生而不有，为而不恃，长而不宰。是谓玄德。"⑥ 总起来说，"守母"也就是要做到尊道贵德。

# 三　"子"喻

1. 子贵食母

老子将守母之人隐喻为"子"，认为为"子"的"圣人"能够知道和行道。他讲："天下有始，以为天下母。既得其母，以知其子。"⑦ 老子将"子"称为圣人、君子、上士和师，认为"子"的本质特征就是守母，

---

① 楼宇烈：《老子道德经注校释》，中华书局2008年版，第106页。
② 同上书，第157页。
③ 同上书，第139页。
④ 同上书，第88—89页。
⑤ 同上书，第185页。
⑥ 同上书，第137页。
⑦ 同上书，第139页。

亦即知道行道。他讲："我独异于人，而贵食母"①，"上士闻道，勤而行之"②。他认为圣人不多行见，就能明了"道"。他讲："不出户，知天下；不窥牖，见天道。"③ 这是因为圣人能继承前人，总结经验。老子讲："能知古始，是谓道纪。"④ 圣人还能保持虚静的精神状态，通过对事物的生成变化观察把握规律。老子讲："致虚极，守静笃，万物并作，吾以观复。夫物芸芸，各复归其根。归根曰静，是谓复命。复命曰常，知常曰明。"⑤。这里的"明"也是隐喻，老子首先用它来喻指知道。

2. 知道以明

老子认为知道的目的在于行道，明道的作用是要通过祛蔽除迷而保全生命。他讲："涤除玄览，能无疵乎？爱民治国，能无知乎？天门开阖，能为雌乎？明白四达，能无为乎？"⑥ 这就是说，祛蔽除迷，用无为方式爱民治国，就是圣人之"明"。在老子看来，避免自以为是和狂妄自大，反而能使自身彰明并保全自身生命。老子讲："不自见，故明；不自是，故彰；不自伐，故有功；不自矜，故长。"⑦ 节制欲望而救人救物，就是内藏着的圣明。他讲："圣人常善救人，故无弃人；常善救物，故无弃物。是谓袭明。"⑧ 采用无为和不言方式治理国家，就能祛除现实世界中存在的迷蔽。他讲："其政闷闷，其民淳淳；其政察察，其民缺缺……是以圣人方而不割，廉而不刿，直而不肆，光而不耀。"⑨ 由此可见，明道作为道德实践和政治实践，其终极价值就在于保全生命。

3. 为道日损

老子认为现实世界是生命难全的无道世界，根源就在于统治者偏私而有为。他讲："天下无道，戎马生于郊。"⑩ 无道世界的形成，源于统治者

---

① 楼宇烈：《老子道德经注校释》，中华书局 2008 年版，第 48 页。
② 同上书，第 111 页。
③ 同上书，第 126 页。
④ 同上书，第 32 页。
⑤ 同上书，第 35—36 页。
⑥ 同上书，第 22—23 页。
⑦ 同上书，第 56 页。
⑧ 同上书，第 71 页。
⑨ 同上书，第 151—152 页。
⑩ 同上书，第 125 页。

崇尚包括仁义礼智的"学"。他讲："大道废,有仁义;智慧出,有大伪。"① 统治者借用仁义礼智欺世盗名,滥用国家机器攫取私利,使自己变成了强盗头子。老子讲："服文采,带利剑,厌饮食,财货有余;是为盗夸。"② 因此造成了社会混乱,引发了恶性相争。他讲："师之所处,荆棘生焉。大军之后,必有凶年"③,"天下多忌讳,而民弥贫;民多利器,国家滋昏;人多伎巧,奇物滋起;法令滋彰,盗贼多有"④。民众求生艰难,就不再信任甚至奋起反抗。他讲："民不畏威,则大威至。"⑤ 为此,统治者必须减损为学而转向为道,减损有为而转向无为。老子讲："为学日益,为道日损。损之又损,以至于无为。"⑥

4. 祛蔽成新

老子把有为转向无为视为创新范式,认为只要坚持明道积德就能祛蔽成新。他讲："故以智治国,国之贼;不以智治国,国之福。知此两者,亦稽式。常知稽式,是谓玄德。"⑦ 这就是说,创新范式就是要从尚智巧转向尚德性,从积物争利转向明道积德。为此,圣人就要按照"母"的致虚静而成化育的要求,用无为和不言之"道",作为治理天下的新范式。老子讲："圣人处无为之事,行不言之教。"⑧ 圣人的职责和使命,就是引领人类精神向质朴状态复归。老子讲："圣人在天下歙歙,为天下浑其心。"⑨ 在老子看来,创新范式的过程,是将慈爱、节俭和谦下等美德推广到天下的过程。他讲："我有三宝,持而保之。一曰慈,二曰俭,三曰不敢为天下先"⑩,"修之于天下,其德乃普"⑪。这个创新过程,前途光明,道路曲折。老子讲："明道若昧,进道若退,夷道若纇。"⑫ 但只要

---

① 楼宇烈:《老子道德经注校释》,中华书局2008年版,第43页。
② 同上书,第142页。
③ 同上书,第78页。
④ 同上书,第149—150页。
⑤ 同上书,第179页。
⑥ 同上书,第127—128页。
⑦ 同上书,第168页。
⑧ 同上书,第6页。
⑨ 同上书,第129页。
⑩ 同上书,第170页。
⑪ 同上书,第144页。
⑫ 同上书,第111—112页。

坚持不懈，就一定能成功。老子讲："保此道者，不欲盈。夫唯不盈，故能蔽而新成。"①

# 四　"乐"喻

## 1. 知足之乐

老子用"乐"隐喻理想的有道世界，他在对比中揭示了生命体的审美特征。"乐"原指器物发出的和声，能使人获得快感。由于"乐"常被用作教化和统治民众的工具，因而与人的语言行为、器物使用规则、社会政治状况和人的生活方式等密切联系起来。如同嘈杂的音乐妨害生命，恬淡的音乐愉悦身心，老子提出了一种中道主义的快乐观。他讲："多言数穷，不如守中。"② 在他看来，圣人不会追求声色犬马的感官享受，妨害自己的身心健康。他讲："五色令人目盲，五音令人耳聋，五味令人口爽，驰骋畋猎令人心发狂，难得之货令人行妨。是以圣人为腹不为目，故去彼取此。"③ 圣人总是少言寡令而乐守清静，总能知足常乐而获得长生。老子讲："大器晚成；大音希声"④，"故知足不辱，知止不殆，可以长久"⑤。由于他能保全自己和天下人生命，人民乐意推举圣人治理天下。老子讲："是以天下乐推而不厌。"⑥ 由此可见，老子眼中的圣人乐，乐在知足知止、无为清静和保全生命。

## 2. 美如珞石

如同美妙音乐必有美好的演奏规则，美好人生必有美好的语言和行为规则。老子对当时为物所役的审美观进行了尖锐的批判。他讲："天下皆知美之为美，斯恶已；皆知善之为善，斯不善已。"⑦ 他提出了追求质朴简约的审美观。他讲："道者万物之奥，善人之宝，不善人之所保。美言可以市，尊行可以加人。人之不善，何弃之有！故立天子，置三公，虽有

---

① 楼宇烈：《老子道德经注校释》，中华书局 2008 年版，第 34 页。
② 同上书，第 14 页。
③ 同上书，第 27—28 页。
④ 同上书，第 113 页。
⑤ 同上书，第 122 页。
⑥ 同上书，第 169 页。
⑦ 同上书，第 6 页。

拱璧以先驷马，不如坐进此道。"① 在老子看来，以质朴简约的无为，就可以减免对生命的损害。老子讲："朴散则为器，圣人用之则为官长。故大制不割。"② 由此规则出发，老子进而提出了一种甘为人下、服务民众和造福社会的人生观。他讲："故贵以贱为本，高以下为基。……故致数舆无舆。不欲琭琭如玉，珞珞如石。"③ 这就说明，人生之美不在于猎奇珍物和彰显自我，而在于造福社会和成就民众。由此可见，老子眼中的言行之美就在于服务民众，生命之美就在于造福社会。

### 3. 和同之美

如同美妙的旋律依赖五音之间的共鸣，社会的和谐依赖矛盾双方间的不争。老子讲："天之道，利而不害。圣人之道，为而不争。"④ 为此，首先要正确处理人与自然的关系，节制对自然物的索取。老子讲："含德之厚，比于赤子。蜂虿虺蛇不螫，猛兽不据，攫鸟不搏。"⑤ 其次，要正确处理人与自身的关系，节制私欲，混同尘世。老子讲："挫其锐，解其纷，和其光，同其尘。"⑥ 再次，要正确处理高低贵贱之间的关系，维护公平正义。老子讲："高者抑之，下者举之；有余者损之，不足者补之。"⑦ 又次，要正确处理人与人之间的关系，做到相互宽容谅解。老子讲："圣人执左契，而不责于人。"⑧ 最后，要正确处理邦国之间的关系，彼此和平共处。老子讲："大国以下小国，则取小国；小国以下大国，则取大国。"⑨ 由此可见，老子眼中的社会之美，美在和谐不争。

### 4. 安居乐俗

如同美妙的音乐能带给人们美好感受，和谐的世界能带给人民安乐的生活。在老子看来，有道世界最终是一个民众安居乐业的世界。老子讲："众人熙熙，如享太牢，如春登台。我独泊兮其未兆，如婴儿之未孩。累

---

① 楼宇烈：《老子道德经注校释》，中华书局 2008 年版，第 161—162 页。
② 同上书，第 74 页。
③ 同上书，第 106 页。
④ 同上书，第 192 页。
⑤ 同上书，第 145 页。
⑥ 同上书，第 148 页。
⑦ 同上书，第 186 页。
⑧ 同上书，第 188 页。
⑨ 同上书，第 159—160 页。

累兮若无所归。众人皆有余，而我独若遗。"① 在有道世界之中，器物不用于战争，生产得以发展，邦国之间和睦，灾祸不会发生、百姓安居乐业。老子讲："小国寡民，使有什伯之器而不用；使民重死而不远徙。虽有舟舆，无所乘之；虽有甲兵，无所陈之；使人复结绳而用之。甘其食，美其服，安其居，乐其俗。"② 这种祥和安乐的生活世界，就是老子所追求的理想世界。建立这种理想的生活世界，最根本的是执道而行。老子讲："执大象，天下往；往而不害，安平太。"③ 由此可见，老子眼中的民众之乐，乐在丰衣足食，乐在太平安宁。

# 五　结束语

总体而言，老子的"道"喻是向生与避死的统一体。老子通过说明"道"的隐喻性质，确立了"道"的本体地位。他将理性和隐喻两种表达方式结合起来，借助户牖、刍狗和水等隐喻，阐释了"道"的有无相生的辩证法含义；又借助母、谷、渊等隐喻，明确了"道"致虚静而成化育的生成作用；也借助子、明、蔽等隐喻，揭示了"道"祛蔽求新和创新范式的历史意义；最终借助乐、器、石等隐喻，赋予了"道"构建和谐和保全生命的社会价值和人生意义。老子以"道"为核心，辅之以"水""母""子""乐"等隐喻，构建了自己的思想体系。这些隐喻都同生命体运动轨迹的选择密切地联系在一起。他主张人们效法天地自然，能做到无私不争、守柔谦下、公正宽容，从而使生命得以长生久视而规避死亡，体现出道家热爱生命和关怀民生的博大情怀。

比较而言，老子的"道"喻是共性与个性的统一体。老子所谓的"道"，与孔子"君子务本，本立而道生"的"道"，释迦牟尼"苦集灭道"的"道"，基督教教义"太初有道"中的"道"（或译为"言"），都是生命体运动规律的总称，都倡导因智而明，都以隐喻方式体现对生命的关怀，因此彼此间具有共通性。但老子的"道"喻，又是富有特殊性的。老子的"道"关怀当下和现世，而释迦牟尼和基督教义的"道"则

---

① 楼宇烈：《老子道德经注校释》，中华书局 2008 年版，第 46—47 页。
② 同上书，第 190 页。
③ 同上书，第 87 页。

关怀超脱于现世的未来；虽然孔子的"道"也关怀当下，但生命是可以为"道"而牺牲的，而老子的"道"则彻底地保全人的生命；老子的"道"讲求大智若愚、光而不耀和虚极静笃，而孔子、释氏和基督教的"道"却提倡为学、充满和照耀；老子的"道"取水之柔顺谦下，而释氏和基督教义的"道"则取火之刚健向上；老子用母子关系和珞石喻"道"，体现包容和处下。而孔子、释氏和基督教义则用父子关系和导师喻"道"，体现敬上和等级。这些特殊性，体现着道家文化对世界文明的独特贡献。

辩证而言，老子的"道"喻是批判与重建的统一体。老子主道立言，崇尚无为不争和谦下守柔等，意在批判敬天思想维系的礼制。他的重化育而抑衰亡的生成辩证法，虽然显得有些消极，但却具有反对为物所役、虚妄迷信、伪善欺诈、强权专制、唯我独尊和恶性相争等的积极意义。但老子主道立言，崇尚无为不争和谦下守柔等，也是意在重建的。他发现了空间上致虚处下、时间上顺势而变和精神上安守清静对生命运动的重要作用。进而提出用致虚静而成化育的无为不言之"道"，作为新的统一的社会规范，寻求有差异的生命体之间的包容和解，防止出现彼此间的利益失衡和恶性相争，从而持久地保全和化育生命，尤其是保全和化育社会弱势群体的生命。由此不难发现，老子以"道"隐喻的生成辩证法，对于今人祛除神化迷信，化解冲突危机，构建和谐社会，体现以人为本，有着重要的启示意义。

# 第 二 章

# 老子之"道"的哲学性和宗教性

关于道家与道教的关系，胡孚琛和吕锡琛指出，道家初创于老子，道教形成于汉末，道教以黄老学说为旗帜和理论支柱。[①] 这种观点也为冯友兰以及牟钟鉴、张践、王卡等学者认同，他们在哲学史和宗教史等视域中确证了老子之"道"的哲学属性。[②] 然至于老子之"道"是否具有宗教属性，冯友兰的"道家是一种哲学，道教才是宗教"[③]，代表了多数学者的否定性观念。卿希泰和唐大潮则主张"与宗教思想十分接近"[④]，从而确证了老子之"道"与宗教具有相近性。但此接近说仍显模糊，相关论证亦不充分。既然道教以黄老学说为旗帜和理论支柱，黄老学说以老子思想为根基，而老子思想的核心是"道"。那么作为道教旗帜和理论支柱的老子之"道"，除以其哲学属性支撑了道教外，是否还有宗教属性并以此支撑了道教，就成为理解道家与道教关系的一个关键问题。

## 一 老子之"道"

要明确老子之"道"是否有宗教属性，必先考察老子给予"道"的基本规定。老子在《道德经》中首先给予了"道"以永恒性、神秘性和

---

① 胡孚琛、吕锡琛：《道学通论》，社会科学文献出版社 2004 年版，第 119、280、258 页。
② 冯友兰：《中国哲学史》，生活·读书·新知三联书店 2009 年版，第 197—216 页；胡孚琛、吕锡琛：《道学通论》，社会科学文献出版社 2004 年版，第 117—126 页；牟钟鉴、张践：《中国宗教通史》，社会科学文献出版社 2006 年版，第 189—194 页；王卡：《道教史话》，社会科学文献出版社 2012 年版，第 1—8 页。
③ 冯友兰：《中国哲学简史》，天津社会科学院出版社 2007 年版，第 7 页。
④ 卿希泰、唐大潮：《道教史》，江苏人民出版社 2006 年版，第 13—14 页。

至上性的规定。"道可道，非常道。名可名，非常名。无名天地之始；有名万物之母。故常无欲，以观其妙；常有欲，以观其徼。此两者同出而异名，同谓之玄，玄之又玄，众妙之门。"① 老子在此用"常道"和"常名"表明"道"具有永恒性，是永恒的命名。他也用"玄"和"妙"表明，"道"具有神秘性，是宇宙所有奥秘的总括。他所谓的"玄之又玄"表明，"道"具有至上性，是天地万物赖以生成的根本。老子也明确地将"道"称为"恒"，认为它"自古及今，其名不去"②。这个永恒、神秘和至上的"道"，希声不言，无形无名。"大音希声，大象无形，道隐无名。"③ 人们不知道如何称呼它，只能勉强地称其为"道"和"大"。"吾不知其名，字之曰道，强为之名曰大。"④

　　然而这个永恒的命名并不是虚名和假名，而是对于真实存在的指称和命名。"道之为物，惟恍惟惚。惚兮恍兮，其中有象；恍兮惚兮，其中有物。窈兮冥兮，其中有精；其精甚真，其中有信。"⑤ 老子在此所谓的"恍惚"和"窈冥"仍同于"玄"的规定性，"为物"和"有"表明"道"是一种存在，"精"表明"道"是一种精神实体，"真"表明"道"是真实的存在，"信"表明"道"具有可信性。他接着讲："有物混成，先天地生，寂兮寥兮，独立不改，周行而不殆，可以为天下母。"⑥ 老子在此所谓的"不改"和"不殆"仍是在讲"道"的永恒性，"寂寥"仍是在讲"道"的无声无形。而"混成"则表明"道"具有自然性和综合性，即统合了"同谓之玄"的有无；"周行"表明"道"的普遍性和反复性，即所谓的"反"与"复归"；"先天地生"和"为天下母"表明"道"具有始生性或初始性，"独立"表明"道"具有独立性和自主性。总起来说，"道"是具有普遍性、独立性、始生性和神秘性等属性的真实可信的精神实体。

　　老子也将这个独立的精神实体称为"一"。"视之不见名曰夷，听之

---

① 楼宇烈：《老子道德经注校释》，中华书局 2008 年版，第 1 页。
② 同上书，第 52 页。
③ 同上书，第 113 页。
④ 同上书，第 63 页。
⑤ 同上书，第 52 页。
⑥ 同上书，第 62—63 页。

不闻名曰希，搏之不得名曰微。此三者不可致诘，故混而为一。"① 从生成论的意义上来说，天地人及万物都是由它产生的。"道生一，一生二，二生三，三生万物。"② 这里的"道生一"意指"道"就是"一"，即"道"就是那一个具有独立性和始生性的精神实体。结合"人法地，地法天，天法道，道法自然"③ 等的论述，这里的"二"可理解为天地，"三"可理解为"天地人"。而在这种生成的序列之中，天地人以及万物却都以"道"为法则，于是生成论就同时具有了存在论的意义，也即"道"就存在于天地人以及万物之中，是天地人及万物中的共相和统一性。"天得一以清，地得一以宁，神得一以灵，谷得一以盈，侯王得一以为天下贞。"④ 老子就此从生成论和存在论的意义上，揭示了"道"的另一重要属性——统一性，并且是有神性或灵性的统一性。由此可见，这个永恒、至上、独立、始生、普遍、统一和神秘的精神实体，既可以作为哲学意义上的本体，也可以作为宗教意义上的最高实体。

这个永恒、至上、独立、始生、普遍、统一和神秘的精神实体究竟是什么呢？老子讲："道冲而用之或不盈。渊兮似万物之宗。……吾不知谁之子，象帝之先。"⑤ 老子由此表明，"道"就是空虚，它是天地万物的宗主，就像先于天帝的最高存在。这样，空虚之"道"就有了终极的和宗教的意义。老子用隐喻的方式指出，天地之间、母牝、山谷、深渊、江海、户牖、风箱、车轮等，都具有空虚的统一性，或者说都具有空虚的共相。他将这种空虚的统一性或共相称为"谷神"。"谷神不死，是谓玄牝。玄牝之门，是谓天地根。"⑥ 这样，一切含有"道"或有空虚属性的人与物便有了神性或宗教性，这也就为神的泛化打开了方便之门。而空虚、谷神或"道"的作用在于容物，进而实现公平，保全生命，最终长生久视。"知常容，容乃公，公乃王，王乃天，天乃道，道乃久。"⑦ 生命体要想长生久视，避免盈满而亡，就要超越世俗的纷争，持守空虚之道，做到无

---

① 楼宇烈：《老子道德经注校释》，中华书局2008年版，第31页。
② 同上书，第117页。
③ 同上书，第64页。
④ 同上书，第106页。
⑤ 同上书，第10页。
⑥ 同上书，第16页。
⑦ 同上书，第36页。

为、处下、不争、不宰。这样，老子就明确了修身与治世的目的和路径。

由此出发，老子主张用空虚之"道"修养身心和治理天下。"载营魄抱一，能无离乎？专气致柔，能婴儿乎？涤除玄览，能无疵乎？爱民治国，能无知乎？天门开阖，能无雌乎？明白四达，能无为乎？生之、畜之，生而不有，为而不恃，长而不宰，是为玄德。"① 按此路径和方式修身治世，就能养护身体和保全生命，甚至可以死而不亡。"不失其所者久，死而不亡者寿。"② 人们也愿意将天下交付于他，"贵以身为天下，若可寄天下；爱以身为天下，若可托天下"③。由此可见，老子是以维护生命体的长存为出发点，谈论修身治世问题。他把妨碍生命体长存的一切迷妄称为"妖"和"鬼"，"正复为奇，善复为妖。人之迷，其日固久"④。他主张用为道的方式予以镇服和驱除，"吾将镇之以无名之朴"⑤，"以道莅天下，其鬼不神"⑥。由于"道"养护生命而不伤害生命，"朴散则为器，圣人用之则为官长，故大制不割"⑦。老子愿意授人以"道"，"人之所教，我亦教之。强梁者不得其死，吾将以为教父"⑧。值此而论，老子以神圣之道镇妖驱鬼，也显出"道"的宗教属性。他主张以道行教和以道养生，规定了道教的总体特征和根本旨趣，开示和接引了后世道家与道教学者的宗教思想，并且为道教将其作为教主，将其思想作为教义提供了内在依据。

## 二 庄子之"道"

就老子之"道"对庄子的影响而言，庄子承接了老子给予"道"的基本规定，并在宗教层面上作了重要发展。庄子论"道"，显见于《齐物论》和《大宗师》。在《齐物论》中，庄子将"道"称为"天籁""真

---

① 楼宇烈：《老子道德经注校释》，中华书局 2008 年版，第 23—24 页。
② 同上书，第 84 页。
③ 同上书，第 29 页。
④ 同上书，第 152 页。
⑤ 同上书，第 91 页。
⑥ 同上书，第 157 页。
⑦ 同上书，第 74 页。
⑧ 同上书，第 118 页。

宰"和"真君"。他认为嘈杂喧嚣的地籁最终要复归于"虚",人籁或人世间的是非争论也不过是劳损神明和浪费生命。而天籁则不同,它使万物自由自在地发展而不加干涉。"吹万不同,而使其自己也,咸其自取,怒者其谁邪"。① 为此他主张用忘彼此、齐是非、混成毁、一有无的方式去追求"真宰"。"非彼无我,非我无所取。是亦近矣,而不知其所为使。若有真宰,而特不得其眹。可行已信,而不见其形,有情而无形。"② 这个"真宰"无形无象,但却真实存在,且不远人。"如求得其情与不得,无益损乎其真。一受其成形,不化以待尽。"③ 庄子也将真宰称为"一"和"道","唯达者知通为一。……已而不知其然,谓之道"④。他认为以"一"的混同和"道"的自然无为方式处理人世间的各种矛盾关系,就能达到与天地并生和与万物为一的境界。不难发现,庄子对老子的空虚、无为、不宰、不言、长生、玄同等观念都有继承,他将"道"视作绝对的统一性,且要彰显"道"的自由和自主的内涵,表明真正的主宰乃是不宰。

在《大宗师》中,庄子赋予了"道"以神性。"夫道,有情有信,无为无形;可传而不可受,可得而不可见;自本自根,未有天地,自古以固存;神鬼神帝,生天生地;在太极之上而不为高,在六极之下而不为深,先天地生而不为久,长于上古而不为老。"⑤ 庄子所谓的"自古以固存"承接了老子对于"道"的永恒性和存在论的规定,"自本自根""先天地生"和"在太极之先"等承接了老子对"道"的根本性、始生性和至上性的规定。这些规定又与"神鬼神帝"相联结,因而也承接了老子对于"道"的神性或宗教性的规定,因而"真宰"就是"神"。庄子紧接着讲:"狶韦氏得之,以挈天地;伏羲氏得之,以袭气母;维斗得之,终古不忒;日月得之,终古不息;堪坏得之,以袭昆仑;冯夷得之,以游大川;肩吾得之,以处大山;黄帝得之,以登云天;颛顼得之,以处玄宫;禺强得之,立乎北极;西王母得之,坐乎少广。莫知其始,莫知其终。彭祖得之,上及有虞,下及五伯;傅说得之,以相武丁,奄有天下,乘东

---

① 陈鼓应:《庄子今注今译》,中华书局1983年版,第34页。
② 同上书,第46页。
③ 同上。
④ 同上书,第62页。
⑤ 同上书,第181页。

维，骑箕尾，而比于列星。"① 庄子在此采用了老子的"神得一以灵"的得道成神的理路，通过神化古代圣贤，并糅入传说中的人格神，构建起了一套神灵体系。

庄子依托老子之"道"构建的神灵体系中，还包括其他神灵。在《逍遥游》中，他借助《齐谐》以及与蝉和斑鸠的大小之辩，书写了鲲鹏扶摇而上九万里的神话。接着借助与众人寿命的相比，书写了乌龟和椿树长生长寿的神话。这样，庄子就用隐喻方式将神灵泛化了，将其扩展到老子的母牝、山谷、深渊、江海、户牖、风箱、车轮等隐喻未能触及的动植物的领域。然而庄子与老子一样，根本关怀仍是人的通神达圣问题，或者说通过规避和超越世俗生活中的纷争和困苦，养护和保全人的生命问题。于是他又借助于有所待的例子的对比，书写了无所待的至人、神人和圣人的神话。"若夫乘天地之正，而御六气之辩，以游无穷者，彼且恶乎待哉！故曰：至人无己，神人无功，圣人无名。"② 庄子所谓的"至人""神人"与"圣人"，都是得道之人，而得道即为神圣。他也借王倪之口讲"至人神矣"③，因此三者是相通的。这种得道的神人，"肌肤若冰雪，绰约如处子。不食五谷，吸风饮露。乘云气，御飞龙，而游于四海之外。其神凝，使物不疵疠而年谷成"④。这种得道的神人，就像长在无何有之乡的神树大椿一样逍遥无为，因无所可用，所以不受斤斧伤害，不受困苦侵扰。

在《养生主》和《人间世》中，庄子明确了通神达圣的根本途径在于为道。在他看来，以为学的方式殚精竭虑、追名逐利、滥用刑罚，会制造身心的樊笼，耗费和伤害生命。因此，不如用为道方式，导引气息和养护生命。"缘督以为经，可以保身，可以全生，可以养亲，可以尽年。"⑤ 他借助庖丁解牛，喻示如何导引气息和养护生命。"臣之所好者道也，进乎技矣。……方今之时，臣以神遇而不以目视，官知止而神欲行。依乎天理，批大却，导大窾，因其固然。……以无厚入有间，恢恢乎其于游刃必

---

① 陈鼓应：《庄子今注今译》，中华书局 1983 年版，第 181 页。
② 同上书，第 14 页。
③ 同上书，第 81 页。
④ 同上书，第 21 页。
⑤ 同上书，第 94 页。

有余地矣。"① 庄子在此已经把"道"转化成了技艺，并把老子所谓的空虚转化为气息可游走其间的人体经络的流动的空虚。他还专门论述了老子之死。"指穷于为薪，火传也，不知其尽也"②，表明"道"可以传承，也喻示了老子身虽死但神不灭。这种薪火之喻和神不灭论，已经蕴含了老子的神化，也为道教将老子作为教主奠定了根基。他所谓的"唯道积虚。虚者，心斋也"③，又承接了老子的"虚其心"，为道教强调心神的作用，提倡虚静奠定了根基。他所谓的"先存诸己而后存诸人"④，已呈现出注重个体的倾向，并将个体修炼的进向明确了出来，也即像"趣取无用则为社"的栎树那样，规避人为的伤害，寿享天年而为神。

　　在《德充符》和《应帝王》中，庄子将通神达圣的必备条件及老子之"道"的转化和建制功能明确了出来。他将王骀、申徒嘉、无趾、哀骀它等身残之人，视为内心充满道德修养的人。这种人对人为造成的身体残疾泰然处之，持守道德而不随境遇改变。"审乎无假而不与物迁，命物之化而守其宗也。"⑤ 这种人将为学作为桎梏，能以平静和悦的心态养护生命。"死生存亡，穷达贫富，贤与不肖，……不足以滑和，不可入于灵府。"⑥ 这种人忘纷争而不忘以道修身，能通神达圣而颐养天年。"人不忘其所忘，而不忘其所不忘，此谓诚忘"，"眇乎小哉，所以属于人也！謷乎大哉，独成其天"。⑦ 庄子以道为宗和化道为德，可见对老子以道为宗和大德从道思想的继承。他以向道为美而不论身残，直指灵府而主张诚忘，也可查见对老子包容、公平和虚心观念的继承，但他已在突出心灵的主宰作用，表明一切人都有通神达圣的可能性和内在依据。庄子也借助浑沌之死表明，心宰在于质朴，善治本于无为，也与老子保持了一致。他所谓的"明王之治"和"无为名尸，无为谋府，无为事任，无为为主"⑧，与老子所谓的"圣人之治"和"朴散则为器"一样，揭示了"道"也能

---

①　陈鼓应：《庄子今注今译》，中华书局1983年版，第96页。
② 　同上书，第103页。
③ 　同上书，第117页。
④ 　同上书，第108页。
⑤ 　同上书，第144—145页。
⑥ 　同上书，第157页。
⑦ 　同上书，第162—163页。
⑧ 　同上书，第227页。

转化为政治建制。

## 三 道教之"道"

老子之"道"的建制功能，于汉初的黄老政治与汉末的道教形成中体现出来。用以支撑汉初黄老政治的黄老学说包括《黄帝四经》。《黄帝四经》虽依托黄帝生成，也吸收了法家等的思想成分，但主要继承了老庄的哲学思想，因此应当归入道家传统。① 《黄帝四经》中讲："道生法，……虚无形，其寂冥冥，万物之所从生"，"道无始而有应"。② 就此说来，《黄帝四经》同于老子对"道"的始生性和至上性以及无形无状的神秘性等规定。它也讲："道者，神明之原也"，"斗石已具，尺寸已陈，则无所逃其神"。③ 这又同于老子将"道"称为"神"，显示出其兼具的宗教属性。《黄帝四经》还将能执道而行的圣人，比作"方四面"的黄帝，且以"羊（祥）于鬼神"论圣人举事④，这已是将圣人视为神人或通神之人。《黄帝四经》还讲："天地有恒常，万民有恒事，贵贱有恒立（位），畜臣有恒道，使民有恒度"，"吾受命于天，定立（位）于地，成名于人。唯余一人［德］乃肥（配）天，乃立王、三公，立国置君、三卿"。⑤ 由此可见，《黄帝四经》已经不同于老庄的消解权力，而开始提倡等级，这适应了汉代建立中央集权制的要求。其后的《老子道德经河上公章句》和《老子旨归》皆推崇老子，且主张以道行教，这为道教和道教政治代儒教和儒教政治而兴起作了理论准备。

汉末正式形成的道教利用了老子之"道"的哲学属性，也强化了老子之"道"的宗教属性。主要表现在将老子之"道"作为道教的旗帜，将老子之"道"作为最高精神实体并转化为人格神，依据老子之"道"构建神仙体系、创建宗教组织、制定道教教义、建立道教仪轨。在汉末的道教人物和道教典籍中，最典型地体现上述建制功能的，便是张角及其依

---

① 陈鼓应：《黄帝四经今注今译》，商务印书馆2007年版，第1—34页。
② 同上书，第2—5、345页。
③ 同上书，第176、16页。
④ 同上书，第196、310页。
⑤ 同上书，第25、196页。

托的《太平经》、张道陵及其《老子想尔注》①。张角依托《太平经》创建太平道，将自己以及张宝等称为神人并发动黄巾起义，意在反对豪门大族掠夺百姓，为社会下层的农民谋利益。张道陵及其子孙建立的天师道，虽然未像太平道一样遭受镇压而覆灭的命运，后来演变成为中国道教的正宗。但也一定程度上反映了民众的愿望和要求，并与农民反封建的经济剥削和政治压迫等结合。② 所谓"道教乃农民宗教"③，由此可见一斑。冯友兰亦有道家是农民生活理论化的观念，"农民生活简单，思想单纯。道家从这一点出发，谴责文明，鼓吹返璞归真"，"农民时刻和自然打交道，他们爱慕自然。道家把这种爱慕发挥到淋漓尽致。"④ 此农民哲学与农民宗教的观点表明，道家与道教反映了农民的利益诉求。但作为道家建制的黄老政治已达社会上层，天师道实行政教合一，注重提高自身素质，受众也达社会上层。汉代帝王贵族或用无为之术治国，或用养生之术修身，因此道家与道教并不专属农民。

就《太平经》与《老子想尔注》而言，它们都是立足黄老学说在宗教理论上所作的新探索。两者都把"道"作为基本信仰，都强化和发展了老子之"道"的宗教属性。《太平经》讲："夫道乃深远不可测商矣，失之者败，得之者昌"，"夫道者，乃大化之根，大化之师长也，故天下莫不象而生也"。⑤《老子想尔注》讲："吾，道也。帝先者，亦道也。与无名、万物始同一耳"，"神成气来，载营人身，欲全此功无离一。一者道也。"⑥ 既然"道"为神，修道也便可为神。"能通神明，有以道为邻，且得长生久存"⑦，"奉道诫，积善成功，积精成神，神成仙寿，以此为身宝矣"⑧。它们还把"道"人格化，把人格神圣化，从而将老子作为教主和神灵。"老子者，得道之大圣，幽显所共师者也。……周流六虚，教化

---

① 饶宗颐：《老子想尔注校证》，上海人民出版社1991年版，第92页。

② 卿希泰、唐大潮：《道教史》，江苏人民出版社2006年版，第33页。

③ 袁名泽：《道教农学思想发凡》，广西师范大学出版社2012年版，第2页。

④ 冯友兰：《中国哲学简史》，天津社会科学院出版社2007年版，第33页。

⑤ 王明：《太平经合校》，中华书局1960年版，第210、662页。

⑥ 饶宗颐：《老子想尔注校证》，上海人民出版社1991年版，第7、12页。

⑦ 王明：《太平经合校》，中华书局1960年版，第14页。

⑧ 饶宗颐：《老子想尔注校证》，上海人民出版社1991年版，第16页。

三界"①，"一散形为气，聚形为太上老君"②。尽管如此，两部道教经典还是各有侧重。《太平经》侧重于公平、乐生、无灾，追求太平世道，它与黄巾起义的结合表明民众也有成神的可能性。《老子想尔注》注重养生、积善、中和，追求得道成仙，它与天师道的结合表明上下层人都有成神成仙的可能性。

汉末道教的正式形成与王充重新发现老子，标志着继董仲舒的天人感应论和谶纬经学将儒学宗教化和神化孔子，以加强封建中央集权制的努力失败后，一个梁启超所谓的"老学时代"③的来临。魏晋玄学虽以道兼儒归属哲学，但也包含了宗教的内容。王弼讲："玄者，冥默无有也"，"玄，物之极也。能言涤除邪饰，至于极览，能不以物介其明，疵其神乎"。④ 王弼又以玄为道，兼儒教而尚名教，因此他的玄学思想也有宗教属性。王弼还将门阀士族中的英雄视为神明，"圣人茂于人者神明也。同于人者五情也。神明茂，故能体冲和以通无"⑤。于是门阀士族被神化了。郭象也神化了门阀士族。他讲："夫神人即今所谓圣人也"，"夫体神居灵而穷理极妙者，虽静默闲堂之里，而玄同四海之表，故乘两仪而御六气，同人群而驱万物。苟无物而不顺，则浮云斯乘矣；无形而不载，则飞龙斯御矣"。⑥ 这种人，"游心于绝冥之境，虽寄坐万物之上，而未始不逍遥也"⑦。这意味着老子之"道"与上层社会的结合，一定程度上体现出政教合一的特征。另至于嵇康、阮籍等竹林七贤，大都追求不拘礼法和清静无为的生活方式，后为道教隐宗妙真道奉为宗师。于是这些文人贤士及其生活方式也被神化了。

老子之"道"向宗教政治和修炼方式等的深入转化，还通过道教体现了出来。葛洪沿袭魏伯阳的丹道路线并兼容儒教纲常伦理所创建的神仙道教，适应了当时上层社会的要求。他的炼丹和养生理论包含了科学技术的成分，他的《神仙传》建构了一个神仙广泛且等级森严的体系。他虽

---

① 王明：《太平经合校》，中华书局 1960 年版，第 10 页。

② 饶宗颐：《老子想尔注校证》，上海人民出版社 1991 年版，第 12 页。

③ 吴松等：《饮冰室文集校注》，云南教育出版社 2001 年版，第 254 页。

④ 楼宇烈：《王弼集校释》，中华书局 1980 年版，第 2、23 页。

⑤ 何邵：《王弼传》，楼宇烈校释：《王弼集校释》，中华书局 1980 年版，第 640 页。

⑥ 曹础基、黄兰发点校：《南华真经注疏》，中华书局 1998 年版，第 12、13 页。

⑦ 同上书，第 15 页。

然讲"得道之圣人，黄老是也"①，但也讲"元君者，老子之师也"②，这样就在老子之上建立了一个更高位的神。陶弘景作为道教茅山宗的开创者，也是一位炼丹家和医学家。他主张儒释道三教合流，按照儒教的等级秩序建构了一套包括天神、地祇、人鬼和仙真在内的宽泛而有等级的神仙体系，适应了世俗政治的要求，也显示出老子之"道"从自然神论向泛神论的深入转化。他在保留太上老君主神地位的基础上，另设了更高位的元始天尊等主神。寇谦之既是重要的道教改革家，也是道教政治的有力推动者。他使北魏几乎成为政教合一的王朝，使道教在王权支持下发展壮大。道教政治的卓越成就是唐代的贞观之治，老子的地位得到尊显。至宋元明清时期道教除继续支持政治和科技发展外，也以理论形态融入宋明理学和清代学术中。近代以来，西学日盛而道学式微，道教成为民间信仰。但它作为本土宗教参与了抵御外侮和民族解放运动，作为中国哲学为康有为、梁启超、李大钊和毛泽东等启蒙思想家所吸收。时至今日，老子之"道"抑或道学仍有广泛影响。

## 四　"道"的哲学性和宗教性

胡孚琛和吕锡琛在《道学通论》中讲："道学应指中国传统文化中以老子的道的学说为理论基础形成的学术系统，其中包括道家、道教、丹道三个大的分支，老子为道学之宗"，"两者（道家与道教）皆以老子的道为根基，道家是道教的哲学支柱，道教是道家的宗教形式"。③二人由此表明，道学是包括道家和道教在内的具有传承性的学术系统，其思想旗帜和理论基础是老子之"道"。由此而论，道家与道教的发展史，也就是对老子之"道"的诠释史和转化利用的历史。然至于与此诠释和利用密切相关的，老子之"道"究竟是哲学还是宗教的问题，胡孚琛和吕锡琛等将其定性为哲学而非宗教，或受现代中国哲学界以崇尚理性和反对宗教的现代性观念，将老子思想定性为哲学而非宗教，将老子思想中的宗教性内容冠以神秘主义加以拒斥的影响。但这种现代性的学术努力，牺牲了老子

---

①　王明：《抱朴子内篇校释》，中华书局1980年版，第203页。
②　同上。
③　胡孚琛、吕锡琛：《道学通论》，社会科学文献出版社2004年版，第3、7页。

之"道"的丰富性和多元性，难以合理解释老子之"道"若无神性和宗教属性如何能开出道教并成为道教的旗帜和基本信仰等问题。诉诸神仙方术与佛教而论道教的产生固然有其合理性，但神仙方术缺乏"道"的理论统领，佛教的教义和信仰与道教的教义和信仰又有重大区别。因此要追寻道教的本土宗教理论来源，就必须肯定老子之"道"具有宗教属性。

法国学者吉尔松讲："我们若有了宗教，我们便同时有了科学、艺术及哲学之根本真理。"① 方立天也曾讲："佛法包含宗教与哲学两个方面。"② 此兼容性的分析方法也适用于对老子之"道"的内容分析和属性判定，相比于冯友兰等的道家是哲学，道教是宗教的截然二分，更符合老子之"道"的丰富内涵，也有助于解释道教如何能依托老子之"道"而生成等问题。老子赋予"道"的永恒性、至上性、独立性、始生性、普遍性、统一性和神秘性等规定性，既可作哲学意义上的本体的理解，又类似于基督教所谓的"上帝"，可作为宗教意义的最高精神实体。老子赋予"道"的"玄""宗""谷神"等命名以及教化和驱鬼等功能，也显著体现了"道"的宗教属性。他所谓的"静观玄览"，既可作经验观察的理解，又可因玄的神秘性作类似于基督教和佛教所谓的观照、证悟或冥想等的理解。他所谓的"小国寡民"包含的安居和乐俗等内容，可作哲学和宗教意义上的安乐的双重理解。上述的双重理解，都为后世的道家和道教学者在解老用老的过程中呈现出来。因此，老子之"道"包含了哲学与宗教两个方面，兼具哲学属性和宗教属性。至于宗教的教主、教义、组织和教规等要求，老子的"吾将以为教父""吾道甚易知甚易行""朴散则为器""政善治，事善能""尊道而贵德"等已作了理论预设，后世的中国宗教政治尤其是道教政治予以了确认并转化为现实建制，这与佛教和犹太教等的发展状况多有契合。

傅勤家讲："道教之名称，人皆知出于老子《道德经》，所谓'道可道，非常道，名可名，非常名'者也。但各教皆有其道，皆不能离道以立言。"③ 此论触及如何认识道家和道教抑或老子之"道"的一般性和特

---

① ［法］吉尔松：《中世纪哲学精神》，沈清松译，上海人民出版社 2008 年版，第 35 页。

② 方立天：《中国佛教哲学要义》，中国人民大学出版社 2003 年版，第 9 页。

③ 傅勤家：《中国道教史》，商务印书馆 2011 年版，第 22 页。

殊性。他在与儒家的比较中指出各家都以道为真至高①，此论揭示了老子之"道"的一般性。然他所谓的"道家之道，游乎方外者也，儒家之道，游乎方内者也"②，则未必全然如此。正如老子的"政善治，事善能"和"御今之有"等，以及黄老政治、王弼和郭象等未尝不倡游于方内，这使得道家能为世俗政治和世人所利用。胡孚琛和吕锡琛亦在《道学通论》中论述了道教的一般性与特殊性。③ 其论述全面深入，但有些方面也值得商榷。例如，宗教信仰的异己论并不完全符合道教，道教多将造福于人的人神格化，常被农民用作反抗暴政的旗帜，因此又有合己为己的特征；宗教理想的彼岸论也不完全符合道教，道教深切关怀此岸，健康长寿即可为神仙；宗教反映的虚幻论，亦不完全符合道教，道教的养生术中包含了实用技术和有效方法。另至于他们与其他学者论述的泛神论与一神论、不死与不生、自然神论与人格神论等分别，亦不能严格区分道教与其他宗教。又如无形、无为、不言、隐匿、公平、和谐等规定性，严格说来也非道教所独有。因此，要论道学的特殊性，或可回归到老庄对"道"作的贵身、爱身、养生、乐生的合目的性规定。龚鹏程以此来讲道教的特殊性④，揭示了老子之"道"宗教属性的一个重要特性。

关于如何评价老子之"道"具有的宗教属性。任法融讲："汉代伯阳，……假借《周易》，卦爻象术，象征符号，天文律历，图谶之术，作为比喻。"⑤ 这是说魏伯阳的道教学术采用了假借、象征和比喻的手法，这些手法可以概括为隐喻。王斯福也曾将中国民间道教的神话作为隐喻，他认为道教的隐喻与作为集体表象的诗意般的实际生活、政治以及历史事件保持着联系⑥。卡西尔在《隐喻的力量》中对语言、神话与隐喻的关系作了说明。他讲："语言和神话的理智连接点是隐喻"，隐喻是"有意识地以彼思想内容的名称指代此思想内容，只要彼思想内容在某个方面相似

---

① 傅勤家：《中国道教史》，商务印书馆 2011 年版，第 23 页。
② 同上书，第 26 页。
③ 胡孚琛、吕锡琛：《道学通论》，社会科学文献出版社 2004 年版，第 264—271 页。
④ 龚鹏程：《道教新论》，北京大学出版社 2009 年版，第 40—49 页。
⑤ 任法融：《周易参同契释义·再版序》，东方出版社 2009 年版，第 1 页。
⑥ ［英］王斯福：《帝国的隐喻——中国民间宗教》，赵旭东译，江苏人民出版社 2009 年版，第 1 页。

于此思想内容,或多少与之类似"。① 在他看来,根本隐喻是全部神话表述的基础。以此观念来看,老子编织的"谷神"神话及由此确立的"道"的宗教属性,可以作隐喻的理解。也可以说,老子是以"道"为根源隐喻,进而以母牝、婴儿、深渊、江海、户牖、风箱、车轮等隐喻诠释"道"的意义。后世的道家和道教学者正是以"道"为根源隐喻,并利用"道"的普遍性或流散性,创新了隐喻体系和神仙体系。这套体系在表达上似乎神秘离奇而不合人类理性。但正如卡西尔和王斯福所谓的,由于它是有意为之,是依据一定的经验和体验,直接或曲折地反映实际生活、政治和历史事件,因此渗透着人类理性,具有依据合道德与合目的性原则反思和批判现实,进而以通神达圣的超世的素养和理想,反启人类入世的态度和方式,来建构理想社会的意义。

将老子之"道"视为具有宗教属性,或会招致启蒙与现代性的指责和批判。然而这却是老子著作与后期诠释的事实,也是中国古代宗教政治和道教组织利用的事实。再就康德及其经典的启蒙定义来看,他是把启蒙作为了迈向成年的出口的隐喻②,他在三大批判中从遵从神谕和认同理神的古希腊时期寻找启蒙所喻的光明,他的道德形而上学又为宗教留下了地位。因此,启蒙的光源隐喻与宗教的光源隐喻原本同根同源,彼此间有着复杂的纠缠关系。一方面,作为神话和信仰的宗教补益作为哲学和理性的启蒙,通过宣扬神性彰显人性。另一方面,启蒙与现代性并不绝对地反对宗教,反而像伏尔泰、康德、韦伯和怀特海等主张和揭示的那样包容和利用宗教。上述启蒙与宗教的纠缠关系,也适用于对老子之"道"或道学系统的理解。这是因为"道"的信仰恰以贵身和爱身为根本旨趣,道学主张以不宰方式建设政治和运用技术,以爱民、处下和益民的方式待民。胡孚琛和吕锡琛以此人本关怀和不宰精神而论道教③,也揭示了老子之"道"的重要属性和特性。正是因为老子之"道"或道学系统高扬贵身、爱民、不宰、处下和追求自由等精神,使其能够在中国古代成为善治的导引和弱者的武器,在近现代成为启蒙学者利用的本土资源,以及抵御外来

---

① [德]卡西尔:《语言与神话》,于晓等译,生活·读书·新知三联书店 1988 年版,第 102、105 页。

② [美]詹姆斯·施密特:《启蒙运动与现代性——18 世纪与 20 世纪的对话》,徐向东、卢华萍译,上海人民出版社 2005 年版,第 61 页。

③ 胡孚琛、吕锡琛:《道学通论》,社会科学文献出版社 2004 年版,第 266、270 页。

侵略和建立服务性政府的重要策源。

# 五　结束语

综上可见，老子之"道"亦哲学亦宗教，这决定了道学系统亦哲学亦宗教。这双重属性通过老子的著作反映出来，也通过后期的道学典籍、老学政治、道教组织以及士人道徒清静无为的生活方式等体现出来。后者意味着老子之"道"的宗教属性的强化和发展，以及由理论形态向现实的转化。但无论这种发展和转化究竟是理性的沿用，还是隐喻的拓展，老子之"道"的名在无名、言在不言、为在无为等规定性，以及贵身、爱民、处下、不宰和追求自由等的生命关怀，彰显出了道学系统的独特价值和人本属性。当今时代，老子之"道"除了以文化典籍和学术话语的方式继续存在外，还能以道教建制、祭奠老子、民族文化心理结构等方式持续存在，恰好印证了老子对"道"的恒、常、久的设定。这种设定清楚地表明，生命至上和爱护生命是永恒的真理和善举。

# 第 三 章

# 老子之"道"与马克思的幽灵

　　中国传统文化与马克思主义的对话与融通，彰显于儒而根底在道。20世纪晚期以来，道家和道教与马克思主义的对话融通关系的研究虽然已经有所展开，但还缺少历史的全面考察和一些确凿的依据，未能通过呈现道家和道教与马克思主义在历史上的多次相遇，彰显古今中西碰撞后的文化效果和历史归趋。而且除天人和古今中西关系之外，道家和道教与马克思主义还关涉工农和城乡关系。本章试图借助老子之"道"与马克思的幽灵的两个隐喻，兼顾工农和城乡关系，探究两种思想文化体系持续对话的效果历史。老子之"道"是他借助于可见的道路以及"母""渊"和"水"等隐喻，勉强地用来指称难以名状的恒常规律，后被用来表征道家和道教思想文化体系的根源隐喻。"幽灵"是德里达和帕特森用来彰显马克思主义的基本特征与生命力的活的隐喻①。

## 一　隐性的相遇

　　关于中国传统文化与马克思主义的对话，美籍华裔学者田辰山论道："或许，马克思主义是西方思想中提供与中国哲学传统相应部分之对话机会的最为重要的要素。在这一对话过程中，发展出一个马克思主义的中国版本，这一中国马克思主义体系在毛泽东的思想中达到了成熟。在这其中具有突出特色的部分就是有关'dialectics'或辩证法的解读"，"但是，

---

　　① ［法］德里达：《马克思的幽灵——债务国家、哀悼活动和新国际》，何一译，中国人民大学出版社 2008 年版，第 101 页；［美］帕特森：《马克思的幽灵——和考古学家会话》，何国强译，社会科学文献出版社 2011 年版，第 1 页。

我更倾向于认为，西方人所讲的'dialectics'与汉语中呈现出来的对应词'辩证法'，含义并不相同。中国人所说的马克思的辩证法与作为欧洲文化遗产的马克思的辩证法，所指涉的并不是同一种内涵"。① 田辰山从辩证法层面找到了中学、西学和马克思主义的重要交汇点，认为中国和西方有各自独立的辩证法传统，以《易经》为源头的中国辩证法传统使中国人在理解和接受西方的马克思的辩证法时，形成辩证法的第三条道路——中国式的马克思主义辩证法。田辰山的上述观点具有合理性，但也留下一些问题。首先，按照他的观点，中国的辩证法与马克思的辩证法是从20世纪初开始对话的，那么在20世纪初之前，中国的辩证法传统是否就曾向西方的辩证法提供过要素和支持，使两者产生了接触并能融通呢？其次，按他引述的李约瑟的观点，"辩证唯物主义甚至可以追述到莱布尼兹。实际上莱布尼兹的哲学思维或者是从新儒家那里找到过可贵的支持和肯定，或者甚至就是从儒家派生而来的思想产物"②。那么道家的辩证法是否也影响了西方启蒙时代及其以后的辩证法，在西方提供了与马克思的辩证法的对话机遇呢？

要解决上述问题，必须先要明确《易经》与儒家和道家以及新儒家与道家的辩证法的关系。毋庸置疑，《易经》是儒家和道家辩证法的共同源头，《易传》是承载儒家辩证法的重要典籍。而至于《易经》和《易传》与道家的关系，陈鼓应提出老子引易入道，其后则是《易传》的引道入易。"老子由万事万物的对反现象寻找出它们之间的发展规律，从而建立了中国哲学史上第一个系统性的辩证法思想——它发端于《易经》而体系的建立则完成于《老子》。老子的引易入道，最重要的莫过于把《易》的萌芽性的辩证思想引入道论而成为其哲学体系建构中的重要的方法论。"③ 另至于新儒家与道家的关系，田辰山引述的"新儒家"应指宋明理学。而张岱年则指出："宋代程伊川（颐）以理为宇宙本根，理实即是道之别名。理论实即是道论的新形态。"④ 以宋明理学的"理"含摄辩证法与老子之"道"含摄辩证法来进行推论，宋明理学的辩证法可算是

---

①　［美］田辰山：《中国辩证法：从〈易经〉到马克思主义》，肖延中译，中国人民大学出版社2008年版，第1页。

②　同上书，第7页。

③　陈鼓应：《先秦道家易学发微》，《哲学研究》1996年第7期。

④　张岱年：《中国哲学大纲》，中国社会科学出版社1982年版，第24页。

道家辩证法的新形态。尽管陈鼓应的"《易传》引道入易"和张岱年的"理论即是道论的新形态"存在争议，但老子的辩证法是继《易经》之后中国古代辩证法的早期理论体系，宋明理学除了利用《周易》和佛教的辩证法之外，也显著利用了老子的辩证法，道家的辩证法是中国古代辩证法的显著优势和重要传统，这些都是不争的事实。由此反观道家的辩证法对于西学的影响，可以认为，通过18世纪前后抑或宋明时期的中学西渐，道家的辩证法对近代欧洲辩证法的生成发展产生潜移默化的影响，尤其对黑格尔唯心主义辩证法体系的建立产生直接影响。

黑格尔是西方近代辩证法的集大成者，大哲学家老子与千年思想家马克思在西方的最初相遇，是以黑格尔作为重要中介的隐性相遇。通过中学西渐，老子及其思想走进了黑格尔的历史视域①。黑格尔在他的《历史哲学》中，把东方世界作为历史发展的幼年时期，把中国文化作为人类精神最初的光明。他认为《书经》《易经》《诗经》《礼记》《春秋》和《乐经》是中国人一切学术研究的基础，是中国历史、风俗和法律的基础。中国关于道德的许多创著都出自孔子之手，成为中国人风俗礼节的根本。他还提到老子："中国人承认的基本原则是理性——叫做'道'；道为天地之本，万物之源。中国人把认识道的各种形式看作是最高的学术；然而这和直接有关国家的各种科学研究并没有联系。老子的著作，尤其是他的《道德经》，最受世人崇仰。孔子曾在耶稣前六世纪往见老子，表示对他敬重的意思。中国人虽然都可以任意研究这些著作，可是更有一派人自称为道士或'道的崇拜者'，把这种研究作为专业。道士们与世隔绝，他们的见解里混杂着许多虚妄的成分。例如他们相信：凡是得'道'的人便取得了无所不包的、简直认为是无所不能的秘诀，并且可以发生一种超自然的力量，使得道的能够升天，永远不死。"②黑格尔把"道"作为了理性和最高实体，流露出以"道"统摄中国文化的讯息，他把握住了道教追求长生不死的要义。

老子与黑格尔在《历史哲学》中的相遇，是中国古代文化与西方近代文化在西方的历史性相遇。这种在黑格尔的批判和扬弃名义下的相遇，固然存在某些偏见、理解错误和语焉不详的成分。例如黑格尔以不成熟的

---

① 朱谦之：《中国哲学对欧洲的影响》，上海世纪出版集团2006年版，第345—350页。

② ［德］黑格尔：《历史哲学》，王造时译，上海书店出版社2006年版，第126页。

幼年时期看待中国文化，并以从东到西的线性演进的方式处理东西方文明的关系。雅斯贝尔斯则在《历史的起源与目标》中以人类各大文明在轴心时代的独立生成反对黑格尔的单线演进观念，康有为和梁漱溟则分别在《大同书》和《东西文化及其哲学》中主张儒释道的中国文化代表人类文化的未来；又如黑格尔提到东方世界只知道"一个是自由的"、道士以及中国的数学、物理学、天文学和印刷术等，但他又认为"绝对没有束缚的伦常、道德、情绪、内在的'宗教'、'科学'和真正的'艺术'——一概都离他们很远"①。然而老子的"我无为，而民自化"呈现的自由精神并不限于个人，庄子的"逍遥"也有绝对性。除此之外，韦伯与胡孚琛等确认了道教的宗教属性，李约瑟与金正耀等肯定道教中包含科学；另如黑格尔指出《易经》一向被看作是中国文字和思想的基本，《易经》中包含有辩证法，他在《自传》中也承认他的辩证法三律导迪于《易经》。但黑格尔并未揭示《易经》与《道德经》的辩证法的关系，未能在《历史哲学》中论及老子的辩证法。陈鼓应则用"老子引易入道"，明确了《易经》与《道德经》的辩证法的关系。事实上，老子的"正言若反""万物负阴而抱阳""柔弱胜刚强"以及"有无相生""合抱之木，生于毫末"和"反者道之动"等，与黑格尔的辩证法思想多有契合。

但这次相遇业已表明，雅斯贝尔斯所谓的轴心时代的传统文化不可避免地要为近现代文化所析取。黑格尔用柏拉图乃至《荷马史诗》中就已运用的光源隐喻，将此相遇视为东方的"光明"向西方的传递和归并了前期各阶段文明后人类精神在日耳曼世界的最终完成。这意味着包括老子思想在内的中国古代文化与古波斯文化、古希腊文化、古罗马文化、新教伦理和英法的近代启蒙思想等，一起滤透到德国古典哲学中。至于老子思想滤透入黑格尔哲学体系的要素，除《历史哲学》中提到的作为理性和最高实体的"道"，另有在《哲学史讲演录》中提到的作为宇宙观和辩证法的"道生一，一生二、二生三、三生万物"，以及作为绝对原则和抽象统一的"无"，他将老子之"道"作为形而上的本体，同时给予"道"以阴与阳、刚与柔、爱邻居与正义的理解。② 黑格尔对老子之"道"的上

---

① ［德］黑格尔：《历史哲学》，王造时译，上海书店出版社2006年版，第128页。

② ［德］黑格尔：《哲学史讲演录》，贺麟、王太庆译，商务印书馆1996年版，第128—131页。

述解读和吸收，与其说印证了"日耳曼世界是先前各时期的重复"①，倒不如说印证了他唯心主义辩证法体系的建构理路。他将"道"作为最高精神实体，有似于他所谓的"绝对理性"；他将"道"作为对立统一体，有似于他总括的辩证法。他把"道"视为精神实体在中国引发了老子是唯物主义者还是唯心主义者的争论；他用西方的科学指斥道家与道教追求长生，在中国引发了科学与人生问题的论争。

正如黑格尔以"老年时代"隐喻日耳曼世界，伴随着19世纪中叶前后欧洲资本主义经济危机的频繁爆发和内在矛盾的凸显，以"光明"自喻的作为成熟的西方近代哲学范式的黑格尔哲学走向了解体。历史并非如黑格尔所言形成终结，代之而起的有使用"主人"隐喻的尼采的意志主义、使用"绵延"隐喻的珀格森的生命哲学、使用"有机"隐喻的杜威的实用主义，另外还有使用"幽灵"隐喻的马克思主义。如同马克思和恩格斯所言："一切等级的和固定的东西都烟消云散了。"② 这些隐喻作为新的理论范式和思想体系，塑造了现代西方人的精神世界。它们的共同之处在于强调流动变化和重视生命，在反思资本主义启蒙与现代性的同时，也开启了施密特所谓的"新启蒙"③ 与哈贝马斯和李泽厚所谓的"后现代"④。就社会目的来说，马克思的"幽灵"意在以共产主义取代资本主义，而尼采、珀格森和杜威的"主人""绵延""有机"隐喻则被用于延续资本主义的生命。就效果历史来说，"幽灵"引导了国际共产主义运动的兴起和社会主义国家的建立，使得欧洲的资本主义也不得不利用马克思主义改造自身。"主人""绵延"和"有机"在赋予资本主义生命活力的同时，也使得西方国家从自由竞争的资本主义阶段进入国家垄断资本主义阶段，走向了霸权主义和强权政治以及由反恐转化成的虚拟和现实世界中的恐怖主义，这种恐怖主义突出地表现为监控全球、打遍全球和用无人机等滥杀无辜的平民。

理论界通常认为马克思主义的思想来源，是西方的德国古典哲学、英

---

① ［德］黑格尔：《历史哲学》，王造时译，上海书店出版社2006年版，第13页。

② 《马克思恩格斯文集》第2卷，人民出版社2009年版，第34—35页。

③ ［美］詹姆斯·施密特：《启蒙运动与现代性——18世纪与20世纪的对话》，徐向东、卢华萍译，上海人民出版社2005年版，第25页。

④ ［德］哈贝马斯：《现代性的哲学话语》，曹卫东等译，译林出版社2004年版，第96页；李泽厚、刘绪源：《该中国哲学登场了?》，上海译文出版社2011年版，第3页。

国古典政治经济学和空想社会主义。然而从中学西渐影响黑格尔，黑格尔又影响马克思的意义上说，包括道家哲学在内的中学，通过融入西学支持了马克思主义的产生。我们不好说马克思通过阅读老子的著作而直接影响了自身，这需要史料的依据。但无疑老子通过黑格尔影响了马克思，我们不妨把老子与马克思的这种间接相遇称为隐性的相遇，其过程和最终结果是马克思由青年黑格尔派走向了共产主义。青年黑格尔派时期的马克思摒弃了青少年时代的宗教世界观，并且利用黑格尔的理性主义的"自我意识"和辩证法反对时存的普鲁士专制制度。《莱茵报》时期的马克思把辩证法作为政治批判的武器，他在对无产者权利的研究中将视域由政治和法的观念转向物质利益和经济关系，走向了对人类历史的唯物主义的理解。退出《莱茵报》后的马克思吸收了费尔巴哈的唯物主义，将黑格尔头足倒置的辩证法颠倒了过来，完成了由唯心主义向唯物主义的转变。与此同时，他把唯物辩证法用于社会历史领域，完成了向社会主义和共产主义的转变。他与恩格斯在《共产党宣言》中宣讲"共产主义的幽灵"，标志着科学社会主义的产生。而"幽灵"之所喻，包括消除工农、城乡和脑体等社会差别。而对于唯物辩证法和历史唯物主义的思想内容，马克思的《1844 年经济学哲学手稿》《关于费尔巴哈的提纲》和《资本论》，恩格斯的《反杜林论》《自然辩证法》和《家庭、私有制和国家的起源》，列宁的《谈谈辩证法问题》《唯物主义和经验批判主义》和《马克思主义的三个来源和三个组成部分》等文献，都有经典的呈现和说明。

老子之"道"与马克思的"幽灵"的隐性相遇，表明作为中国传统文化重要组成部分的老子思想，经过西方近代哲学的滤透，融入了马克思的思想体系，支持了马克思主义的产生，并且转化为无产阶级革命的武器。就转化的理论成果而言，马克思否弃了黑格尔的光明从东方向西方传递最后终结于德国的历史观，发现了人类社会从原始社会到奴隶社会、封建社会和资本主义社会，最终走向共产主义社会的历史规律，并且接引出列宁主义与西方马克思主义。就转化的现实成果而言，马克思和恩格斯领导了国际共产主义运动，列宁领导了苏俄社会主义国家的建立。就转化或滤透的思想要素而言，黑格尔对老子思想的诠释和认同，凸显出来的是"道"及其辩证法，它们分别在马克思那里体现为通向未来社会的道路和批判资本主义的理论武器。老子与马克思的相遇和相通还有其他可能性。例如，卢卡奇将马克思的遗产理解为"阶级意识""反抗物化"和"革命意识"①，而老子的"圣人常无心，以百姓之心为心"，亦显现出阶级意识或民本倾向。他的"生而不有，为而不恃，长而不宰，是为玄德"等，也明确反对物化异化。他的"民不畏死，奈何以死惧之"和"民不畏威，则大威至"，也显见革命意识。葛兰西将马克思的遗产理解为"实践哲学"②，老子的"言善信，政善治，事善能，动善时"和"吾言甚易知，甚易行"，也强调实践和知行合一。这些及其他相遇相通的诸多可能性，在中国从五四运动时期开始变成现实。

## 二　显性的碰撞

老子之"道"与马克思的"幽灵"在中国的相遇，始于五四运动时期。这次相遇呈现为显性的碰撞，也即直接的对话乃至对抗。碰撞的根源在于当时的中国社会仍处于剧烈的变动时期，近代式的民主革命未能成功，封建势力和传统文化的力量还很强大，中国仍然遭受帝国主义的殖民统治。而中国工人阶级的力量还比较弱小，马克思主义作为一种代表先进社会力量的新文化刚刚被译介到中国。在此情形下，包括儒道在内的中国传统文化与西学和马克思主义，不免形成相互竞争的态势，并在五四学人身上表现出来。譬如，五四学人中的康有为和辜鸿铭固守传统的营垒，主张利用孔教和良民信仰重建秩序。胡适利用杜威的实证主义批判传统文化，后期又利用传统文化反对马克思主义。陈独秀高扬科学和民主精神批判传统文化，随后走向了马克思主义。鲁迅利用尼采的主人道德等批判封建礼教，后期又转向支持马克思主义。梁漱溟以儒释道的人生哲学批判西学的科学主义，后期也转向了支持马克思主义。五四学人的思想世界与先秦诸子一样，是充满了争鸣的。这种争鸣在文化上集中于中学、西学与马克思主义的关系处理，对中学传统的认同与批判虽聚焦于儒学和儒教，但科学和民主浪潮以及非宗教化运动也波及道家和道教。这种争鸣在社会上聚焦于中国社会发展道路的选择，而社会发展道路，正是老子之"道"与马克思"幽灵"的共同的喻体。

---

① ［匈］卢卡奇：《历史与阶级意识》，杜章智、任立、燕宏远译，商务印书馆1996年版，第98、257、347页。

② ［意］葛兰西：《狱中札记》，葆煦译，人民出版社1983年版，第68页。

在中学、西学与马克思主义的关系处理上，李大钊属于较为温和的一派。他与陈独秀和胡适一样发现了中学具有缺陷，也同辜鸿铭和梁漱溟一样察觉到西学存在问题。他出于反对恢复封建帝制的缘由反孔，"孔子与宪法，渺不相涉者也"，"孔子者，数千年前之残骸枯骨也"，"孔子者，历代帝王专制之护符也"，"孔子者，国民中一部分所谓孔子之徒者之圣人也"，"孔子之道者，含混无界之辞也"。① 他也出于反对帝国主义的目的反抗西学。他反对西方列强侵华奉行的"机会均等主义""大日耳曼主义""大斯拉夫主义""极东门罗主义（远东门罗主义）"，并在省思日本发动侵略战争的思想动因时批判马尔萨斯的人口论、达尔文的进化论和蒲鲁东的"战争乃饥馑之子"②。他认为东西文明皆有优劣，因而主张调和中学和西学。"东西文明有根本不同之点，即东洋文明主静，西洋文明主动"，"东洋文明既衰颓于静止之中，而西洋文明又疲命于物质之下，为救世界之危机，非有第三新文明之崛起，不足以渡此危崖。俄罗斯之文明，诚足以当媒介东西之任，而东西文明真正之调和，则终非两种文明本身之觉醒，万不为功"。③ 他在此寄望于作为"第三种文明"的"俄罗斯文明"，预示着他将通过俄国的十月革命接受马克思主义。随后发表的《庶民的胜利》《我的马克思主义观》和《唯物史观在现代史学上的价值》等，表明他最终接受了马克思主义。

李大钊在批判中学和西学的同时，也秉持"使之变为我之物"的精神，博采中学和西学并以此接引马克思主义。仅就道家而言，他在《民彝与政治》中利用老子的"无为之旨""大道甚夷，而民好径""民不畏死，奈何以死惧之""圣人不死，大盗不止"，批判封建专制统治和孔教思想，宣扬民主，伸张民权。在《青春》中用庄子的"彭聃之寿""朝菌不知晦朔，蟪蛄不知春秋""小知不如大知，小年不如大年""大漠之乡""不役于物，物莫之伤"等，宣扬宇宙大化流行和新陈代谢，呼唤青春中国和青春人生。在《〈甲寅〉之新生命》中用老子的"一生二、二生三、三生万物"，宣扬宇宙进化，开导国民进化。在《不自由之悲剧》中间接利用老子的"刍狗"，宣扬自由，提倡变易政俗和革新思潮。在《东西文

---

① 《李大钊全集》第1卷，人民出版社2006年版，第242—243页。
② 《李大钊全集》第2卷，人民出版社2006年版，第23—25页。
③ 同上书，第211、214页。

明根本之异点》中直接和间接用老子的"虚怀若谷"和"老庄荆楚之学",主张迎受西方主动的文明,弥补西洋人缺的真实之大我。在《中国古代经济思想之特点》中用老子的"民之饥者,以其上食税之多""天下多忌讳,而民弥贫""绝圣弃智,民利百倍"等,阐释历史唯物主义原理。李大钊对于道家也有批判,他在《史观》中用"老庄之徒,言必称黄帝"和"无怀"(编注:远古部落名,相传其民安居乐业,鸡犬之声相闻,老死不相往来)[1],批判循环、退落、精神、唯心的历史观,宣扬马克思主义的唯物史观。

李大钊的文化观念是进路明确和用于实践的。他从中西方主静的农业文明和乡村文明与主动的工业文明和城市文明的反差中意识到,沿袭封建专制道路只会使中国陷入静止状态,他因此批判封建专制统治及其赖以支撑的孔教思想,主张虚心学习西方文明以改造中国文明。李大钊也看到西方帝国主义为发展工业文明和城市文明,招致了发动战争、奴役他者和控制自然等恶果。因此他批判西方帝国主义,反对中国照搬西方文化和走西方资本主义道路,主张用中华文化弥补西方文化的缺陷。既然传统文化和西方文化都有缺陷,封建主义和资本主义道路都不可行,也就只能再造文明和再选道路,最终他接受了马克思主义。他利用的老子之"道"与马克思的幽灵,被转化为中国工农革命的道路,这条道路的突破口就是让城里的工人和学生以及处于静态的农村和农民动起来。为此,他号召知识分子与劳工阶级打成一气,让青年人走进农村去发动农民。"破产的农民是起义的基本力量,而且这个因素正逐渐演化为广泛的国民运动","中国的浩大的农民群众,如果能够组织起来,参加国民革命,中国国民革命的成功就不远了"。[2] 李大钊由此表明农村中国和农民中国的中国革命具有特殊性。他利用唯物史观批判儒道和西学等的循环、退落、唯心、精神的历史观,表明中国共产党领导的无产阶级革命,不同于历史上的农民革命,也不同于资产阶级的民主革命。

对于五四运动之后的中国社会思潮,陈伯达曾最早称之为"新启蒙运动",这得到了艾思奇的响应。艾思奇在"新启蒙"的名义下推进马克思主义的时代化、中国化和大众化,由于社会发展的基本方向已由李大钊

---

[1] 《李大钊全集》第4卷,人民出版社2006年版,第255、494页。
[2] 《李大钊全集》第5卷,人民出版社2006年版,第28、85页。

等明确出来，他的理论工作重心由唯物史观转向了唯物辩证法，而唯物辩证法关系到中国革命的特殊性。艾思奇以扬弃的态度对待中学和西学。仅就道家和道教而言，他在《现象·本质》中转化利用道教的自由思想，倡导人们勇敢地挣脱罗网，为自由而奋斗。在《运动发展的辩证法》和《唯物辩证法讲课提纲》等文献中，他肯定老子的物极必反、相反相成和"曲则全，枉则直"等辩证法思想具有合理性。同时，艾思奇对道家和道教思想也有批判。他批判道教"长生不老"和"腾云驾雾"等思想的空想性和逃避现实，批判玄学人生观开不出新路，指出庄子和禅宗等的直觉主义违背了理性，认为老子"反者道之动"的辩证法思想和"小国寡民"的社会历史观具有倒退性。艾思奇对于道家和道教思想持如上态度，在革命时期就是要用"最高发展了的理智主义"的唯物辩证法发动工农大众投身革命，"在生活中与现实作必要的斗争进而支配现实以便利自己的生活"[1]；在社会主义建设时期是要正确处理工业与农业等的矛盾，"以农业的大发展来促进工业的发展"[2]。他还利用矛盾的普遍性与特殊性，提出把马克思列宁主义的普遍真理同中国革命和建设的具体实践相结合，从而在与毛泽东等的呼应中昭示了唯物辩证法的理论和现实意义。

　　毛泽东对道家思想也有批判和利用。他在读泡尔生《伦理学原理》的批语和《党委会的工作方法》中，批判"老死不相往来"徒为理想之社会和缺乏沟通。在《湖南农民运动考察报告》中，他利用庄子的"越俎代庖"，主张由农民自己丢开菩萨。在《中国革命战争的战略问题》中，利用老子的"将欲取之必先与之"，主张在敌强我弱的情势下要正确处理得与失的关系。在中国共产党第七次全国代表大会的口头政治报告中，用老子的"不为天下先"，提出以"我们不打第一枪"[3]应对国民党军的进攻；在《别了，司徒雷登》中，用老子的"民不畏死，奈何以死惧之"，宣告中国人民不惧怕美国的封锁。在《关于正确处理人民内部矛盾的问题》中，借老子的"祸兮福所倚，福兮祸所伏"，主张正确处理工农、干群、党派等的关系，团结一切力量建设社会主义。此外，毛泽东思想中的实现民族和人民平等、大公无私、实事求是、群众路线和不干涉他

---

① 《艾思奇全书》第1卷，人民出版社2006年版，第67页。
② 《艾思奇全书》第5卷，人民出版社2006年版，第869页。
③ 《毛泽东文集》第3卷，人民出版社1996年版，第326页。

国内政，也贯通于老子的"容乃公，公乃全""非以其无私耶，故能成其私""孔德之容，唯道是从""圣人常无心，以百姓之心为心""大邦不过欲兼畜人，小邦不过欲入事人"。陈来讲："毛泽东本人的哲学不仅与传统哲学的理事、知行、两一思想有继承关系，而且也一贯强调把马克思主义与中国国情相结合，这个具体实际当然也包括思想文化传统作为既定前提的事实。"① 这种既定前提包含儒，也包含道。

在中国现代哲学中，呈现老子之"道"与马克思的幽灵相遇的还有金岳霖和冯友兰等。金岳霖早期深受黑格尔哲学的影响，而黑格尔曾把老子之"道"作为中国人承认的基本原则和最高实体，这种哲学观念成为金岳霖用西学的逻辑分析研究中国哲学的思想前提。"万事万物之所不得不由，不得不依，不得不归的道才是中国思想中最崇高的概念，最基本的原动力。"② 他把"道"作为式与能的综合，"式"是逻辑规定性，"能"是具有能动性的质料，能的运动过程由共相到殊相。这种综合了规定性与能动性以及普遍性与特殊性的"道"的观念，恰恰有助于从逻辑上说明中国化的革命和建设道路的合理性。他后期承认逻辑前提的正确性建立在经过实践检验的真实性基础上，表明他认同了唯物辩证法和辩证逻辑。③ 冯友兰指出"至《老子》乃予道以形而上学的意义"④，他由此肯定了老子赋予"道"以本体论意义（张岱年在《中国哲学大纲·道论》中也指出老子是以道为本根的第一人），进而明确了"道"有治世的意义。他以"野蛮的文明，乃最能持久之文明"⑤，评价老子的"小国寡民"，这与艾思奇和毛泽东形成差异。他认为道家"是对农民生活的不同方面加以理论化"⑥，揭示了道家思想的民本倾向。他用共相和殊相诠释"道"和"理"，主张抽象地继承传统文化，与胡乔木的"每个国家都有它自己的发展道路"和"中国共产党人把自己所干的事业看成是伟大的十月革命的继续"⑦，在哲学方法论上形成呼应和共同的激荡发明。

① 陈来：《回向传统》，北京师范大学出版社 2011 年版，第 6 页。
② 金岳霖：《论道·绪论》，中国人民大学出版社 2007 年版，第 15 页。
③ 《金岳霖学术论文选》，中国社会科学出版社 1990 年版，第 559、635 页。
④ 冯友兰：《中国哲学史》上卷，生活·读书·新知三联书店 2009 年版，第 197 页。
⑤ 同上书，第 216 页。
⑥ 冯友兰：《中国哲学简史》上卷，天津社会科学院出版社 2008 年版，第 33 页。
⑦ 胡乔木：《再论无产阶级专政的历史经验》，《人民日报》1956 年 12 月 29 日第 1 版。

　　从五四运动到新中国成立之后的一定历史时期，马克思主义的中国化利用了道家和道教文化。老子之"道"蕴含的自由和辩证法思想滤透性地进入中国现代哲学，并与马克思的幽灵蕴含的唯物史观和唯物辩证法相结合，共同熔铸成毛泽东思想。"道"及其共相和殊相的分析，被用以诠释把马克思主义的普遍真理与中国的具体国情相结合，被转化成为中国化的革命和建设道路。这条道路包括以农村包围城市和协调工业与农业关系，其显著特征就是现代化。正如马克思指出的："理论一经掌握群众，也会变成物质力量。"① 老子之"道"与马克思的幽灵，共同支持了中国的革命和建设事业。当然，中国哲学的现代化和马克思主义的中国化，也对老子之"道"持批判态度。然而无论是对"反者道之动"和"小国寡民"的评判，还是另对"道"的唯物主义和唯心主义的划分，事实上都存在着争议。也应看到，老子之"道"与马克思的幽灵，因"文化大革命"时期的"打倒一切牛鬼蛇神"被演化为冲突关系。对西学和中学的毁灭性批判，破坏了"古为今用，洋为中用"和"执古之道，以御今之有"的视域融合。片面地夸大矛盾斗争性的"斗争哲学"，脱离了"实事求是"的思想路线，否弃了"冲气以为和"的优秀传统。冷战局面和"斗资批修"以及计划经济和二元体制，造成中国与外部世界以及城乡之间"老死不相往来"的封闭状态和分割局面。

## 三　聚合的再造

　　中国的改革开放是以思想的解放为内在前提的，邢贲思曾最早地将这场思想解放运动冠以"启蒙"② 之名，随后得到中外学界的广泛认同。这场在"解放思想，实事求是"旗帜下开展的新启蒙运动，意在摆脱苏联模式的错误影响和对马克思主义的教条化理解，走出一条中国式的社会主义建设道路。这场新启蒙运动坚持把马克思主义的基本原理同中国的国情相结合，因此继承了马克思主义的遗产，同时又有中国的创造和发明。较为显著的是，它认同马克思主义的矛盾分析方法和阶级分析方法，但又认为阶级斗争已不再是中国社会的主要矛盾，党和国家的工作中心要转移到

---

① 《马克思恩格斯文集》第 1 卷，人民出版社 2009 年版，第 11 页。
② 邢贲思：《哲学与启蒙》，人民出版社 1980 年版，第 32 页。

经济建设上来；它坚持马克思主义的人类社会必然走向社会主义和共产主义的基本原理，但又认为中国处于社会主义的初级阶段，主张从这个基本国情出发建设社会主义；它坚持马克思主义的生产力与生产关系、经济基础与上层建筑的辩证关系原理，主张社会主义的根本任务是发展生产力，通过改革社会主义的生产关系和上层建筑来解放和发展生产力；它继承和发展了马克思主义的社会主义特征理论和国家理论，提出了社会主义本质论和"一个国家，两种制度"；它用马克思和恩格斯的市场经济理论以及列宁的新经济政策主张，提出利用市场手段发展社会主义市场经济；它还利用马克思主义的联系和发展原理，主张对外开放、发展才是硬道理、科学发展观的第一要义是发展；它也利用马克思主义的科技思想、生态思想和人的自由而全面发展思想，主张科学技术是第一生产力、走可持续发展之路、科学发展观的核心是以人为本，等等。总体来说，当代中国的启蒙运动坚持了马克思主义的指导思想地位，中国特色社会主义理论继承和发展了马克思主义。

当代中国的启蒙运动也发扬"洋为中用"的精神，积极吸收西方文化的优秀成果。汤一介认为，其目的在于"大力吸收其他各种文化的先进因素，把其他国家和民族的优秀文化拿进来，使我们的文化'日日新，又日新'"①。黄见德认为，就是要"吸收外国一切积极成果，用以丰富和发展自己"②。汤一介和黄见德等对于西学东渐以及叶秀山和赵敦华等对西方哲学史及其人物思想的研究表明，1976 年以来是西学东渐的恢复和繁荣时期，西学整体性和深层次地走进中国，影响了中国人的精神世界。西方文化中的流变、进化和过程等观念，被改造用于推进思想理论和中国社会的持续发展；其中的自由、民主、平等、法治、权利、正义和幸福等思想观念，被吸收用于建立社会主义市场经济体制和社会主义核心价值体系，也被用于推进社会主义现代化建设以及国家治理体系和民生的改善；其中的交往理性，被转化用于建立中国社会与世界各国的和谐交往关系，其中的批判精神被用于直面理论和现实问题，推动理论和实践的创新；其中的科技思想和生态主张，被用于推进中国的科技进步和生态文明建设；

---

① 汤一介：《西方哲学东渐史·总序》，载于黄见德《20 世纪西方哲学东渐史导论》，首都师范大学出版社 2002 年版，第 37 页。

② 黄见德：《西方哲学东渐史》下卷，人民出版社 2006 年版，第 988 页。

等等。江泽民曾指出："积极吸收人类所创造的一切优秀文化成果，把它熔铸于有中国特色社会主义之中"①。由于中国特色社会主义理论能不断吸收西学养分，使之为我所用，这样就超越了体用中西之争，中国特色社会主义理论与西学的关系成为引领与被引领、摄取与被摄取的关系，中国特色社会主义理论就有了高度的理论自信。

对于"古为今用"涉及的中国传统文化与马克思主义的关系，列文森曾经在论述"冲击—回应模式"时提出"博物馆"的比喻。"与儒家推崇的孔子不同，共产主义时代的孔子只能被埋葬，被收藏。现在，孔子对传统主义者已不再起刺激作用，因为传统的东西已被粉碎，孔子只属于历史"。② 他把共产主义者的非儒化作为现代的里程碑和往昔的墓碑。列文森的思想观念反映了儒家与马克思主义曾经的紧张关系，但也暴露出一些问题。首先，柯文指出"冲击—回应模式"属于西方中心主义模式，它把中国的近现代化作为只有西方才能引起的变化，妨碍了从中国内部社会文化背景来探索中国社会自身变化的途径。③ 与柯文的中国中心观相适应，萧萐父和许苏民等早期启蒙论者从明清之际寻找中国近现代化的自身资源，他们所承接的侯外庐又曾因明清启蒙哲学回到先秦寻找资源，认为先秦哲学"出现过后世思想方法的胚胎形态"④，这就表明中国的近现代化有本土文化根基和相对独立性。其次，儒家或儒教不能涵盖全部的中国传统文化，道家和道教亦是中国传统文化的重要组成部分。虽然儒家常被认为是中国传统文化的主流或正统，但儒道互补、儒释道三位一体却是中国传统文化的基本格局，道家和道教以"道"的范畴及其规定和深远影响成为中国传统文化的根底。再次，包括儒道等在内的中国传统文化并未走进历史的"博物馆"，它们作为中华文化的连续统，在改革开放以来继续发挥着重要作用。

许纪霖曾以 20 世纪 80 年代的启蒙时代、20 世纪 90 年代的启蒙后时

---

① 江泽民：《在庆祝中国共产党成立七十周年大会上的讲话》，人民出版社 1991 年版，第 21 页。

② ［美］列文森：《儒教中国及其现代命运》，郑大华、任菁译，中国社会科学出版社 2000 年版，第 342 页。

③ ［美］柯文：《在中国发现历史——中国中心观在美国的兴起》，林同奇译，中华书局 1989 年版，第 128—130 页。

④ 侯外庐：《中国早期启蒙思想史》，人民出版社 1956 年版，第 34 页。

代、2000 年以来的后启蒙时代的三个阶段，论述改革开放以来的中国思想①。结合他对这三个阶段以及启蒙和古典主义（又称文化保守主义）等的理解，中国传统文化的复兴发生在 20 世纪 90 年代以后。许纪霖的上述分期虽然具有合理性，但也有些简单。一方面，中国启蒙自 20 世纪 80 年代以来一直在持续；另一方面，自 20 世纪 80 年代开始传统文化就已走向复兴。在经过一番死的与活的、孔子应不应被打倒等的重新评判后，儒家被作为关心国事民瘼、以天下为己任、富国强民、爱岗敬业、尊师重教、人情亲情等可以转化利用的资源。老子之"道"包含的"千尺之台，起于垒土""损有余，而补不足""小国寡民""敝则新""抱一为天下式""大邦者下流"等，也被赋予了当代意义，并且与社会主义初级阶段论的质量统一、社会主义本质论的消除两极分化以及控制人口、改革开放、祖国统一、反对霸权等建立起了联系。"无为"被用于简政放权，"天下难事，必作于易"呈现为改革从农村发起继而进入城市和企业等攻坚领域，"以百姓之心为心"和"高下相盈"等体现为温饱、小康和共同富裕。甘阳曾以"通三统"论述中国传统文化与毛泽东思想和邓小平理论的关系②，此贯通之论虽然具有合理性，但偏于儒而失于道，也未讲清人情、平等与市场之间如何贯通，未利用道家的"无为"说明毛泽东和邓小平如何规避高度集权。应当说，邓小平理论聚合了马克思列宁主义、毛泽东思想、西学以及儒道等多种思想资源，它对"道"的全新注解是中国特色社会主义道路。

关于中国特色社会主义道路，姜义华用现代性的中国重撰，彰显了中国道路的独创性。但他认为现代性源于西方③，却与列文森一样妨碍了从中国内部社会文化背景来探索中国社会自身变化的途径。仅限于《礼记·礼运》的"小康"与当前"小康社会建设"的渊源来处置传统与现代的关系，又显得有些片面简单。就他所论及的与现代性互为表里的科学化、工业化、城市化、市场化、民主化和法治化来看，这种进程在明清时期已有显现。依据侯外庐的"胚胎形态"说以及有关中国科技史、工业

---

① 许纪霖：《启蒙如何起死回生》，北京大学出版社 2011 年版，第 353 页。
② 甘阳：《通三统》，生活·读书·新知三联书店 2007 年版，第 3、46 页。
③ 姜义华：《现代性：中国重撰》，北京师范大学出版社 2008 年版，第 2 页。

史、城市史、商业史和法制史的研究成果①，则可更早地追溯到先秦时期。以道家和道教的科技思想而言，它为李约瑟和金耀基等认同，并在当代的中医药等领域继续发挥功用。作为更早时期出现的现代文化的胚胎形态，老子的"守柔曰强"和"上善若水"，经过重释被用于建立柔性生产方式和服务型政府。虚怀若谷、海纳百川和"为学日益"被用于建立学习型社会，"敝则新"和"蔽而新成"被用于建立创新型国家，破除人为藩篱的"逍遥游"被用于推进城市化进程，反对过度干预的"治大国，若烹小鲜"被用于接引市场体制，"乐推而不厌"被用于宣扬民主，"始制有名"和"大制不割"被用于依法治国，"含德之厚，譬如赤子"和"一曰慈，二曰俭，三曰不敢为天下先"被用于以德治国和反腐倡廉，等等。对于老子之"道"的重释与利用，成为中国人能理解、认同和支持邓小平理论和"三个代表"重要思想的重要文化根基。

为规避西方现代化和现代性的缺陷，中国特色社会主义大力提倡科学发展，道家和道教文化对此予以了积极响应。例如，波娃和勒克莱尔等指出西方现代性的缺陷是男权主义，老子的"柔弱生刚强"和"上善若水"相应地被开发出女权主义思想，在与马克思、恩格斯和列宁的妇女解放思想的应和中，指向消除男女差别，实现男女平等；霍克海默和阿道尔诺等指出西方现代性的缺陷是技术统治，老庄的"天下神器，不可为也"和"不夭斤斧"相应地被诠释为反对技术统治，并与马克思的技术批判思想相呼应，用以消除科学技术的负面影响，实现科学精神和人文精神的统一；贝克和小科布等指出西方现代性的病变造成生态环境破坏和物质主义盛行，老庄的"道法自然""绝巧弃利"和"不为物役"被相应地发掘利用，并与马克思恩格斯的生态思想和异化理论相结合，倡导走可持续发展道路，实现人与自然的协调发展；阿明和施韦卡特等认为崇尚个体和竞争的自由主义导致极端个人主义和两极分化，老子的"挫其锐，解其纷，和其光，同其尘""夫唯不争，故莫能与之争""高者抑之，下者举之"和"知常容，容乃公、公乃全"等相应地被解读为和谐与平等，并与马克思的自由人联合体和平等思想相呼应，用以消除个人、地区和国家之间的差别，实现社会和谐与公平正义。除此之外，老子的"朴散则为器"

---

① 曾雄生的《中国科技史》，刘国良的《中国工业史》，王孝通的《中国商业史》，傅崇兰、白晨曦、曹文明等的《中国城市发展史》，张晋藩的《中国法制史》，都从先秦时期论起。

和"守柔曰强"等被用于促进法律的人性化和柔性化改革，"民之饥，以其上食税之多"和"反者道之动"等被用于取消农业税和社会主义新农村建设。由此不难发现，老子之"道"也呼应和支持了"科学发展观"。杜维明和黄万盛等用儒家的仁礼和敬畏等反思启蒙①，温铁军等用儒家的"反哺"和"民心无常，惟惠是怀"②，提倡建设社会主义新农村和统筹城乡，在对中国传统文化的发掘利用上都有所偏失。毕竟道家和道教也讲敬畏天地自然，道家和道教也深切关怀农民的利益。

　　实现国家富强、民族振兴、人民幸福的中国梦，是中国特色社会主义理论的进一步发展，它为中华民族和全体中国人提供了理想信念、奋斗目标和精神动力。中国人对中国梦的理解离不开两个历史认知，一是成就汉唐盛世式的繁荣富强，二是免受近现代式的殖民统治。然而汉唐盛世深受道家无为而治和天下统一观念的影响，近现代的反抗殖民统治也有道家的自由观念和辩证法思想的支持。因此从历史语境中理解中国梦，仍离不开道家和道教文化。就实现中国梦的现实路径和任务目标而言，强调市场作用和简政放权依恃的"有所为，有所不为"，转化利用了道家的"无为而无不为"；创新预防和化解社会矛盾体制从而维护国家安全，合于道家的"豫兮若冬涉川""解其纷""全乃天"；建立城乡一体的社会保障制度和医药卫生体制，追求的目标正是道家的贵身长生；深化生态文明体制改革和建设美丽中国，也植根于道家"道法自然"和"天地有大美而不言"等生态思想和美学观念。还应明确的是，老子之"道"不仅指通向理想社会的道路，也指理想社会本身。牟钟鉴等将其概括为"安居乐俗"③，党的十八届三中全会将其转化表达为"安居乐业"，它在中国当前的新型城镇化建设以及安居工程和促进就业创业等工作中得以体现。由此而论，中国梦也是道家的梦，是对道家的人生和社会理想的转化表达。

　　改革开放以来的思想状况表明，中学传统与马克思主义规避了曾经的冲突，在广泛深入的对话中形成融通关系。道家和道教文化通过创造性的转化与利用，呼应和支持了中国特色社会主义理论的产生与发展，老子之

---

① 哈佛燕京学社主编：《启蒙的反思》，江苏人民出版社 2007 年版，第 79—81、96 页。

② 温铁军主编：《中国新农村建设报告》，福建人民出版社 2010 年版，第 16 页。

③ 牟钟鉴：《老子新说》，金城出版社 2009 年版，第 252 页。

"道"与马克思的幽灵聚合为中国特色社会主义道路。中国特色社会主义理论和中国道路虽也积聚了儒学和西学等资源，但不能像甘阳和温铁军等那样，限于儒家来讲中国传统文化与马克思主义的融通。事实上，甘阳论述的汉代的大一统，是儒家和道家的共同传统。温铁军承接的梁漱溟，也曾受道家和道教的影响，并且道家和道教也显著关怀农民。由此进一步反观牟宗三和李泽厚的以儒家和儒教确定中国文化的特质和中国人的文化心理结构的思想观念①，刘小枫的"儒教仍然在型塑现代中国"②，都有涵盖文化类型的偏失。毕竟道家和道教也有家国情怀③以及慈爱、敬畏、和谐等思想观念，道家为伸张民众权益所提供的无为和逍遥的自由观、高下相盈和损益相兼的平等观、贵身和长生的生命观、不争和安居乐俗的社会观等，也规定中国文化的特质和中国人的文化心理结构，也形塑着现当代中国。这种特质、类型或心理结构，既能接洽西学，也能与马克思主义作为前现代和后现代的反思现代性的文化资源，合力使中国特色社会主义道路规避西方现代化暴露的缺陷。其中一项突出表现是城乡一体化进程中的新农村建设和新型城镇化建设，它们在追求人与自然协调发展的同时，也谋求使城市化主导下的广大农民，能回向农村守护和再造农业，或不远徙地安居乐业。介于城市化和乡村化之间的新型城镇化呈现出的中道，也是道家哲学的精髓和要义（如老子讲"守中"）。

## 四　未竟的事业

老子之"道"是安居乐俗之道，马克思的幽灵是共产主义的幽灵，两者作为通达天下或世界的社会理想都指向未来，因此关涉人类的希望和历史的归趋。然而当今学者对人类希望和历史归趋的哲学探讨，由于汲取了道家和马克思主义及其之外的多种资源，呈现出错综复杂的局面。例如，张世英基于庄子哲学和宋明理学，把"与万物为一"和"民胞物与"

---

　　① 牟宗三：《中国哲学的特质》，上海古籍出版社 2008 年版，第 139—140 页；李泽厚：《中国现代思想史论》，天津社会科学院出版社 2004 年版，第 37 页。

　　② 刘小枫：《儒教与民族国家·前言》，华夏出版社 2007 年版，第 2 页。

　　③ 《道德经》第 54 章中讲："修之于家，其德乃馀；修之于乡，其德乃长；修之于邦，其德乃丰。"

作为崇高的向往①。赵汀阳基于儒道哲学,主张建立四海一家的天下体系。干春松基于儒家传统,主张以王道政治代替霸权体系。方立天和赖品超基于佛教哲学,主张把人间净土作为终极的社会关怀。汤志均和王翔基于康有为的大同理想,认为大同是中国人长期的期望,大同世界不是一种乌有之乡。与此利用中学传统构建未来世界图景不同的是,穆尔特曼和潘宁博格基于基督教哲学,把上帝国作为终极信仰。哈贝马斯和罗尔斯基于康德的实践理性与永久和平论等,把自由而平等的对话作为对未完成的现代性的重新设计,把自由而合宜的人民社会作为现实的乌托邦。罗蒂基于杜威的实用主义和尼采哲学等,把全球平等的乌托邦作为后形而上学的希望。格里芬基于怀特海的过程哲学,把宗教多元、全球平等和关怀后代利益的后现代社会作为更具希望的世界观。除此之外,亨廷顿和福山显著否定马克思主义和共产主义,认为基督教和天主教等促进了马克思主义和共产主义在东欧的历史终结,认为资本主义而非共产主义是历史的终点。而德里达则认为马克思主义和共产主义能消解资本主义和自由民主体制的霸权;等等。

这些希望哲学或理想规划,反映了全球化时代的思想状况,提供了人类社会发展的多元进路。他们试图超越现实,却大多回向了传统或终结于当下,缺失了批判的彻底性以及明确的前进方向。张世英、赵汀阳、甘春松、方立天和赖品超等发掘了传统文化的优秀价值资源,但回向传统势必引发对儒释道的等级、循环和退守等消极面相的再度批判。尤为重要的是,儒释道已丧失在传统社会中拥有的强大建制功能,只能通过融入或支持当今社会的主流意识形态发挥社会功用。这也是基督教哲学的上帝国理想以及康有为的大同理想共同的境遇,前者还面临世俗化和无神论等的冲击,后者面临着空想社会主义等的评判。格里芬的后现代理想具有倒退倾向,整合资源的前现代和现代都已暴露出缺陷。除此之外,罗尔斯的正义论具有等级性,罗蒂的后形而上学希望主张美国充当世界警察,这种等级主义和强权政治难以真正达到世界正义和永久和平。哈贝马斯的交往理论不仅受到难以达成协调一致和欧洲中心主义等的批判,也非基于全球化时代世界经济的整体关联。亨廷顿和福山基于苏联和东欧的事实否定马克思主义和共产主义,是一种过激过急的反应。正如施韦卡特所言:"世界上

① 张世英:《哲学导论》,北京大学出版社2002年版,第358页。

没有任何其他一个共产党政府——中国、越南、老挝、朝鲜或古巴——崩溃了，也没有任何这样的政府放弃他们的社会主义'遗产'。"① 德里达拥抱马克思主义和共产主义，乃是其解构主义的一种策略。然而解构的后果是碎片化和"哲学的终结"②，全球化却需要找寻全球性的统一性。

对于希望和理想的信仰需要建立在合理性的基础上，然而上述的希望哲学和理想规划都存在合理性的不足和缺陷。问题的解决可以重新回到为老子之"道"与马克思的幽灵搭建起桥梁的黑格尔。他勾画的"光明"从东到西的传递路线，尽管受到雅斯贝尔斯等的批判，但如下内容却不容置疑：首先，人类历史是整体演进的。这是包括伏尔泰、孔多塞、康德和黑格尔等在内的欧洲近代思想家形成的重要理论成果③，他们共同确立了世界历史的观念。其次，文明的演进与国家的兴衰互为表里。黑格尔的光明传递路线，隐含了各国综合实力的兴衰与文明演进的关联。再次，文明的演进与文明的传承互为因果。黑格尔用"光明的传递"表明文明的演进离不开对各种文明的吸收利用，用"扬弃"表明传统滤透性地支持现代。最后，历史的终结与人类的明天同时并存。黑格尔虽然主张历史终结于德国，但是也讲到了美国是"明日的国土"④，因而兼及了过去、现在和未来，也预示了其后德国与美国的力量消长。他所未预见到的是，作为"明日的国土"的美国如今也处在衰落之中。衰落的根源并非来自外部，而是其内在的基本矛盾及其奉行的私利主义和霸权主义。发动战争、称霸世界、干涉他国、监控全球和金融危机等，损耗着它的生命力和文化信誉。美国代表的西方世界要延续生命力和改善文化信誉，就必须建立新的希望哲学。

事实上，西方在19世纪中叶就已经诞生了新的希望哲学，也即马克思主义及其作为理想社会的共产主义。马克思和恩格斯扬弃了黑格尔的历史哲学和世界历史观念，他们通过揭示资本主义的基本矛盾发现了资本主

---

① ［美］戴维·施韦卡特：《反对资本主义》，李智、陈志刚等译，中国人民大学出版社2008年版，第4页。

② 李泽厚、刘绪源：《该中国哲学登场了？》，上海译文出版社2011年版，第2—3页。

③ 伏尔泰的整体性历史观念显见于他的《风俗论》，孔多塞的整体性历史观念显见于他的《人类精神进步史表纲要》，康德的整体性历史观念显见于他的《世界公民观点之下的普遍历史观念》。

④ ［德］黑格尔：《历史哲学》，王造时译，上海书店出版社2006年版，第80页。

义必然为共产主义取代的历史命运，并用五种社会形态论替代了黑格尔的由童年到老年的历史观念；马克思和恩格斯也基于欧洲发达资本主义国家的生产力水平及其世界交往的前提，认为无产阶级革命将在几个主要资本主义国家同时发生。列宁基于世界各国经济政治发展不平衡的规律，指出社会主义革命可以首先在一国或多国取得胜利；马克思和恩格斯还主张扬弃资本主义的科技、民主和道德等文明成果，创建更高水平的文明成果，使之成为每个人自由而全面发展的条件。列宁也指出要学习和利用资本主义一切有价值的东西来发展社会主义；马克思和恩格斯在对资本主义的批判中预设了未来社会，但并不认为共产主义是历史的终点，而认为它是人类自由自觉历史的开端。由此理论及其现实转化来看，罗蒂认为马克思主义和共产主义仅仅具有道德价值①，忽视了其已经并将继续成为现实建制；德里达拥抱马克思主义和共产主义具有解构资本主义的价值，但未明确其取代资本主义的意义；亨廷顿和福山等基于苏联模式的弊端，或将共产主义作为马克思主义的历史终结论，从而否定马克思主义和共产主义，显现出对马克思主义和共产主义的偏见和误解。伊格尔顿则指出："作为有史以来对资本主义最彻底、最严厉、最全面的批判，马克思主义大大改变了我们的世界。由此可以断定，只要资本主义还存在一天，马克思主义就不会消亡。"② 他由资本主义内部显露的城乡差距、贫富不均、经济掠夺、生态危机、全球霸权和道德败坏等顽疾，肯定了马克思主义及其未来社会构想对于根治资本主义顽疾的重要意义。

　　马克思主义的中国化以中国文化为既定前提，而中国文化的根底在于道。与资本主义的文化逻辑相比，老子之"道"具有明显优势。首先，"道"是包容的。老子设定的前提是天地之间的空虚容物的巨大母体，人生于其中并能效法天地，充实而不自满，自由而不自是，相爱而不相害。而西方资本主义设定的逻辑前提是充满、自是、排他的自我，它招致了人际疏离和天人对立，马克思和恩格斯由此主张建立自由人的联合体和"人同自然界的完成了的本质的统一"③。其次，"道"是善下的。老子用

---

　　① ［美］理查德·罗蒂：《后形而上学希望》，张国清译，上海译文出版社 2009 年版，第 319 页。

　　② ［英］特里·伊格尔顿：《马克思为什么是对的》，李杨、任文科、郑义译，新星出版社 2011 年版，第 7 页。

　　③ 《马克思恩格斯文集》第 1 卷，人民出版社 2009 年版，第 187 页。

"江海"和"赤子"等，阐述了大者处下和损上益下的道理；而西方资本主义的文化逻辑是居高临下和弱肉强食，它招致了两极分化和经济危机，马克思和恩格斯由此主张建立公有制以消除贫富差距。再次，"道"是节权的。老子用"我无为，而民自化"和"珞珞如石"等，倡导"权力的自我节制"①；而西方资本主义的文化逻辑是强权即真理和权力意志，它引发了霸权主义和极权主义，马克思和恩格斯由此主张废除国家，实行人们的自我管理。又次，"道"是致和的。老子用"兵者不祥之器"和"乐杀人者不可得志于天下"等，阐述了和而不争的意义；而西方资本主义的文化逻辑则是"战争即和平"②，资本主义为了攫取私利而发动战争背离了人道，马克思和恩格斯由此预设了战争和阶级斗争的消亡。最后，"道"是贵生的。老庄用"贵身""长生"和"死而不亡者寿"，表达了对生命的尊重和热爱；而资本主义的文化逻辑是金钱至上和"向死存在"③，它招致了过劳死和对死亡的恐惧，马克思和恩格斯由此预设了闲适和自由的人生。文化逻辑的正义性与合法性，决定了所设社会理想的正义性与合法性。由此反观老子的社会理想，"老死不相往来"是全球化时代应予丢弃的传统，"小国寡民"是在特定情况下（如人口压力）可借鉴的规划，"虽有舟车，无所乘之；虽有甲兵，无所陈之"可如冯友兰的诠释作为有重要参照价值的图景，"甘其食，美其服，安其居，乐其俗"是应长久持守的梦想。后者与马克思主义的实现每个人自由而全面的发展，在人学意义上具有相通性和互补性。

中国特色社会主义理论是马克思主义中国化的最新理论成果，它坚信人类社会必然走向共产主义的社会理想，又实事求是地立足于社会主义初级阶段的中国国情来建设社会主义，以实现"两个一百年"的奋斗目标。中国特色社会主义理论也内在地继承了老子之"道"的文化逻辑和理想规划，在主张安居乐业的同时，也秉持包容的精神，主张可持续发展和与世界各国共同发展（一个重要的表述是：宽广的太平洋有足够空间容纳中美两个大国）；秉持善下的精神，主张发展成果为人民共享以及南北对

① 王博：《权力的自我节制：对老子哲学的一种解读》，《哲学研究》2010 年第 6 期。

② ［德］乌尔里希·贝克：《世界主义的观点：战争即和平》，杨祖群译，华东师范大学出版社 2008 年版，第 168 页。

③ ［德］海德格尔：《存在与时间》，陈嘉映、王庆节合译，生活·读书·新知三联书店 2006 年版，第 271 页。

话和南南合作；秉持节权的精神，主张简政放权与反对霸权主义和强权政治；秉持致和的精神，主张建立和谐社会与和谐世界；秉持贵生的精神，主张实现公平正义与永久和平。王伟光指出："资本主义对人类社会最大的一个贡献是发明了市场经济，并且发展了市场经济。资本主义在发展进程中，既尝到了市场经济的甜头，又吃尽了市场经济的苦头。"① 中国特色社会主义和中国道路还利用市场经济来发展社会主义，就追求目标来说，却不是资本主义的两极分化，而是共同富裕和共同发展。这样，中国特色社会主义理论和中国道路就有了正义性、合法性和高度的自信。近30多年来，社会主义中国的崛起和西方资本主义的衰落，恰恰印证了老子所谓的"同于道者，道亦乐得之；同于德者，德亦乐得之；同于失者，失亦乐得之"。

马克思和恩格斯曾以消除城乡、工农、脑体差别描述未来社会，道家也通过虚怀若谷、海纳百川、重教施化和为学日益，强调民智与民力的开发。这种学习精神与儒家的为学和重教思想一道，形塑了中华民族和中国文化。它自明清之际转化为学校教育，后进入康有为和孙中山的大同构想，如今在中国特色社会主义理论中获得建立学习型社会和学习型政党的新的表达，其要义就在于消除脑体差别。至于工农城乡，道家用"玄同""大同""抱一为天下式"和"周行不殆"，表明安居乐俗能周遍天下，因而也就能周遍工农城乡。老子又用"负阴而抱阳"，表明"大同"和"一"不拒斥差异性，因此工与农、城与乡就应是和谐共生关系，而非以此代彼的对立紧张。这种追求统一又不拒斥差异的大同思想和文化理路，与儒墨的大同思想一起支持了康有为去界通同的大同书写②，进而转化成为科学发展观的统筹城乡和城乡一体化。由此而论，仅以《礼记·礼运》追溯"大同"的渊源，或仅从西学以及马克思和恩格斯的思想中寻找城乡一体化的理论支持，都存在征引资源的偏失。而且西学传统是古希腊的

① 王伟光：《马克思主义与社会主义的历史命运》，社会科学文献出版社 2013 年版，第 57 页。

② 康有为关于工农城乡关系的重要论述是"大同之世，铁道横织于地面，气球飞舞于天空，故山水齐等，险易同科，无乡邑之殊，无僻闹之异，所谓大同，所谓太平也。……如农工商之所在则不择地，无所不届也。"（康有为：《大同书》，上海古籍出版社 2005 年版，第 248 页）康有为主张去国界而存国，去形界而存形。由此推论，他的去界通同之论，当不属以此抑彼抑或以工代农和以城代乡，而是要彼此协调平衡地发展。

城邦国家确立的以城市、工业和商业为中心的大传统，在西方近代以来造成对农村、农业和农民的巨大破坏。因此在现代化进程中推进社会主义新农村建设和新型城镇化建设，培育社会主义的新型职业农民，是符合中国国情的创造发明，能以协调平衡而非以此代彼的方式，消除工农和城乡的差别。

共产主义是人类的明天，中国道路通向人类的明天，中国特色社会主义理论是通向人类明天的希望哲学。然而我们要清醒地认识到，资本主义制度不会因为侵略战争、金融危机、财政悬崖、监控丑闻等而快速衰亡，社会主义也不会因为改革开放取得巨大成就而很快进入共产主义社会。社会主义与资本主义仍将长期并存，作为关乎全人类解放的未竟事业的共产主义，仍需一代又一代人付出艰辛努力才能实现。为此，我们应像老子所谓的"豫兮若冬涉川，犹兮若畏四邻"和"敦兮其若朴，旷兮其若谷"，立足现实，居安思危，善于学习和利用资本主义的一切优秀文明成果，妥善处理国内与国际的各种矛盾关系，为实现"两个一百年"的宏伟目标和中华民族伟大复兴的中国梦而努力奋斗。作为通向共产主义的阶梯，中国梦也是未竟的事业。实现中国梦需要每个中国人都能凝聚共识和承担使命，也需要团结世界上一切可以团结的力量。实现中国梦并不对他国构成威胁和挑战，这是因为作为中国文化根底的道家文化提倡包容、平等、不扰、和谐、和平、善待他国，基于这种文化的中国特色社会主义谋求与世界各国和平发展、共同发展。当然，中国不会再蹈近代以来饱受殖民入侵之苦的覆辙，"虽有甲兵，无所陈之"仍是和平正义梦想与捍卫此种梦想能力的最佳诠释，而"千里之行，始于足下"仍是人类社会终将走向共产主义的最好说明。

# 五　结束语

习近平总书记在 2013 年的全国宣传思想工作会议中提出了"四个讲清楚"，主张对我国传统文化，对国外的东西，要坚持古为今用、洋为中用，去粗取精、去伪存真，经过科学的扬弃后使之为我所用。考察老子之"道"与马克思的幽灵的对话与融通，可以发现，老子之"道"作为中国文化的独特传统和突出优势，支持了马克思主义的产生和发展，尤为显著地滋养和支持了中国特色社会主义理论的创立和发展。基于老子之"道"

与马克思的幽灵形成的中国特色社会主义理论和中国道路，是具有比较优势的希望哲学和发展道路，它们将通过中国梦的实现以及中国文化与马克思主义的传播，展现自身的正义性与合法性，并为世界所认同和学习。社会在发展，历史在进步，老子之"道"与马克思的幽灵的对话与融通仍将继续。两种隐喻或思想文化体系的开放性诠释与交互式对话，并不会否定，反倒有助于明确人类社会走向社会主义和共产主义的历史归趋。

# 第 四 章

# 洪秀全宗教哲学的辩证性

洪秀全是近代中国历史上的一个农民思想家，且是把基督教当作国家宗教的思想家，因此在学界备受争议。有人认为他以耶反儒，也有人认为他会通耶儒；有人认为他反对满清政权出于宣泄个人情绪，也有人认为他反对满清政权顺应了时代潮流；有人认为他开历史倒车，也有人认为他推动了历史的进步；有人认为他宣扬迷信，也有人认为他崇尚科学；有人认为他搞君权神授，也有人认为他推进了近代民主。正因为如此，洪秀全被侯外庐、冯友兰、冯契、萧萐父和李泽厚等列为中国近代的思想家，但并未有学者将其称为启蒙思想家。究竟洪秀全能否算作中国近代的启蒙思想家，这是值得我们继续探讨的理论问题。当前基督教在中国农村广泛传播的现实，广大农民正在经历现代转型的要求，也使得重新认识和评价洪秀全的宗教哲学显示出必要性。

## 一 洪秀全宗教哲学的形成背景

### 1. 反抗殖民主义入侵的要求

洪秀全领导的太平天国农民运动，是中国近代旧民主主义革命时期第一次反对殖民主义的大规模的群众运动，是在鸦片战争后殖民主义和中华民族之间矛盾激化的基础上发生和发展起来的。马克思曾经指出："中国的连绵不断的起义已延续了十年之久，现在已经汇合成一个强大的革命，不管引起这些起义的社会原因是什么，也不管这些原因是通过宗教的、王朝的还是民族的形式表现出来，推动了这次大爆炸的毫无疑问是英国的大炮，英国用大炮强迫中国输入名叫鸦片的麻醉剂。"①

马克思接着指出："随着鸦片日益成为中国人的统治者，皇帝及其周围墨守成规的大官们也就日益丧失自己的统治权。历史好像是首先要麻醉这个国家的人民，然后才能把他们从世代相传的愚昧状态中唤醒似的。"②鸦片战争不仅导致中国家庭手工业的破坏和自然经济的瓦解，也导致了鸦片泛滥、白银外流、通货紧缩和物价飞涨，农民的负担日益加重。洪秀全目睹殖民主义入侵给中国人民带来的深重灾难，他与冯云山等人利用基督教成立拜上帝会，发动中国广大农民起义，将矛头指向了入侵中国的殖民主义势力，力图建立一个独立完整的中国。

李秀成曾经回忆说："鬼子到过天京，与天王及〔叙〕过，要与天王平分地土，其愿助之。天王云不肯：'我争中国，欲相〔想〕全图，事成平定，天下失笑，不成之后，引鬼入邦。'此语是与朝臣谈及。后〔不〕肯从。"③借助于基督教侵华的殖民主义势力本想瓜分中国，而同样借助基督教发动农民起义的洪秀全则不想殖民主义势力在中国为所欲为和分割中国，在维护中国国家利益上体现出与殖民主义者的根本对立。

2. 反对封建专制统治的需要

洪秀全领导的太平天国农民运动，也是在清王朝封建统治者与广大农民之间矛盾激化的基础上发生和发展起来的，它的矛头也指向了封建专制统治。从人口与土地的关系来看，康雍乾三朝一百五十年的和平与繁荣，促使了人口的迅猛增长，但可耕地并未得到相应增加。人口从 1741 年的 1.43 亿增加到 1850 年的 4.3 亿，而耕地则从 1661 年的 5.49 亿亩增加到 1833 年的 7.37 亿亩，仅增长 35%。在 1812 年到 1833 年间，由于自然灾害的因素，耕地面积出现了负增长，从 7.91 亿亩减少到 7.37 亿亩，而人口却从 3.61 亿增加到了 3.98 亿，这使得人均耕地面积下降到 1.86 亩。④人口增加以及个人土地拥有量的减少，意味着农民负担日益加重。不堪赋税重压，农民纷纷卖掉土地而变成佃户，或流入城市充当挑夫、码头装卸工和水手，或漂洋过海谋求生路，也有些成为盲流、乞丐、无赖和土匪，

① 《马克思恩格斯选集》第 1 卷，人民出版社 1995 年版，第 690—691 页。

② 同上书，第 691 页。

③ 陈周棠主编：《洪秀全集》，广东人民出版社 1985 年版，第 125 页。

④ 罗尔纲：《太平天国革命前的人口压迫问题》，载"中央研究院"《中国社会经济集刊》第 8 卷第 1 期，第 39 页。

变成社会不安定的根源。

从政治方面看，清末满清统治表现出行政无能、腐败盛行、满人堕落、士人失职等的特征。满汉官员的相互钳制严重损害了行政效率，官场中形成了一种息事宁人、做表面文章和敷衍了事的倾向。满人和旗人不能履行保卫王朝的职责，过着懒惰和放纵的寄生生活。受文字狱的影响，知识分子避开政治而埋头故纸堆，造成学问与现实的脱节。他们中不少人邀功请赏，忽视了其作为社会精英应尽的社会责任。在官场中腐败盛行，买官卖官和强索钱财的现象较为普遍，而买官者往往要在其任内捞回买官花费，势必将其转嫁到农民身上，加重农民的负担。

从自然灾害方面看，19世纪40年代和50年代发生了许多自然灾害，比较重大的有1847年河南的严重干旱，1849年湖北、安徽、江苏和浙江等长江沿岸省份的水灾，1849年广西的饥荒，1852年山东省境内黄河自行改道淹没大片地区。几百万人饱受这些自然灾害的困苦，官府的赈济充其量只是敷衍了事，其中的大笔资金在发放时期就被贪污掉了。民众对清朝政府愤恨绝望，很容易投身革命。

3. 批判儒教纲常思想的要求

对于什么是儒教，马克斯·韦伯曾指出："儒教是受过传统经典教育的世俗理性主义的食禄阶层的等级伦理。"[①] 他抓住了儒教的等级制和伦理化的特征。至于儒教与儒家的关系，冯友兰先生曾经指出："董仲舒之主张行，而子学时代终；董仲舒之学说立，而经学时代始。盖阴阳五行家言之与儒家合，至董仲舒而得有一系统的表现。自此以后，孔子变为神，儒家变为儒教。至所谓古文经学出，孔子始渐复为人，儒教始渐复为儒家。"[②]

自从汉代董仲舒提出"罢黜百家，独尊儒术"以来，儒与术相结合，已经呈现出神秘主义的特征。班固作《白虎通义》以及谶纬迷信盛行，孔子被神异化。他们宣扬三纲六纪、三统三正和天命决定，适应了建立大一统的中央政权的要求，但儒家思想已被宗教化。及至魏晋，玄学家王弼和郭象等"贵无崇有"而代天命神学，但是"无不可训"和"各当其能"的思想观念仍未否定儒教的等级伦理。隋唐时期，中国化的大乘佛

---

① ［德］马克斯·韦伯：《儒教与道教》，王容芬译，商务印书馆1995年版，第6页。
② 冯友兰：《中国哲学史》上卷，生活·读书·新知三联书店2009年版，第32页。

教虽提倡"凡夫即佛"和"众生平等"，但崇佛尊神和轮回转世的思想又强化了儒教的等级伦理。宋明理学家虽将天命改造成为天理，但朱熹等提倡的"存天理，而灭人欲"依然强化着儒教的等级伦理。

明清之际的李贽、顾炎武、黄宗羲、王夫之、颜元、戴震等，从中国传统文化和西方文化中汲取民主和科学的思想养分，旗帜鲜明地反对纲常名教。他们提出"商贾亦何可鄙"（《焚书·又与焦弱侯》）、"农商皆本"（《明夷待访录·财计三》）和"商不可缺"（《宋论》卷二）的功利思想，主张"人欲之各得，即天理之大同"（《读四书大全说》卷四）、"理气融为一片"（《存性编》卷二）、"理存于欲"（《存性编》卷二）的功利主义思想，批判了宋明理学的存天理而灭人欲，反映了民族资本主义发展的要求。直至鸦片战争时期，西方的坚船利炮打开中国大门，龚自珍和魏源等在提倡学习西方长技的同时，开始反思中国的制度和文化，批判纲常名教和等级伦理已经成为时代的主题。洪秀全处于时代洪流之中，又在科举考试中未能及第，于是借助基督教反对儒教，以中国农民领袖的身份掀起了耶儒之争。

4. 早期基督教在中国的传播

基督教在唐代即传入中国，时称"大秦景教"或"景教"。它是基督教聂斯脱利派，信奉君士坦丁堡主教聂斯脱利所倡导的教义。唐朝实行经济与文化开放政策，该教派传教士阿罗本等到中国传教。景教传教士善于融会佛教进行传教，对象集中于社会上层。及至唐武宗会昌灭佛，祸及一切外国宗教，景教亦遭毁灭。15—16 世纪随着欧洲列强海外殖民事业的发展，范礼安、利玛窦和罗明坚等西方基督教传教士，用自鸣钟、三棱镜、铁铉琴、日晷仪、《山海舆地全图》等进献明朝皇帝和官员，再度叩开了中国的大门。所有传教士中最著名的是利玛窦，他采取天主教儒学化的策略，从理论上为基督教在中国的大规模传播铺平了道路，并向中国传入了西方天文学、数学、地理学和医学等科学知识。中国官员徐光启、李之藻和杨廷筠等对基督教的保护，为基督教在中国的传播提供了帮助。

利玛窦去世后，龙华民接替了主教职务，他一改利玛窦的天主教儒学化策略，强调儒教和天主教的区别，激化了耶儒之间的矛盾。而中国学者黄贞、李光生和沈潅等则对基督教口诛笔伐，最终于万历四十四年制造了南京教案，形成了耶儒之间的第一次尖锐冲突。清代康熙年间，因传教士在制定历法、传播科技、平定三藩、参与尼布楚条约谈判和绘制地图等方面有功，天主教在中国的传播又形成高潮，中国籍的传教士开始出现。然而来自西方的多明我会、方济各会和外方传教会等再度背离利玛窦的传教策略，按照罗马教廷的指示要求中国教徒严格遵守天主教戒律，遂挑起了礼义之争，导致康熙王朝对基督教政策的转变，统治者用禁教政策和闭关锁国的方法巩固天朝大国的地位。

雍乾嘉三朝亦实行禁教政策，并引发多起教案。鸦片战争时期，中西方的实力和地位已经不可同日而语，以强大的国家实力为后盾，西方传教士彻底放弃了利玛窦时代谦逊忍让的态度，开始盛气凌人地获取在华传教的特权。传教士中有人叫嚣着"用战争把中国开放给基督"，直接为殖民主义者入侵中国提供服务。西方传教士长期向中国传播基督教，为洪秀全的宗教哲学提供了重要的思想来源，基督教与儒教的对峙也规定了洪秀全宗教哲学的一个基本走向。

## 二　洪秀全宗教哲学的基本主张

### 1. 力遵天诫的神学思想

我国封建时代的神权，从儒教到佛教和道教，形成了一个庞大繁杂的体系。洪秀全利用基督教作为一神教的排他性，塑造了一个反对本土宗教的"皇上帝"，扫荡封建时代的神权体系。他讲："皇上帝天下凡间大共之父也，进而中国是皇上帝主宰化理，远而番国亦然；远而番国是皇上帝生养保佑，进而中国亦然。"① 既然皇上帝是天下之共父，人们就要遵循皇上帝之真道。他讲："惟愿天下凡间我们兄弟姊妹，跳出邪魔之鬼门，循行上帝之真道，时凛天威，力遵天诫，相与挽已倒之狂澜。行见天下一家，共享太平。"② 洪秀全所谓的"真道"和"天诫"，主要包括崇拜皇上帝、不好拜邪神、不好妄题皇上帝之名、七日礼拜颂赞皇上帝恩德、孝顺父母、不好杀人害人、不好奸邪淫乱、不好偷盗劫抢、不好说谎话、不好起贪心。③

在洪秀全看来，"皇上帝"是唯一的真神，人们只能拜"皇上帝"而

---

① 陈周棠：《洪秀全集》，广东人民出版社 1985 年版，第 12 页。
② 同上书，第 13 页。
③ 同上书，第 145—147 页。

不能拜其他的任何神。他讲："开辟真神惟上帝，无分贵贱拜宜虔"，"五行万物天造化，岂有别神宰其中"，"勿拜邪神，须作正人"①。依据这种排他性的宗教神学观念，他把中国几千年来形成的包括儒教、道教和佛教的神灵体系，都宣布为"阎罗妖"或"邪神"，要予以排除和打倒。他讲："阎罗妖乃老蛇、妖鬼也，最作怪多变，迷惑缠捉凡间人灵魂。天下凡间我们兄弟姊妹所当共击灭之，惟恐不速也。"②

对于千百年来人们所推崇的孔子，洪秀全也予以了批判。他把孔子宣布为"妖人"，把儒家的典籍宣布为"妖书"，认为孔子不曾发挥真理。孔子遗传的书"甚多差谬，连尔读之，亦被其书教坏了"③。这种以基督教反对儒教的状况，就在耶儒之间形成了对峙。但他所讲"皇上帝"和"兄弟姐妹"等，也体现了对儒教思想的吸收。在定都南京后，洪秀全和杨秀清提出的"孔孟之书不必废，其中有合于天情道理者亦多"，也体现了他对儒教的某些认同。

2. 无不均匀的大同理想

洪秀全以基督教反对儒教，意在打击以儒教支撑的封建专制统治，号召农民推翻清朝统治，建立天下大同的太平天国。他讲："天下多男子，尽是兄弟之辈，天下多女子，尽是姊妹之群，何得存此疆彼界之私，何可起尔夺我并之念。是故孔丘曰：'大道之行也，天下为公，选贤与能，讲信修睦。故人不独亲其亲，不独子其子，使老有所终，壮有所用，幼有所长，鳏寡孤独废疾者皆有所养。男有分，女有归。货恶其弃于地也，不必藏于己；力恶其不出于身也，不必为己。是故奸邪谋闭而不兴，盗窃乱贼而不作，故外户而不闭，是为大同。'"④

洪秀全除利用儒家经典《礼记·礼运》来讲述他的社会理想，也用基督教的平等观念构建天朝田亩制度。他讲："凡分田照人口，不论男妇。算其家口多寡，人多则分多，人寡则分寡，杂以九等，如一家六人，分三人好田，分三人丑田，好丑各一半。凡天下田，天下人同耕，此处不足则迁彼处，彼处不足则迁此处。凡天下田，丰荒相通，此处荒，则移彼

---

① 陈周棠：《洪秀全集》，广东人民出版社1985年版，第6页。
② 同上书，第14页。
③ 同上书，第152页。
④ 同上书，第12页。

丰处以赈此荒处，彼处荒，则移此丰处以赈彼荒处，务使天下共享天父上主皇上帝大福，有田同耕，有饭同食，有衣同穿，有钱同使，无处不均匀，无人不保暖也。"①

在政治制度方面，洪秀全制定了每岁一举、有赏有罚和有升有贬的人事制度。但垂直分工的官僚体制和最终由天王降旨主断的裁决制度，依然体现出等级制的特征。在教育制度方面，洪秀全规定："凡内外诸官及民，每礼拜日听讲圣书，虔诚祭奠，礼拜颂赞天父上主皇上帝焉。每七七四十九礼拜日，师帅、旅帅、卒长更番至所统属两司马礼拜堂讲圣书教化民，兼察其遵条命与违条命及勤惰。"② 这种等级制的官僚体制和附魅的教育方式，依然保留了某些传统礼制的成分以及传统政治中以宗教神秘主义教化民众的特征，目的在于巩固新的统治秩序。

3. 振兴器技的科技思想

处于鸦片战争之后的洪秀全，无疑感受到了西方科技文明的巨大威力。他与洪仁玕一道大力提倡发展民族的科学技术。《资政新篇》中规定："兴车马之利，以利便捷为妙。倘有能造如外邦火轮车，一日能行七八千里者，准自专其利，限满准他人仿做。若彼愿公于世，亦禀准遵行，免生别弊。"洪秀全对此批复为："此策是也。"③ 此项政策是交通业的知识产权规定，肯定和保护私人专利，意在促进民族交通业的发展。

《资政新篇》中也规定："兴舟楫之利，以坚固轻便捷巧为妙，或用火用气用力用风，任乎智者自。创首创至巧者，赏以自专其利，限满准他人仿做，若愿公于世，亦禀明发行。兹有火船气船，一日夜能行二千余里者，大商则搭客运货，国家则战守缉捕，皆不数日而成功，甚有裨于国焉。若天国兴此技，黄河可疏通其沙，而流入于海，江淮可通有无，而缓急相济，要隘可以防患，凶旱水溢可以救荒，国内可保无虞，外国可以通和好，利莫大焉。"洪秀全亦批复为："此策是也。"④ 此项政策是航运业的知识产权规定，鼓励和保护私人产权，意在促进民族航运业的发展，并与外国通和好。

---

① 陈周棠：《洪秀全集》，广东人民出版社 1985 年版，第 167—168 页。
② 同上书，第 172 页。
③ 同上书，第 173 页。
④ 同上书，第 174 页。

《资政新篇》中还规定："兴器皿技艺。有能造精奇利便者，准其自售，他人仿造，罪而罚之。即有法人而生巧者，准前造者收为己有，或招为徒焉。器小者赏五年，大者赏十年，益民多者年数加多，无益之物，有责无赏。限满他人仿做。"洪秀全也批复为："此策是也。"① 此项政策是器皿制造业的知识产权规定，以国家法律保护私人经营，意在促进民族制造业的发展。《资政新篇》的上述规定虽然因军事局势的紧张而未能实行，使新天新地新世界的规划最终流于空想。但它主张采用近代科学技术，鼓励发明创造，保护和奖励私人发明，给农民指出了一条以科学和民主的方式发展资本主义的道路，反映出了当时中国社会和中国农民迫切要求打破封建束缚，向着资本主义发展的历史趋势。

4. 通商兴邮的功利思想

除了上述发展科学技术的政策规定外，洪秀全和洪仁玕还制定了发展矿业、银行业和邮政业的政策。《资政新篇》中规定："兴宝藏。凡金、银、铜、铁、锡、煤、盐、琥珀、蠔壳、琉璃、美石等货，有民探出者准其禀报，爵为总领，准其招民采取。总领获十之二，国库获十之二，采者获十之六焉。倘宝有丰歉，则采有多少，又当视所出如何，随时增减，不得匿有为无也。此为大财地宝，虽公共之物，究亦枕近者之福，小则准乡，大则准县，尤大者准省及省外之人来开采也。"洪秀全批复为："此策是也。"② 此项政策为开采地矿的权益规定，以国有私营和利益分成的方式进行开采，意在促进民族采矿业的发展。

《资政新篇》中又规定："兴银行。倘有百万家财者，先将家资契式禀报入库，然后准颁一百五十万两银纸，刻以精细花草，盖以国印图章，或银货相易，或纸银相易，皆准每两取银三厘。或三四富民共请立，或一人请立，均无不可也。此举大利于商贾士民。"洪秀全亦批复为："此策是也。"③ 此项政策为兴办银行业的制度规定，以合伙入股和国家名义发行的方式进行经营，意在促进民族金融业的发展。

《资政新篇》中还规定："兴邮亭以通朝廷文书，书信馆以通各色家信，新闻馆以报时事常变，物价低昂，只须写实，勿着一纸浮文。倘有沉

---

① 陈周棠：《洪秀全集》，广东人民出版社 1985 年版，第 174 页。

② 同上书，第 175 页。

③ 同上书，第 174 页。

没书札银信及伪造新闻者，轻则罚，重则罪。邮亭由国而立，余准富民纳饷，禀明而设。或本处刊卖，则每一日一篇，远者一礼拜一篇，越省则一月一卷，注明某处某人某月日刊刻，该钱若干，以便远近采买。"洪秀全也批复为："此策是也。"① 此项政策为邮政和报刊业的制度规定，意在以国营方式促进民族邮政业和新闻出版业的发展。洪秀全和洪仁玕主张采用公私兼营的方式发展民族采矿业、银行业、邮政业和新闻出版业，提倡保护和奖励私人资本，反映了中国农民要求以科学和民主的方式打破封建主义束缚、发展资本主义的时代要求。

# 三 洪秀全宗教哲学的历史转向

## 1. 神学信仰的去主流化

洪秀全对抗儒教思想和封建统治，为中国农民求利益，借用了基督教的上帝观念，预设了一个"皇上帝"的思想前提，使得他的政治观带有鲜明的宗教神秘主义特征。其后康有为和梁启超提倡变法和新民，对儒家思想多有继承。康有为虽曾把孔子神化为"大地教主"②，但也曾指出"神圣仙佛"是导致人生痛苦的原因之一。③ 梁启超更提出"保教非所以尊孔"④，赋予孔子提倡思想自由的至圣先师的意义。他已经不再借助于宗教神秘主义，预设一个神灵作为理论前提。孙中山虽是基督徒，但他提倡实行"三民主义"和"五权宪法"，也不再借助于宗教神秘主义的预设。他们深受近代西学影响，把科学、民主、平等和进步等作为人类理性的结晶。

1900 年因反对帝国主义爆发的义和团运动，强化了本土文化与外来文化的尖锐对立。这场中国基督教发展史上的空前灾难，使基督徒的传教事业受到严重摧残。但在经历这场具有斩尽杀绝性质的武力批判的灾难后，基督教却奇迹般地得到恢复，并在民国年间顺利发展。20 世纪上半叶比 19 世纪基督教徒人数的增长还要快 10 倍，且未有全国性的教案发

① 陈周棠：《洪秀全集》，广东人民出版社 1985 年版，第 174 页。
② 《康有为全集》第 3 卷，中国人民大学出版社 2007 年版，第 111 页。
③ 康有为：《大同书》，上海古籍出版社 2005 年版，第 10 页。
④ 吴松等：《饮冰室文集点校》第 3 集，云南教育出版社 2001 年版，第 1343 页。

生。我国宗教学者牟钟鉴和张践认为，基督教在中国顺利发展的原因，除西方国家的继续支持、庚子赔款的使用、社会交通运输和新闻传播事业的发展外，也有西方基督教会改变传教策略、中国社会文化氛围改善以及对义和团运动引发八国联军侵华的反思等方面原因。①

义和团运动使西方传教士清醒地认识到，试图使中国基督化，在文化上彻底地征服中国是不可能的，于是重新采用利玛窦的对中国文化认同的策略，试图达成耶儒之间的和谐。1912 年 3 月南京政府颁布的《中华民国临时约法》规定"人民有信教之自由"，人民的信教权力得到了法律保证。基督教虽从此开始变成合法宗教，但宗教神学信仰已淡出主流意识形态领域，转为个人或民间的信仰。而民族自决意识和科学实证精神已经得到增强，并且李大钊等人掀起了一场建立以民主和科学为本的新文化、新思想和新道德，以摆脱宗教束缚的非宗教运动。在这种情势下，基督教自立教会和本色教会运动也应运而生，由中华基督教自理会和广州兴华浸信自理会等，实行教会的自治、自养、自理和自传，从神学思想上去除西方文化色彩，力主基督教的教义、礼仪、表达方式要与中国文化相结合。

2. 大同理想的重新撰写

洪秀全借助《礼记·礼运》和基督教的平等观念描绘的太平天国，只是限于国内来谈大同理想，未能提供中国大门被殖民势力打开后需要创建的世界秩序。他设计的天朝田亩制度，主要规定了土地国有和平均地权，在政治体制上保留了等级制的规定，在思想上主要体现为宗教信仰的教育。康有为随后借助包括基督教哲学在内的西学和中国传统哲学重新撰写了大同理想，他认为现实世界是一个充满人生痛苦的世界，理想的大同世界是一个极乐的世界。去苦至乐就必须去国界合大地、去级界平民族、去种界同人类、去形界保独立、去家界为天民、去产界公生业、去乱界治太平、去类界爱众生，以至去苦界至极乐。康有为的大同理想与洪秀全的社会理想规划既有同也有异。如康有为提出的"举天下之田皆为公有"，与洪秀全提出的"凡天下田天下人同耕"基本相同；康有为提出的"去形界保独立"，与洪秀全那里的男女平等精神一致。但康有为提出的"使天下之工必尽归于公"和"举全地之商业皆归于公政商部统之"②，则与

---

① 牟钟鉴、张践：《中国宗教通史》，社会科学文献出版社 2003 年版，第 1144—1146 页。

② 康有为：《大同书》，上海古籍出版社 2005 年版，第 239、242 页。

洪秀全主张的工商业公私兼营有了分别；康有为提出的去国界合大地、去级界平民族和去种界同人类具有鲜明的世界主义特征，与洪秀全的爱国主义也有分别。康有为主张以儒家的礼乐政教或圣人智术广施教化，不同于洪秀全的基督教信仰教育。

梁启超也吸收了包括基督教哲学在内的西学的养分，力图改造儒家学说重新规划社会理想。他主张以进化主义、平等主义、兼善主义、强立主义和博包主义改造孔子思想，并以孟子的君轻民贵论述大同理想。他认为大同社会的特征在于，实行民主政治、贫富差别消失、消除战争、男女平等和思想自由等。[①] 梁启超虽从包括基督教哲学在内的西学中吸取了进步、平等和博爱等思想养分，但他借助于改造孔孟思想而重新规划大同理想，同康有为一样深层次地反映出作为新儒家学者以儒抗耶的思想倾向。

作为基督徒的孙中山也吸取了基督教哲学中进步、平等和博爱等思想养分，他接续洪秀全等再度阐述了大同理想。他讲："我们要将来能够治国平天下，便先要恢复民族主义和民族地位。用固有的道德和平做基础，去统一世界，成一个大同世界，这便是我们四万万人的大责任。"[②] 孙中山以"三民主义"建设大同理想，旧三民主义的"驱除鞑虏""推翻帝制"和"平均地权"将矛头指向了满清统治，深层次地延续了洪秀全的以耶抗儒的思想倾向。新三民主义明确提出反对帝国主义、外国的民权办法不能做我们的标准以及节制资本，深层次地反映出孙中山的宗教文化心态具有中国特色和爱国情怀。他晚年教育国民党人联俄、联共和扶助农工，体现出了对于发动广大民众的重视和对共产主义的向往与认同。而陈独秀、李大钊和毛泽东等传播马克思主义，把共产主义作为社会理想，所追求的价值目标是工农大众的自由和解放。

3. 科学技术的持续弘扬

洪秀全和洪仁玕振兴器技的科技思想，体现出他们作为基督徒的崇尚科学、注重发展民族科技事业的文化心态。这种崇尚科学的时代精神，延续了龚自珍和魏源等"师夷长技以制夷"的价值追求，并在其后的中国思想家那里得以持续弘扬。康有为和梁启超以儒学的格物致知接引了西方的科学技术，并把发展科技作为了时代要务。康有为从物质救国的意义上

---

① 吴松等：《饮冰室文集点校》第 3 集，云南教育出版社 2001 年版，第 1336—1337 页。
② 孙中山：《孙中山全集》第 9 卷，中华书局 2006 年版，第 253 页。

提倡发展科学技术，体现出很强的功利主义色彩。他讲："中国数千年之文明实冠大地，然偏重于道德哲学，而于物质最缺然。即今之新物质学，亦兼一二百年间诞生之物，而非欧洲凤昔所有者。……故方今竞新之世，有物质学者生，无物质学者死。"①康有为提倡的科学，包括天文学、物理学、化学、数学、机械学、电学、材料学、测量学和建筑学等。而最具代表性的是达尔文的进化论，康有为借此提出了"渐进"的观念。他强调的技术包括造船、开矿、制钢、汽电、枪炮、钟表、印刷、纺织、医疗和海战等②，比洪秀全和洪仁玕的科技思想中所涉及的内容更加全面，有些也更加先进。

梁启超深受边沁的影响，明确地提倡乐利主义，并在此前提下发展科学技术。他曾以"格致学"称谓科学，包括天文学、数学、物理学、化学、生物学和医学等。③他提倡的科学最具代表性的也是进化论，并借此提出了"进步"的观念。他强调的技术包括航海术和医术等，并阐述了学与术之间的关系。他指出："学者术之体，术者学之用，二者如辅车相依而不可离。学而不足以应用于术者，无益之学也；术而不以科学上之真理为基础者，欺世误人之术也。"④

孙中山也是功利主义的倡导者，他以中国化的知行观接引了西方的科学技术。孙中山提倡的科学，最具代表性的也是进化论，他又借此提出了"进步"和"发展"的观念。他强调的技术，包括炼钢、造船、飞机、铁路、潜艇、坦克、建筑、农器、化肥、蒸汽和电气等。⑤康有为、梁启超和孙中山同洪求全和洪仁玕一样，从西方科技文明中汲取养分，大力倡导科学救国和功利主义，体现出近代中国社会发展的一般趋势。至陈独秀、李大钊等把马克思主义作为科学，毛泽东又提出把马克思主义普遍真理同中国实际相结合，科学救国才最终找到了成功之路。

4. 民主意识的不断增强

洪秀全在保留传统礼制的基础上实行每岁一举和有升有贬的人才推举制度，是对明清时期八股取士的科举制度的反动，体现出某些民主化的倾

---

① 康有为：《康有为全集》第 8 卷，中国人民大学出版社 2007 年版，第 63 页。

② 同上书，第 64—101 页。

③ 吴松等：《饮冰室文集点校》第 1 卷，云南教育出版社 2001 年版，第 502—509 页。

④ 吴松等：《饮冰室文集点校》第 4 卷，云南教育出版社 2001 年版，第 2246 页。

⑤ 孙中山：《孙中山全集》第 6 卷，中华书局 2006 年版，第 157—398 页。

向。其后，康有为向光绪皇帝上呈了《请废八股以育人才折》，促成了光绪皇帝下诏废除八股取士的科举考试制度。他指出："夫八股取士，非我祖宗之制，实前明鄙陋之法也。……出题既多重复，文艺尤多陈因，侮圣填曲，捐书绝学；……故言科举不可变、八股不可废者，与为敌国作反间者无以异也。……伏望皇上上法圣祖，特旨明谕天下，罢废八股，自岁科试以致乡会试及各项考试，一律改用策论。"[1] 康有为随后又发表了《孔子改制考》，宣称孔子伪造圣人的目的是借此提倡民主政治。比如《书经·尧典》中的"咨四岳"，康有为解释为孔子主张民主共和。其中的"宾四门"，康有为解释为孔子主张"辟四门开议院"。[2] 他将《公羊传》中的"始于文王，终于春秋"，解释为孔子主张政治制度的演变是从君王时代走向民主时代，目的是要后世的君主推行民主政治。康有为认为从西汉以来孔子学说的精华被湮没了，从而使中国之民两千年来为暴主、夷狄之酷政所统治。[3] 只有把孔子学说中的民主主义精神发扬光大，中国才能得救。

梁启超也是近代民主的积极倡导者，他作《新民说》论述自由问题，主张在合群的基础上保持个人的克己和自主以及民族的自治。他又作《论专制政体有百害于君主而无一利》和《立宪法议》等，主张实行君主立宪制的政体。在他看来专制政体有百害于君主而无一利，贵族专政、女主擅权、嫡庶争位、统绝拥立、宗藩移国、权臣篡弑、军人跋扈、外戚横恣、金壬朘削、宦寺盗柄等十种现象之所以发生，莫不在于专制政体。因此专制政体，实数千年来破家亡国之总根源。[4] 破专制政体当立君主立宪政体，与民主立宪的竞争太烈和君主专制政体的视民如草芥相比，君主立宪政体是最优良的政体，它能用民权限制君权，使得君主能更好地爱民。[5]

与梁启超不同的是，孙中山彻底反对君主制。他在东京《民报》创刊周年庆祝大会的演说中指出："中国数千年来，都是君主专制政体，这

---

① 康有为：《康有为全集》第4卷，中国人民大学出版社2007年版，第295—296页。

② 康有为：《康有为全集》第3卷，中国人民大学出版社2007年版，第152页。

③ 同上书，第3页。

④ 吴松等：《饮冰室文集点校》第2集，云南教育出版社2001年版，第912页。

⑤ 同上书，第920—921页。

种政体，不是自由平等的国民所堪受的。"① 在孙中山看来，洪秀全领导
的太平天国的失败，是因为革命后仍不免为专制；改良派的政治路线之所
以错误，就在于企图把君主制度保留下来。他为此坚决反对封建帝制，主
张实行民主共和，建立民主立宪制政体。新三民主义时期，孙中山又发现
西方民主宪政的弊端，主张反对帝国主义以维护民族独立，并实行有别于
西方民主政治的五权宪法。而至陈独秀、李大钊和毛泽东等人宣扬马克思
主义，则主张实行人民民主和无产阶级专政，政治协商制度和人民代表大
会制度随着新中国的诞生得以确立。

# 四　洪秀全宗教哲学的总体评价

## 1. 以耶反儒具有时代性

在中国近代史上，洪秀全第一次用外来文化和太平天国运动，发动了
对儒教思想和清政府的强有力挑战，推动了中国社会和思想文化的近代化
转型。对于洪秀全及其宗教哲学是否推动了中国社会和思想文化的近代化
转型，冯友兰先生曾经指出："洪秀全和太平天国所要学习而搬到中国来
的是西方中世纪的神权政治，那正是西方的缺点。西方的近代化正是在和
这个缺点的斗争中而生长出来的，中国所需要的是西方的近代化，并不是
西方中世纪的神权政治。洪秀全和太平天国如果统一了全国，那就要使中
国倒退几个世纪。"② 冯友兰先生看到了洪秀全的宗教哲学的重要缺陷，
因此持倒退论的评定。而冯契先生则以洪秀全和洪仁玕从基督教思想中提
取平等，主张学习西方科学技术，革新政治，发展资本主义经济，反对纲
常名教，反对帝国主义和封建政治，认为洪秀全和洪仁玕的思想是"神
学外衣下的革命世界观"。③ 冯契先生抓住了洪秀全和洪仁玕思想的积极
方面，因此持革命论的评定。

李泽厚对太平天国的评价居于冯友兰和冯契之间，他对洪秀全的心态
进行了分析。李泽厚认为太平天国运动表现了农民阶级在政治、经济、文
化各方面对地主阶级进行空前的思想反抗和暴力冲击，但平均主义、禁欲

---

① 孙中山：《孙中山全集》第 1 卷，中华书局 2006 年版，第 325 页。
② 冯友兰：《中国哲学史新编》第 6 册，蓝灯文化事业股份公司 1991 年版，第 78—80 页。
③ 冯契：《中国近代哲学的革命进程》，上海人民出版社 1989 年版，第 66—72 页。

主义和宗教迷信等小生产者的意识形态却无法挣脱封建生产方式所带来的局限，缺乏近代资产阶级基于新的生产力和生产方式的经济基础所产生的民主主义等重要内容，因此突出地表现了农民阶级意识形态这种革命性与封建落后的两重性。[①] 李泽厚甚至提出，洪秀全是在四次科考失败后下意识地从《劝世良言》中提取思想养分，反对儒释道等传统观念，要求报复与反抗满清政治制度，以宣泄自己的满腔愤慨。

洪秀全的宗教哲学固然有其不可克服的缺陷，但历史地看来，洪秀全处于近代的早期，且近代又是从封建制向资本主义转型的历史时期。洪秀全的宗教哲学带有封建残余势所难免，也带有对清政府的不满情绪。但他能够学习西方、吸收耶教、反抗封建制度，却迎合了时代要求，并最终促成康有为、梁启超和孙中山等学者依托于中学并借鉴包括基督教哲学在内的西学，提倡改制、变法和革命，从而汇聚成了一股时代的洪流。我们既要像冯友兰先生那样认清洪秀全宗教哲学内含封建残余和神学迷信成分，也要像冯契先生那样肯定其宗教哲学的革命性。这将有助于我们发现洪秀全思想及其领导的太平天国运动的积极意义，发现他所代表的中国农民如何推动了中国社会和思想文化的近代转型。

2. 宗教信仰具有世俗性

洪秀全的宗教哲学是基督教哲学的中国化，具有世俗化的倾向和特征。洪秀全的宗教哲学兼容了儒教和佛教的思想内容，他将基督教的上帝观念改造成皇上帝，将自己与上帝耶稣攀上亲，称上帝是"老亲"而耶稣是"太兄"。[②] 虽然这种理解完全破坏了基督教三位一体的原理，令当时的外国传教士啼笑皆非，甚至反过来支持清政府围剿太平军，也被有些中国学者称为不伦不类。但是教义上的冲突却反映了洪秀全对基督教做的中国化和世俗化的努力，这种努力的目的不仅在于反对以儒教支撑的满清政府，也尤其在于反对一些基督教传教士所帮扶的帝国主义。

作为一名深受传统文化熏陶的中国人，洪秀全将西方人信仰的上帝称为"老亲"，将耶稣称为"太兄"，这就将西方的神灵改造成了中国的神灵，将来自西方的基督教中国化了。在他扫荡中国传统的一切神灵体系的同时，又将西方人称作耶和华的上帝改称为"皇上帝"，在保留了封建皇

---

① 李泽厚：《中国近代思想史论》，生活·读书·新知出版社 2008 年版，第 1—2 页。

② 陈周棠：《洪秀全集》，广东人民出版社 1985 年版，第 13、128 页。

权成分的同时，为反对满清统治和建立新的太平天国的统治方式提供了最终依据。他将"不好拜邪神、孝顺父母、不好杀人害人、不好奸邪淫乱、不好偷盗劫抢、不好说谎话"等列为天诫，体现了与儒教伦理的某些相通。他所谓的"老亲"和"太兄"，依循儒教的亲属性和属人性的理路，在神人之间建立了亲属联系，在彰显他对基督教进行中国化改造的同时，也做出了将基督教世俗化的努力。

这种将基督教进行世俗化改造的理路，仍可见儒家"敬鬼神而远之""未能事人，焉能事鬼"和"未知生，焉知死"的影响。正如孙中山在《三民主义》中所论述的："洪秀全所行的经济制度，是共产的事实，不是言论。"① 这种世俗化改造的终极意义，就是要建立不同于基督教所谓的存在于来世的幸福天堂，而是要建立民众当下所在的极乐人间，他将其称为"太平天国"。这种无不均匀和鳏寡孤独皆有所养的太平天国，不能由西方殖民者分割和宰制，而只能由中国人统辖并由中国民众所共享，因此透射出民族主义和爱国主义的情怀。洪秀全将西方的基督教进行中国化和世俗化改造的努力，深刻地影响了康有为、梁启超和孙中山等。他们在改造利用西方文化的同时，也主要从中国化和世俗化出发构建社会理想。其后中国的马克思主义者如李大钊、陈独秀和毛泽东等，也依循上述中国化和世俗化的理路构建社会理想。

3. 通商兴利具有先进性

洪秀全是中国近代史上有着工业化和现代化追求的农民思想家，这体现出了他思想的先进性。如果说早期的洪秀全接受西方的基督教而使他的思想呈现出宗教神秘主义的特征，而到后期受洪仁玕等的影响，赞同兴车马之利、舟楫之利、器皿技艺以及兴宝藏、银行和邮政，则体现了其思想的先进性。冯友兰先生认为："洪秀全和太平天国是主张向西方学习的，但所要学习的是西方的宗教，是西方中世纪的神权政治，这就与近代维新的总方向和中国近代史的主流背道而驰了。中国近代维新的总方向是工业化和学习西方的科学技术，洪秀全和太平天国的神权政治却要把中国中世纪化、宗教化。"② 冯先生过于强调了洪秀全向西方学习基督教的方面，而弱化了洪秀全赞同学习西方科学技术，接受西方功利主义思想的方面。

---

① 《孙中山全集》第 9 卷，中华书局 2006 年版，第 230 页。

② 冯友兰：《三松堂全集》第 10 卷，河南人民出版社 2001 年版，第 347 页。

　　事实上在洪秀全之前，西方文化向中国的传播，主要是由基督教传教士进行的，他们传播到中国的思想文化，既有基督教也有科学技术。洪秀全由学习西方的基督教到认同西方的科学技术，从某种意义上来说正是传教士将两者兼容在一起向中国传播的结果。作为一个农民革命家，洪秀全主张向西方学习，赞同发展科学技术，赞同与世界各国通商，承接了林则徐和魏源的"睁眼看世界"和"师夷之长技"，突破了封建体制下的夜郎自大和故步自封，体现了中国农民发展资本主义的要求。这样的世界眼光、科学精神和功利主义倾向，是与中国近代启蒙运动的总趋势和价值目标相吻合的。

　　也正因为如此，毛泽东在《论人民民主专政》中指出："自从一八四零年鸦片战争失败那时起，先进的中国人，经过千辛万苦，向西方国家寻找真理。洪秀全、康有为、严复和孙中山，代表了在中国共产党出世以前向西方寻找真理的一派人物。"[1] 毛泽东把洪秀全视为近代向西方学习的人之一，并肯定了其人及其思想的先进性。及至康有为、王韬、梁启超、严复和孙中山等游学西方，向西方寻求真理，主张中国发展资本主义，他们的世界眼光，倡导的科学和民主精神以及功利主义思想，从本土文化的接引上来看，逻辑和历史地承接了洪秀全和洪仁玕的思想。李大钊、陈独秀和毛泽东等人宣扬科学和民主，也逻辑和历史地承接了洪秀全以来的中国近代科学和民主思想。

　　4. 人文关怀具有特殊性

　　洪秀全是近代中国农民利益的代表，是中国近代史上第一个发动农民进行革命的农民思想家，由他领导的反对封建主义和帝国主义的太平天国运动反映了中国农民的利益，也最初彰显出中国革命的特殊性。由早期的信奉基督教，到后期制定《天朝田亩制度》，并肯定洪仁玕的《资政新篇》，他一生所要解决的是中国农民的进路问题。他的革命情怀、科学精神和功利思想，预示了中国农民也会自觉地突破封建帝制的桎梏，从而走向资本主义。与龚自珍和魏源有所不同的是，洪秀全看到了农民的力量。他为了发动革命和宣传革命，与冯云山等建立拜上帝会，创作警训和诗歌宣传革命，制定以平均地权为核心的革命纲领，在中国近代史上第一次将革命的触角深入到农村，以对占中国绝大多数人口的农民的利益关怀，发

---

① 《毛泽东选集》第 4 卷，人民出版社 1991 年版，第 1469 页。

动他们投身到革命的洪流中来。他们建立的拜上帝会，作为中国化的民间性宗教组织，起到了组织农民的作用。康有为和梁启超等创立的强学会和保国会，孙中山等创立的兴中会、同盟会和中国国民党，李大钊、陈独秀和毛泽东等创立的马克思主义学说研究会和中国共产党，都是洪秀全创建的农民组织的历史演化，起到了组织和领导群众的作用。

洪秀全创作的警训和诗歌等，作为中国化的基督教典籍，发挥了教化民众的作用。其后康有为和梁启超等公车上书并作书作论，他们虽将作用的对象主要集中于社会上层，但已提出了新民与合群。孙中山创作建国方略并不断阐述三民主义，他虽将主要作用对象也集中于社会精英，并创办讲武堂和军校宣传革命，但后期也看到了发动工农的重要性，并提出了"宣传造成群力"①。李大钊、陈独秀和毛泽东等共产党人更是看到发动工农大众的重要性，他们赋诗作论和创办讲习所、农民夜校等，将革命的触角深入到了工厂和农村。

洪秀全制定的以平均地权为核心的革命纲领得到了农民的拥护，也历史地影响到康有为提出土地公有、孙中山提出耕者有其田和平均地权，毛泽东提出土地归农民所有和土地国有。正如毛泽东在《国民革命与农民运动》中所指出的那样："农民问题乃国民革命的中心问题。农民不起来参加并拥护国民革命，国民革命不会成功，农民运动不赶快的做起来，农民问题不会解决；农民问题不在现在的革命运动中得到相当的解决，农民不会拥护这个革命。"② 回顾中国近现代史不难看出，毛泽东揭示的中国革命的特殊性，在洪秀全的革命思想及其领导的太平天国运动中已经明确地显现了出来。

## 五 洪秀全宗教哲学的当代启示

### 1. 推进马克思主义大众化

洪秀全的宗教哲学内含了耶与儒的对抗和会通。历史地看来，儒学从汉代至清代长期占据显学地位，固然有其思想内容迎合封建统治需要的原因，也与儒者长期坚持不懈地用《论语》《孟子》《大学》《中庸》《弟子

---

① 《孙中山全集》第 8 卷，中华书局 2006 年版，第 565—578 页。

② 《毛泽东文集》第 1 卷，人民出版社 1993 年版，第 37 页。

规》《幼学琼林》《三字经》《孝经》和《二十四孝图》等传播和捍卫儒
教有着密切的联系。基督教能影响洪秀全并形成中国化的基督教，固然包
含了中国人向西方学习的努力，但也与基督教传教士长期用《圣经》和
赞美诗等在中国传教有着密不可分的联系。毋庸置疑，儒教和基督教在中
国近现代社会经历了由显到隐的历史转变，马克思主义取代儒教和基督教
等成为主流的意识形态。这种主流意识形态地位的取得，固然与马克思主
义适应了中国革命的需要有关，但也与李大钊、陈独秀、李达、艾思奇和
毛泽东等人，长期用通俗易懂和民众喜闻乐见的方式，向工农大众传播马
克思主义，有着密不可分的联系。

当今基督教在中国加速传播，信教群众达到 2305 万之众①，其中有
相当部分是农民。这种现象的发生，虽然体现了文化现代性的多样性，但
无疑背离了先进文化的前进方向。这种现象的发生，除了有部分农民原先
信教的原因之外，也与传教士持之以恒地走乡入户进行传教有关，还与农
村集体经济不发达、农村党组织力量薄弱、农民思想理论水平不高、农村
人才外流严重、农村的民主、科学和文化事业不发达、富裕起来和仍不富
裕的农民需要精神寄托、原子化的生产生活方式造成有组织的集体生活缺
乏等有关系。基督教向农村地区的加速传播，虽在一定层面上起到了维护
农村社会和谐稳定的作用，但也致使农民走向愚昧迷信和拒斥科学，造成
基督教对民众的统治以及对农村基层民主的干预。放任基督教传教士宣扬
所谓的"唯一真神"，势必导致农民对民主和科学的失信。

作为代表先进文化，讲求民主和科学的马克思主义，要引领农村文化
的发展，既要求我们坚持和发展马克思主义，贯彻落实党的惠农政策，发
展壮大农村集体经济，引导农民继续投身到改革开放的事业中来，创造美
好幸福生活，用带给农民实实在在的利益，教育广大农民信仰马克思主
义；也要求我们加强农村党组织的力量，增强其战斗堡垒作用，提高农民
的思想理论水平，促进农村人才的回流，推进农村地区科学、民主和文化
事业的发展；还要求我们继续像李大钊、陈独秀、李达、艾思奇和毛泽东
等思想家和宣传家那样，继续推进马克思主义的大众化，创作出丰富多
样、通俗易懂和为群众喜闻乐见的精神产品，利用图书、杂志、报纸、戏

---

① 金泽、邱永辉主编：《中国宗教报告（2010）》，社会科学文献出版社 2010 年版，第
190—191 页。

剧、电影、电视、手机、互联网等媒介，以低廉的价格甚至是完全免费的方式向农村地区传播先进文化，用民主、科学、大众的社会主义文化，满足农民不断增长的精神和文化需求。

2. 推进基督教的中国化

洪秀全吸收儒学和佛教的思想成分创立拜上帝教，破坏了基督教的三位一体原理，继明末利玛窦之后推进了基督教的中国化。尽管所形成的是一种宗教神秘主义的君权神授论，但却包含着反对外国势力将中国基督教化和殖民化的努力，体现出民族主义和爱国主义的情怀。其后20世纪20年代由中国基督教全国大会以及20世纪50年代由吴耀宗和良佐发起的，提倡独立自主、自养、自治、自传的基督教本色化运动，也都以反对帝国主义干涉和分裂中国为己任，同样体现出民族主义和爱国主义的情怀。

当今时代，新殖民主义依然存在，国外敌对势力利用宗教干涉和分裂中国的图谋仍未消除，国外势力在我国周边地区设立广播电台进行空中传教，利用各种渠道向我国境内偷运宗教宣传品，利用来华旅游、探亲、经商、讲学等机会进行传教活动，在我国出国打工、留学人员中传教布道，直接和间接地提供经费修建教堂，插手干涉我国宗教事务，培植地下势力同我国爱国宗教组织争夺信教群众，对抗中国政府。[①] 上述状况，威胁着中国的政治统一和社会稳定。为了保持中国的政治统一和社会稳定，就必须遵循独立自主自办的原则，继续推进基督教的中国化。

要推进基督教的中国化，就必须反对外国势力借助宗教问题干涉中国内政，严格限制国外人员在中国传教。要推进基督教的中国化，也必须按照我国宪法和有关法律的要求，坚持宗教与国家相分离，宗教与学校相分离，要求信教公民爱国守法严格禁止任何组织和个人从事邪教活动。要推进基督教的中国化，还必须推进基督教文化对传统文化的认同。基督教文化与本土的儒教和道教，以及中国化的佛教文化虽存在差异，但在追求向善爱人和社会和谐等方面却有共同性。可以继续发挥各种宗教文化中的伦理道德的教化功能，促进彼此之间的学习借鉴。要推进基督教的中国化，最重要的是以中国特色社会主义理论引领基督教在中国的发展，通过大力宣扬社会主义文化，利用基督教文化与社会主义文化相适应的方面，引导

---

① 杜小安：《基督教与中国文化的融合》，中华书局2010年版，第393页。

信教群众认同社会主义。

　　3. 深切关怀农民的利益

　　在中国近代史上，洪秀全无疑是第一个举起基督教大旗发动农民反帝反清，主张农民向西方学习并将大同理想付诸实践的农民思想家。面对封建主义和殖民主义对农民的双重压迫，他推行平均地权并且探寻农民发展资本主义的进路，体现出对农民利益的深切关怀。他的革命思想及其领导的太平天国运动，深刻地影响了后世的康有为和梁启超，促成了维新变法和新儒家的兴起。洪秀全的革命思想及其领导的太平天国运动，也深刻地影响了孙中山、李大钊和毛泽东等人，使他们明确地认识到必须关怀中国农民的利益，揭示出中国革命的特殊性问题。这种始于19世纪中叶的对农民利益的关怀，延续到邓小平开启的改革开放时代，一直进入到21世纪。

　　无论我们说洪秀全是基于基督教追求幸福，还是基于佛教追求极乐，抑或基于儒教追求大同，它们都统一于所谓的世俗化的"太平天国"。也无论是康有为、梁启超和孙中山重写大同理想，还是李大钊、陈独秀和毛泽东等向往共产主义，抑或邓小平、江泽民和胡锦涛等构建小康社会与和谐社会，这一系列流动变化的社会理想规划，都承载着千百年来中国农民的孜孜追求，凝聚着对中国农民的深切关怀。然而无论是大同、小康抑或共产主义，也无论是邓小平所谓的"共同富裕"①、江泽民所谓的"生活幸福"②、胡锦涛所谓的"公平正义"③，还是习近平所谓的"命运共同体"④，都依然是尚未完成和仍待继续完成的事业。

　　新中国成立后，尤其是该改革开放以来，农民的社会地位和生活状况虽然有了很大改观，但农业基础薄弱、农村发展滞后、城乡收入差距拉大、农村社会保障体系仍不完善、二元经济结构仍未完全打破、农民在就业、医疗、教育、养老、居住和文化娱乐等方面的需求仍未得到很好满足。无论农民是基督徒还是佛道信徒抑或非宗教徒，解决他们的生老病死、就业、医疗、教育、养老、居住和文化娱乐等问题，让他们过上平安

---

①《邓小平文选》第3卷，人民出版社1993年版，第373页。
②《江泽民文选》第3卷，人民出版社2006年版，第544页。
③《十七大报告辅导读本》，人民出版社2007年版，第19页。
④《习近平谈治国理政》，外文出版社2014年版，第261页。

幸福、健康长寿和有尊严的生活，无疑是终极追求和价值目标。而要实现这样的目标，既需要全社会的共同努力，也需要包括宗教信徒在内的广大农民发扬科学和民主精神，积极投身到全面建成小康社会和现代化建设的伟大实践中来。

# 六 结束语

总体而言，虽然洪秀全的宗教哲学以基督教为基本内容，也以维护新的政治统治为目的。但却具有世俗化的倾向和反对纲常名教的倾向，促进了中国农民的思想解放。洪秀全的宗教哲学是发动农民进行革命的思想纲领，并将革命的矛头指向了封建专制统治和殖民主义，体现了中国近代社会的时代潮流和前进方向。他后期深受洪仁玕等的影响，高度认同《资政新篇》的政策主张，提倡科学、民主、平等和功利主义，自觉为中国农民探寻发展资本主义的出路。因此可以判定，洪秀全是中国近代的启蒙思想家，是中国农民的启蒙思想家，他的哲学思想具有启蒙的属性。

历史而言，洪秀全处于近代社会转型的初期阶段，他的带有启蒙性质的哲学思想借助了西方基督教的神学形式，还不完全是从公理或从实际出发为广大农民寻找出路，因此具有明显的不成熟性。但不可否认，他能向西方学习，在以耶抗儒的同时又会通耶儒，体现了对传统文化的突破和吸收，包含了对西方文化进行中国化的努力。他在赞同振兴器技和兴邮通商方面，体现出中国农民对西方科学技术和功利思想的自觉接受。他领导的太平天国运动及其确立的大同理想、平等观念、科技意识、民主精神和革命主张，深刻影响了康有为、梁启超、孙中山和毛泽东等启蒙思想家，为他们继续探寻中国社会发展和中国人民谋求幸福解放的道路，提供了思想来源和宝贵经验。

现实而言，对于改革开放以来基督教在中国广泛传播，农民信众快速增加的状况来说，洪秀全的宗教哲学及其历史转向，启示我们必须继续推进马克思主义的大众化，推进基督教的中国化，深切关怀广大农民的利益。在我们对基督教徒宣扬的神秘主义、蒙昧主义和狂信主义进行批判，对基督教会、教职人员和信教群众加强管理的同时，也要用民主、科学和大众的社会主义文化引领基督教文化的发展，积极推动信教民众爱国爱教，合理利用基督教的爱人如己、博爱牺牲、和平宽恕、无私奉献和扶弱济贫等价值观念，引导信教民众培育崇尚科学和民主的时代精神，进一步投身到全面建成小康社会和构建社会主义和谐社会的事业中来。

# 第 五 章

# 五四学人宗教观的开放性

　　百年前的五四运动是一场以宗教批判为基本出发点的启蒙运动，从思想文化和政治社会除旧布新的意义上开启了中国的现代化进程，推动了中国社会的现代转型。在当代中国，随着宗教复兴以及后现代主义的输入和文化保守主义的兴起，五四学人对宗教的批判受到消解和质疑。如何重估五四学人宗教观的历史意义与当代价值，是摆在我们面前的理论问题。本章将代表性地选取陈独秀、李大钊、胡适、鲁迅、梁漱溟等的宗教批判思想，通过比较后现代主义和当代新文化保守主义的批评质疑，尝试解答上述问题。

## 一　宗教的批判

### 1. 陈独秀对宗教的批判

　　五四学人对宗教的批判具有共同的面相，但也存在个性差异。陈独秀对宗教的批判基于国家存亡的现实焦虑。在他看来，当时的中国正处于亡国灭种的险境，要强国强种就必须从陈腐朽败的思想观念之中走出来，代之以新鲜活泼的文明。他认为国人奉持的名教之精神，主张忠孝仁义、不作改进之图、不适竞争之现象、不思融入世界之潮流、祀神诵经而不切实用、凭空构造而无实证，是为奴隶、保守、退隐、锁国、虚文、想象的精神，必须代之以鲜活的自主、进步、进取、世界、实利、科学的精神。[1]陈独秀认为古代东西文明具有趋同性，都用宗教胜残劝善，但存在迷信神权与蔽塞人智的缺陷。东方的近世文明并未脱出古代文明的窠臼，源于法

---

[1]　任建树主编：《陈独秀著作选编》第 1 卷，上海人民出版社 2010 年版，第 158—162 页。

兰西的西方近世文明则摆脱了古代文明的缺陷。"近代文明之特征，最足以变古之道，而使人心社会划然一新者也，厥有三事：一曰人权说，一曰生物进化论，一曰社会主义。"① 陈独秀由此新旧之别认肯了欧洲的近世文明，进而反对借助孔教发动的复辟帝制。在他看来，孔教主张的政治和道德乃封建时代的政治和道德，违背精神物质进化之途、个人独立主义之精神、民主共和之潮流，唯有铲除此方死未死之余毒，才能引导民众摆脱黑暗进入光明。②

陈独秀也在新旧思想的对比中批判基督教，指出基督教如同中国古代的纲常名教一样存在迷信神权和蔽塞人智的重要缺陷，因此必代之以西方的近世文明。他又接着指出，一切古代人智蒙昧社会遗传的基督教教义和教会的缺陷，在现在人智发达的社会里都暴露出来。一方面，上帝全能与上帝全善说难以成立，我们无法相信全善全能的上帝会无端制造出这万恶的世界。耶稣一生的历史像降生、奇迹、复活等事，都缺乏令人信服的历史和科学证据。另一方面，基督教的宗教裁判所压迫思想自由，在"信札"美名下烧杀男女，修道院利用"隐匿权"掩盖种种罪恶，教皇与教会仇视和压迫科学，都是基督教会过去的罪恶。现在基督教会又成为西方国家压迫弱小民族和推行殖民统治的导引，基督徒堕落到向资本家摇尾乞怜并劝说劳动者服从资本家。"综观基督教教会底历史，过去的横暴和现在的堕落，都足以令人悲愤而且战栗，实在没有什么神圣庄严之可言。"③陈独秀由此揭示出基督教有悖于理性、科学和人性，压制了思想自由和科学发展，变成西方殖民统治中国和资本家掠夺劳工的工具。

陈独秀基于对宗教和西方资本主义的批判，转向了马克思主义和社会主义。陈独秀从新陈代谢的意义上拒斥宗教而接受西方近世文明，但他又从爱国主义与帝国主义的对立上，揭示了西方的近世文明存在推行殖民统治的缺陷，认为外国资本主义是导致中国贫困的唯一原因，于是最终转向了马克思主义和社会主义。"经济的改造自然占人类改造之主要地位。吾人生产方法除资本主义及社会主义外，别无他途。资本主义在欧美已经由发达而倾向于崩坏了，在中国才开始发达，而他的性质上必然的罪恶也照

---

① 任建树主编：《陈独秀著作选编》第 1 卷，上海人民出版社 2010 年版，第 163 页。
② 同上书，第 264—271 页。
③ 任建树主编：《陈独秀著作选编》第 2 卷，上海人民出版社 2010 年版，第 431 页。

例扮演出来了。代他而起的自然是社会主义的生产方法，俄罗斯正是这种方法最大的最新的试验场。"① 陈独秀就此由原初的运用民主和科学改造国民性的平民教育，最终走向了号召中国劳动者用阶级斗争的革命方式夺取政权。"我们要逃出奴隶的境遇，我们不可听议会派底欺骗，我们只有用阶级战争的手段，打到一切资本阶级，从他们手抢夺来政权；并且用劳动专政的制度，拥护劳动者底政权，建设劳动者的国家以至于无国家，使资本阶级永远不至发生。无政府主义者诸君呀！你们本来也是反对资本主义反对私有财产制的，请你们不要将可宝贵的自由滥给资本阶级。一切生产工具都归生产劳动者所有，一切权都归劳动者执掌，这是我们的信条。"②

2. 李大钊对宗教的批判

李大钊对宗教的批判与陈独秀的理路近乎相同。他因亡国之祸和失地之痛，提出移风易俗和革新政治。"哀莫大于心死，痛莫大于亡群"，"夫群之存亡，非人体之聚散也。盖群云者，不仅人体之集合，乃具统一思想者之总称"，"大易之道，剥上而复下，改邑不改井，群枢倾于朝，未必不能兴于野，风俗坏于政，未必不可正于学"。③ 李大钊由此进入到对旧风俗和旧思想的批判，"吾华之有孔子，吾华之幸，亦吾华之不幸"④。所幸在于圣哲垂训累厚弥多，然此所幸亦为不幸，不幸在于使人慑服圣智之下而尽丧为我，趋承于残骸枯骨之前而黯然无复生气，为此必须以思想革命的方式去旧恶而新善。针对当时尊孔复辟者主张将孔子写入宪法，以孔子之道教育国民，李大钊言辞激烈地予以了回击。"孔子与宪法，渺不相涉也"，"孔子者，数千年前之残骸枯骨也。宪法者，现代国民之血气精神也"，"孔子者，历代帝王专制之护符也。宪法者，现代国民自由之证券也"，"孔子者，国民中一部分所谓孔子之徒者之圣人也。宪法者，中华民国国民全体无问信仰之为佛为耶，无问其种族之蒙与回，所资以生存乐利之信条也"，"孔子之道，含混无界之辞也"。⑤ 李大钊认为载孔子入宪法将使其成为陈腐死人、维护偶像权威、萌芽专制、束缚民彝、挑动教

---

① 任建树主编：《陈独秀著作选编》第 2 卷，上海人民出版社 2010 年版，第 298 页。

② 同上书，第 298—299 页。

③ 中国李大钊研究会编注：《李大钊全集》第 1 卷，人民出版社 2006 年版，第 88、91 页。

④ 同上书，第 151 页。

⑤ 同上书，第 242—243 页。

争的宪法，故应摒弃孔子入宪，使其成为我辈生人、保障生民权益、孕育自由、解放人权、祛除教争的宪法。李大钊相信宇宙之中有唯一无二的真理，它是宇宙的本体和自然的因果。而宗教传说乃神秘和迷信的，因此人们"与其信孔子，信释迦，信耶稣，不如信真理"①。

李大钊领导了非宗教运动，对基督教进行了批判。"我们相信在宗教的迷信之下，真理不能昌明，自由不能确保，故当世界基督教学生同盟将在北京召开第十一次大会的时候，联合非宗教的同志，作非宗教的宣传运动"，"信仰一种宗教，固然是他们的思想自由，不信仰一切宗教，亦是我们的思想自由"，"我们反对宗教的运动，不是想靠一种强有力者的势力压迫或摧残信仰一种宗教的人们，乃是想立在自由的真理上阐明宗教束缚心灵的弊害，欲使人们都能依自由的判断，脱出他的束缚与蒙蔽"。②李大钊坚信宗教妨碍人类进步，他反对一切妨碍人类进步的宗教尤其是流传最广的基督教，这种宗教使人安于贫穷的说教，是要使人卑躬屈从，然而人的本性决不甘于忍受贫穷。李大钊因此指出："宗教是向人们宣传廉价的妥协性的东西，它妨碍彻底探索真理的精神，是人类进步的巨大的障碍，因此我们必须竭力加以反对。"③

李大钊在批判宗教的同时，也因西方列强的殖民入侵批判资本主义，并由此走向了马克思主义和社会主义。他将世界文明分为东洋文明和西洋文明两大类，这两种文明的根本不同点在于东洋文明主静而西洋文明主动。"由今言之，东洋文明既衰颓于静止之中，而西洋文明又疲命于物质之下，为救世界之危机，非有第三种文明之崛起，不足以渡此危崖。俄罗斯之文明，诚足以当媒介东西之任。"④ 李大钊由此接受了马克思主义和社会主义，他站在历史唯物主义的观点指出，人类社会一切精神的构造都是表层的构造，只有物质的经济的构造是这些表层构造的基础构造，一切宗教没有不受生产技术进步左右和变迁的。宗教产生于人类支配自然能力的不足，一旦近代科学昌明后，超自然存在的神秘现象遂消灭于自然界，自然现象和人类社会都将脱去神秘的暗云。李大钊由此赞同蔡元培以美育

---

① 中国李大钊研究会编注：《李大钊全集》第 1 卷，人民出版社 2006 年版，第 245 页。
② 中国李大钊研究会编注：《李大钊全集》第 4 卷，人民出版社 2006 年版，第 66 页。
③ 同上书，第 69 页。
④ 中国李大钊研究会编注：《李大钊全集》第 2 卷，人民出版社 2006 年版，第 214 页。

代宗教的进步性，指出人们现在已知道"资本主义制度是使他们贫困的唯一原因，知道现在的法律是阶级的法律"①。他也批判宗教的历史观，指出犹太教、儒教、回教、佛教、耶教等宗教教义，虽曾对人类进步有很深影响，但与其把宗教看作原因，倒不如把它看作结果。"我们要晓得一切过去的历史，都是靠我们本身具有的人力创造出来的，不是哪个伟人、圣人给我们造的，亦不是上帝赐予我们。"② 他由此号召人们觉悟和联合起来，创造一种世界的平民的新历史。

3. 胡适对宗教的批判

胡适对宗教的批判受到范缜的无神论和杜威的实验主义影响。胡适幼年生活在崇拜偶像的环境中，禀受社会感化，亦尝膜拜神佛。他读书时念到司马光攻击天堂地狱的通俗信仰的话，便对死后审判的观念产生怀疑。随后读到《资治通鉴》中引述范缜的"神之于形，犹利之于刀，未闻刀没而利存，岂容形亡而神在哉"，"使我成了一个无神论者"③。胡适随后留学美国，于意气颓唐之时接触基督教，几乎要成为基督教徒。然而他在短暂地亲和于基督教之后，最终还是与它分手了。这首先是因为，他接受和信仰的基督教的无抵抗主义，在日本占领中国山东领土问题上受到各方面的严厉攻击，甚至被斥为卖国贼；其次，赫胥黎的"拿证据来"的科学精神以及杜威的大胆提出假设和寻求证据支持的实验主义，使他能拒斥超验的宗教神学，能用进化的方法去思想，"并没有使我成为一个守旧的人"④；再次，莫黎的"健全的主义代表大善"以及《春秋左氏传》的立德、立功、立言的三不朽，使他能淡化个体小我的生死，转而从世俗生活中关怀社会大我的不朽。"小我对于较大的社会的我负有巨大的债项，把他干的什么事情，作的什么思想，做的什么人物，概行对之负起责任，乃是他的天分。"⑤

胡适由此无神论思想以及科学和进步观念出发批判宗教迷信和愚昧的信仰，提出了神佛无用论。在他看来神佛是泥塑的，若其有灵则木匠泥水匠岂不更有灵；人在则精神在，人死则精神散；神佛不能操赏罚之教，不

---

① 中国李大钊研究会编注：《李大钊全集》第3卷，人民出版社2006年版，第109页。
② 同上书，第221页。
③ 欧阳哲生编：《胡适文集》第1卷，北京大学出版社1998年版，第9页。
④ 同上书，第19页。
⑤ 同上书，第21页。

能司祸福之柄；人岂可向泥塑木雕低头叩首，活人岂可反求死人；若人死就灵了，不如一齐去死。胡适甚至认为佛教东传是"'中国文化发展上的'大不幸"，"都是一团胡说、伪造"。① 胡适也借助科学实验方法批判基督教，认为建立在信仰基础上的基督教未必符合实验要求。"我们假使信仰上帝是仁慈的，但何以世界上有这样的大战，可见得信仰是并非完全靠得住的，必得把现在的事情实地去考察一番，方才见得这种信仰是否合理。"② 在胡适看来，古人只靠信心建立信仰，这在科学上是行不通的，无证据的信仰不能成为信仰。"古代的人因为想求得感情上的安慰，不惜牺牲理智上的要求，专靠信心，不问证据，于是信鬼，信神，信上帝，信天堂，信净土，信地狱，近世科学便不能这样专靠信心了。科学并不菲薄感情上的安慰，科学只要求一切信仰须要经得起理智的评判，须要有充分的证据。凡没有充分证据的，只可存疑不足信仰。"③ 胡适还批判儒家的宗教，指出大总统多行两次丁祭，孔教会多行两次朝山进香，并不能使孔丘不朽。儒教的"神道设教"和见神见鬼的手段，"在今日已经不中用了"④，他把科学作为新的宗教和道德。

胡适在批判宗教之后是要建立新宗教，接受新文明。在灵魂不灭的不朽观与《春秋左氏传》的"三不朽"之间，胡适选择了后者。在对"三不朽"进行一番改造后，他把"社会的不朽"作为了自己的宗教。"我的宗教的教旨是：我这个现在的'小我'，对于那永远不朽的'大我'的无穷过去，须负重大的责任；对于那永远不朽的'大我'的无穷未来，也须负重大的责任。我须时时想着，我应该如何努力利用现在的'小我'，方才可以不辜负了那'大我'的无穷过去，方才可以不遗害那'大我'的无穷未来。"⑤ 胡适深感中国在物质机械、政治制度、道德、知识、文学、音乐、艺术和身体等方面不如人，要救治这衰病的民族和半死的文化，就要低头学习西方治人富国的组织和方法，动摇中国本位及其蕴含的中国文化固有的惰性，实行"全盘西化"。20 世纪 30 年代，他为了免除一切琐碎的争论，也认识到不可能全盘采取西洋文化，于是采纳潘光旦的

① 欧阳哲生编：《胡适文集》第 1 卷，北京大学出版社 1998 年版，第 416 页。
② 欧阳哲生编：《胡适文集》第 12 卷，北京大学出版社 1998 年版，第 274 页。
③ 欧阳哲生编：《胡适文集》第 4 卷，北京大学出版社 1998 年版，第 8 页。
④ 欧阳哲生编：《胡适文集》第 2 卷，北京大学出版社 1998 年版，第 532 页。
⑤ 欧阳哲生编：《胡适文集》第 1 卷，北京大学出版社 1998 年版，第 532 页。

建议，将"全盘的西化"修改为"充分的世界化"①。胡适也深感中国社会进步依赖民智开化，于是终其一生从事学术研究和国民教育，践行他的"社会的不朽"的新宗教信仰。

4. 鲁迅对宗教的批判

鲁迅受到达尔文进化论、尼采超人哲学和马克思主义的影响，以颠覆传统和摆脱一切羁绊的方式批判宗教。鲁迅常出入于儒释道，因此知之愈深而批之愈烈。他所批判的宗教不仅涉及儒佛道，还涉及基督教和伊斯兰教。他批判的矛头既指向宗教的理论基础，也指向宗教的社会作用。对于基督教、伊斯兰教、佛教、道教理论中宣扬的创世纪、原罪与赎罪、天堂地狱、因果报应、精神不灭、三世轮回，鲁迅认为都可归结为"天地有灵，精神不灭"。他指出："还魂是不能有的事"②，"我是到底相信人死无鬼的"③。这就从根本上否定了精神不灭的理论，否定了轮回和报应等的说教。在他看来，宗教宣扬天堂和地狱的说教，目的就在于网罗和恐吓人们，要人们甘于忍受生前的苦难，以换取死后进入天国的门票。这些宗教的说教"不论是社会学或基督教的理论，都不能够产生什么威权。原人对于动物的威权，是产生于弓箭等类的发明的。至于理论，那不过是随后想出来的解释。这种解释的作用，在于制造自己威权的宗教上，哲学上，科学上，世界潮流上的根据，使得奴隶和牛马恍然大悟这世界的公律，而抛弃一切翻案的梦想"④，"可以令更长久的麻醉着自己"⑤。鲁迅由此揭示了宗教的毒害，他要唤醒人们同宗教进行斗争。

鲁迅还从宗教禁锢思想自由、反对科学知识、推行禁欲主义等方面批判宗教。他指出宗教自产生起，就与蒙昧主义不可分。人类最初知识贫乏，对世间万物的变化不理解，因而把迫害人类的自然力"施以人化"⑥。这后来被统治阶级利用，以信仰拒斥科学的方式愚弄人民。如中世纪罗马

---

① 欧阳哲生编：《胡适文集》第5卷，北京大学出版社1998年版，第454页。
② 《鲁迅全集》第1卷，人民文学出版社2005年版，第479页。
③ 《鲁迅全集》第6卷，人民文学出版社2005年版，第634页。
④ 《鲁迅全集》第5卷，人民文学出版社2005年版，第303—304页。
⑤ 同上书，第304页。
⑥ 同上书，第121页。

教会禁锢思想自由，"梏亡人心，思想之自由几绝"①，那些敢于坚持真理的人"每每获囚戮之祸"②。伊斯兰教以《古兰经》作为判别真理的标准而焚烧进步书刊，这种文化专制主义是希特勒的"嫡派祖师"③。鲁迅还无情揭露了宗教禁欲主义的虚伪性，指出那些宗教徒与统治者过着纵欲横行和荒淫无耻的生活，他们"最不信天堂地狱"④，宗教不过是他们争权夺利的工具和沽名钓誉的手段。他在《中国地质略论》中还揭露了西方列强以传教方式刺探我国经济和军事情报的罪行，指出了宗教被帝国主义亵渎和利用的时代特征。他对以孔教、佛教、基督教救国的言行，都拒不认同且坚决回击。

鲁迅对宗教的批判有破有立，他的基本主张是以科学代宗教。他认肯哥白尼、达尔文等人的学说是从突破神造说开始的，这些发现"摇动了宗教，道德的基础"⑤。他歌颂伽利略、布鲁诺、哈维、拜伦等在遭受宗教的迫害时仍能够坚持真理，并称赞科学技术是神圣之光，必将给人类带来光明。鲁迅的另一个主张是宗教与世俗生活相分离。"凡有田夫野老，蚕妇村氓，除了几个脑髓里有点贵恙的之外，可有谁不为白娘娘抱不平，不怪法海太多事的？和尚本应该只管自己念经。白蛇自迷许仙，许仙自娶妖怪，和别人有什么相干呢？他偏要放下经卷，横来招是搬非，大约是怀着嫉妒罢——那简直是一定的。"⑥鲁迅的又一主张是变奴隶为主人。既然国内外反动势力利用宗教愚弄和奴役人民，人民就应奋起反抗，将自身由奴隶变成主人。"无论在那一个卢梭的批评家，都有首先应该解决的唯一的问题。为什么你和他吵闹的？要为他的到达点的那自由，平等，调协开路么？还是因为畏惧卢梭所发向世界上的新思想和新感情的激流呢？使对于他取了为父之劳的个人主义运动的全体怀疑，将我们带到子女服从父母，奴隶服从主人，妻子服从丈夫，臣民服从教皇和皇帝，大学生毫不发生疑问，而佩服教授的讲义的善良的古代去，乃是你的目的么？"⑦ 鲁迅

---

① 《鲁迅全集》第1卷，人民文学出版社2005年版，第48页。
② 同上书，第49页。
③ 《鲁迅全集》第5卷，人民文学出版社2005年版，第223页。
④ 《鲁迅全集》第8卷，人民文学出版社2005年版，第262页。
⑤ 《鲁迅全集》第6卷，人民文学出版社2005年版，第119页。
⑥ 《鲁迅全集》第1卷，人民文学出版社2005年版，第180页。
⑦ 《鲁迅全集》第3卷，人民文学出版社2005年版，第578页。

对外来文化持拿来主义的态度，他最终接受了马克思主义，并用于改造中国人的国民性。

5. 梁漱溟对宗教的批判

梁漱溟是五四学人中的另类，他早期修习和研究佛教，随后又以早熟论捍卫中学传统，因此被后人称为文化保守主义者。然而梁漱溟并非要回归佛教和儒教的文化传统，他在推崇民主和科学的时代思潮裹挟之下，亦对宗教采取批判态度。梁漱溟的宗教观可以概括为两个方面：第一，以佛教释宗教；第二，以道德代宗教。他将宗教界定为"超越现实世界的信仰"①，认为一种宗教要成为宗教必须满足这样两个条件："（一）宗教必以对于人的情志方面之安慰勖勉为他的事务；（二）宗教必以对于人的知识之超外背反立他的根据"②。就前者而言，宗教能在情感和意志方面安顿人的心灵；就后者而言，宗教以拒斥知识和追求超验的方式成为自身存在的根据。佛教就是这样的宗教，它把"无明"作为人生痛苦与生俱来的起因和社会根源，进而提出"断惑"的救治方法与觉悟的超越追求。因此佛教的重要作用就在于能从情志方面安顿人的心灵。然而就佛教拒斥知识和追求超验而言，它的出世倾向及与崇尚科学的时势的相悖，使宗教抑或佛教的道路已经走不通。那么该走什么路呢？梁漱溟的回答是"孔子的路"。他认为这条路"同宗教一般的具奠定人生勖慰情志的大力，却无藉乎超绝观念，而成功一种不含出世倾向的宗教；同哲学一般的解决疑难，却不仅为知的一边事，而成功一种不单是予人以新观念并实予人以新生命的哲学。"③

梁漱溟于是进入儒学的领域，既然出世的佛教不能提供解决世俗社会和人生问题的道路，那就该由儒学超越宗教来解救世道人心，其关枢就在于以道德代替宗教。梁漱溟并不像康有为那样将儒学宗教化，他对儒学传统作了道德化的改造。在有关儒学是否宗教的问题上，梁漱溟指出"周孔教化非宗教"。他认为，孔子只是道德高尚和学识渊博的圣贤，却不是超自然的神；孔子创建的社会、政治和伦理的学说，并不引导世人追求天堂式的超自然境界。孔子并不像宗教那样谈论生死鬼神，

① 《梁漱溟全集》第 1 卷，山东人民出版社 1989 年版，第 361 页。
② 同上书，第 418 页。
③ 同上书，第 523 页。

孟子更拿民意检验天意，荀子则根本否定天的意志。这样儒家的道统就呈现出去神秘化的趋向，周孔教化就非宗教。如果一定要说周孔教化是宗教，那它不过是以孝悌与礼乐为内容的理性化了的道德宗教。这种道德宗教可以利用自身的道德教化功能，从"一、安排伦理名分以组织社会；二、设为礼乐辑让以涵养理性"① 两方面解救世道人心，因而能替代宗教给人类的情志以安慰和勖勉，又能避免宗教的迷信与独断。梁漱溟由此将儒家作了人文道德处理，并由其安顿人类心灵的功能否定了向宗教的寻求。

正如梁漱溟批评宗教以超验拒斥科学一样，他受到时代大潮的影响也接受了科学和民主。梁漱溟将人生态度或文化路向分为三种：第一种是西方文化的意欲向前的路向，注重征服自然，主张科学和民主；第二种是中国文化的意欲调和持中的路向，讲求仁爱礼乐；第三种是印度文化的意欲反身向后的路向，具有禁欲主义的特征。梁漱溟认为第三种路向是出世、超绝、不合时宜的路向，因此"要排斥印度的态度，丝毫不能容留"②。第一种路向是西方文艺复兴以来的路向，对于宗教已有排拒。它理智条达、追求进取、能满足人的物质需求，因此要全盘承受。然而第一种路向已经呈现出工于算计、放纵私欲、人际疏离、精神丧失等问题，因此必须转到孔子的路上来。"西洋人力持这种态度以来，总是改造外面的环境以求满足，求诸外而不求诸己，对着自然界就改造自然界，对着社会就改造社会，于是征服了自然，改造了威权，器物也日新，改造又改造，日新又日新，改造到这社会大改造一步，理想的世界出现，这条路便走到了尽头处"，"西洋人向不留意到此，现在留意到了，乃稍稍望见孔子之门矣！我们所惧者，只怕西洋人始终看不到此耳，但得他看到此处，就不怕他不走孔子的路"。③ 梁漱溟由此把孔子的路向作为人类未来的路向。他也曾利用马克思主义和社会主义批判作为第一路向的资本主义，但由于毛泽东等实现了他的儒家理想，于是最终认同了马克思主义和社会主义。

① 《梁漱溟全集》第3卷，山东人民出版社1989年版，第110页。
② 梁漱溟：《东西文化及其哲学》，商务印书馆2010年版，第223页。
③ 同上书，第186—187、190页。

# 二　批判的质疑

### 1. 制造了传统与现代的决裂

中国当代学者对五四运动和五四学人的宗教批判态度，既有赞同也有质疑。启蒙主义者多持赞同的态度，质疑的声音主要来自文化保守主义者以及一些启蒙主义者和宗教学者。质疑的声音认为五四运动抑或五四学人制造了传统与现代的决裂。任继愈指出："自从五四运动开始提出'打倒孔家店'的口号，当时进步的革新派指出孔子是中国保守势力的精神支柱，必须'打倒孔家店'，中国才能得救。当时人们还不懂得历史地看待历史事件和历史人物，不善于用发展变化的眼光看待事物，因而把春秋时期从事政治活动和教育事业的孔子和汉以后历经宋元明清封建统治者捧为教主的孔子混为一谈。孔子只能对他自己的行动承担他的历史功过，孔子无法对后世塑造的儒教教主的偶像负责。作为一个教育家、政治思想家、先秦儒家流派的创始人，我们应当给以全面的恰当的评价，历史事实不容抹掉，而且也不应当抹掉的。孔子这个人在历史上的功过，现在学术界还没有一致的意见，这是一个学术争论的问题，不可能在短期内取得一致的意见。儒教的建立标志着儒家的消亡，这是两笔账，不能混在一起。说孔子必须打倒，这是不对的；如果说儒教应当废除，这是应该的，它已成为阻碍我国现代化的极大障碍。"[①]

李泽厚指出："这也是新文化运动之所以要打倒旧道德的理论依据。即要改变中国的面貌，以前的变法、革命不行，必须首先要'多数国民'产生与'儒者三纲之说'的传统观念相决裂，转而接受西方的'自由、平等、独立之学说'的'最后觉悟之觉悟'，才有可能。从而，主张彻底地扔弃固有传统，全盘输入西方文化，便成为新文化运动基本特征之一"，"它的目的是国民性的改造，是旧传统的摧毁"。[②] 李泽厚认为今人的确要继承五四，但不能重复或停留在五四的水平上，不能像五四那样扔弃传统，而是要使传统作某种转换性的创造。在他看来，传统是活的现实存在，不是想扔就能扔掉的。真正的传统是已经积淀在人们的行为模式、

---

① 任继愈主编：《儒教问题争论集》，宗教文化出版社 2000 年版，第 16 页。
② 李泽厚：《中国现代思想史论》，天津社会科学院出版社 2004 年版，第 5 页。

思想方法、情感态度中的文化心理结构。孔子开创的那一套通由长期的宗法制度，从长幼尊卑的秩序到"天地君亲师"的牌位，早已浸透在他们遵循的生活方式、风俗习惯、观念意识、思想情感之中。虽然当前仍要反对封建主义，但这种反对和批判应比五四时代深刻、具体、细致和富有分析的科学性，从社会体制结构和文化心理结构两方面对孔子的传统作转换性的创造，即将重民思想和关心国事民瘼与法制相接洽，走中国式的社会主义道路。

与杜维明一道发起启蒙反思的学者黄万盛指出："中国的本土资源被'五四'的部分精英们认为只有'丢到茅坑'里，从思想价值到文化品格、从社会管理到制度建设都是只会妨碍现代化的垃圾，所以，在中国'五四'以降的现代社会中，中国的本土资源面对现代转型基本缺席"，"'五四'的反省不应当只是一个思想领域的课题，他必须为当代中国的灾难承担必要的责任。如果经过严肃的思考，使得中国的本土资源重见天日，汇合到中国的现代转型之中，中国就完全有可能走出一条对人类的未来有特殊贡献的光辉道路"。① 当代大陆新儒家学者陈来指出在五四激进主义的反传统的文化批判中，儒学是遭受批判最严厉的一家。"'五四'文化批判的基本偏失在于，一方面把狭隘功利主义引入文化领域并作为评判文化价值的标准，一切与富国强兵无直接关联的人文价值均遭排斥；一方面不能了解价值理性在文明发展中的连续性，把价值传统当作与现代完全对立必须去除的垃圾。"② 干春松指出："经过一百多年的自我否定，现代中国人已经失去了与我们伟大的传统之间的联系，我们的耳朵失去了体会圣贤教诲的听力。"③ 建设性后现代主义者王治河和樊美筠认为，第一次启蒙在中国是指发生在 20 世纪 20 年代的呼唤"德先生"（民主）和"赛先生"（科学）的波澜壮阔的五四新文化运动，它的一种局限性就是"对传统的虚无主义态度"④。

2. 否定了宗教的道德和情感

李泽厚在《孔子再评价》中指出，孔子所维护的"周礼"，是以祭神

---

① 哈佛燕京学社主编：《启蒙的反思》，江苏教育出版社 2007 年版，第 27、30 页。
② 陈来：《回向传统》，北京师范大学出版社 2011 年版，第 8 页。
③ 干春松：《制度化儒家及其解体·修订版序》，中国人民大学出版社 2012 年版，第 3 页。
④ 王治河、樊美筠：《第二次启蒙》，北京大学出版社 2011 年版，第 7 页。

（祖先）为核心的原始礼仪。它虽然是一种等级制度，但包含了原始氏族内部的各种民主、仁爱、人道的残留，具有民主性和人民性的特征。孔子释"礼"为"仁"，"这就把'礼'以及'仪'从外在的规范约束解说成人心的内在要求，把原来的僵硬的强制规定，提升为生活的自觉观念，把一种宗教神秘性的东西变而为日用之常，从而使伦理规范与心理欲求融为一体"，"在这里重要的是，孔子没有把人的情感心理引导向外在的崇拜对象或神秘境界，而是把它消融满足在以亲子关系为核心的人与人的世间关系之中，使构成宗教三要素的观念、情感和仪式统统环绕和沉浸在这一世俗伦理和日常心理的综合统一体中，而不必去建立另外的神学信仰大厦。这一点与其他几要素的有机结合，使儒学既不是宗教，又能替代宗教的功能，扮演准宗教的角色"。[①] 在李泽厚看来，李大钊和鲁迅等五四学人批判的君主专制主义、禁欲主义、等级主义、麻木不仁、封闭自守、满足于贫困和因循、轻视科学的抽象思辨等，固然与孔子有关，严重阻碍了中国走向工业化和现代化。但那种来源于氏族民主制的人道精神和人格理想，那种重视现实、经世致用的理性态度，那种乐观进取、舍我其谁的实践精神，都曾在漫长的中国历史上感染、教育、熏陶了不少仁人志士。"由于以血肉之躯为基础的感性心里中积淀理性的因素，心理学与伦理学的交融统一，仁学结构也许能够在使人们愉快而和谐地生活在一个既有高度物质文明又有显示精神安息场所这方面，做出自己的贡献？以亲子血缘为核心纽带和心理基础的温暖的人情风味，也许能使华人社会保存和享有自己传统的心里快乐？"[②]

刘小枫在《我们这一代人的怕与爱》中，也批判五四运动以来的文化传统。"五四以来中国文人译介俄国文化的比重相当大，似乎我们了解俄罗斯文化最多。实际恰好相反，中国文人对俄罗斯文化根本谈不上了解，因为我们得知的大都是与俄罗斯文化精神相悖的东西，是产生于十九世纪下半叶的虚无主义思潮的惑人货。"[③] 这种翻译和传播进来的文化，造成了这一代人曾因"天不怕地不怕"而著称，把爱判为无用的对象。然而"谁也没有想到，这一切竟然会被《金蔷薇》这本薄薄的册子给取

---

① 李泽厚：《中国古代思想史论》，天津社会科学院出版社 2008 年版，第 22 页。
② 同上书，第 36 页。
③ 刘小枫：《我们这一代人的怕与爱》，华夏出版社 2012 年版，第 19—20 页。

代了！我们的心灵不再为保尔的遭遇而流泪，而是为维罗纳晚祷的钟声而流泪。这是两种截然不同的理想，可以说，理想主义的土壤已然重新耕耘，我们已经开始倾近怕和爱的生活"，"《金蔷薇》竟然会成为这一代人的灵魂再生之源，并且规定了这一代人终身无法摆脱理想主义的痕印，对于作者和译者来说，当然是出乎意料的。这无疑是历史的偶然，而我们则有幸于这种偶然。如此偶然使我们已然开始接近一种我们的民族文化根本缺乏的宗教品质；禀有这种品质，才会拒斥那种自恃与天同一的狂妄；禀有这种品质，才会理解俄罗斯文化中与被钉死在十字架上的耶稣一同受难的精神；禀有这种品质，才会透过历史的随意性，从根本上看待自己受折磨的遭遇"。①

与刘小枫发掘基督教的价值不同的是，卢国龙则主张重返孔子的信仰世界，他认为孔子弘扬的"道"和"天命"中包含着"敬"和"畏"。"孔子之所秉持以应对现实事物的'道'、与孔子既敬畏又从中生发坚定信念的'天命'，是同一个信仰对象。之所以敬，是因为自从唐尧取则于天、创发文明以来，文明就以其高明广大的品质祛除'我们'的昏昧；之所以畏，是因为在意识到文明主体的同时，也意识到'我'以前的昏昧。"② 杜维明认为面对诸如生态环境问题的人类大困境，科学技术虽是最重要的解决办法，但伦理学研究更应该关注态度和心灵乃至信仰的改变。儒家不仅是德性伦理、责任伦理，也是关怀伦理，所倡导的天人合一、推己及人、知行合一等有助于应对生态环境问题。"如果没有敬畏感，不怕天、不怕地，什么事情都可以做，完全凭人的意志行事，我们的存活能力就会受到影响了。我认为我们要跳出的不仅是个人中心主义，而且是人类中心主义。"③ 方立天认为佛教是非常重视道德责任感的教派，佛教的缘起论、宇宙图式论、因果报应论、普遍平等观中蕴含着丰富的生态智慧，破我执和断贪欲、不杀生和护生、素食、惜福和报恩的伦理实践，都有助于生态环境建设。他讲："佛教以超越人类本位的立场和重精神解脱的价值取向，观察和探究宇宙与人生的真实本质，从而以独特的视角，阐发了宇宙发生论、结构论以及人生规律和道德责任，为人类处理与

---

① 刘小枫：《我们这一代人的怕与爱》，华夏出版社 2012 年版，第 15 页。
② 卢国龙主编：《儒教研究》，社会科学文献出版社 2009 年版，第 13—14 页。
③ 杜维明、范曾：《天与人：儒学走向世界前瞻》，北京大学出版社 2010 年版，第 60 页。

自然的关系提供了另一类型的理念，为认识人类生活的意义、人类生命和其他生物的生命意义提供参照，有助于人们改变价值观念，调整生命方向，转换生活态度，缓解人与自然的紧张关系，增进人与自然的和谐，现代化与自然环境的互利耦合。"①

3. 弱化了中国人的文化认同

当代学者多从中国人的文化身份以及民族国家认同上反思五四运动。杜维明认为五四运动主张朝向西方和全盘西化，这样就在文化认同上丧失了自我意识。以前有一种错误的看法，认为日本明治维新之所以能成功是因为全盘西化做得好。然而包括福泽谕吉在内的维新志士都深受儒家影响，他们调动自身资源对西方潮流做出了有目的性和针对性的回应，从而在面对西方的过程中，很多健康的传统资源被调动起来。中国的情况却不同，作为儒家传统唯一合法代表的清政府长期压制朝廷之外的知识分子的声音，地方官僚没有办法全面回应西方文化。中国的所谓"中学为体，西学为用"没有发挥什么积极作用，反而成了保守者的思想避难所，成了西化知识分子讽刺、批判的对象。由此可以看到，日本的成功并不是因为抛弃传统，全盘西化，而中国的失误也不是由于传统包袱太重，没能全盘西化。"假如你对你的文化传统是粗暴的，你对西方文化的接纳一定是肤浅的；假如你粗暴到传统资源统统弃之不顾，而糟粕又洗刷不掉，那西方能够进来的大概也就是糟粕了。"②

张践更直接地借用亨廷顿的文化身份和国家认同理论指出，资本主义和共产主义的具体意识形态，在20世纪初将不同的民族凝聚成国家。20世纪90年代一些国家解体和重组的事实表明，与具有明确导向作用和清晰观念体系的意识形态相比，传统文化及其宗教信仰是稳定的。一旦社会格局发生剧变，人们自然地就要到上述那些民族要素中去寻找安身立命的精神家园。于是从20世纪90年代起，民族主义替代意识形态，成为民族国家合法性的主要基础。自由、民主、法制等政治原则，恰因为具有普世性的价值，缺乏了民族的凝聚力。张践由此认为，意识形态和政治原则都不能成为民族凝聚的基础，儒教才是中华民族凝聚的文化基础。综观五千年的中华文明史，唯有以春秋大一统和认同共同祖先等为要素的儒家文

---

① 方立天：《佛教生态哲学与现代生态意识》，《文史哲》2007年第4期。
② 哈佛燕京学社主编：《启蒙的反思》，江苏教育出版社2007年版，第22页。

化，能承担这个主体文化的使命。"与世界上其他民族以宗教为核心的文化体系相比，中华民族的文化，深受孔子开创的儒教的熏陶，一方面对彼岸世界'存而不论'，注重现世的道德伦理；另一方面又对神灵的世界抱一种'敬而远之'的态度，尊重其他民族信仰的宗教。儒家的宗教观，既不同于唯我独尊，排斥其他宗教的一神教；也不同于某些极端的无神论学说，以一种狭隘的眼光看待人类历史上不同历史阶段复杂的宗教现象，统统斥责为迷信。中华民族这样一种宗教性格，对内有利于 56 个民族的和睦相处，构建和谐社会；对外有利于与世界其他民族所信仰的宗教进行对话，促进世界和平。"① 一百多年的时间中，我们一直处于弱势文化的地位。如果我们把建设先进文化的方向建立在引进外国文化的基础上，那么我们势必会丧失我们民族的文化的主体性，导致民族凝聚力的弱化。如果为了在现代化建设过程中引入西方的民主制度而全盘基督教化，则会使中国的国民性全面丧失。

陈来指出不管人们喜欢不喜欢孔子和儒家，事实是，在中国过去两千多年的历史上，儒家在中国社会和文化上占据了突出的地位，在中国文化的形成上起了主要的作用，以至于人们有时把儒家传统作为中国文化的代表，以孔子作为文化认同的象征。在陈来看来，孔子已为 20 世纪的革命浪潮所打倒而走进历史的博物馆的说法，并未注意到儒家在中国持续存在的事实。它已无孔不入地渗透在人们的观念、行为、习俗、信仰、思维方式和情感状态之中，构成中华民族的某种共同的心理状态和性格特征。儒家思想既是思想史上的过去，也是思想史上的现在，从本体论上来说，思想史上的过去是规定着我们之所以为我们的东西，它的道德思考、政治思考、人性思考仍然可以参与现代。如今"孔子学院"已经把孔子的符号带往世界各地，在某种意义上说，孔子被恢复了他作为中国文化象征的地位。21 世纪中国领导人的演讲，以自强不息、以民为本、以和为贵、协和万邦为核心，都显示出"再中国化"倾向和从中国文明来宣示中国性。"再中国化"是"与'和传统想决裂'不同的态度，肯定了现代中国必须根植于中华文明原有根基的发展，表现出复兴中国文明、发展中国文明的

---

① 张践：《儒教是中华民族凝聚力的文化基础》，载卢国龙主编《儒教研究》，社会科学文献出版社 2009 年版，第 94 页。

文化意识"①。蒋庆也指出儒学实际上就是中华文明与中国文化之学，是名正言顺的中国的国学。儒学作为中国的国学，体现了中华文明或中国文化的根本精神与根本价值，是中华文明或中国文化根本精神与根本价值的载体。我们可以说，离开儒学，中华文明或中国文化的根本精神与根本价值就无从展现，也就不存在中华文明或中国文化本身。儒学可以起到安顿中国人的个体生命和重塑中华民族精神等作用。

4. 失去了中国原有制度资源

当代学者对五四学人宗教批判态度的质疑，也从思想领域进入到制度领域，认为激进主义批判态度造成的后果就是失去了中国原有的制度资源。杜维明认为启蒙心态在现代中国成了宰制性的意识形态，如果把启蒙和制度建构联系起来，在中国语境中，这后面有一个基本的问题，就是"富强"。这与工业革命有关系，工业革命除了诸多造福于人类的发明创造，如蒸汽机、电的发现等，也带来了军工企业的大发展，这是科学技术纯粹作为宰制性力量所发展的特殊领域。从殖民主义到帝国主义形成的宰制性力量，后面所依据的当然是"富强"的理念，它彰显的是经济的实力和军事实力，当然也包括宪法民主的建立。从鸦片战争开始，西方的坚船利炮使那些深受儒家文化影响的中国人，如曾国藩、左宗棠、李鸿章、张之洞、康有为、谭嗣同、梁启超等，纷纷先后从工业、制度、社会性格等方面全身心地投向西方学习。从中可以看到一条基本的反思线索，"从军事回应的失误，到政治制度、到社会组织，而后走到'五四'，要在文化认同的基础上脱胎换骨，这是最后一道防线，把中国最好的精神资源都看作已经完全失去了应付现代化大潮流的制度资源"②。

赵汀阳指出中国近百年来一直存在的一个不可回避的问题，即人们更多地以检讨的方式谈论西方的优越和中国的落后，中国有许多弊端甚至是令人绝望的弊端，所以应该检讨，但检讨之后又该怎么办？鲁迅大概是20世纪检讨中国的一个最重要的代表，他对中国的批判如此生动深刻和令人难忘。但他指出错的，却说不出对的。这种釜底抽薪和完全负面的评价，加重了灾难沉重的社会现实，打击了人们对国家、社会和文化的自信心，助长了社会的集体性的堕落、腐败和不负责任，因此在

① 陈来：《孔夫子与现代世界》，北京大学出版社2011年版，第12页。
② 哈佛燕京学社主编：《启蒙的反思》，江苏教育出版社2007年版，第19页。

检讨中国之后，应该有一场重思中国或重构中国的运动。赵汀阳认为重思中国也就是去思考中国的前途、未来理念以及在世界中的作用和责任，它的对象是未来，关心的是创造。在他看来，中国儒家和道家主张的"平天下"和"以天下观天下"的世界观或天下理论，"是唯一考虑到了世界秩序和世界制度的合法性的理论，因为只有中国的世界观拥有'天下'这个级别上高于/大于'国家'的分析角度"①。天下理论主张的有容乃大、天下为公、协和万邦，不同于基督教的把异教徒作为死敌以及霍布斯的"丛林假定"和施米特的"敌友问题"。建立在康德永久和平论基础上的联合国只不过是国际体系而非世界体系，它无法解决世界的无政府状态和各国间冲突问题；建立在哈贝马斯交往行为理论基础上的欧盟，面临着"理解不能保证接受"和"时不我待"的问题；罗尔斯适应美国霸权的《万民法》，存在着"差异原则"不用于国际社会和"弱肉强食"会引起弱者反抗的问题。赵汀阳由此选择了天下理论，主张建立天下体系。

干春松指出，100 年前，"在现代性的挑战面前，以儒家为代表的中华文明被视为是中国发展的障碍，陈独秀甚至说：'吾人宁取共和民政之乱，而不取王者仁政之治'。并认为现代政治与儒家文化乃势不两立之存在。这样的看法，直可看作是削足适履之愚见。"② 在他看来，正是因为对于世界和中国两方面都缺乏认识，所以近百年来，我们始终处于制度的实验之中。蒋介石漫长的训政时期，足以让人觉得只成为政治家叫卖的羊头而已；"文化大革命"造成经济上的崩溃和政治上的无序，说明社会主义制度实验需要做很大的调整。在经过 20 世纪 80 年代以来的高速经济发展之后，我们可以用一种新的角度来理解中国及其应该为世界所做的贡献。建立起与传统的联系，聆听圣贤的教诲，回归到以人为出发点考虑制度的建构是可行的。干春松因此主张"制度儒家"和"重回王道"，他与赵汀阳和蒋庆等一样不再迷信于从西方移植现成的制度模式，而从多元的、现代性的视野，看到儒家在中国未来制度构建中具有重要意义。蒋庆在《儒学在当今中国有什么用？》中指出，儒学是通过"神圣天道的合法性""历史文化的合法性""人心民意的合法性"来为政治秩序提供合法

---

① 赵汀阳：《天下体系：世界制度哲学导论》，中国人民大学出版社 2011 年版，第 3 页。

② 干春松：《制度化儒家及其解体·修订版序》，中国人民大学出版社 2012 年版，第 2 页。

性标准的。中国自近代以来，政治秩序的合法性标准一直没有建立。要解除合法性危机的焦虑和恐惧，唯一的办法就是复兴儒学，用王道政治的三重合法性来为当今中国的政治秩序提供周全完整的合法性，用周全完整的合法性来作为评判中国政治秩序的标准。

5. 加剧了体用中西间的相争

当代学者对五四学人宗教批判态度的质疑，更深层次地深入到体用中西以及中国道路的特色问题之中。李泽厚指出洋务派在体用中西的问题上，是主张中学为体、西学为用、主以中学、辅以西学。维新派既批判和利用中学，又杂糅和传播西学，因此中学与西学的差异远没有被清楚地揭示出来。"直到五四新文化启蒙运动，情况才有了根本变化。'西学'、'中学'的根本对立和水火不容才被极度夸张地凸显出来，'打倒孔家店'的呼喊的重要意义也就在这里。"① 然而陈独秀、胡适、鲁迅、吴虞等西化派，一开始就有梁启超、梁漱溟、张君劢、章士钊等对立面。中国知识分子受到传统文化的实用主义的影响，不仅善于接受和吸取外来事物，同时也乐于和易于改换、变易、同化它们，使之丧失原意。于是形成"中体西用"的演化，结果"中学"的核心和系统倒并无根本变化。这同样表现在"中国化"过程中，"中学"吃掉"西学"，使得"中体"岿然不动。李泽厚由此重新界定了"体"和"用"，"体"是社会生产方式和日常生活，"用"是"体"的实现途径和方式。现代化是"体"的变化，科学技术不是"用"，而属于"体"的范畴。现代化不等于"西方化"，但现代化是从西方开始的，因此现代化也就是西方化。适应此种"体"的"学"，当然也就是近现代的"西学"，而非传统的"中学"。李泽厚由此主张"西体中用"，"要用现代化的'西体'——从科技、生产力、经营管理制度到本体意识（包括马克思主义和各种其他重要思想、理论、学说、观念）来努力改造'中学'，转换中国传统的文化心理结构，有意识地改变这个积淀"。② 真正的"西体中用"将给中国建立一个新的工艺社会结构和文化心理结构，将给中华民族的生存发展开辟一条新的道路和创造一个新的世界。

陈来指出，经过20世纪前20年的社会变革和思想解放运动，儒教文

---

① 李泽厚：《中国现代思想史论》，天津社会科学院出版社2004年版，第314页。
② 同上书，第335页。

化已全面解体，儒学在现代中国文化的格局中遭到全面放逐，从中心退缩到了边缘。五四以来儒学的危机归根结底是文化危机和价值信念危机，这一危机本质上是遭受西方近代文化冲击的"近代化"带来的。然而儒学并没有死亡，它在离散之后作为文化心理的传统仍然不自觉地以隐性的方式存寓于文化和人的行为之中，其中不乏梁漱溟、张君劢、冯友兰、贺麟等为儒学的辩护以及蒋介石和刘少奇等对儒家伦理的吸收，这些包含着对现代化过程的治疗、对价值理性的深切关怀、对理想人格锲而不舍的追求、对中国和对民族文化的认同、对启蒙叙事的人文反思。陈来为此主张："拔除中国近代因习用富有歧义的'体用'概念造成的讨论上的混乱，就现代化过程中主体应当或是否需要从传统保留什么、从西方吸取什么来看，20世纪造成有关儒学的论争的最强有力的根源，可以说始终围绕在现代社会的公民道德与伦理秩序和人生理想的问题。"[1] 陈来针对韦伯式的工具理性的现代性，从儒学传统中开发出具有东亚现代性特色的"和"，展开为人与天地之和、国家与族群间的和平、人际关系的和睦、个人精神生活的和乐、对不同文化的宽和。他认为"和"只是用而非体，"仁"是体，是"和"的基础。在冷战后的今天，在国际秩序迷失、地区文化失衡的情况下，"仁"可以作为当今世界人类共同观念的一个道德基础。"仁者以天地万物为一体""仁者浑然与物同体"，直接肯定了人与自然的和谐一体。"仁"作为博爱的人道原则，可以导出和平共处的国家交往原则，成为制约和遏制侵略战争的道义力量。

蒋庆在《儒学在当今中国有什么用?》中指出，中国近代以来进入一个弱肉强食的西方社会达尔文主义文化支配并主宰世界的时代，救亡图存一直是中国近代史的主旋律，其直接诉求就是追求国家富强，具体方法就是走西方现代化的道路。洋务派知识分子认为中国文化在"体"（精神层面）上崇尚道德，优于西方文化，本不用学西方文化，但西方列强已打到你家门口了，所以在"用"上（器物层面上）不得已为了救亡图存要去学西方文化。在这样的背景下，中国的现代化只具有底线公正的意义，即只具有反抗殖民主义、帝国主义瓜分侵略的意义，而不具有更高的道德意义。因为中国的现代化学习的是西方社会达尔文主义的文化，这种文化追求强力霸道和以力服人，是纯粹追求物质力量的现代化而没有更高道德

---

[1]　陈来：《孔夫子与现代世界》，北京大学出版社2011年版，第151页。

的小人文化和强盗文化。当中国已接受西方社会达尔文主义的规则并开始有力量了，西方人又开始感到了威胁。蒋庆认为，在将来很长一段时间内，社会达尔文主义支配主宰世界的状况不会改变，因而中国还必须走现代化的路。但是现代化的路又是一条不道德的路。解决这一问题唯一的办法就是复兴儒学，通过儒学奠定中国现代化的道德基础，使中国的现代化不会偏离道德的方向，不会变为腐蚀中国人人性和败坏民族精神的负面力量，不会在中国强大后称霸世界。进而改变西方的达尔文主义的规则，使中国的现代化具有超越单纯追求物质财富的更高的道德意义，最终建立一个"以德服人"的国际秩序和"道德的天下"。

## 三 质疑的回应

### 1. 传统现代决裂观的回应

五四学人的精神世界与心灵社区有着复杂的内容，远非激进与保守、启蒙与救亡、科学与人文、理性与情感等简单的二元划分所能言明。比如五四学人中包含的被艾恺称为文化保守主义者的梁漱溟，他以开放的心态接纳西学的民主和科学，并由此批判以佛教为代表的宗教，因此应当属于启蒙学者，属于五四启蒙运动的家族成员；他同时又坚决捍卫儒家传统，认为求诸外而不求诸己的西方文明的路向已经走到了尽头，孔子代表的求诸己而不求诸外的路向代表人类文明发展的未来。他由此开启了反思西方启蒙的道路，进入到中国的后现代启蒙的领域，展现出启蒙运动与现代性的多元性和复杂性。梁漱溟既接纳西学又捍卫中国文化传统，并不显现为传统与现代的断裂关系。而且梁漱溟由佛入儒，其儒学思想中包含了对佛教心性思想的吸收，恰如宋明儒学包含了对佛教心性思想的吸收。更为重要的是，正如艾恺所言，梁漱溟因为共产党实现了他的理想，最终走向了对马克思主义和社会主义的认同，这也影响了后世的如冯友兰和陈来等一些大陆新儒家。冯友兰在接受哥伦比亚大学授予名誉博士学位仪式上的答词中指出，"中国特色"必然深深根植于民族的历史发展和精神传统，必须从中国古典哲学中汲取它的精神资源，中国哲学应该成为中国马克思主义的重要来源。陈来讲："在比较理想的程度上，儒学在未来多元文化结构中仍可扮演较为积极的角色，但绝不再是作为儒教中国的意识形态，而是作为一种深厚的精神气质对各种社会文化领域有所影响"①，"大量、积极地运用中国文化的资源以重建和巩固政治合法性，已经成为 21 世纪初期执政党的特色。放眼未来，这种顺应时代的发展只会增强，不会削弱"②。

胡适虽未像梁漱溟那样接受马克思主义和社会主义，但他将五四新文化运动称为"中国的文艺复兴"，犹如西方的"文艺复兴"要回到古希腊一样，"中国的文艺复兴"具有向中国传统文化敞开的趋势和要求。余英时为此指出："从 1917 年起，胡适始终坚持，五四运动作为一种思想或文化运动，必须被理解为中国的文艺复兴运动。这不仅因为他提倡以白话文作为现代文学的媒介，而且更重要的是因为他对历史连续性有深刻的体认。对他而言，'文艺复兴'暗示着革新，而非破坏中国的传统。"③ 单以胡适的宗教观来看，他的"三不朽"说就体现了传统与现代的衔接而非断裂。被视为激进主义者的陈独秀、李大钊、鲁迅的思想中也包含着传统与现代的衔接。例如陈独秀的启蒙思想中包含了对传统文化中变易、民本、爱国等思想的利用，他认同孔子的不论生死、不语鬼神，指出"孔教亦非绝无可取之点"④，也一定程度上体现出与传统的衔接。他在《新文化运动是什么?》一文中反思性地指出，既不注意美术、音乐又要反对宗教，这是一桩大错。"知识上的理性，德义都不及美术、音乐、宗教的力量大。知识和本能倘不相并发达，不能算人间性完全发达。"⑤ 李大钊也借《易》《诗》《书》《老子》《离骚》等的变易、爱民、爱国等思想，宣扬进化、民权和强国。他认同孔子思想中有其固有之精华，赞同日本某评论家的"孔子与牛肉，释迦与鸡肉，基督与虾，乃至穆罕默德与蟹，其为吾人之资养品等也"⑥，同样显出对传统的尊重和利用。鲁迅也以"弃其蹄毛，留其精髓"⑦ 的态度对待包括宗教文化在内的传统文化，认为宗教对研究社会史、文学史、美术史都有很大帮助，宗教促进了文学艺

---

① 陈来:《回向传统：儒学的哲学》，北京师范大学出版社 2011 年版，第 18 页。

② 陈来:《孔夫子与现代世界》，北京大学出版社 2011 年版，第 12 页。

③ 余英时:《现代危机与思想人物》，生活·读书·新知三联书店 2005 年版，第 83 页。

④ 任建树主编:《陈独秀著作选编》，上海人民出版社 2010 年版，第 309 页。

⑤ 任建树主编:《陈独秀著作选编》第 2 卷，上海人民出版社 2010 年版，第 218 页。

⑥ 中国李大钊研究会编注:《李大钊全集》第 1 卷，人民出版社 2006 年版，第 230 页。

⑦ 《鲁迅全集》第 6 卷，人民文学出版社 2005 年版，第 24 页。

术的发展，宗教中包含着辩证法的因素。由此可见，五四学人并非要彻底否弃宗教，并非要切断中国文化的根脉。他们的真正目的是通过文化批判，反对借助尊孔搞复辟帝制和借助基督教推行殖民统治，他们的思想观念中依然包含着对传统文化的尊重与利用。

在中国社会近现代转换的历史节点上，五四学人无疑面临多元文化冲击以及传统与现代的张力。他们从适应社会和文化发展的世界大势出发批判宗教，主张建立新的宗教以及以美育代宗教、以科学代宗教、以道德代宗教，努力剥离宗教中的神秘、等级、宰制性要素，其意义不仅在于实现富国强民，也在于重新安顿中国人的身心，实现中国文化的现代转型。他们基于宗教批判开出了中国文化的现代路向，这种进步意义不容置疑。部分五四学人也由宗教批判进入到资本主义批判，他们由帝国主义的殖民入侵发现了资本主义和西方文化的弊漏，从而主张保卫中国传统文化或接受马克思主义。多数五四学人最终选择马克思主义和社会主义，体现了现代中国学者的文化自觉。这种选择最终形成中国化马克思主义的理论成果——毛泽东思想。毛泽东提出的"古为今用，洋为中用，去粗取精，去伪存真"，表明中国化马克思主义对中西方文化的引领关系。改革开放以来，包括宗教文化在内的西方文化大量输入，中国传统文化走向复兴，思想多元化的局面再度形成。在这种背景下，借助批判五四运动的激进主义，利用宗教、西学或传统文化质疑、否定甚至替代中国化马克思主义的声音不绝于耳。然而，正如陈独秀和李大钊等揭示的，宗教、西学、中学传统中包含神秘主义、等级主义或殖民主义的要素。在当今时代，要避免这些历史沉渣和错误要素重新泛起，就必须坚持宗教与社会主义相适应，坚持宗教的独立自主自办原则，坚持用中国特色社会主义核心价值体系引领多元社会思潮，坚持"古为今用，洋为中用，去粗取精，去伪存真"，这对于推进中国的现代化进程以及社会稳定具有重要的理论和现实意义。

2. 宗教情感否定论的回应

当代宗教学者以及一些文化保守主义者和后现代主义者对五四学人持批判态度，认为他们以冰冷的科学、民主等理性原则与批判精神，否弃了宗教的情感、道德和信仰，造成了现代社会的道德滑坡、人际疏离、信仰危机、生态危机等问题。然而考察之后不难发现，五四学人的思想观念中也包含对宗教的情感、道德和信仰的转化利用。例如，陈独秀认肯宗教具有止伐劝善的积极作用，认为支配西洋人心底的最高文化是希腊以来美的情感和基督教信与爱的情感。这种情感是崇高的牺牲精神、伟大的宽恕精神和平等的博爱精神，这种根本教义科学家不曾破坏，将来也不会破坏，它是穷人的福音。① 李大钊也认肯宗教的牺牲精神，肯定宗教中包含敬畏、济苦、忏悔、博爱等道德和情感因素，但也指出要明辨宗教的道德和情感的阶级倾向。胡适的"三不朽"的宗教观则更显著地呈现出对宗教责任伦理的转化利用，他把宗教的"不朽"转化成为融入世俗社会的谋求事功的"不朽"。鲁迅认为宗教中包含和平、平等、诚信、奋斗、禁戒残暴、普救众生、自我牺牲等反映人民群众利益诉求的思想情感和道德规范，他称赞舍身求法和为理想献身的玄奘为"中国的脊梁"②，指出早期基督教具有追求平等和反对压迫等的精神内涵。梁漱溟出入于佛教，转化利用了佛教慈悲、济世以及安慰、勖慰等道德和情感。他的以"周孔教化"代替宗教的观念中，包含了对孝悌、礼乐的重新开发与利用。由此可见，五四学人并未否定宗教的道德情感，他们严格筛选了宗教的道德情感并界定了其理论基础和实现条件。他们大力提倡民主和自由等新道德，意在补益和校正传统的道德和价值观念。

李泽厚曾以"启蒙与救亡的双重变奏"，于民主和科学的启蒙之外剥离爱国，后得到姜义华和许纪霖等的认可。正如李泽厚主张"西体中用"一样，他于30多年前提出的上述主张，剥离爱国无非是要重新接纳西方的价值体系和道德观念，或者说是要把西方文化的特殊性上升为普遍性。然而这种处置方式却暗含或实存一种风险，即用他者的特殊性消灭自我的特殊性，这也正是五四学人提倡爱国的重要原因。而在梁漱溟那里，爱国捍卫的中华文化则代表未来方向，上升为一种令西方人焦虑的新的普遍性，干春松和赵汀阳等都是梁漱溟的继承人和受益者。反过来说，康德的启蒙定义着力关怀的恰是德国的社会发展和科学进步，李泽厚的启蒙论述也逃不脱对于五四学人受儒家传统熏陶的"关心国事民瘼"的认可③。正如陈独秀在总结五四运动的精神时讲："如若有人问五四运动的精神是什么？大概的答词必然是爱国救国。"④ 作为一种理性化的情感，身处国破

① 任建树主编：《陈独秀著作选编》第 2 卷，上海人民出版社 2010 年版，第 177—182 页。
② 《鲁迅全集》第 6 卷，人民文学出版社 2005 年版，第 122 页。
③ 李泽厚：《中国现代思想史论》，天津社会科学院出版社 2004 年版，第 7 页。
④ 任建树主编：《陈独秀著作选编》第 2 卷，上海人民出版社 2010 年版，第 222 页。

家亡境遇中的五四学人无一例外地把爱国作为了核心价值和道德底线。他们由此出发吸纳西学和创新中学，努力建设青春中国和富强中国，正是要把宗教的理想和信仰建立在现世和人间。这也成为当前中国人提出中国梦和亚洲梦的重要思想来源。

当代学者也以物质主义和个人主义反思五四新文化运动，认为民主和科学等现代性具有重要缺陷。然而对于当时中国生产力落后、个体不发达、专制主义和封建迷信盛行的现实状况来说，五四学人提倡发展物质生产、培育强力个体、推行民主共和、弘扬科学精神，意在谋求中国人生存和发展的条件，原本无可非议。更何况，五四学人对物质主义、个人主义以及民主和科学的缺陷早有察觉。李大钊就曾经指出东洋文明是自然、安息、直觉、艺术、精神、自然支配人间的文明，西方文明是人为、战争、理智、科学、物质、人间征服自然的文明，"东洋文明既衰颓于静止之中，而西洋文明又疲命于物质之下，为救世界之危机，非有第三新文明之崛起，不足渡此危崖。俄罗斯文明，诚足以当媒介东西之任，而东西文明之真正调和，则终非二种文明本身之觉醒，万不为功"[1]。梁漱溟也指出"求诸外而不求诸己"的西方文明终将走到尽头，必代之以"求助己而不求诸外"的东方文明。李大钊和梁漱溟虽未明确针对生态环境问题，但其思想中已经蕴含了生态意义。对于当代文化保守主义者针对私利主义提倡的利他主义，陈独秀亦有发掘："现今道德学说之在欧西，最重要者有两派。其一为个人主义之自利派，其二为社会主义之利他派。"[2] 陈独秀虽认为个人主义将会少胜，但已反对极端的利己主义，并由基督教和佛教的利他主义以及国家自利、社会自利和人类自利，贯通和接引出社会主义。五四学人群体性地选择马克思主义和社会主义，开启了中国特色社会主义的现代化进程，中国特色社会主义既强调物质财富极大丰富，也强调人与自然和谐相处、人的精神境界极大提高，它以实现每个人自由而全面的发展为价值目标和最终目的。

3. 文化认同弱化论的回应

当代新儒家对五四新文化运动的质疑和批评之一，就是认为它在批判儒学和接纳西学的同时，弱化了中国传统文化和中国人身份的认同，所借

---

[1]　中国李大钊研究会编注：《李大钊全集》第 2 卷，人民出版社 2006 年版，第 214 页。

[2]　任建树主编：《陈独秀著作选编》第 1 卷，上海人民出版社 2010 年版，第 337 页。

用的便是亨廷顿的文化认同理论和列文森的儒教中国论。应当指出的是，五四时期的梁漱溟就坚决捍卫儒家文化，胡适后期也以"保卫文化"走向捍卫中国文化，艾思奇和毛泽东以来的马克思主义者大都"古为今用"地利用中国传统文化，因此中国文化并未因受到西学的冲击而弱化。又如陈独秀所言："一切宗教，无神治化，等诸偶像，吾人可大胆宣言者也。今让一步言之，即云浅化之民，宗教在所不废。然通行吾国各宗教，若佛教教律之精严，教理之高深，岂不可贵？又若基督教尊奉一神，宗教意识之明瞭，信徒制行之清洁，往往远胜于推尊孔教之士大夫。今蔑视他宗，独尊一孔，岂非侵害宗教信徒之自由乎"，"今再让一步言之。或云佛、耶二教，非吾人固有之精神，孔教乃中华之国粹。然旧教九流，儒居其一耳……今效汉武之术，罢黜百家，独尊孔氏，则学术思想之专制，其湮塞人智，为祸之烈，远在政界帝王之上"。① 李大钊也讲："信仰一种宗教，固然是他们的思想自由，不信仰一切宗教，亦是我们的思想自由"，"我们反对宗教的运动，不是想靠一种强有力者的势力压迫或摧残信仰一种宗教的人们，乃是想立在自由的真理上阐明宗教束缚心灵的弊害，欲人们都能依自由的判断，脱出他的束缚和蒙蔽"。② 由此可见，五四学人既尊重宗教信仰自由，又提倡不信仰宗教的自由。他们反对宗教是因为宗教禁锢人们的思想自由，他们反对独尊孔教是因为它既侵害了人们的思想自由，也造成了学术思想之专制和对其他宗教信徒信仰自由之侵害。

陈独秀又指出："即以宗教国粹论，九流百家，无一非国粹。阴阳家与墨家，实为中国固有之宗教，佛与耶、回，虽属后起，信徒乃居国民之大部分。乌可一笔抹杀而独尊儒家孔子耶？"③ 陈独秀此论既指出文化传统具有多元性，也指出宗教生态平衡问题。当代大陆新儒家主推儒家传统，以此确立中国人的文化身份和国家认同。然而儒家传统却非中国文化的唯一传统，孔子及其以后的儒家都受其他类型文化的影响，汉儒至宋明儒显著受佛教文化的影响，清儒显著受基督教以及西方近代文化的影响，儒释道耶伊的多元并存和互动融合却是中国历史上的现实状况。以一种文化传统排斥其他文化传统势必造成文化专制主义，加剧彼此之间的对立和

---

① 任建树主编：《陈独秀著作选编》第 1 卷，上海人民出版社 2010 年版，第 248 页。

② 中国李大钊研究会编注：《李大钊全集》第 4 卷，人民出版社 2006 年版，第 66 页。

③ 任建树主编：《陈独秀著作选编》第 1 卷，上海人民出版社 2010 年版，第 311 页。

紧张。从宗教生态上来说，中国历史上历来重视宗教生态的平衡与和谐，当代也常有学者批判基督教一神论的排他性。若以儒教立国或以儒教作为中国人文化身份和国家认同的标志，则既不符合全球化时代多元文化融合的趋势，也不符合中国宗教文化多元并存的现实状况，势必造成各种宗教的对立和紧张，造成另一种类型的、独语式的、一厢情愿式的以一种宗教或文化传统排斥其他宗教或文化传统的一神论和文化专制主义，造成极端民族主义、极端宗教思想和国家分裂主义的盛行。动态地看，文化传统固然对现代社会有重要影响，但常常处于变动之中，仅仅通过信不信教以及信何种宗教判定一个国家和民族的文化身份是不妥当甚至危险的。儒家文化固然是中国文化的基因，但并非唯一的文化基因和唯一的决定力量。

深层次来看，文化保守主义者的文化认同弱化论，触及了以儒家为代表的中国传统文化在近代尤其是五四新文化运动以来走向式微的历史诱因。人们固然可以从外部性上，将弱化的原因归于西方文化的冲击。但从内部性上来说，却在于儒家传统无法代表先进生产力的发展要求和先进文化的前进方向。近代以来尤其是五四新文化运动以来，经外来文化冲击和反对尊孔复辟的影响，中国传统文化的保守性、封闭性和落后性凸显了出来，"伦理觉悟""思想解放""西体中用"等共同反映出中国文化需要与时俱进，中国人需要认同新的文化，这种趋势已经变得不可逆转。现当代中外学者固然可以从儒家资本主义、儒家共产主义、东亚奇迹等方面赋传统以新意，揭示传统文化的时代参与和不断进化。然而这种进化虽有适应性和补益性，但也有依附性，在当今世界已无法独立发挥建制功能。主导当今世界的正是五四学者以开放心态接引的资本主义和社会主义的新文化，儒家传统只能作为资本主义和社会主义的支持力量而非相反。因此，对儒家代表的传统文化的认同不可避免地走向衰落，它只能作为一种文化记忆、心理结构、价值理性、人文素养或未完成的规划参与而非主导现代生活。对当代中国人而言，只能在中国特色社会主义核心价值体系的引领下去建立自己的国家和民族认同。毕竟当前中国的主流文化是中国特色社会主义文化，唯有中国特色社会主义能继承和实现包括梁漱溟在内的五四学人的社会理想。

### 4. 制度资源失去论的回应

当代学者既在文化层面上也在制度层面上批判五四运动或五四学人，认为对传统文化的严厉批判使中国的现代化建设失去了制度资源。中国传

统的制度资源可以主要概括为"小康"和"大同"，前者集中体现为
"礼"，展开为"三纲五常"。如陈独秀所言："国家也是一种偶像。一个
国家，乃是一种或数种人民集合起来，占据一块土地，假定的名称；若除
去人民，单剩一块土地，便不见国家在那里，便不知国家是什么……世界
上有了什么国家，才有什么国际竞争；现在欧洲的战争，杀人如麻，就是
这种偶像在那里作怪。我想各国的人民若是都渐渐明白世界大同的真理，
和真正和平的幸福，这种偶像就自然毫无用处了。"① 李大钊也讲："这次
的世界大战，是从前遗留下的一些不能适应现在新生活新社会的旧物的总
崩颓。由今以后的新生活新社会，应是一种内容扩大的生活和社会——就
是人类一体的生活，世界一家的社会。我们所要求的新道德，就是适应人
类一体的生活，世界一家的社会之道德……我们今日所需要的道德，不是
神的道德、宗教的道德、古典的道德、阶级的道德、私营的道德、占据的
道德；乃是人的道德、美化的道德、实用的道德、大同的道德、互助的道
德、创造的道德！"② 由此可见，五四学人对于"大同"有着明显的认同，
这成为干春松和赵汀阳主张王道政治和天下体系的重要策源，也成为中国
共产党人主张全面建成小康社会以及和谐世界、共同发展的重要思想理论
来源。

　　五四学人对于传统制度资源的争论主要集中于"礼"，焦点在于
"礼"与"法"。梁漱溟由文化发展的路向推崇礼乐而反对法制。在他看
来，西方文化是注重物欲、竞争、法制的文化，生产过剩势必引起失业的
恐慌不宁，相互竞争难以达到心的宁静和同，法律统御难以实现心悦诚
服。"法律之所凭籍而树立的，全都是利用大家的计较心去统御大家……
这种统御式的法律在未来的文化中根本不能存在……因为在统御下的社会
生活中人的心理，根本破坏了那个在协作共赢生活之所须的心理"，"刑
赏是根本摧残人格的，是导诱恶劣心理的，在以前或不得不用，在以后则
不得不废"。③ 梁漱溟由此主张转到孔子的礼乐的路向上来。"近世西洋文
化的发展都出于为我而用理智，而中国则为尚情毋我的态度，是已经证明
的；那么这不是由西洋的路子转入中国路子是什么……其实宗教不合宜，

---

① 任建树主编：《陈独秀著作选编》第 1 卷，上海人民出版社 2010 年版，第 423 页。
② 中国李大钊研究会编注：《李大钊全集》第 3 卷，人民出版社 2006 年版，第 117 页。
③ 梁漱溟：《东西文化及其哲学》，商务印书馆 2010 年版，第 215、216 页。

美术也不成功，唯一不二便是中国的礼乐！礼乐在未来文化中之重要是我敢断言的"，"实亦从来未有舍开宗教利用美术而做到非常伟大功效如一个大宗教者，有之，就是孔子的礼乐。以后世界是要以礼乐换过法律的，全符合了孔家宗旨而后已"。① 梁漱溟以"礼失求诸野"的文化视野和实践意志，从繁华的都市走向破败的乡村，用他协作共赢的乡村建设规划去培育农村，他的思想观念和实践方式中存留和弘扬了礼乐。这成为贺麟、冯友兰和陈来等为礼教辩护的重要策源，"礼"与关涉的"小康"也转化成为中国共产党人主张的小康社会、加强精神文明建设和以德治国。

五四学人中确实存在反对"礼"的面向，理路在于用民主和法制取代"礼"。鲁迅秉承戴震的"理杀人"，把封建礼教作为吃人工具。胡适是"礼"的批判者和守护者，他提倡民主和科学教育，又一定程度上践行着礼。最显著地以法反礼的当数陈独秀和李大钊。陈独秀讲："以宪法而有尊孔条文，则其余条文，无不可废；盖今之宪法，无非采用欧制，而欧洲宪法之精神，无不以平等人权为基础。"② 李大钊讲："孔子与宪法，渺不相涉者也"，"孔子者，历代帝王专制之护符也。宪法者，现代国民自由之证券也。专制不能容于自由，即孔子不当存于宪法"。③ 陈独秀和李大钊的思想呈现出去"礼"就"法"的面向，但他们并非绝对地排斥"礼"。陈独秀主要以民主法制反对和剥离"三纲"，"若夫温良恭俭让信义廉耻诸德，乃为世界实践道德家所同循"④，又表明他对"礼"有所认同和因袭。李大钊也讲："孔子之道有几分与此真理者，我则取之"，"民族兴亡，匹夫有责。欧风美雨，咄咄逼人，新中华民族之少年，盖雄飞跃进，以肩兹大任也"。⑤ 同样显示出李大钊对孔子之道和"礼"有所认同和保留，他与陈独秀对包括法治精神在内的西方文明都既有接纳又有警觉，与梁漱溟的礼法观念形成交叉和互补。纵向来看，法的精神并非独生西方，亦是生成于先秦而发展至近代的中国的文化传统，因而成为五四学人接纳法制的制度资源和文化基础。毋庸置疑，民主法制是现代社会的重

---

① 梁漱溟：《东西文化及其哲学》，商务印书馆 2010 年版，第 194—195、216—217 页。
② 任建树主编：《陈独秀著作选编》第 1 卷，上海人民出版社 2010 年版，第 252 页。
③ 中国李大钊研究会编注：《李大钊全集》第 1 卷，人民出版社 2006 年版，第 242 页。
④ 任建树主编：《陈独秀著作选编》第 1 卷，上海人民出版社 2010 年版，第 251 页。
⑤ 中国李大钊研究会编注：《李大钊全集》第 1 卷，人民出版社 2006 年版，第 245、286 页。

要标志，也是人类走向未来的必经环节。传统社会以及五四学人的儒法互动或礼法互动，在当代中国的现实转化就是依法治国和以德治国的有机统一。

5. 体用中西冲突论的回应

体用中西问题，归根结底是社会发展道路问题。当代中国学者围绕五四运动的争论，仍重复着五四学人"体用中西"的主题。李泽厚于体用中西之间选择了"西体中用"，即西方的民主和科学的道路。"1949 年中国革命胜利时，毛泽东曾总结过近代中国'向西方学习'的历史。今天所谓的'文化热'，却是在惊醒了'最高概括的马克思主义'中国是'世界人民的革命灯塔'的迷梦之后，重新痛感落后而再次掀起'向西方学习'的现实条件下产生的。因此冷落多年的中、西、体、用之类的比较又重新被提上议事日程。"[1] 刘小枫选择了回归基督教神性的怕与爱的路。"由于伪理想主义的歪曲，人们已经对理想主义本身丧失了忠信"，"如今，起步于西端的神性文化的脚步已踏入远东的古老王国，已有种种迹象表明，在这古老的王国里，二十至二十一世纪之交会出现一场文化精神的聚生，这大概是近代文化东进的最后一步"。[2] 赵汀阳选择了回归中国传统的道路。他认为西方除马克思主义之外并没有世界理论，然而即使当年马克思的观念革命也没有完全超越西方的异端思维模式，"冷战的结束也是'共产主义异端'的结束"[3]。蒋庆选择了中学为体为用，也即复兴儒学的道路。

上述学者在反思五四运动和体用中西问题时，呈现出思想和道路的多元性，其中不乏对马克思主义、共产主义或社会主义的消解和质疑。然而问题似乎在于，李泽厚展现了开放时代应有的开放心灵，但他倡导的"西体中用"以马克思主义与西学并列的方式，未予挺拔马克思主义的主体性和主导性。中国的改革开放向西方和西学敞开了大门，但正如列宁所言是要利用资本主义发展社会主义，中国的社会性质和主导力量仍是社会主义的。李泽厚近期以情本体主张中国哲学的登场，显现出他在中学西学

---

① 李泽厚：《中国现代思想史论》，天津社会科学院出版社 2004 年版，第 309—310 页。

② 刘小枫：《我们这一代人的怕与爱》，华夏出版社 2012 年版，第 22 页。

③ 赵汀阳：《天下体系——世界制度哲学导论》，中国人民大学出版社 2011 年版，第 67页。

之间的转换和游移。刘小枫展现了宗教精神的利用价值，但基督教精神中也包含着恐惧、排异、杀戮，而且怕和爱又转义进入马克思主义的文本，李泽厚又以儒教作为中国文化的根基，也显出他在中学西学之间的逢源与游移。赵汀阳和蒋庆展现了中学传统的时代价值，但中学传统也包含着差等、杀人和愚民，严华夷而成夜郎的封闭心态造成了中国百余年的落后挨打局面。赵汀阳既然认肯马克思主义包含世界制度，本可以从中开出世界体系。而所谓"冷战的结束也是'共产主义异端'的结束"，只符合苏联解体和东欧剧变的历史事实，却不能反映中国特色社会主义依然挺立与中国和平崛起的现实状况。正如施韦卡特所言："苏联模式的社会主义的解体不应该使人惊慌失措"，"世界上没有任何其他一个共产党政府——中国、越南、老挝、朝鲜或古巴——崩溃了，也没有任何这样的政府放弃他们的社会主义'遗产'"，"如果中国特色的市场社会主义的大胆创新实验是成功的，那么 21 世纪必将是中国的世纪。如果中国真的能够完善一种真正民主的、工人自我管理的社会主义所要求（起码是）的某些机制，那么，'中国案例'将比苏联案例（尽管有这样那样的缺陷，但毕竟维持了半个世纪）要鼓舞人心得多"。①

反观五四运动及其后中国社会思想的发展，无疑有着明确的方向和进路。这条进路就是由反对封建帝制到反对帝国主义再到认同社会主义，它主要由陈独秀和李大钊等揭示出来，其理论基础便是由认同进化论走向接受历史唯物主义。进化论有助于打破封建体制赖以维系的"五德始终"和"天不变，道亦不变"的圜道观，破除基督教的千年王国神话，打开了人类社会向资本主义开创的现代化建设目标迈进的开放性空间。历史唯物主义则进一步打破了历史终结于资本主义的论断，破除资本主义永远不老的神话，打开了人类社会最终走向社会主义和共产主义的开放性空间。陈独秀和李大钊等正是通过进化论批判宗教和封建帝制，进而用历史唯物主义批判殖民入侵的帝国主义。他们一旦接受历史唯物主义和社会主义，就由伦理学转向社会发展道路，进而转化为发动广大工人、农民和知识分子投身革命。体用中西至此也就转化为马克思主义为"体"，中学西学为"用"。"体"的现实转化就是中国式社会主义革命和建设道路，它最初由

　　① ［美］戴维·施韦卡特：《反对资本主义·中文版序》，李智、陈志刚等译，中国人民大学出版社 2008 年版，第 2、4、7 页。

毛泽东等确立下来，经邓小平等转化为中国特色社会主义道路。由于它以中学和西学为用，所以并非历史虚无主义的前向封闭，而是包含对传统社会和资本主义的批判性和析取性的敞开。

# 四　结束语

五四新文化运动是由一大批学人组成的心灵社区，其思想观念的复杂性远非激进主义与保守主义的二分方式所能判明。就陈独秀、李大钊、胡适、梁漱溟、鲁迅的思想观念来看，他们站在民族存亡和新旧存废的立场上批判宗教，并非要消灭宗教和切断中华文化的根脉，而是要清除神学迷信的沉疴，反对封建专制和殖民入侵，实现中国文化的现代转型和中华民族的复兴。五四学人认肯宗教情感、宗教信仰自由、儒释道耶等是中国文化的组成部分，主张宗教宽容、利用或保卫中华文化、调和东西文明，可回应文化保守主义和后现代主义的质疑。五四学人反对神学迷信、政教合一、独尊一教、借助宗教推行殖民统治和奴化人民，主张损益宗教传统、运用先进文化移风易俗、改造社会和国民性，又可避免危险和错误的传统卷土重来。五四学人的新宗教观和宗教替代论，显出传统与现代既接洽又断裂的关系，对于推动宗教的中国化和现代转型以及中国的现代化进程，具有不容置疑的进步意义。事实上，当代中国学人都是五四学人文化遗产的受惠者，他们对宗教排拒或利用的态度虽有与时俱进的一面，但总体上都可以从五四学人那里找到踪迹。当今时代，坚持五四学人的批判精神，使宗教与社会主义相适应，坚持以中国特色社会主义的核心价值体系引领多元社会思潮，走中国式的现代化发展道路，实现中华民族的伟大复兴，依然不可移易。

第 六 章

# 亨廷顿与中国特色
# 社会主义的宗教观

　　亨廷顿是当代西方最负盛名而且多产的政治学家之一，他在《文明的冲突与世界秩序的重建》《我们是谁？美国国家特性面临的挑战》《第三波：20 世纪后期的民主化浪潮》以及《变化社会中的政治秩序》等著作中呈现出来的宗教观，与邓小平、江泽民、胡锦涛和习近平的宗教观，分别代表了 20 世纪晚期以来中西方主流意识形态中不同的宗教理论形态，对于中美两国乃至国际政治产生实质性影响。本章试图就这两种宗教观的思想根源、内在动机、文化理路进行比较，并且结合 21 世纪以来中美两国的宗教政治状况，判析这两种宗教观的历史命运。

## 一　亨廷顿的宗教观

　　1. 多元宗教文化代表多元的世界文明

　　亨廷顿认为当代世界是一个多文明的世界。从历史上来说，人类生存的大部分时间，文明之间的交往是间断的或根本不存在。随着现代时期的起始，西方文明内部构成了一个多极的国际体系，它们彼此相互影响、竞争和开战。同时西方民族在扩张、征服和殖民中影响其他文明。冷战时期的全球政治成为两极化的，世界被分裂为三个部分。一个由美国领导的最富裕的和民主的社会集团，同一个与苏联联合和受它领导的略贫穷一些的集团展开了竞争，另一个是较为贫穷的、缺少政治稳定性的、新近独立的、宣称不结盟的第三世界国家。"在冷战结束后的世界中，全球政治在历史上第一次成为多极的和多文化的。"① 在后冷战的世界中，人民之间最重要的区别不是意识形态的、政治的或经济的，而是文化的区别。冷战后时代的世界是一个包含了七个或八个文明的世界。非西方社会，特别是东亚社会，正在发展自己的经济财富，创造提高军事力量和政治影响力的基础。随着权力和自信心的增长，非西方社会越来越伸张自己的文化价值，并且拒斥那些由西方强加给它们的文化价值。由此形成包括美国、欧洲、中国、日本、俄国、印度等在内在的强大力量和文化实体。

亨廷顿将文明作为文化实体。他指出："文明和文化都涉及一个民族最全面的生活方式，文明是放大了的文化。它们都包括价值、规则、体制和在一个既定社会中历代人赋予了头等重要性的思维模式。"② 他将当代世界的主要文明概括为中华文明、日本文明、印度文明、伊斯兰文明、西方文明和拉丁美洲文明六类。中华文明包括儒教文明，但并不局限于儒教文明。中华文明超越了作为一个政治实体的中国，影响到东南亚和其他地方的华人以及越南和朝鲜的文化；日本文明被一些学者与中国文明合在一起称为远东文明，大多数学者把它作为一个独特的文明，认为它是中国文明的后代，出现于公元 100—400 年；印度文明是南亚次大陆上的文明，自公元前 2000 年以来，印度教一直以这样或那样的形式成为南亚次大陆的中心，它不仅是一种宗教或一个社会制度，甚至是印度文明的核心；伊斯兰文明起源于公元 7 世纪的阿拉伯半岛，然后传播至北非和伊比利亚半岛，并向东伸展到中亚、南亚次大陆和东南亚；西方文明的出现通常被追溯到公元 700—800 年，分布于欧洲、北美和拉丁美洲；拉丁美洲文明是欧洲文明的后代，可以看作是西方文明中的次文明。可能存在的非洲文明或属于伊斯兰文明或属于西方文明，大多数学者并不承认存在着一个独特的非洲文明。

亨廷顿不仅仅以地域和民族区分文明类型，也用宗教起源来表征文明类型。"宗教是界定文明的一个主要特征，正如克里斯托弗·道森所

---

① ［美］亨廷顿：《文明的冲突与世界秩序的重建》，周琪、刘绯、张立平、王圆译，新华出版社 2002 年版，第 5 页。

② 同上书，第 24—25 页。

说：'伟大的宗教是伟大的文明赖以建立的基础。'"① 中华文明以儒教为表征，但也以道教作为重要组成部分，还兼容了佛教的成分；印度文明以印度教为表征，佛教在作为发源地的印度早已衰落；西方文明以基督教为表征，伊斯兰文明以伊斯兰教为表征；日本文明是中国文明的后代，受儒教文明的影响；拉丁美洲文明作为西方文明的次文明以基督教为表征，可能存在的非洲文明以基督教和伊斯兰教为表征。这样在韦伯提出的五个世界性宗教中，有四个宗教——基督教、伊斯兰教、印度教和儒教与主要的文明结合在一起。佛教的情况有所不同，它没有在诞生地幸存下来。佛教自输入中国、朝鲜、越南、日本等国后，被吸收进入本土文化并被压制。它虽然是一种主要宗教，但却一直不是一个主要文明的基础。

2. 宗教文化冲突构成多元文明的冲突

亨廷顿认为各种文明之间的关系是冲突的关系，宗教文化冲突构成多元文明之间的冲突。"20 世纪 80 年代末，随着共产主义世界的崩溃，冷战的国际体系成为历史。在后冷战的世界中，人民之间最重要的区别不是意识形态的、政治的、经济的，而是文化的区别……基辛格曾注意到：'21 世纪的国际体系……将至少包括六个主要的强大力量——美国、欧洲、中国、日本、俄国，也许还有印度——以及大量中等国家和小国。'基辛格提到的六个主要强大力量属于五个十分不同的文明，此外，还存在着一些重要的伊斯兰国家，它们的战略位置、庞大的人口和（或）石油资源，使得它们在世界事务中具有影响力。在这个新世界中，区域政治是种族的政治，全球政治是文明的政治。文明的冲突取代了超级大国的竞争。"② 他接着指出："在这个新的世界里，最普遍的、重要的和危险的冲突不是社会阶级之间、富人和穷人之间，或其他以经济来划分的集团之间的冲突，而是属于不同文化实体的人民之间的冲突。"③

亨廷顿反对普世文明的观念。他指出："普世文明的概念是西方文明

---

① ［美］亨廷顿：《文明的冲突与世界秩序的重建》，周琪、刘绯、张立平、王圆译，新华出版社 2002 年版，第 32 页。

② 同上书，第 6—7 页。

③ 同上。

的独特产物"①，这种普世文明观念建立在三个假设中的一个之上。首先，苏联共产主义的垮台意味着历史的终结和自由民主制在全世界的普遍胜利。亨廷顿认为这种论点的谬见就是认为只存在唯一的选择，它建立在冷战的视角上，认为共产主义的唯一替代物是自由民主制，前者的死亡导致了后者的普遍出现。然而依然存在许多形式的独裁主义、民族主义、社团主义和市场共产主义（如在中国），它们在当今世界存活得很好。更重要的是存在着许多意识形态世界之外的宗教选择。冷战造成的人类分裂虽已结束，但种族、宗教和文明所造成的人类更根本的分裂依然存在，而且产生着大量新的冲突。其次，包括贸易、旅游、媒体和电子通讯在内的民族之间的相互作用的增长，正在产生一个共同的世界文化。然而贸易的增长也可以是分裂的力量，既可以导致和平，也可以导致战争。贸易和通讯并未产生和平的认同感，在全球化过程中宗教和种族的自我意识反而加剧了。再次，把普世文明看作 18 世纪以来持续进行的广泛的现代化进程的结果，或者说现代社会一定接近于单一的西方类型，现代文明就是西方文明，亨廷顿认为这是完全虚假的同一。西方文明出现于 8 世纪和 9 世纪，它直到 17 世纪和 18 世纪才开始实现现代化。西方远在现代化之前就是西方，西方的独有特征是古典遗产、基督教、欧洲语言、精神权威与世俗权威的分离、法治、社会多元主义、代议机构、个人主义等因素的结合，其中基督教（先是天主教尔后是天主教和新教）从历史来说是西方文明唯一最重要的特征。

　　既然冷战之后形成多元文明的冲突，而多元文明以多种宗教为源起和表征，那么多元文明之间的冲突就是多种宗教之间的冲突。在亨廷顿看来，文化在世界上的分布反映了权力的分布。随着西方权力的削弱，西方向其他文明强加人权、自由和民主等概念的能力降低了，那些价值对其他文明的吸引力随之相对减少，出现伊斯兰教、儒教、佛教、东正教等非西方文化的复兴。穆罕默德·阿里·真纳、哈里·李、所罗门·班达拉奈克都曾是彻底西方化的精英，然而在领导他们的国家走向独立后，都不得不实行本土化。真纳成为把伊斯兰教作为巴基斯坦国基础的热情倡导者，哈里·李成为一个能言善辩的儒教促进者，班达奈克皈依了佛教并求助于僧

---

① ［美］亨廷顿：《文明的冲突与世界秩序的重建》，周琪、刘绯、张立平、王圆译，新华出版社 2002 年版，第 55 页。

伽罗民族主义，叶利钦转向了斯拉夫化并受俄罗斯东正教影响，儒家文化复兴采取了肯定亚洲价值观的形式，伊朗和沙特阿拉伯等国掀起伊斯兰复兴运动，等等。"宗教复兴运动是反世俗的，反普世的，而且，除了在基督教中的表现，也是反西方的。"① 这样就形成西方与非西方、普世化和本土化之间的冲突和紧张关系，具体呈现为冷和平、冷战、贸易战、准战争、不稳定的和平、困难的关系、紧张的对抗、竞争共存、军备竞赛等文明实体间的冲突关系，以地区或微观层面上的冲突和全球或宏观层面上的冲突两种形式表现出来。亨廷顿虽对西方和美国的霸权主义提出批评，也解构了西方的普世主义。但他还是提出了"上帝的报复"②，认为上帝的报复在与非西方国家的本土化发生冲突时会获胜，这是因为如果人们的传统信仰不能满足他们在现代化中对宗教的需要，就会转向能够满足其情感需要的外来宗教。

3. 基督教是美国国家身份认同的工具

亨廷顿认为"我们是谁"的问题，是后冷战时代人类可能面对的最基本问题。这是因为在冷战之后普世文明受到消解，人们需要回到各种文明的宗教起源中来重新解决自己的身份和文化认同问题。"人民和民族正试图回答人类可能面对的最基本的问题：我们是谁？他们用人类曾经用来回答这个问题的传统方式来回答它，即提到对于他们来说最有意义的事物。人们用祖先、宗教、语言、历史、价值、习俗和体制来界定自己。他们认同于部落、种族集团、宗教社团、民族，以及在最广泛的层面上认同文明。人们不仅使用政治来促进他们的利益，而且还用它来界定自己的认同。我们只有在了解我们不是谁、并常常在了解我们反对谁时，才了解我们是谁。"③

"我们是谁"的问题之所以是后冷战时代人类可能面对的最基本问题，也是因为现代化的剧烈变动过程破坏了原先的认同体系，人们需要重新确定自我和确立新的认同。宗教提供的道德规范和小社群则有助于解决上述问题。"全球宗教复兴最明显、最突出也是最强有力的原因，

---

① ［美］亨廷顿：《文明的冲突与世界秩序的重建》，周琪、刘绯、张立平、王圆译，新华出版社 2002 年版，第 99 页。

② 同上书，第 93 页。

③ 同上书，第 6 页。

恰恰是那些被认为会引起宗教消亡的东西：20 世纪后半叶席卷世界的社会、经济和文化现代化进程。认同和权力体系长期存在的根源瓦解了。人们从农村移居城市，脱离了他们的根基，从事新的工作或没有工作。他们与大批陌生人相互作用，面对一套新的关系。他们需要新认同根源、新形式的稳定社会，以及一套新的道德规范来赋予他们意义感和目的感。不论是主流的，还是原教旨主义的宗教，都满足了这些需要……人们并不是只靠理性活着。只有在界定了自我之后，他们在追求自身利益时才能理性地筹划和行动。利益政治以认同为先决条件。在社会飞速变革的时期，已确立的认同消失了，必须重新界定自我，确立新的认同。对于那些面临需要决定我是谁、我属于哪里的人们，宗教给予了令人信服的答案，宗教群体提供了小的社会群体来替代那些由于城市化而失去的东西。"①

"我们是谁"的问题对于美国来说，更是后冷战时代如何应对其他文明挑战和建立美国的国家认同的问题，而基督教有助于解决上述问题。在亨廷顿看来，西方的衰落可能要持续几十年甚至几百年，它不仅面临着来自伊斯兰世界和儒教中国等的挑战，也面临经济增长率低、储蓄率低、投资率低和人口自然增长率低等内部性问题。要保证西方富有活力而不会出现灾难性后果，可以采用移民措施吸纳其他国家的人口资本，但由此形成的文化多元主义可能引发西方国家和美国的文化认同以及国家认同的危机，使美国成为精神分裂的、无所适从的国家。亨廷顿认为要破解这一难题，以基督教为共同文明基础的西方国家就要联合起来，应对其他文明的挑战。美国就要用基督教确立自身的文化和国家认同，重新领导世界。他指出，西方文明的特性"包括最为显著的基督教、多元主义、个人主义和法制，它们使得西方能够创造现代性，在全球范围内扩张，并成为其他社会羡慕的目标……西方文明的价值不在于它是普遍的，而在于它是独特的。因此，西方领导人的主要责任，不是试图按照西方的形象重塑其他文明，这是西方正在衰落的力量所不能及的，而是保存、维护和复兴西方文明独一无二的特性。由于美国是最强大的西方国家，这个责任就不可推卸

---

① ［美］亨廷顿：《文明的冲突与世界秩序的重建》，周琪、刘绯、张立平、王圆译，新华出版社 2002 年版，第 96 页。

地落在了美利坚合众国的肩上。"① "9·11"事件之后，亨廷顿更加坚定了上述信念。他指出，美国的国旗虽然是美国的象征，但旗帜不能表达出美国的实质意义。"国家特性主要界定于宗教信仰"②，盎格鲁—新教文化可以将多人种的美国社会团结起来。

4. 基督教促进了非西方国家的民主化

亨廷顿虽然适应形势发展要求，在名义上消解和否定普世主义和霸权主义，但实质上并未否定西方文明的普世意义以及美国的干涉主义。他虽然提出："50年代，莱斯特·皮尔逊曾警告说：人类正在进入'一个不同文明必须学会在和平交往中共同生活的时代，相互学习，研究彼此的历史、理想、艺术和文化，丰富彼此的生活。否则，在这个拥挤不堪的窄小世界里，便会出现误解、紧张、冲突和灾难'。和平与文明的未来都取决于世界各大文明的政治、精神和知识领袖之间的理解和合作。在文明的冲突中，欧洲和美国将彼此携手或彼此分离。在文明和野蛮之间的更大的冲突，即全球性的'真正的冲突'中，已经在宗教、艺术、文学、哲学、科学、道德和情感上取得了丰硕成果的世界各伟大文明也必将彼此携手或彼此分离。在正在来临的时代，文明的冲突是对世界和平的最大威胁，而建立在多文明基础上的国际秩序是防止世界大战的最可靠保障。"③ 然而正如上文所述，他依然强调西方和美国承担国际责任，强调西方文明在全球范围内的扩张。这样作为西方文明之源起的基督教就成为整合西方世界的文化力量，也成为干涉甚至抑制其他类型文明的思想武器。

亨廷顿认为西方的基督教与民主之间存在强烈的相关性，这是由于现代民主首先在基督教国家产生，而在伊斯兰教、佛教和儒教为主要宗教的国家尤为罕见；另外，西方基督教强调个体的尊严以及教会和国家的分离，在许多基督教国家中，新教和天主教的教会领袖都曾处于反对专制斗争的中心，而伊斯兰教、佛教和儒教国家往往是威权和专制体制。正因为基督教与民主之间强相关，20世纪七八十年代基督教的扩张促进了其他

---

① ［美］亨廷顿：《文明的冲突与世界秩序的重建》，周琪、刘绯、张立平、王圆译，新华出版社2002年版，第360页。

② ［美］亨廷顿：《我们是谁？美国国家特性面临的挑战》，程克雄译，新华出版社2005年版，第14页。

③ ［美］亨廷顿：《文明的冲突与世界秩序的重建》，周琪、刘绯、张立平、王圆译，新华出版社2002年版，第372页。

国家的民主化，最突出的例子便是韩国。在第二次世界大战结束时期，韩国还主要是一个受儒教影响的佛教国家，基督教徒只约占总人口的1%。到20世纪80年代中期，大约有25%的人口信奉基督教——其中有80%是新教徒且多数是长老会教徒，20%是天主教徒。这些皈依基督者主要是年轻人、市民和中产阶级。他们信奉基督教的原因根源于韩国发生的社会和经济变迁，韩国农业时代的内敛的佛教已经失去了它的吸引力，儒教的威权主义和佛教的被动谦忍为基督教的平等观念和奋发进取所代替。"在某种意义上，韩国把韦伯的命题倒转过来了：经济发展促进了基督教的扩张，而基督教以及它们的教会领袖和教友，成了1987年和1988年促成民主转型的一支重要力量。"①

基督教促进民主化还发生在葡萄牙和西班牙，接着席卷了六个南美洲国家和三个中美洲国家，随后转向东南亚国家菲律宾，并杀回智利裹挟墨西哥，然后横扫波兰和匈牙利。在世界各个地区，天主教国家都成了民主化的排头兵，拉丁美洲这个最大的信奉天主教的地区，也成为民主化最充分的地区。在1974—1980年间实现民主转型的国家中，大约有3/4的国家是天主教国家。如何解释这种现象呢？亨廷顿认为，一方面原因是到20世纪70年代初期，世界上重要的新教国家中绝大多数已经成为民主国家；另一方面原因是天主教会从威权政权的支持者转变成为谋求变革的力量。教会为反对威权主义提供了许多资源和支持，因而成为潜在的全国性政治机器和跨国性的反对威权主义的舞台中心；再一方面原因是教会首脑和组织曾在民主化进程的关键时刻进行了政治干预。亨廷顿在《第三波》中关于"宗教改革"的论述就是要表明，基督教的全球扩张是促成世界上许多国家进行民主转型的一支重要力量。他为此不无骄傲地说："在20世纪八十年代的民主化过程中，天主教是仅次于经济发展的第二位的普遍力量。第三波的标示不妨设计成放置在美元上的十字架。"②

5. 基督教是解构社会主义的思想武器

亨廷顿曾提出冷战之后意识形态的冲突让位于文明的冲突，但他还是

---

① ［美］亨廷顿：《第三波：20世纪后期的民主化浪潮》，欧阳景根译，中国人民大学出版社2013年版，第67页。

② 同上书，第77页。

将文明的冲突与意识形态的冲突联系在了一起，这种联系就在于他将基督教作为了解构马克思主义和社会主义的思想武器。他强调用基督教作为美国和西方国家的文化和身份认同的标志，不仅要捍卫美国的国家利益，而且要捍卫资本主义，这就充分暴露了其宗教政治观的反社会主义属性。"在前共产主义国家，宗教的普遍存在和现实意义一直是不言而喻的。宗教复兴席卷了从阿尔巴尼亚到越南的许多国家，填补了意识形态崩溃后留下的空缺。在俄罗斯，东正教经历了一场重大的复兴。"① 亨廷顿也曾指出宗教与社会主义具有结合的可能性，但又以其非民主走向予以了否定。"在巴西、菲律宾、智利、中美洲国家和其他各地，在教会内部往往形成两股对立的思潮与行为。一股是社会主义或'红色'思潮，它竭力宣扬社会正义并揭露资本主义的丑恶，强调帮助穷人的绝对必要性，并且经常把'解放神学'中重要的马克思主义成分整合进它的思想体系之中。后者的影响并没有能够转向民主。"②

亨廷顿也直截了当地表明基督教对于解构社会主义发挥了重要作用。"在更多的情况下，教皇却是非常明确地支持地方教会反对威权政府的斗争，而且在访问波兰、危地马拉、尼加拉瓜、智利、巴拉圭和其他地方期间，他立场鲜明地把自己认定为威权政权的反对者。当然，他发挥出的最大影响力是在波兰。正如一位波兰主教所言：1979 年教皇对波兰的戏剧性的访问，'改变了人们的恐惧心理：恐惧警察和坦克，恐惧失去工作，恐惧得不到提拔，恐惧被赶出学校，恐惧办不成护照。从此，人们深知，一旦他们不再对体制产生恐惧，体制就会完蛋'。提摩西·加顿·阿什（Timothy Garton Ash）评论说，'这是一次伟大的朝圣，是共产主义在东欧终结的开始。在这里，我们第一次亲眼目睹了那场反对党国的，声势浩大、旷日持久，然而也绝对和平的自我约束，并体现出社会团结的，温和的群众大集会（除了罗马尼亚），这场大集会此后成了 1989 年东欧剧变的里程碑和重要的国内催化剂'。"③

亨廷顿在后期也尤其用与基督教强相关的西式民主，否定马克思主义

---

① ［美］亨廷顿：《文明的冲突与世界秩序的重建》，周琪、刘绯、张立平、王圆译，新华出版社 2002 年版，第 94 页。

② ［美］亨廷顿：《第三波：20 世纪后期的民主化浪潮》，欧阳景根译，中国人民大学出版社 2013 年版，第 72 页。

③ 同上书，第 75 页。

和社会主义。他首先把共产主义理解为与民主相对的威权主义，"有一件事共产党政府确实能做得到，那就是，它们能统治得住，它们的确提供了有效的权威。它们的意识形态为政府的合法性提供了依据，他们的党组织为赢得支持和执行政策提供了权力机构的机制……共产党人对这些国家所构成的真正威胁不在于他们推翻政府的本领（此事易），而在于他们建立政府的本领（此事难）。他们也许不能给予自由，但他们的确能提供权威，建立能实行统治的政府"①。他为此以斯大林和赫鲁晓夫加强个人权力为例作了展开论证和说明。亨廷顿还把马克思主义当作历史的退化，"马克思主义者关于人类社会演变的理想，就是在历史进程的终点，重新创建一个尽善尽美的共同体，其时政治就将成为多余之物。实际上，历史果真能倒转，文明果真能退化，人类组织果真能降低到家庭和村社的水平，或许这种返祖现象可以实现"②。亨廷顿也批判列宁主义，"列宁主义是一种政治发展理论。它涉及政治动员、政治制度化的方法和公共秩序的基石。就像前面提过的，党至高无上的理论，是 17 世纪绝对君主理论在 20 世纪的翻版。17 世纪的现代化信徒把国王神圣化，20 世纪的现代化信徒把党神圣化"③。亨廷顿认为韩国与朝鲜，"差异在于一边的政治体制有良好的组织、广阔的基础，而且是复杂的；另一边的政权则是不稳定的、四分五裂的、基础狭隘的，而且是个人专断的。这是一种政治制度的差异。"④

## 二　中国特色社会主义的宗教观

1. 宗教是一种特殊的和复杂的社会现象

改革开放以来，中国共产党人对宗教的认识，首要的是把宗教作为一种特殊和复杂的社会现象，认为宗教的存在有其历史根源，宗教的消亡需要漫长的历史过程。1982 年中央 19 号文件指出："宗教是人类社会发展到一定阶段的历史现象，有它发生、发展和消亡的过程"，"宗教信仰、

---

① ［美］亨廷顿：《变化社会中的政治秩序》，王冠华、刘为等译，上海人民出版社 2008 年版，第 7 页。
② 同上书，第 9 页。
③ 同上书，第 280 页。
④ 同上书，第 281 页。

宗教感情以及同这种信仰和感情相适应的宗教仪式和宗教组织，都是社会历史的产物"。江泽民在《论宗教问题》中也指出，现在世界上发生的冲突和局部战争，如旷日持久的中东问题、克什米尔问题等，绝大多数都有民族和宗教问题的背景。因此，宗教问题具有特殊复杂性。

首先，宗教的存在有着深刻的社会历史根源，宗教将会长期存在并发生作用。宗教最初产生于科技的不发达和人们认识能力的限制，进入阶级社会后成为劳苦民众受到压迫而无力摆脱悲惨境遇的精神寄托，或成为历代统治者用来加强自己统治的工具。随着社会生产力的发展、文明进步和人们思想觉悟的提高，宗教存在的基础和条件将逐渐减少，最终要归于消亡，但这是一个缓慢的过程。在当今世界，宗教不仅存在，而且有蔓延趋势。传统的几大宗教继续发展，而且内部教派林立；各种新兴宗教组织层出不穷，一些极端势力以及邪教也吸收大批信众，制造骇人听闻的事件。这些情况的存在，表明人类社会物质文明和精神文明发展的程度，以及人们思想认识的水平，还远未达到足以消除宗教根源的程度，宗教还有其存在的相当深层的条件。"我们必须认识到，宗教是人类社会的客观条件，不仅过去长期存在，将来也还会长期存在，不可能强制地加以消灭。"①

其次，宗教与一定的经济、政治、文化问题交织在一起，对社会发展和稳定产生重大影响。宗教的存在是以大量群众信奉为前提的。世界上影响力大的宗教，都有大量的信徒。正因为是一种群众性的社会现象，宗教往往成为社会各种势力争取和利用的对象，成为一些现实矛盾和斗争的依托与深刻背景。人们争取和利用宗教力量，目的就是要争取和利用众多的信教群众。

最后，宗教常与现实的国际斗争和冲突相交织，是国际关系和世界政治中的一个重要因素。宗教具有跨民族、跨国家的特征，这就使宗教往往同国家与国家、民族与民族的矛盾交汇在一起，对国际关系和世界政治产生不可低估的影响。江泽民指出，从宗教产生之日起，各种政治势力就把宗教作为一种重要手段，往往借助宗教的名义推行自己的政治意图和战略。近代西方列强侵略中国之时，天主教、基督教就成为它们进行政治、文化渗透和奴役中国人民的得心应手的工具。长期以来，国际敌对势力一

---

① 《江泽民文选》第3卷，人民出版社2006年版，第375页。

直把民族和宗教问题作为遏制或颠覆社会主义国家和他们不喜欢的国家的重要手段。在苏联解体和东欧剧变的过程中，国际敌对势力就曾利用宗教。冷战结束后，国际敌对势力也加紧利用民族和宗教问题，对我国实施西化和分化的政治策略。"国际宗教领域的对立和斗争，归根到底总是围绕不同的现实政治、经济利益的斗争和争夺进行的。因此，这种对立和斗争，仅仅在宗教领域里是不可能解决的。只要公正合理的国际政治经济新秩序没有建立起来，世界各国的发展差距和贫富差距依然存在，围绕不同的现实政治、经济利益进行的斗争和争夺，以及宗教在这种斗争中的介入和作用，就会长期存在。"①

对于宗教的特殊性和复杂性以及群众性、民族性、国际性和长期性，胡锦涛也有相关的论述。他在 2007 年 12 月 18 日的第十七届中共中央政治局第二次集体学习时指出："在新的历史条件下，我们要坚持马克思主义的立场、观点、方法，全面认识宗教在社会主义社会将长期存在的客观现实，全面认识宗教问题同政治、经济、文化、民族等方面因素相交织的复杂状况，全面认识宗教因素在人民内部矛盾中的特殊地位，努力探索和掌握宗教自身的规律，不断提高宗教工作水平。"② 习近平在 2016 年的全国宗教工作会议上指出："宗教问题始终是我们党治国理政必须处理好的重大问题，宗教工作在党和国家工作全局中具有特殊重要性，关系中国特色社会主义事业发展，关系党同人民群众的血肉联系，关系社会和谐、民族团结，关系国家安全和祖国统一。"③ 能够正确认识宗教问题的特殊性和复杂性，这为我们党在新时期制定落实合理的宗教政策奠定了首要前提。

2. 宗教在社会主义社会中仍将长期存在

邓小平指出："社会主义本身是共产主义的初级阶段，而我们中国又处在社会主义的初级阶段，就是不发达阶段。一切都要从这个实际出发。"④ 这就为中国共产党认识中国的宗教问题提供了基本理论依据。江泽民在《论宗教问题》中指出，正确认识我国社会主义初级阶段的宗教

---

① 《江泽民文选》第 3 卷，人民出版社 2006 年版，第 378 页。
② 胡锦涛：《在全国统战工作会议上的重要讲话》，《人民日报》2007 年 12 月 20 日。
③ 习近平：《在全国宗教工作会议上的讲话》，《人民日报》2016 年 4 月 23 日。
④ 《邓小平文选》第 3 卷，人民出版社 1993 年版，第 252 页。

问题，关键是要立足于社会主义初级阶段的中国国情，充分认识宗教存在的长期性以及在复杂的国内外形势下宗教问题具有的特殊复杂性。由于社会主义制度的建立、改革开放的深入和社会主义市场经济的发展，我国宗教存在的阶级根源已经基本消失，宗教存在的自然根源、社会根源也发生很大的变化，社会主义社会为发挥宗教的积极因素、抑制宗教的消极因素创造了有利条件。新中国成立后，我国各宗教通过开展反帝爱国运动和宗教制度的民主改革，政治上发生了根本性变化，宗教界的爱国人士和广大信教群众拥护党的领导，拥护社会主义制度，成为爱国统一战线的重要组成部分，他们坚持爱国爱教、团结进步，党同宗教界团结合作的政治基础不断巩固。

但是由于我国生产力水平还不高，科学技术还不发达，人们的思想道德素质和科学文化素质也还不高，加上国际环境的影响，我国宗教存在的根源仍将长期存在。在我国，宗教的社会作用仍然具有两重性，既有积极的一面，也有消极的一面，还会受到一定范围内存在的阶级斗争和国际上一些复杂因素的影响。宗教问题的根源不是在天上，而是在人间。因此，必须进行社会变革，消灭剥削制度和剥削阶级，消除宗教存在的最深刻的社会根源。江泽民讲："现在看来，社会主义制度的建立，有利于消除宗教存在的阶级根源，但宗教存在的其他社会根源和自然根源、认识根源的消失，则需要经历一个极为漫长的历史时期。"[1] 江泽民因此指出，我们对待宗教问题，必须从社会主义初级阶段的国情出发，要充分认识到社会主义条件下宗教存在的长期性，既不能用行政的力量去消灭宗教，也不能用行政的力量去发展宗教，而要积极引导宗教与社会主义相适应。与此同时，我国是一个多民族、多宗教的国家，我国的各种宗教信众也是建设中国特色社会主义的积极力量。因此必须团结、教育和引导信教民众，把他们在生产和工作中的积极性和创造性调动起来，维护社会的稳定和国家的统一。

基于宗教将在社会主义社会长期存在的认识，胡锦涛把宗教关系作为与政党关系、民族关系、阶层关系、海内外同胞关系并列的全国统战工作应处理好的一种基本关系。他主张："要全面正确地贯彻党的宗教信仰自由政策，坚持政治上团结合作、信仰上互相尊重，努力使广大信教群众在

---

[1] 《江泽民文选》第 3 卷，人民出版社 2006 年版，第 380 页。

拥护中国共产党的领导和社会主义制度、热爱祖国、维护祖国统一、促进社会和谐等重大问题上取得共识。要坚持依法管理宗教事务，保护合法，制止非法，打击犯罪，确保宗教活动规范有序进行。要坚持独立自主自办的原则，帮助和支持各宗教团体加强自身建设。要积极引导宗教与社会主义社会相适应，使信教群众在全面建设小康社会的宏伟目标下最大限度地团结起来。"① 习近平指出，宗教界也是建设中国特色社会主义的可以信赖的力量，要把这部分力量团结和引导到社会主义现代化建设上来。"要依法保障信教群众正常信教需求，尊重信教群众的习俗，稳步拓宽信教群众正确掌握宗教常识的合法渠道。"②

3. 积极引导宗教与社会主义社会相适应

邓小平在提倡解放思想和改革开放的同时，也提出坚持"四项基本原则"。他主张宗教信仰自由，也强调宗教不能与社会主义相背离。1980年他在与班禅谈论宗教和西藏的发展时指出："对于宗教，不能用行政命令办法；但宗教方面也不能搞狂热，否则同社会主义、同人民的利益相违背。"这就意味着宗教必须与社会主义相适应。江泽民在 1993 年 11 月 7日的第十八次全国统战工作会议中提出，要全面、正确地贯彻执行党的宗教信仰自由政策，依法加强对宗教事务的管理，积极引导宗教与社会主义社会相适应。他在 2001 年 12 月 10 日全国宗教工作会议上的讲话中增加了"坚持独立自主自办原则"。2002 年党的十六大报告把这四句话正式确定为党的宗教工作的基本方针。江泽民在《论宗教问题》中专门指出："积极引导宗教与社会主义社会相适应是中国共产党从社会主义初级阶段的基本国情出发，总结新中国成立以来宗教工作的成功经验作出的科学论断，是我国宗教在历史过程中的正确方向。"③ 在他看来，我国是社会主义国家，我国宗教是在社会主义条件下存在和活动的，因此必须与社会主义社会相适应。这是社会主义社会对我国宗教的客观要求，也是我国各种宗教自身存在的客观要求。我国社会主义制度的建立，建设有中国特色的社会主义，符合包括信教群众在内的广大人民群众的根本利益，我国各宗

---

① 胡锦涛：《在全国统战工作会议上的重要讲话》，《人民日报》2007 年 12 月 20 日。

② 习近平：《坚持依法治疆团结稳疆长期建疆，团结各族人民建设社会主义新疆》，《人民日报》2014 年 5 月 30 日。

③ 《江泽民文选》第 3 卷，人民出版社 2006 年版，第 386—387 页。

教通过自身的改革不断进步，这就打下了引导宗教与社会主义相适应的良好基础。

至于何谓积极引导宗教与社会主义社会相适应，江泽民讲："积极引导宗教与社会主义社会相适应，并非要宗教界人士和信教群众放弃宗教信仰，而是要他们热爱祖国，拥护社会主义制度，拥护中国共产党的领导，遵守国家的法律法规和方针政策；要求他们从事的宗教活动要服从和服务于国家的最高利益和民族的整体利益；支持他们努力对宗教教义作出符合社会进步要求的阐释；支持他们同各族人民一道反对一切利用宗教进行危害社会主义祖国和人民利益的非法活动，为民族团结、社会发展和祖国统一多作贡献。要鼓励和支持宗教界继续发扬爱国爱教、团结进步、服务社会的优良传统，在积极与社会主义社会相适应方面不断迈出新的步伐。"① 在江泽民看来，积极引导宗教与社会主义社会相适应是一个长期的过程，所面临的一个重要问题就是如何调动宗教中的积极因素为社会稳定和发展服务。这就要求对宗教事务进行科学管理，抑制宗教中的消极因素，发挥宗教中的积极因素。肯定宗教中的积极因素，目的不是发展宗教，而是努力使已经存在的宗教多为民族团结、经济发展、社会稳定、祖国统一服务。宗教中的积极因素可以肯定，但不能夸大。

关于积极引导宗教与社会主义相适应的方针，胡锦涛和习近平都予以了重申和强调。胡锦涛在 2007 年 12 月 18 日的中央政治局第二次集体学习会上指出："发挥宗教界人士和信教群众在促进经济社会发展中的积极作用，关键是要把党的宗教工作基本方针贯彻好、落实好。要全面贯彻党的宗教信仰自由政策，坚持依法管理宗教事务，坚持独立自主自办，坚持积极引导宗教与社会主义社会相适应，鼓励我国宗教界发扬爱国爱教、团结进步、服务社会的优良传统，支持他们为民族团结、经济发展、社会和谐、祖国统一多作贡献。"习近平也强调指出："积极引导宗教与社会主义社会相适应，是要引导信教群众热爱祖国、热爱人民，维护祖国统一，维护中华民族大团结，服从服务于国家最高利益和中华民族整体利益；拥护中国共产党领导，拥护社会主义制度，坚持走中国特色社会主义道路；积极践行社会主义核心价值观，弘扬中华文

---

① 《江泽民文选》第 3 卷，人民出版社 2006 年版，第 387 页。

化，努力把宗教教义同中华文化相融合；遵守国家法律法规，自觉接受国家依法管理；投身改革开放和社会主义现代化建设，为实现中华民族伟大复兴的中国梦贡献力量"，"积极引导宗教与社会主义社会相适应，一个重要任务就是支持我国宗教坚持中国化方向"。① 坚持积极引导宗教与社会主义相适应，体现了社会主义的基本要求和马克思主义的指导地位，展现了中国特色社会主义作为中国的主流意识形态对宗教文化传统的引领作用。

4. 宗教工作要维护社会稳定和国家统一

邓小平提出："中国的问题，压倒一切的是需要稳定"，"我们要共同努力，实现祖国统一和民族振兴"。② 这是中国特色社会主义建设的重要指针，也是做好宗教工作的基本遵循。江泽民专门针对宗教工作指出："新世纪初宗教工作的基本任务是，全面贯彻党的宗教信仰自由政策，依法管理宗教事务，积极引导宗教与社会主义相适应，坚持独立自主自办的原则，巩固和发展党同宗教界的爱国统一战线，维护稳定，增进团结，为推进社会主义现代化建设、实现祖国的完全统一、维护世界和平与促进共同发展而努力奋斗。"③ 在他看来，当前我国宗教方面的形势总体上是好的，但也存在一些突出问题。一些地方宗教活动混乱，教徒发展泛滥，乱建寺观教堂、塑造佛像和以各种借口聚敛钱财的现象屡禁不止。一些地方早已废除的封建特权死灰复燃，利用宗教干预行政、司法、教育的情况有所抬头。因民族、宗教因素引发的影响社会稳定的突发性事件和群体性事件时有发生。境外势力利用宗教对我国进行的渗透不断加剧，打着"宗教"旗号的邪教和其他违法犯罪活动猖獗。这些问题，其中大量属于人民内部矛盾，也有一些属于敌我性质的矛盾，还有两类矛盾相互交织的复杂情况。同时也应看到，不尊重信教群众的信仰、干涉正常宗教活动、侵犯宗教界合法权益的情况，在一些地方仍不同程度地存在，爱国宗教团体和爱国宗教教职人员队伍建设还比较薄弱。

为了落实新世纪初宗教工作的基本任务，切实解决宗教工作中存在的问题，首先要全面正确地贯彻宗教信仰自由政策。实行宗教信仰自由政策

①　习近平：《在全国宗教工作会议上的讲话》，《人民日报》2016 年 4 月 23 日。
②　《邓小平文选》第 3 卷，人民出版社 1993 年版，第 284、362 页。
③　《江泽民文选》第 3 卷，人民出版社 2006 年版，第 382 页。

最根本的出发点和落脚点，就是要大力加强广大信教和不信教群众的团结，把他们的力量凝聚到建设中国特色社会主义的共同目标上来。江泽民指出："共产党人坚持马克思主义的无神论，但不能简单地把无神论和有神论的区别等同于政治上的对立。无神论者和有神论者思想信仰虽然不同，但在爱国、维护祖国统一、拥护社会主义等涉及政治立场和政治方向的原则问题上是可以一致的。"① 其次，要依法管理宗教事务。依法管理宗教事务的要旨是，保护合法，制止非法，抵御渗透，打击犯罪。对邪教要严加防范，露头就打。既要防止简单地将有神论和无神论的区别等同于政治上的对立，也要避免缺乏政治意识，忽视宗教的消极影响。再次，要坚持独立自主自办原则，坚决抵御境外势力利用宗教进行渗透。牢牢掌握抵御宗教渗透工作的主动权。要及时防范和打击暴力恐怖势力、民族分裂势力、宗教极端势力和邪教组织的分裂和破坏活动，特别要防范和打击"东突"恐怖主义。最后，要支持宗教团体加强自身建设，做好培养人的工作。要切实加强爱国宗教力量的培养，使宗教团体和寺观教堂的领导权牢牢掌握在爱国爱教的宗教人士手中。宗教场所和宗教院校，也应当成为进行爱国主义教育、宣传党的宗教政策、增强信教群众法制观念、传播哲学知识和现代科学文化知识的场所。

胡锦涛和习近平也进一步明确了宗教工作的基本任务。胡锦涛在2007年12月18日的中央政治局第二次集体学习会上指出："要鼓励我国宗教界发扬爱国爱教、团结进步、服务社会的优良传统，支持他们为民族团结、经济发展、社会和谐、祖国统一多作贡献。"这体现了中国共产党人树立科学发展观、构建社会主义和谐社会的战略任务。习近平强调指出："新形势下，我们要坚持和发展中国特色社会主义宗教理论，全面贯彻党的宗教工作基本方针，分析我国宗教工作形势，研究我国宗教工作面临的新情况新问题，全面提高宗教工作水平，更好组织和凝聚广大信教群众同全国人民一道，为实现'两个一百年'奋斗目标，实现中华民族伟大复兴的中国梦而奋斗。"② 习近平曾着力阐述了"中国梦"，在他看来，要实现国家富强、民族振兴、人民幸福的中国梦，就必须走中国道路，弘扬中国精神，凝聚中国力量。他为此主张："我们要巩固和发展最广泛的

---

① 《江泽民文选》第3卷，人民出版社2006年版，第384页。

② 习近平：《在全国宗教工作会议上的讲话》，《人民日报》2016年4月23日。

爱国统一战线，加强中国共产党同民族党派和无党派人士团结合作，巩固和发展平等团结互助和谐的社会主义民族关系，发挥宗教界人士和信教群众在促进经济社会发展中的积极作用，最大限度地团结一切可以团结的力量。"① 胡锦涛和习近平等领导人的论述，体现了中国共产党人在新的历史时期做好宗教工作的根本任务和目的要求。

5. 宗教工作要促进世界和平和共同发展

邓小平指出和平与发展是当今世界的两大主题，"社会主义中国应该用实践向世界表明，中国反对霸权主义、强权政治，永不称霸。中国是维护世界和平的坚定力量"②。这就为中国共产党处理宗教事务和开展宗教工作提供了国际视野。江泽民将此国际视野明确地与宗教工作结合了起来。他讲到，宗教工作的基本任务是"维护世界和平与促进共同发展"③。为了落实这项基本任务，江泽民主张坚持独立自主自办原则，尊重历史上形成的我国五大宗教的格局，坚决抵御境外利用宗教进行渗透，坚决打击邪教、宗教极端势力、宗教违法行为，切实维护社会稳定。他也提出继续鼓励和支持宗教界在独立自主、平等友好、互相尊重的基础上开展对外交往，增进与各国人民及宗教界的相互了解和友谊，为维护世界和平作出积极贡献。要有针对性地加强对外宣传工作，把我国宗教政策和宗教信仰自由的实际情况介绍给各国人民及宗教界，以增进了解，减少误解，争取国际舆论，维护我国的国际形象。

江泽民坚持把维护世界和平和促进共同发展作为处理国际事务的重要目标。在他看来，进入新世纪，和平与发展仍然是时代的主题。但同时也要看到世界的发展并不平衡，不公正和不合理的国际政治经济旧秩序还未根本改变，南北贫富差距进一步扩大，由民族、宗教、领土、资源等问题引发的争端和冲突此起彼伏，恐怖主义、贫困、环境恶化、毒品等非传统安全问题更趋突出。为此要积极推动世界走向多极化，推进国际关系民主化，尊重世界多样性，保证各国和睦相处、相互尊重，各种文明和社会制度应该而且可以长期共存，在竞争比较中取长补短，在求同存异中共同发展；要正确引导经济全球化，促进各国实现共同发展；树立以互信、互

---

①　《习近平谈治国理政》，外文出版社2014年版，第41页。

②　《邓小平文选》第3卷，人民出版社1993年版，第383页。

③　《江泽民文选》第3卷，人民出版社2006年版，第382页。

利、平等、协作为核心的新安全观，努力营造长期稳定的和平国际环境，加强各国在安全问题上的国际合作，共同有效应对全球安全问题。坚决谴责和反对一切形式的恐怖主义，不将恐怖主义与特定的民族和宗教混为一谈。江泽民也特别指出中华民族是尚和爱和的民族，有深厚的文化底蕴和迫切的现实要求。"中华民族是爱好和平的民族。中国对外政策的宗旨是维护世界和平、促进共同发展。"① 他还强调指出："新中国成立以来的事实向世人昭示，中国始终是维护地区和世界和平的坚定力量。中国早就提出互相尊重主权和领土完整、互不侵犯、互不干涉内政、平等互利、和平共处五项原则，恪守不参加军事集团、不谋求势力范围、永远不称霸等庄严承诺，为促进地区和世界和平与安全作出自己的积极贡献。"② 这就表明中国不会借助宗教称霸世界和干涉他国内政，也不允许他国借助宗教干涉中国内政。

胡锦涛和习近平也以全球视野，进一步阐发了宗教工作的基本任务和方针。胡锦涛指出："我们主张，各国人民携手努力，推动建设持久和平、共同繁荣的和谐世界"，"中国将始终不渝地走和平发展道路。这是中国政府和人民根据发展潮流和自身利益作出的战略抉择。中华民族是热爱和平的民族，中国始终是维护世界和平的坚定力量"。③ 胡锦涛在党的十七大报告中作的这些相关论述，既是中国的外交政策，也是宗教工作的对外方针，其要义就在于维护世界和平和促进共同发展。习近平在关于"中国梦"的论述中也指出："中国人民爱好和平。我们将高举和平、发展、合作、共赢的旗帜，始终不渝走和平发展道路，始终不渝奉行互利共赢的开放战略，致力于同世界各国人民友好合作，履行应尽的国际责任和义务，继续同世界各国人民一道推进人类和平与发展的崇高事业。"④ 由此可见，中国梦不仅是中国国家视野中的实现国家富强、民族振兴、人民幸福的梦，也是全球和人类视野中推进世界和平与人类共同发展的梦，它能增进世界上不同文化、不同种族和不同信仰的人民的大团结，增强世界各国人民对中国道路的认同感。习近平还提出了建立由世界上

---

① 《江泽民文选》第3卷，人民出版社2006年版，第476页。
② 同上书，第486页。
③ 《科学发展观重要论述摘编》，中央文献出版社、党建读物出版社2009年版，第103、104页。
④ 《习近平谈治国理政》，外文出版社2014年版，第42页。

不同文化、不同种族和不同信仰的各国人民组成的命运共同体观念。"当今世界，人类生活在不同文化、种族、肤色、宗教和不同制度所组成的世界里，各国人民形成了你中有我、我中有你的命运共同体"，"人类只有一个地球，各国共处一个世界。共同发展是持续发展的重要基础，应该牢固树立命运共同体意识，顺应时代潮流，把握正确方向，坚持同舟共济，推动亚洲和世界发展不断迈上新台阶"。① 习近平所讲的人类命运共同体，其要义也在于推进世界和平，实现人类共同发展。它不仅体现了社会主义中国的世界担当和历史使命，也体现了马克思主义对宗教文化的引领作用。

## 三　两种宗教观的评析

### 1. 一家独大与多元并生的分别

亨廷顿有着强烈的爱国情结，这种情结在他的宗教观念中呈现为利用基督教维护苏联解体后形成的美国主导的单极世界。他虽然承认非西方文明及其表征的国家和民族，也承认美国处于衰落之中，但他还是试图通过强化基督教的文化和国家认同，通过加强以基督教为共同文化基础的西方世界的联合，来捍卫美国的霸权和世界领导者地位。"西方与所有已经存在过的文明显然是不同的，因为它已经对公元 1500 年以来存在着的所有文明都产生了势不可挡的影响。它开创了在世界范围内展开的现代化和工业化的进程，其结果是，所有其他文明的社会都一直试图在财富和现代化方面赶上西方。然而，西方的这些特点是否意味着，它作为一种普遍存在的模式？历史的证据和比较文明史学者的判断却表明并非如此。迄今为止，西方的发展与历史上诸文明共同的演进模式和动力并无重大的不同。伊斯兰复兴运动和亚洲经济的发展势头表明，其他文明是生机勃勃的，而且至少潜在地对西方构成了威胁。一场涉及西方和其他文明核心国家的大战并不是不可避免的，但有可能发生。而西方始于 20 世纪初的逐渐且无规律的衰落，可能会持续几十年，甚至几百年。或者，西方可能经历一个复兴阶段，扭转它对世界事务影响力下降的局面，再次确立它作为其他文

---

① 《习近平谈治国理政》，外文出版社 2014 年版，第 261、330 页。

明追随和仿效的领袖的地位。"①

中国特色社会主义的宗教观虽也认可多种宗教和文明类型及其表征的民族和国家，但与亨廷顿有所不同的是，它由此主张建立多极世界。毋庸置疑，单极世界是一个由美国一元主导的霸权主义统治下的世界，而多极世界则是一个全球民主和各国平等互利、和平共处的世界。中国特色社会主义的宗教观认为，建立多极世界符合世界发展的客观规律，有利于体现各国和各国人民的共同意愿和利益，有利于推动公正合理的国际政治经济新秩序，有利于促进世界政治、经济、文化的协调平衡发展。"多极化并非针对特定国家，而是世界各种力量在平等互利的基础上，加强协调和对话，不搞对抗，共同维护世界的和平、稳定和发展。"② "我们主张，各国和各国人民应该共同享受尊严。要坚持国家不分大小、强弱、贫富一律平等，尊重各国人民自主选择发展道路的权利，反对干涉别国内政，维护国际公平正义。"③ 在这样的多极世界中，国家不分大小、强弱、贫富，都是国际社会中平等的一员，各国的事情要由各国平等协商，和平解决争端。作为多极世界的一极，中国反对霸权主义和强权政治，永不称霸，永远是世界和平与共同发展的坚定捍卫者。

由此不难看出，亨廷顿的宗教观仍有西方中心主义或美国中心主义的残留。他虽认肯美国的衰落和西方的普遍主义的不合时宜，但他依然试图确保美国主导国际秩序，因此他的去普遍主义便转化成为相对主义抑或一元主导的普遍主义，思想观念之中依然包含着等级主义或霸权主义。他试图借助基督教的文化软实力提升美国的社会凝聚力和国家竞争力，然而就其将基督教作为美国和西方国家的唯一的文明基础而言，如哈罗德·品特所谓的 "我相信正是我们使用语言的方式使自己陷入了一个可怕的圈套，在这圈套中自由、民主、基督教精神等等词语仍然被用来替可耻的政策与野蛮的行径作托词"④，亨廷顿的宗教观念又呈现出了基督教一神论的排他性，实质上为等级主义和霸权主义作了辩护。中国特色社会主义的宗

① ［美］亨廷顿：《文明的冲突与世界秩序的重建》，周琪、刘绯、张立平、王圆译，新华出版社 2002 年版，第 348 页。

② 《江泽民文选》第 3 卷，人民出版社 2006 年版，第 473—474 页。

③ 《习近平谈治国理政》，外文出版社 2014 年版，第 273 页。

④ ［英］哈罗德·品特：《啊，超人》，载［美］乔姆斯基《霸权还是生存·代序》，张鲲译，上海译文出版社 2006 年版，第 1 页。

教观则提倡多元主义，尊重和认同多种宗教和多元文明的并生，用一律平等和反对霸权解构等级主义和霸权主义。20世纪末期以来，美国霸权的衰落和多极世界的逐步确立，西方世界内部分化以及非西方世界对西方世界的反抗，表明亨廷顿在爱国名义下试图用基督教维护的美国主导的单极国际体系不符合时代的潮流。而中国的和平崛起以及国际社会对中国的高度认同，则表明了中国特色社会主义理论主张的多极化合乎时代潮流。

2. 文明冲突与和而不同的异趣

亨廷顿虽提出文明冲突是世界和平的最大障碍，主张不同文明的携手合作，但他的宗教观念还是呈现出强调文明冲突的显性特征，而且这种显性特征是与以基督教排拒其他宗教和捍卫美国的国家利益联系在一起的。这种文明冲突论片面地夸大了文明之间的冲突而弱化了文明之间的融通与和解。"一个和谐世界的范式显然距离现实太遥远，它不能对后冷战世界作有用的指导。"[1] 从美国国内来说，文明冲突的范式，实践中势必加剧不同族群和宗教团体对基督教及其信众的抗拒，引发美国国内的社会冲突和动荡，难以促成社会的融合和国家的统一；从国际上来说，如同一国实行贸易保护主义措施难免遭到他国的报复一样，以基督教作为自身的个性标签和思想武器，不免招致其他民族和国家以强调自身文明的方式进行反抗，促成原教旨主义的兴起，加剧种族、民族、国家之间的紧张和对立。亨廷顿虽强调了西方国家的文明合作，但也强调了世界上各大文明体之间的分化、差异和竞争关系，并且把西方文明的合作当作对付包括中国在内的非西方国家崛起的武器，这样不利于各文明体之间的合作，竞争关系甚至可能演化为彼此间的斗争或战争关系，世界和平与共同繁荣就变得难以企及。"阿拉伯之春"最终演变为"阿拉伯之冬"，就是最好的例证和说明。

与此不同的是，中国共产党的领导人把"和而不同"作为人类各种文明协调发展的真谛。他们也从爱国的意义上讲国家和文明之间的关系，认为中国越发展、越开放，与世界的联系越紧密，就越需要一个长期和平稳定的国际环境。促进世界各地区的和平与发展，符合中国的根本利益。

---

① ［美］亨廷顿：《文明的冲突与世界秩序的重建》，周琪、刘绯、张立平、王圆译，新华出版社2002年版，第12页。

中华民族自古以来就有以诚为本、以和为贵、以信为先的优良传统。中国在处理国际关系时始终遵循这一价值，以和而不同的态度处理各种文明之间的关系。"各国文明的多样性，是人类社会的基本特征，也是人类文明进步的动力。我们应该尊重各国的历史文化、社会制度和发展模式，承认世界多样性的现实。世界各种文明和社会制度应该而且可以长期共存，在竞争比较中取长补短，在求同存异中共同发展。在当今世界上，我们提倡'和'，也就是说，各国应该在政治上互相尊重，经济上互相促进，文化上互相借鉴。这将有利于世界的和平与发展。"① 中国共产党领导人主张各国人民携手努力，推动建设持久和平、共同繁荣的和谐世界。"在文化上相互借鉴、求同存异，尊重世界多样性，共同促进人类文明繁荣进步。"② 主张文明是多彩的、平等的、包容的，"只有交流借鉴，一种文明才能充满生命力。只要秉持包容精神，就不存在什么'文明的冲突'，就可以实现文明和谐"。③ 主张构建积极健康的宗教关系。习近平指出："在我国，宗教关系包括党和政府与宗教、社会与宗教、国内不同宗教、我国宗教与外国宗教、信教群众与不信教群众的关系。促进宗教关系和谐，这些关系都要处理好。"④

中国特色社会主义虽也认同文明的差异和竞争，但以"和"为旨归。它认同差异意在谋求各种文明的共生共存，而非某一种文明的独生独存。认同竞争意在促进各种文明的取长补短和共同发展，而非彼此的相互封闭和各自的停滞不前。这种文化和国家利益观念，肯定了不同文明存在的价值，提供了不同文明相互交流和各个文明体共同发展的良性路径，有利于化解矛盾和防范危机。这种文化和国家利益观念，基于中国崇尚和谐与热爱和平的历史文化传统，体现了中国文化的特质和优势，显现出中国文化的时代价值和世界意义。与此相反，亨廷顿的文化和国家利益观念呈现出基督教中心主义和美国中心主义的唯我论特征，这种强调自我和冲突的思想观念，展现了西方文明的特质和缺陷，在实践中只会加剧不同文明和利益群体的紧张关系，造成生活世界的断裂和疏离，与化解矛盾和防范危机

---

① 《江泽民文选》第 3 卷，人民出版社 2006 年版，第 523—524 页。

② 《科学发展观重要论述摘编》，中央文献出版社、党建读物出版社 2009 年版，第 104 页。

③ 《习近平谈治国理政》，外文出版社 2014 年版，第 259—260 页。

④ 习近平：《在全国宗教工作会议上的讲话》，《人民日报》2016 年 4 月 23 日。

南辕北辙。冷战结束后，美国利用基督教在世界范围内推行"颜色革命"，其所引发的地区冲突和恐怖主义危机，激起的非西方世界的强烈反抗，恰恰证明中国的和谐论与西方的冲突论相比，更有利于世界和平与共同发展。

3. 历史终结与历史进步的殊途

亨廷顿对历史终结问题似乎有清醒的认知，"凡是认为历史已经终结的社会，通常是其历史即将衰微的社会"①。他将西方文明作为历史的终结，但又把西方作为衰微社会的一个例外。在他看来，冷战结束之后的世界，苏联和东欧的社会主义已经解体，历史已经如他的学生福山所谓的那样呈现出终结状态，也即意识形态演进的终结点和作为人类政府最终形式的西方自由民主制的普及。他指出："文明终有终结状态，但又生存得非常长久；它们演变着，调整着，而且是人类最持久的结合，是'极其长久的现实'。"② 亨廷顿这里所谓的文明包括西方文明，他认为西方文明已经对公元 1500 年以来存在着的所有文明都产生了势不可当的影响，开创了在世界范围内展开的现代化和工业化的进程。西方虽从 20 世纪初以来经历了逐渐和无规律的衰落，但它拥有一个军事的、宗教的、政治的或经济的组织这样的"扩张的工具"，能够使它将盈余积累起来并投入建设性的创新，从而扭转它对世界事务影响力下降的局面，再次确立它作为其他文明追随和仿效的领袖地位。无论如何，西方已经成为一个成熟的社会，它正进入这样一个时代，当后人回顾以往时，将会按照历史上反复重现的文明演进模式将其称为"黄金时代"。它是一个不存在任何竞争对手，远离了外部竞争和内部战争，广泛实行了与建立世界帝国相关的政府开支制度的繁荣时期。亨廷顿由此走向了历史的终结，这一观点由他的弟子福山予以承接。"我们过去曾试图编写一部世界普遍史，创造出两条相互平行的历史进程，一条受现代自然科学和欲望的逻辑支配，另一条由获得认可的欲望引导。两个进程殊途同归，都走到资本主义的自由民主国家这一终点上来。"③

---

① ［美］亨廷顿：《文明的冲突与世界秩序的重建》，周琪、刘绯、张立平、王圆译，新华出版社 2002 年版，第 347 页。

② 同上书，第 27 页。

③ ［美］弗朗西斯·福山：《历史的终结及最后之人》，黄胜强、许铭原译，中国社会科学出版社 2003 年版，第 331 页。

与亨廷顿将西方资本主义的道路模式作为历史的终结相比，改革开放以来，中国共产党领导人一贯地坚持走中国特色社会主义道路，从而打破了资本主义的历史终结。邓小平指出：“我坚信，世界上赞成马克思主义的人会多起来，因为马克思主义是科学。它运用历史唯物主义揭示了人类社会发展的规律”，“我们要在建设有中国特色社会主义的道路上继续前进”。① 在江泽民看来，资本主义并不能包治百病，社会主义制度与资本主义制度相比具有优越性，人类最终总要摆脱任何剥削阶级占统治地位的社会进入崭新的社会主义社会，这是历史发展的必然。只有社会主义才能救中国，也只有社会主义才能发展中国。“中国要强盛，中国人民要走向共同富裕，中华民族要实现伟大复兴，就必须始终坚持我们已经建立并正在不断完善的社会主义制度及其所决定的基本原则。”② 他不无警醒地指出，西方一些人总希望中国搞私有化和多党轮流执政，搞三权鼎立，如果中国搞了这些东西，就会国无宁日、民无宁日，十多亿中国人就会连饭都吃不上。那样，对中国人民、对世界都是一个大灾难。胡锦涛指出：“改革开放以来我们取得一切成绩和进步的根本原因，归结起来就是：开辟了中国特色社会主义道路，形成了中国特色社会主义理论体系。高举中国特色社会主义伟大旗帜，最根本的就是坚持这条道路和这个理论体系。”③ 习近平更是强调指出：“坚持独立自主，就要坚定不移走中国特色社会主义道路，既不走封闭僵化的老路，也不走改旗易帜的邪路。我们要增强政治定力，增强道路自信、理论自信、制度自信。我们要根据形势任务发展变化，通过全面深化改革，不断拓展中国特色社会主义道路，不断丰富中国特色社会主义理论体系，不断完善中国特色社会主义制度。”④

对于宗教与资本主义和社会主义的关系，亨廷顿是要利用基督教为西方资本主义服务，中国特色社会主义的宗教观则主张积极引导宗教与社会主义相适应。亨廷顿虽曾提出韩国把韦伯的命题倒转了过来，经济发展促进了基督教的扩张，基督教促成了民主的转型。然而就亨廷顿本人来说，

① 《邓小平文选》第 3 卷，人民出版社 1993 年版，第 382、383 页。

② 《江泽民文选》第 3 卷，人民出版社 2006 年版，第 220 页。

③ 《科学发展观重要论述摘编》，中央文献出版社、党建读物出版社 2009 年版，第 61—62 页。

④ 《习近平谈治国理政》，外文出版社 2014 年版，第 30 页。

他实质上沿袭并且发展了韦伯的命题，即用基督教导出资本主义，认为基督教是捍卫资本主义的文化软实力。当他解构和排拒共产主义又大力宣扬西方的资本主义时，他忽视了马克思主义的传统也源于基督教，也是形成于西方的传统，并且这种传统有更高的价值追求和更为普遍的人文关怀。他把美国主导的资本主义作为类似基督教的上帝主宰的千年王国，这样人类历史便进入终结状态而再无未来可言。中国共产党领导人站在历史唯物主义的立场论述社会主义制度较之资本主义制度的优越性，指出从社会主义到共产主义要经过艰苦努力方能实现，这种目标取向和发展过程消解了亨廷顿和福山的历史终结论。而至于宗教与社会主义的关系，中国共产党领导人不讲利用而讲积极引导，这种宽容态度和社会取向，表明历史唯物主义并非历史虚无主义和历史终结论。伊拉克战争和华尔街金融危机之后，以美国为首的西方资本主义已处于衰落之中，而社会主义中国则快速崛起，这种事实恰恰表明亨廷顿和福山历史终结论的错谬性，表明社会主义制度具有优越性的观点的正确性。

### 4. 政教合流与政教分离的差异

亨廷顿的宗教观作为一种宗教政治观，具有宗教与政治相结合的显著特征。这种结合固然不同于中世纪的政教合一，却也并非现代社会所要求的宗教与国家相分离。宗教与国家和政治结合主要呈现为以下方面：首先，宗教用于公民教育，宗教伦理与信仰成为变化社会中维护社会稳定和政治秩序的工具；其次，基督教作为文化特质和文化认同工具，用于确立美国的国家身份和美国人的文化身份；再次，基督教作为西方文明的共同基础，成为美国与其他西方国家建立盟友关系的纽带；最后，基督教作为强势和排他性的文化，成为美国同化其他种族、宗教、团体以及西方文明应对非西方文明挑战的武器。因此，亨廷顿的宗教观中宗教与政治并未完全分离，宗教依然是发挥国家的对内对外职能的重要工具。亨廷顿将西方文明的源起诉诸公元700—800年而非古希腊时期，意在表明基督教作为美国和西方国家的共同的文化根基，是捍卫和增进美国和西方国家利益的一以贯之的工具，从而形成政治利用宗教的关系。

中国特色社会主义的宗教观也是一种宗教政治观。江泽民指出："各国政府都十分注重运用宗教来为维护社会秩序和社会稳定服务。我们不提利用宗教。我们鼓励和支持宗教发挥宗教中的积极因素为社会发展和稳定服务，鼓励宗教界多做善行善举。在国家引导和管理下，宗教组织可以从事一些有益于社会发展的公益、慈善活动。"① 江泽民这里讲的"我们不提利用宗教",有多重含义。首先,中国共产党以及作为其指导思想的马克思主义坚持无神论,这样就与持有神论的宗教区别开来;其次,中国化的马克思主义只是把宗教作为一种特殊、复杂并且会长期存在的社会现象,它只能与社会主义相适应而非相反;再次,中国并不以宗教为国家身份和中国人身份认同的工具,中国以马克思主义作为自己的指导思想,以社会主义标识自身的国家性质;最后,中国共产党和中国政府对宗教进行引导和管理,鼓励和支持宗教做有益于社会稳定和社会发展的公益和慈善活动,禁止其做分裂国家和社会的事情。这就表明中国的国家认同不是建立在宗教的基础上,但对宗教又有一定的包容性。

亨廷顿与中国特色社会主义的宗教观,分别代表了中西方在处理宗教与政治关系问题上的不同取向。亨廷顿认为宗教对于变化中的社会来说可以安顿人们的身心,是对宗教的合理利用。中国特色社会主义主张鼓励和支持宗教做有益于社会稳定和发展的事情,也体现了对宗教价值的某种认同。两者都肯定宗教的现实存在,都认可宗教对维护社会稳定具有一定的积极意义。但两者还是有本质的区别,亨廷顿把基督教作为具有国家意识形态功能的排他性的文化工具以及干涉他国的思想武器,反映了西方世界自中世纪的对外扩张到近现代的殖民入侵的一贯传统,其效果历史和前途命运可以从非西方世界对西方世界的强烈反抗以及谋求独立解放的社会运动中察见端倪。中国特色社会主义则并不将宗教作为国家意识形态的文化工具和干涉他国的思想武器,而是将合法性宗教作为爱国统一战线的团结对象,在国际上作为相互尊重和友好交往的纽带,主张反对宗教极端势力并打击邪教组织。这种宗教政治观反映了中国人注重和谐与以人为本的一贯传统,因而具有强大的生命活力。

5. 致乱于世与治乱于世的两立

亨廷顿的宗教观的显性特征就是推行冲突主义、排他主义和扩张主义,这种显性特征深刻体现了西方资本主义的内在冲动与本质属性,不免造成致乱于世的现实后果。亨廷顿虽看到非西方国家的崛起以及非西方文明因硬实力增强构成对西方文明的冲击,因而迫不得已地在名义上批判普世主义、霸权主义和干涉主义,但这些主义是西方资本主义的内在冲动与

---

① 《江泽民文选》第 3 卷,人民出版社 2006 年版,第 388 页。

本质属性，亨廷顿对其自然难以割舍放弃。他一方面否定共产主义，忌惮非西方国家的冲击；另一方面忧心美国衰落，渴望美国的复兴和继续成为世界的领袖。亨廷顿的宗教政治观反映的西方资本主义内在冲动的表现之一，就是把西方的制度范式视为普适性的民主范式，把非西方的制度范式以西方的标准视为威权体系。他极力反对威权政治，并力图在全球范围内推广西方的民主范式。这样就形成以美国模式或美国民主制度范式排斥和取代他国模式或非西方国家政治范式的宰制主义。

中国特色社会主义宗教观的显性特征是历史主义、和谐主义和人本主义，它以历史唯物主义的态度对待宗教的现实存在，以和谐方式处理各种宗教之间的关系，以人本理念规范宗教的社会功能。这种显性特征反映了中国特色社会主义的内在要求和本质属性，必然产生治乱于世的现实效果。中国特色社会主义尊重每个国家在社会发展道路上的自主选择，认为世界上不存在一种普遍适用于所有国家的道路模式。每个国家都有自身独特的国情，都要结合自身的国情选择适合本国的发展道路。这就避免了社会发展道路问题上的简单复制和照抄照搬，拒斥了西方国家宰制性地对他国内政横加干涉和将自身模式强加他国。中国特色社会主义根植于中国的优秀文化传统，汲取了西学的养分，但它以马克思主义为指导，是马克思主义普遍原理与中国实际相结合的产物。中国特色社会主义实行人民民主专政制度和人民代表大会制度，并不同于西方国家的资产阶级专政和三权分立，是具有自身特色的建制方式。

亨廷顿将西方的政治和文明作为成熟的政治和文明，作为世界各国的典范，这种优越感只是他的一厢情愿。他觉察到西方文明正在衰落，但只是将其归因于其他文明的挑战，并未因西方文明自身的衰落开展对资本主义的批判，而是选择了将基督教作为捍卫和输出西式民主的工具。然而正如列宁揭示的，资本主义的民主"是狭隘的、残缺不全的、虚伪的、骗人的民主，对富人是天堂，对被剥削者、对穷人是陷阱和骗局"①。连亨廷顿的学生福山也指出美国的政治文化出现成本极高和效率低下、利益和游说集团扭曲民主进程、制衡制度变成否决制等问题②。西方的民主政治

---

①　《列宁选集》第3卷，人民出版社1995年版，第601页。

②　[美] 弗朗西斯·福山：《美国政治制度的衰败》，载《西式民主怎么了？》，学习出版社2014年版，第242页。

不仅造成了两极分化与零和博弈，也在向外输出中导致许多国家的政局动荡和社会分化。而被亨廷顿谬称为"威权政治"的中国独特的政治文化，则保证了中国的社会稳定和国家的快速崛起。

# 四　结束语

总的来说，亨廷顿的宗教观是借助基督教捍卫美国国家利益，或者说是借助基督教捍卫西方国家的资产阶级利益的思想理论。这种宗教观或宗教理论承续了基督教的排他性，具有强调冲突、输出民主、干涉他者等特征，在理论和现实上是致乱之源。中国特色社会主义的宗教观主张积极引导宗教与社会主义相适应，在思想内容和实践路径上强调和谐、人本、不干涉他国内政，反对宗教极端主义和邪教组织，因而是治乱之策。从历史观上说，亨廷顿和中国特色社会主义的宗教观共同呈现出向文化传统的某种开放性，但由于对不同宗教的原则立场存在差异而有所不同，前者具有历史终结论的封闭特征，后者则向社会主义和共产主义敞开。从现实性上来说，美国霸权的衰落和西式民主输出造成的恶果，中国民主政治的活力以及中国的快速崛起，恰恰反映了中国特色社会主义具有强大的比较优势和生命活力。

# 第 二 编

社会学维度的农村与农民

# 第 一 章

# 儒学与中国农村社会的变迁

改革开放以来，学术界关于儒学抑或儒家、儒教的研究，很少像梁漱溟那样强烈关注农村社会，也缺少在此层面上的与马克思主义的互动交流。毋庸置疑，韦伯对儒教的等级性界定①，已不再适应农村基层民主的要求，已招致陈来的"礼体现平等"②和赵汀阳的"礼的精神是互惠性"③的拒斥。列文森对儒教的博物馆的评定④，也招致陈来的存活论和参与论⑤以及干春松的转化论⑥等的批判。那么作为中国传统农村社会精神支柱的儒学，能否与当前剧烈变动中的中国农村社会再相适应，为中国的新农村建设和城乡一体化发展提供支持？本章将用文化社会学的方法，以前现代性、现代性、后现代性和马克思主义的流动视界，剖析儒学要素与中国农村社会变迁的关系，尝试解答上述问题。

## 一 前现代性的视界

前现代性的视界，对中国来说是农耕文明和儒家文化占绝对主导地位并保持长期稳定的视界。改革开放 30 多年来，对儒学以前现代性视界进行重新审视，或可追溯到李泽厚 1980 年发表的《孔子再评价》。他在该

---

① ［德］马克斯·韦伯：《儒教与道教》，王容芬译，商务印书馆 1995 年版，第 6 页。

② 陈来：《孔夫子与现代世界》，北京大学出版社 2011 年版，第 78 页。

③ 赵汀阳：《天下体系：世界制度哲学导论》，中国人民大学出版社 2011 年版，第 54 页。

④ ［美］列文森：《儒教中国及其现代命运》，郑大华、任菁译，中国社会科学出版社 2000 年版，第 373 页。

⑤ 陈来：《孔夫子与现代世界》，北京大学出版社 2011 年版，第 5—6 页。

⑥ 干春松：《重回王道：儒家与世界秩序》，华东师范大学出版社 2012 年版，第 139 页。

文中讲："所谓'周礼'，其特征确是将以祭神（祖先）为核心的原始礼仪，加以改造制作，予以系统化、扩展化，成为一整套宗法制的习惯统治法规（仪制）。以血缘父家长制为基础（亲亲）的等级制度是这套法规的骨脊，分封、世袭、井田、宗法等政治经济体制则是它的延伸扩展。而以孔子为代表的儒家，也正是由原始礼仪巫术活动的组织者领导者（所谓巫、尹、史）演化而来的'礼仪'的专职监督保存者。"[1] 李泽厚由此表明，儒由巫史演化而来，儒家秉承了司礼祭祖的巫史传统，礼制延展成为土地和政权等方面的制度。但李泽厚并未由此秉承关系，确认先秦儒学的宗教属性。他认为由于孔子创造性地以仁释礼，使构成宗教三要素的观念、情感和仪式统统环绕和沉浸在这一世俗伦理和日常心理的综合统一体中，而不必去建立另外的神学信仰大厦。这样一来，儒学既不是宗教，又能替代宗教的功能，扮演准宗教的角色。他由此否定了先秦儒学的宗教属性，而认为它是世俗化的准宗教。

任继愈次年发表了《论儒教的形成》，明确提出了儒教是宗教说。他将儒教生成的起点定在了汉代，认为从汉代董仲舒开始至宋明理学建立，经历千余年时间形成了不具宗教之名而有宗教之实的儒教。[2] 他认为不可把春秋时期作为教育家、思想家的孔子与被儒教奉为教主的孔子混为一谈，仍主张先秦儒学并非宗教。李申承接了任继愈的儒教是宗教说，创作《中国儒教史》详论儒教的生成和发展，又作《儒教简史》概括他的儒教历史观。他讲："儒教乃是中国夏商周三代已有的宗教经过儒家重新解释的产物。这个传统宗教，经过诸子百家争鸣的春秋战国时代之后并没有消失。……在这一时期（汉初），传统宗教呈现的，是道家的面貌。只是从汉武帝开始，传统宗教才把儒家学说作为自己的理论指导，并且从此没再间断。"[3] 他在宗教改革的名义下，把儒教的生成发展视为从三代到康有为的连续性过程，把老子、孔子和墨子等先秦学者的思想作了宗教学说的理解，从而改变了李泽厚和任继愈的先秦儒学并非宗教的判定。

何光沪和陈来在开展耶与儒释道对话的学术动机下，也肯定了儒教是

---

①　李泽厚：《孔子再评价》，《中国社会科学》1980 年第 2 期。

②　任继愈：《论儒教的形成》，《中国社会科学》1981 年第 1 期。

③　李申：《儒教简史》，广西师范大学出版社 2013 年版，第 1 页。

宗教。何光沪认为儒教是殷周以来绵延三千年的中国原生宗教①，这就与李申一样确立了久远的儒教传统。陈来扩展了李泽厚的祭祖说，并将儒教传统与农业联系起来。他在《儒耶对话的儒家观点：本体与本根》一文中讲："殷人不仅已有至上神的观念，而且此一至上神源于主管天时的农业神。'帝'不仅像人间帝王那样发号施令，而且有帝廷，有臣工，殷人的先王、先公则可以上宾于帝廷转告人间对上帝的请求。因此，殷商的多神信仰反映了对自然力的依赖。"②他接着从五经四书、汉代经学、宋明理学及至牟宗三论述了儒家的宗教传统，指出"孔子及其门徒仍然肯定上帝和鬼神的观念"③。陈来由此肯定了孔子思想具有宗教属性，但已不再联系农业农村。在《古代宗教与伦理：儒家思想的根源》中，他又详论了儒家思想产生的宗教根源，并以理性宗教和伦理宗教而论孔子的宗教思想。但在都市文明的大传统与乡村乡民生活的小传统之间，他认为大传统更重要，早期儒家文化是大传统发展的结果。④陈来由此走向了关注城市文化，并在随后的学术研究中体现出来。

儒教是教说，还得到牟钟鉴、卢国龙、张践、陈昭瑛、陈明、孙尚扬、蒋庆等人的积极响应。牟钟鉴把儒教作为佛教道教之外的宗法性传统宗教，认为它具有来源的古老性、发展的连续性、仪轨的宗法性、功用的教化性和神界的农业性等特点。⑤卢国龙认为孔子的一以贯之的道是建立在唐虞夏商周文明史基础上的信仰，是"天命"的精神内核。⑥张践认为儒教是儒家学说和礼教为主体的文化教化体系，是古代中华民族凝聚的坚实基础。⑦陈昭瑛认为先秦儒家的仁与礼是一种创造性的紧张关系，仁与

---

① 何光沪：《中国文化的根与花》，载任继愈主编《儒教问题争论集》，宗教文化出版社2000年版，第309—310页。

② 陈来：《孔夫子与现代世界》，北京大学出版社2011年版，第85页。

③ 同上书，第88页。

④ 陈来：《古代宗教与伦理：儒家思想的根源》，生活·读书·新知三联书店2009年版，第16页。

⑤ 牟钟鉴：《中国传统宗法性宗教试探》，载任继愈主编《儒教问题争论集》，宗教文化出版社2000年版，第244—246页。

⑥ 卢国龙：《重返孔子的信仰世界》，载卢国龙主编《儒教研究》，社会科学文献出版社2009年版，第3页。

⑦ 张践：《儒教是中华民族凝聚的文化基础》，载卢国龙主编《儒教研究》，社会科学文献出版社2009年版，第88页。

乐则是一种创造性的和谐关系。① 陈明认为儒学是包含宗教和哲学等面向的传统文化②。孙尚扬认为儒教是一种以天地君亲师为崇拜对象的弥散型的特殊宗教，但又在古代世俗社会的祭天、祭孔、祭祖中体现出建制功能，在儒教与世俗建制之间基本上不存在结构性的二元张力。③ 蒋庆认为儒学是具有宗教性的学问，儒教是中华文明区别于印度佛教文明和西方基督教文明的文化基础之所在。④ 综合各家观点来看，儒学抑或儒教是在唐虞夏商周时期的巫史和礼制传统基础上，由以孔子为代表的先秦儒家加以理论化，为后世儒者加以发挥运用，以天地君亲师为崇拜对象，以四书五经等为基本典籍，以仁义礼智信为基本教义，以和乐与有序为基本目标，具有鲜明的世俗性和人文关怀的文化体系。

　　上述学者基于重新评价传统、抗衡西学或与西学对话的论述，释放出了儒学的宗教面向，赋予了儒学亦哲学亦宗教的属性。他们间或提及农，但关注的焦点并非儒学与农村社会的关系，而是儒学的属性、精神、生成、发展和价值等一般性问题。然如孔子所言"礼失而求诸野"，陈来和张践所谓殷人的至上神观念源于农业神。儒学或儒教毕竟源于、反映和规范中国古代农村社会，因此谈论儒学就脱不开与农村社会的天然联系。以天地君亲师的崇拜对象来看，由于先民要靠天吃饭，要依据天时气象生产劳作，便有了《诗经》的"天生烝民，有物有则"（《诗经·烝民》）和"畏天之威，于时保之"（《诗经·我将》），《尚书》的"乃命羲和，钦若昊天，历象日月星辰，敬授民时"（《尚书·尧典》）和"天视自我民视，天听自我民听"（《尚书·泰誓》）。也便有了孔子和子夏的"获罪于天，无所祷也"（《论语·八佾》）和"死生有命，富贵在天"（《论语·颜渊》），孟子的"不违农时，谷不可胜食也"和"斧斤以时入山林，材木不可胜用也"（《孟子·梁惠王上》），董仲舒的"天为之下甘露，朱草

　　① 陈昭瑛：《仁与乐：〈论语〉中的乐论与当代东亚学者的诠释》，载卢国龙主编《儒教研究》，社会科学文献出版社 2009 年版，第 143 页。

　　② 陈明：《中国文化中的儒教问题：起源与历史、现状与趋向》，载陈明主编《儒教新论》，贵州人民出版社 2010 年版，第 1 页。

　　③ 孙尚扬：《宗教的界定与儒教问题之我见》，载陈明主编《儒教新论》，贵州人民出版社 2010 年版，第 36—41 页。

　　④ 蒋庆：《儒教在当今中国有什么用》，载蒋庆《再论政治儒学》，华东师范大学出版社 2011 年版，第 333 页。

生，醴泉出，风雨时，嘉禾兴。……郊天祀地，秩山川，以时至封于泰山，禅于梁父，立明堂，宗祀先帝，以祖配天，天下诸侯各以其职来祭，贡土地所有"（《春秋繁露·王道》），以及朱熹的"先天而天弗违，后天而奉天时"（《朱子语类·易五·乾下》）。由此可见，儒学传统是把"天"作为生化万物的本原，赋予了"天"好生和利民之德。人敬畏天就要依循天时，顺受天命，心怀感激。

由于先民要于地栖息和耕作谋食，于是《诗经》讲"与我牺羊，以社以方。我田既臧，农夫之庆"（《诗经·小雅·北山之什·甫田》），《尚书》讲"社稷宗庙，罔不祇肃"（《尚书·太甲上》）和"惟天地万物父母，惟人万物之灵"（《尚书·泰誓》），《周易》讲"至哉坤元，万物资生，乃顺承天。坤厚载物，德合无疆。含弘光大，品物咸亨"（《周易·坤象》）。孔子认识到土地是农民安身立命的根本，于是讲"小人怀土"（《论语·里仁》）。孟子认识到制民恒产和辟土治田是王道政治赖以建立的基础，于是讲"无恒产而有恒心者，惟士为能。若民，则无恒产，因无恒心。……是故明君制民之产，必使仰足以事父母，俯足以畜妻子，乐岁终身饱，凶年免于死亡"，"天子适诸侯曰巡狩，诸侯朝于天子曰述职。春省耕而补不足，秋省敛而助不给。入其疆，土地辟，田野治，养老尊贤，俊杰在位，则有庆，庆以地"。（《孟子·梁惠王上》）董仲舒认识到土地意味着君王的社稷江山，建立大一统的王道政治关键在于拥有和治理土地。他讲："春秋立义，天子祭天地，诸侯祭社稷，诸山川不在封内不祭。有天子在，诸侯不得专地，不得专封。"（《春秋繁露·王道》）董仲舒还将《尚书·洪范》中的五行思想加以改造，提出了"土居中央"和"土者，五行之主"（《春秋繁露·五行之义》）。周敦颐秉持了土居中央说，他讲"土冲气，故居中"（《周敦颐集·太极图》）。朱熹所谓的"土无定位"，虽不像董仲舒和周敦颐的土居中央。但他秉持了张载的人与天地万物为一体的太和观念，主张诚祭天地以融通为一。他讲："问：祭神如神在，何神也？曰：如天地、山川、社稷、五祀之类。……如祭祀有诚意，则幽明便交；无诚意，便都不相接了"（《朱子语类·论语七·八佾篇·祭如在章》）。由此可见，儒教传统是把"地"作为给养产业、社稷江山和家国天下，赋予了"地"以生民和养民之德。人敬爱大地，就要依循地利，怀土置业，诚心感恩。

有了天地，便有了人生活的家园，便需有人确立纲纪，奉天应地地管理人民。《尚书》记述了尧舜禹汤文武以及后稷、伊尹和周公等先王圣贤的功绩。他们作为华夏民族的共同祖先，为孔孟等先秦儒家学者以慎终追远的方式确立为儒学道统，而陆贾又向前追溯到三皇五帝（《新语·道基》）。如《易传》所言："观乎天文，以察时变。观乎人文，以化成天下。"（《周易·贲彖》）儒学道统不仅是亲情血缘的传统，也是人文教化的传统。就孔孟及后儒将三皇五帝和三代三朝的王圣先贤视为人文祖先和华夏民族的共父，肯定他们教化治世的功绩而言，他们综合性地担当了君亲师的角色。而伊尹和周公等，则为孔孟与后儒推崇效仿，加之周室衰微后形成儒的分化和学术下移，由此出现君臣亲师等的分化。另就《周礼·保氏》所谓的"礼乐射御书数"的儒学六艺中，"礼"源于祭祀农业神，"乐"源于庆祝农业丰收，"射"源于狩猎和保卫土地，"书"源于记载耕作和生活信息，"数"源于测量土地和农业收成，陆贾所谓的"伏羲仰观天文，俯察地理，图画乾坤，以定人道""神农求可食之物，尝百草之实，察酸苦之味，教人食五谷""黄帝伐木搆材，筑作宫室，上栋下宇，以避风雨"（《新语·道基》）等儒学内容和传统而言，亦可发现儒学的人文传统发端于并反映和规范农村社会。

儒学向现实的转化，不仅包括干春松和赵汀阳论述到的祭祀、家族、教育、科举和外交制度，还包括万国鼎和宋昌斌等论述的土地、户籍、生产、商贸、税收、官吏、兵役、刑罚、婚姻、丧葬等多项制度。万国鼎讲："土地问题影响国计民生至巨"，"土地为农业之本。因而见重，为人所争。黄帝始创井田，以塞争端"。① 土地制度在儒家的制度体系中最为根本，不仅关乎农民乃至社会各阶层的利益，而且决定国家的长治久安和朝代的兴废更迭。宋昌斌也讲："在中国古代，户口制度是一项十分重要的社会制度。组建军队，兴兵打仗，要靠它；分配土地，征收赋税，要靠它；推行礼教，维持治安，也要靠它。"② 户籍制度是古代社会将农民安置在土地上生产劳作，以供养天下的重要制度。儒学除了被转化为制度体系外，也还被转化为科学技术。例如，代钦认为以《九章算术》为代表的中国传统数学展现出儒家思想的整体性、经典性和实用理性的思维特

---

① 万国鼎：《中国田制史》，商务印书馆 2011 年版，第 1、3 页。

② 宋昌斌：《编户齐民：户籍与赋役·前言》，长春出版社 2004 年版，第 1 页。

点①。曾雄生从《诗经》《尚书》《周礼》《论语》《孟子》等儒家经典中发现了农学思想，从《齐民要术》《陈旉农书》《王祯农书》《耒耜经》等农学著作中发现了儒家经世致用、修身齐家治国平天下、阴阳五行和格物致知等思想的指导作用。例如，他发现贾思勰在《齐民要术》中引用了孔子的"居家理，治可移于官"和《礼记·大学》的"欲治其国者，先齐其家"②。由此可见，仅以思想观念而论儒学，或者仅将中国古代科技成就归功于道家和其他非正统思想③，都难免有失偏颇。

儒学还转化为先民的德行、信仰、节日、祭典和生活方式等。从社会角色分工来看，儒学道统中的伏羲、神农、黄帝、尧舜禹、商汤、周文王、周武王等爱民兴邦、一统天下的圣王，正是后世帝王仿效与祭拜的对象；伊尹、周公以及后期出现的孔子、屈原、寇准和包拯等忧国忧民、重教施化、为民请命、清廉爱民的圣贤，正是文臣贤士仿效和赞颂的对象；关羽和岳飞等杀身成仁、舍生取义、忠肝义胆、保家卫国的武将，成为民众祭拜的对象。这些帝王将相和文人贤士，进入中国古人建立的庙宇、节日和祭典之中，并且通过代代传承成为民族记忆。此外，儒学还通过在农村设学园、立学堂、入私塾等方式教化农人，进而整体性地影响农村的风俗习惯以及农人的思想观念和生产生活方式，使其能以为学为政的方式报效国家，能以从军入伍的方式保家卫国，能以家庭和族群的合力从事农业生产，能持守勤劳、质朴、节俭、互助、相爱的美德，过犹如孔子所谓"一箪食，一瓢饮，在陋巷，人不堪其忧，回也不改其乐"，陶渊明所谓"采菊东篱下，悠然见南山"，孟浩然所谓"绿树村边合，青山郭外斜"的田园牧歌式的生活。这样，先民因崇拜天地君亲师等而呈现的宗教信仰，就转化为安定和乐的世俗生活的信仰。由此而论，发源于黄河流域，后期又深远影响了整个中华大地的儒学，整体性地反映、建构和规范了中国农村社会。这一整套的规范体系，可借用金观涛和刘青峰的观念，将其称为"超稳定结构"④，它从思想、制度、技艺、信仰和生活方式等方面，

①　代钦：《儒家思想与中国传统数学·绪论》，商务印书馆2003年版，第3页。

②　曾雄生：《中国农学史》，福建人民出版社2008年版，第210页。

③　[美]列文森：《儒教中国的现代命运》，郑大华、任菁译，中国社会科学出版社2000年版，第11—12页。

④　金观涛、刘青峰：《兴盛与危机：论中国社会的超稳定结构》，法律出版社2011年版，第219页。

长期维护了中国农村社会的稳定和发展。

## 二　现代性的视界

现代性的视界是崇尚理性、科学、民主和自由的启蒙的视界，也是朝向工业化、市场化、城市化和世俗化等的视界。姜义华曾对此讲："现代性，源于西方，和西方工业化、市场化、城市化、世界化、民主化和俗世化进程相表里"，"中国的现代性和中国现代化一样，既借鉴西方、接续西方，又是对西方的反抗，对西方的叛逆"。① 姜义华由此揭示了现代性的古与今、中与西、农村与城市、农业与工业、封闭与开放等的紧张关系。他沿袭之前提出的"西方文化的冲击和输入，直接刺激了中国新的文化系统的形成"②，以及中国的现代性源于西方的观念，在学术界有着比较广泛的认同。例如列文森提供的冲击与回应模式，要害就在于认为西方的书写决定着 19 世纪以来的中国历史，中国社会不能独立实现近代化转变的原因，在于自身传统中很难孕育出科学精神等近代价值。③ 丁守和也曾讲："启蒙思想是从外国学来的"，"近代启蒙则是高扬民主和科学精神，反对封建专制及其伦理道德、愚昧迷信思想，鼓励人们从封建愚昧落后观念中解放出来，实现人的近代化现代化，创建民主自由的新社会新文明。启蒙思想是与民主和科学紧密相连的"。④ 资中筠亦讲："源于西方启蒙运动的民权平等思想是社会发展到一定阶段的产物，这种平等的观念不但中国古代没有，西方中世纪也没有，这正是启蒙思想的产物。"⑤

如同柏拉图试图建立理想的城邦国家，奥古斯丁试图重建上帝之城，贝克尔认为 18 世纪的启蒙思想家们试图在地上建立人间天城⑥，韦伯认

① 姜义华：《现代性：中国重撰·序》，北京师范大学出版社 2008 年版，第 2 页。
② 姜义华：《理性缺位的启蒙》，上海三联书店 2000 年版，第 40 页。
③ 郑家栋：《列文森与〈儒教中国及其现代命运〉·代译序》，载［美］列文森《儒教中国及其现代命运》，郑大华、任菁译，中国社会科学出版社 2000 年版，第 9 页。
④ 丁守和主编：《中国近代启蒙思潮·绪论》，社会科学文献出版社 1999 年版，第 1—2 页。
⑤ 资中筠：《启蒙与中国社会转型》，社会科学文献出版社 2011 年版，第 65 页。
⑥ ［美］卡尔·贝克尔：《启蒙时代哲学家的天城》，何兆武译，江苏教育出版社 2005 年版，第 109 页。

为基督教是流动的工匠们的教义[1]，新教教派有意识地将神以财富来为他所喜欢的人祝福的观念与虔诚的经营方式关联起来[2]一样，西方文化传统常被认为与城市文明、工业文明和商业文明的大传统联系在一起。因此，学习西方走现代化道路，按照康德的话来说，就是要使每个人鼓起追求物欲的自然禀赋，把自己从美满和睦、安逸与互亲互爱的田园牧歌式的沉睡的生活状态中牵引出来。[3] 按照姜义华的话来说，就是要变农业国为工业国，变自然经济体系为商品—市场经济体系，变乡村文明为城市文明，变狭隘的地域性经济为世界联系性经济。[4] 而要实现这种社会转型，就需要与之相适应的文化或思想观念的转变，摆脱蒙昧、专制、封闭、守旧和差等的封建主义传统的束缚，拥有科学、民主、开放、平等、进步和自由等现代精神。列文森认为在儒教传统中寻找现代科学的中国之源的努力是徒劳的，因为这种根源根本就不存在。[5] 李泽厚认为中国传统中缺少西方资本主义的整个历史时期和积极进取的个体主义，救亡压倒启蒙的一个后果是站在小生产立场上的反对现代文明的思想和思潮经常以不同的方式表现或爆发出来，把中国意识推到封建传统全面复活的绝境。[6] 丁守和认为中国传统文化中没有"民主"和"科学"，救亡超越启蒙使启蒙运动未能继续下去。[7] 姜义华认为传统中占支配地位的思维方式是信奉、屈从乃至迷信各种权威、圣贤、经典、传统与习惯的道德本位主义，中国启蒙运动的困顿就在于忽略了对这种等级性思维方式的变革。[8] 资中筠认为中国传统中的颂圣文化流毒久远，由于历史上反帝压倒反封建，使颂圣文化得到新的发展。[9]

上述学者对儒学传统的批判，意在祛除其中的封建主义和迷信落后的

①　［德］马克斯·韦伯：《儒教与道教》，王容芬译，商务印书馆1995年版，第7页。

②　［德］马克斯·韦伯：《新教伦理与资本主义精神》，苏国勋、覃方明、赵立玮、秦明瑞译，社会科学文献出版社2010年版，第131页。

③　［德］康德：《历史理性批判文集》，何兆武译，商务印书馆1990年版，第8页。

④　姜义华：《理性缺位的启蒙》，上海三联书店2000年版，第51页。

⑤　［美］列文森：《儒教中国及其现代命运》，郑大华、任菁译，中国社会科学出版社2000年版，第11页。

⑥　李泽厚：《中国现代思想史论》，天津社会科学院出版社2004年版，第30—39页。

⑦　丁守和：《中国近代启蒙思潮》上卷，社会科学文献出版社1999年版，第23、32页。

⑧　姜义华：《理性缺位的启蒙》，上海三联书店2000年版，第2—9页。

⑨　资中筠：《启蒙与中国社会转型》，社会科学文献出版社2011年版，第4—23页。

成分，推进思想解放和社会进步。但正如柯文指出的，列文森的冲击与回应模式的最严重的问题一直是由于种族中心主义造成的歪曲①，认为民主和科学等现代精神来自于西方势必陷入西方中心主义。在柯文看来，冲击与回应模式与传统—近代模式、帝国主义模式实质上同属于西方中心主义模式，是要把西方近代社会及其工业化当作世界各国万流归宗的楷模，把19世纪到20世纪中国的变化当作是唯有在西方的冲击下才能引起的变化。这样就严重夸大了西方冲击的历史作用，堵塞了从中国内部探索中国近代社会自身变化的途径。余英时也讲："五四的知识分子确实有意识地从文艺复兴与启蒙运动中借来了若干理念"，"从那时开始，不论批判传统或提倡变革，中国的知识分子几乎必然地诉诸某些西方理念、价值或制度，以作为正当性的最终依据"。②余英时宁愿将启蒙当作隐喻，而不用之于比附。因为新文化运动在输入西学的同时，也面临找寻中国具体问题的解决之道，如何重新考察中国的旧传统而再造中国文明，获得西学和中学的创造性综合等问题。张光芒对于启蒙外来说，也予以了反驳："任何事物的发展，外因是条件，内因是根据，中国近现代之所以出现了大规模的两次启蒙思潮与启蒙运动，首先源于中国社会经济结构的变动。19世纪后半叶资本主义生产关系与明末'萌芽'期相比有了很大程度的发展，市民阶层迅速壮大，初步具备现代意识的新型知识分子在数量上不断增长。这是近代启蒙运动发生的物质基础与前提。"③在他看来，关于中国没有自己的启蒙主义的定论根本就是一个伪命题。

国内外学界对冲击与回应模式和中学西源的批判策略，可概括为返本溯源、内外因分析、多中心或中国中心分析、论证西学中源等。王宁、钱林森、马树德、朱谦之、张国刚、吴莉苇等对西学中源的研究④，表明宋明时期的中学对欧洲的启蒙学术产生了重要影响。张光芒的反向追溯，源于萧萐父和许苏民等从明清之际寻找中国启蒙的自生之源。萧萐父和许苏

---

① ［美］柯文：《在中国发现历史·序言》，林同奇译，中华书局1989年版，第1页。

② 余英时：《现代危机与思想人物》，生活·读书·新知三联书店2005年版，第89—91页。

③ 张光芒：《启蒙论》，上海三联书店2002年版，第3页。

④ 王宁、钱林森、马树德：《中国文化对欧洲的影响》，河北人民出版社1999年版；朱谦之：《中国哲学对欧洲的影响》，上海人民出版社2006年版；张国刚和吴莉苇：《启蒙时代欧洲的中国观———一个历史的巡礼与反思》，上海古籍出版社2006年版。

民讲："明清早期启蒙学术的萌动，作为中国传统文化转型的开端，作为中国式的现代价值理想的内在历史胚芽，乃是传统与现代化的历史结合点。"① 他们将西学视作外来助因，代表了从中国内部寻找启蒙之源的努力。但明清之际的中学毕竟受到西学影响，因此难以根本解决中国启蒙的自生问题。于是陈来又接着向前推进了中唐至北宋的历史时期，认为这时确立的突出世俗性、合理性、平民性的近世化的文化形态，可以作为中世纪精神与近代工业文明的一个中间形态。② 谢和耐也将唐宋时期时作为中国近代史的开端，并给出了类比西方文艺复兴的断定。③ 但由于唐宋时期的中学受到作为广义西学的印度佛教影响，因此陈来的近世说和谢和耐的近代说仍难根本解决中国启蒙和现代性的自生问题。陈来随后又借助雅斯贝尔斯多中心主义的轴心时代观念，反对列文森的西方中心主义和博物馆之喻。④ 由于轴心时代的世界各大文明独立生成，而且先秦儒家的"重入世"和"礼"体现的平等等观念与现代性相通，这样便可用以根本解决中国启蒙和现代性的自生问题，但他并未由此确认先秦儒学是中国更早时期的启蒙学术。

　　萧萐父、许苏民和陈来等的反向追溯，承接了梁启超"复古为解放"的文化理路。然而梁启超在求解放意义下的复古时并未局限于唐宋明清，而是推进到了先秦时期。⑤ 侯外庐解释道："为什么像欧洲的启蒙哲学要回到希腊，像中国的启蒙哲学要回到先秦呢？这自然是由于他们企图摆脱封建统治阶级的迫害，不得不托古改制，但更重要的原因却在于在古代哲人的思想体系里，曾出现过后世的思想方法的胚胎形态。"⑥ 对侯外庐所谓的欧洲的启蒙哲学回到希腊，彼得·盖伊作了论证，并由此接引和贯通将古希腊和古罗马时代称为第一次启蒙运动时代。⑦ 然至于梁启超所谓的

　　① 萧萐父、许苏民：《明清启蒙学术流变》，辽宁教育出版社1995年版，第24页。

　　② 陈来：《宋明理学》，华东师范大学出版社2004年版，第14页。

　　③ ［法］谢和耐：《中国社会史》，黄建华、黄迅余译，江苏人民出版社2010年版，第215—291页。

　　④ 陈来：《孔夫子与现代世界》，北京大学出版社2011年版，第2—13页；陈来：《回向传统：儒学的哲思》，北京师范大学出版社2011年版，第3—5、132—140页。

　　⑤ 梁启超：《清代学术概论》，上海世纪出版集团2005年版，第6页。

　　⑥ 侯外庐：《中国早期启蒙思想史》，人民出版社1956年版，第34页。

　　⑦ ［美］彼得·盖依：《启蒙运动：现代异教精神的崛起》上卷，刘森尧、梁永安译，"国立"编译馆与立绪文化合作翻译发行2008年版，第106—107页。

"复古为解放"和侯外庐所谓的托古改制，今人常以文化保守主义相称，或责其有悖于启蒙的进步和批判精神，这忽视了"为解放"和"改制"所具有的追求自由和进步的意义。正如曼海姆要把现代保守主义与守旧和惧怕革新的一般传统主义严格区分开来，认为现代保守主义以进步与克制的名义构建着自身。① 梁启超所谓的"复古为解放"和侯外庐所谓的托古改制，代表了一种温和主义地对待传统，而非激进主义地否弃传统的文化理路。意旨并不在于鼓吹倒退主义，而是要以贯通古今的方式重新认识和利用传统文化，为创造中国特色的新文化，提供张光芒所谓的"传统思想是对中国近现代启蒙的启蒙"② 的反启。由此而论，传统与现代之间除具有现代批判传统的紧张关系外，还有现代连接传统以及传统接引、贯通、启示和支持现代的和谐关系。传统中蕴藏着现代性的胚芽，是现代性形成和延续的根基。传统与现代的关系，不仅是古为今用的语用问题，也是儒学对西学的接洽与反抗问题，更是儒学中国的现代性的特殊性问题。

　　启蒙与现代性问题探讨对于中国农村社会变迁的关键问题在于，主要由农民和农村构成的儒学中国能否以及如何开出自己的现代化和现代性？现代性外来说否定了这种可能，萧萐父和许苏民等的明清启蒙说以及陈来的近世说又难以根源性地解决问题。那么，能否按照梁启超"复古为解放"的文化理路，从先秦时期找到中国式现代化和现代性的内在根基呢？答案应当是肯定的。这是因为，从《尚书》的"天视自我民视，天听自我民听"和"怀保小民"，《诗经》的"天生烝民，有物有则"，《易经》的"有孚惠心，勿问元吉""井收勿幕""同人于野"等来看，中国文化至少在殷周之际就有"人"的发现，就显现出世俗化、平民化、合理化的倾向和民本特征。这种人的发现与世俗化倾向为先秦诸子所继承和发明，也为后世的中国世俗政治所运用。受此影响，董仲舒的神学和谶纬经学将儒学神学化以及康有为立孔教为国教的努力都未成功，佛教和基督教在中国化过程中也不得不走世俗化的道路。这就使得中国社会长期以来主要呈现出宗教服务于世俗的特征。另至于儒学中的民本，今人或认为民本与封建等级制相关联，因而与现代民主相区别。然而儒学之民本蕴含着体

① ［德］卡尔·曼海姆：《保守主义》，李朝晖、牟建君译，译林出版社 2002 年版，第70—71 页。

② 张光芒：《启蒙论》，上海三联书店 2002 年版，第 5 页。

恤和关爱民生的政治和文化意义，且与行政放权①相关联。作为王道政治的重要内容和显著标志以及中国现代民生政治的缘起，儒学之民本深刻持久地引导着中国政治规避西方出现过的极权主义。

关于中国的工业化、市场化和城市化，谢俊美和季凤文、王孝通以及傅崇兰、白晨曦、曹文明等对中国工业、中国商业和中国城市的专史研究②，表明中国在上古时期就已经出现产业的分化，就已形成农业文明与工业文明、乡村文明与城市文明、自然经济与商品经济并存的格局，原始社会末期开始的农业革命正是这种格局形成的前提。而殷周之际、春秋战国、秦汉之际，尤其是唐宋时期和明清时期城市化、工业化和市场化快速发展，都与这些时段的中国社会文化的转型有着对应关系。以工业文明而论，《考工记》和《天工开物》等记载的纺织、印染、印刷、造船、火药、制陶、医药、茶艺等中国古代工业成就，在明代前曾领先于世界，后成为近代中国发展民族工商业、毛泽东时代发展社队企业、邓小平时代发展乡镇企业的一贯根基。以商业文明而论，汉唐时期的丝绸之路，明代的郑和下西洋，明清时期晋商、徽商和海商等的国际贸易，尤其是改革开放以来中国企业在国内外市场上的迅猛发展，表明包括农民在内的中华儿女能胸怀天下和放眼世界，曾经并将继续以和平、互利、共赢的方式创造高度发达的商业文明。再以城市文明而论，中国古代城市尤其是唐宋时期以来城市的发展，奠定了近现代城市的基础。改革开放以来，随着国内外资本积聚、乡镇企业迅猛发展以及交通设施等日益改善，以深圳和华西村为代表的一大批村庄快速发展成为现代化的城市和城镇，原有的乡村群落大量为城市城镇群落所代替。不可否认，西方对中国的现代化起过诱导和促进作用，但新旧殖民主义也曾经摧残了中国古老而现代的工业文明、商业文明和城市文明。因此中国的现代化，应当主要归功于善于学习并自主创

---

① 甘阳在《通三统》（生活·读书·新知三联书店2007年版）中，提出孔夫之的传统、毛泽东的传统和邓小平的传统具有相通性，也揭示了毛泽东和邓小平在行政分权上的相通性，但未论及孔夫之代表的儒家传统是否也主张行政分权。应看到孔子所谓的"主忠信"和"礼乐征伐自天子出"等代表了政治集权的方面，"贤贤"和"无为而治"等代表了行政分权的方面。这种行政分权的政治理念，在汉代中央集权的政治体系中得到了运用，被转化成的一个经典表述是"君逸臣劳"。

② 谢俊美、季凤文：《中国工业史话》，中国国际广播出版社2011年版；王孝通：《中国商业史》，团结出版社2011年版；傅崇兰、白晨曦和曹文明等：《中国城市发展史》，社会科学文献出版社2009年版。

新的包括广大农民在内的中国人民的创造发明。

　　那么，推进中国农村社会的现代化，培育中国农民现代性的文化依据和精神动力又是什么呢？应当肯定，被马克斯·韦伯称为"背乡离井的和尚"的教义的佛教与"流动工匠们"的教义的基督教①，以及脱胎于新教伦理的资本主义精神都曾发挥重要影响。但也应当看到儒学也参与了中国农村社会的现代转型和中国农民的现代性培育。正如侯外庐所讲，在古代哲人的思想体系里曾出现过后世的思想方法的胚胎形态，这种胚胎形态是《易经》的"乾元"和"坤元"、孔子的"患不均"以及《礼记》的"大同"，王夫之和康有为等由此开出了平等；是《尚书》的"咨四岳"、孔子的"为学为政"和"无为而治"等，黄宗羲和康有为等由此开出了民主；是孔子的"学而知之"和"孔门四科"以及《大学》的"致知在格物，物格而后知至"等，陈亮、叶适、顾炎武、康有为和梁启超等由此开出了科学；是《易经》的"利见大人"和孔子的"富与贵，是人之所欲也"等，王夫之、黄宗羲和梁启超等由此开出了功利；是《周易》的"改命"、"日新"、晋升、"出门交有有功"、"穷则变，变则通"、"汤武革命，顺乎天而应乎人"，《尚书》的"新民"和孔子的"游必有方"和《春秋》的改制等，王夫子、康有为、梁启超等由此开出了改革、革命、自由和进步等；是《考工记》之"百工"和"饬力"，康有为由此开出了工学和工业。这种被列文森否认②和被姜义华在反封建语境中忽视的参与，后被冯天瑜等以及后期的姜义华在一定层面上揭示出来，并且与自古以来尤其是明清之际以来中国民族工商业的发展相对应。

　　那么，儒学如何具体支持中国农村社会的现代转型呢？深受儒学熏陶的中国农民能否自觉走上现代化道路，能否自己培育自己的现代性呢？康德指出："公众要启蒙自己却是很可能的，只要允许他们自由，这还确实是无可避免的。"③ 马克思恩格斯也指出："历史活动是群众的事业"，决定历史发展的是"行动着的群众"。④ 因此，农民也能自我启蒙，也能创造自己的历史，也是启蒙主体。儒学对农村社会现代转型和农民现代性培

　　① ［德］马克斯·韦伯：《儒教与道教》，商务印书馆1995年版，第7页。

　　② ［美］列文森：《儒教中国及其现代命运》，郑大华、任菁议，中国社会科学出版社2000年版，第68—70页。

　　③ ［德］康德：《历史理性批判文集》，何兆武译，商务印书馆1990年版，第24页。

　　④ 《马克思恩格斯文集》第1卷，人民出版社2009年版，第287页。

育的支持，通过将为学、为政、作工、求利、改命、变通、出游等观念，转化为制度、技术、行为和生活方式，采用从教、经商、从政、办厂、参军、供粮、缴税、让利、出让土地、进城务工等投身革命和改革的方式，向城市社会和工商企事业单位源源不断地输出人才、资金和土地等资源，实现自身价值乃至身份转换，推动农村社会的现代化转型。在近现代中国，典型体现农民自我启蒙和向城市社会转型的，除了被毛泽东称为先进中国人的洪秀全、严复和孙中山之外，还有梁启超、毛泽东与邓小平等。毛泽东讲的"农村包围城市"和"进京赶考"，具有从农村走向城市和发扬民主的现代意义。他发动人民搞持久战，尊重农民的创造搞游击战，抗击日本法西斯主义，表明参与人数上农民居多以及由儒家家国情怀和卫土观念等支撑的中国式革命道路能够战胜西方的帝国主义。[1] 同时表明真正的儒家有别于武士道精神，绝不同于军国主义。解放战争的胜利，显示出毛泽东真正把握住了儒家保家卫国、关爱民生和取信于民的精义。邓小平领导的改革开放，也离不开由儒家"思变"和"天下"等观念支持的中国农民的参与，他推行家庭联产承包制和发展乡镇企业尊重了农民的首创精神。他认为社会主义也可以搞市场经济，社会主义的最终目的是实现共同富裕，且把深圳等地列为经济特区，走出了一条中国特色的建设道路，也从思想和制度上解放了农民，使得有余力和空闲的、力图脱贫致富的农民可以脱离乡村生活的传统，融入城市社会，拥抱商业文明和工业文明。

## 三　后现代性的视界

后现代性的视界是反思和重写现代化与现代性的视界，也是回向传统文化和反哺农村社会的视界。针对后现代的思想状况，李泽厚在与刘绪源的对话中指出，自黑格尔以后，起于笛卡儿的思辨的理性哲学碰到了费尔巴哈到卡尔·马克思、杜威以及尼采、海德格尔、福柯和德里达等后现代哲学的挑战。福柯和德里达等的后现代主义的特点是反理性、反本质、反整体、反对宏大叙事、强调摧毁一切和不确定性，一切都是现象，一切都是细节，都是碎片，都是多元的、相对的、表层的、模糊的、杂乱的，并

---

① 刘小枫：《游击队员与中国的现代性》，载刘小枫《儒教与民族国家》，华夏出版社 2007 年版，第 195—224 页。

无规律可循，也无须去寻。于是由理性到感性一般再到感性个体直到彻底的虚无。"没有什么过去未来，当下就是一切，没有什么绝对的东西，也没有什么本质、深度。海德格尔还追求基础的本体论，到德里达就什么也没有了，也就没有什么哲学可谈了。"①针对现代性遭受的被消解的命运，以及后现代的思想状况，李泽厚提出"情本体"的观念，主张该孔子代表的中国哲学登场出手了②。李泽厚的上述观点显得片面、简单甚至错误（李泽厚本人也这样说）。德里达在解构中发现新的中心，福柯继承了批判精神，哈贝马斯开出了交往理性，因此难以说西方哲学或理性主义走到了尽头；而且中国哲学讲求情理交融，以情代理不免流于偏失，也会否定启蒙运动的伟大成就。但李泽厚在某种意义上揭示了现代性的流动性，表明西方哲学已经显露出局限性。他回向儒学传统寻找情感，体现了在前期中国思想史研究中的预留，表明了曾被西学边缘化和博物馆化的儒学可以在后现代语境中重生复活。

卢风和许纪霖也从西学内部，揭示了启蒙与现代性的失误和缺陷。卢风讲："人类何至于身处今天这样的境地？因为人类太贪婪了。贪婪使人类愚蠢地认为'人就是上帝'，贪婪使人类不再对任何非人存在心存敬畏"，"人类何以会贪婪、强大到今天这样的程度？应该归因于资本主义文化的兴起和扩张"，"资本主义文化体现为个人主义、享乐主义、物质主义、消费主义、经济主义、科学主义和人类中心主义交织而成的信念体系"。③卢风的追问，揭示了康德主张鼓起每个人贪欲的启蒙观念引发的后果，揭示了启蒙的缺失和人类文明的癌变。他用马克思的共产主义思想，倡导人的"第二次提升"④。许纪霖也讲："现代性发展到今天，蜕变非常厉害，人性中的骄傲与贪婪空前膨胀、技术与理性的畸形发展、物质主义、享乐主义压倒一切、精神世界的衰落等等。"⑤他由此表明启蒙在批判现代性的意义上重启，重启的路向是朝15—17世纪的欧洲早期启蒙或早期现代性回归，也即向早期启蒙注重以宗教平衡人文和以利他平衡利己的道德传统回归。他依托早期启蒙的宗教和道德传统谋求启蒙的起死回

① 李泽厚、刘绪源：《该中国哲学登场了?》，上海译文出版社2011年版，第2—3页。
② 同上书，第5页。
③ 卢风：《启蒙之后·绪论》，湖南大学出版社2003年版，第2—3页。
④ 卢风：《启蒙之后》，湖南大学出版社2003年版，第407—411页。
⑤ 许纪霖：《启蒙的遗产与反思》，江苏人民出版社2010年版，第23页。

生，类似于张光芒的"传统思想是对中国近现代启蒙的启蒙"，反映了人类在社会转型时期总要回向传统寻找资源，使启蒙在重新理解传统和应对新危机中得到重生。他也曾利用哈贝马斯的现代性未完成和交往理性以及福柯的批判精神而论启蒙的重生，但他回向的主要是西学传统。他肯定了现代性的多样性，却把支持中国道路和中国崛起的儒家思想当作启蒙的挑战，主张中国隐忍地融入而不是去挑战西方主导下的普世文明①，这与姜义华主张反抗西方和强调现代性的中国书写形成了分别。

　　杜维明和陈来等当代新儒家学者，立足于儒学道统反思启蒙与现代性的失误和缺陷。作为"启蒙的反思"运动的发起者，杜维明在与黄万盛、卢风和范曾等的对话中表达了对启蒙与现代性的忧虑②。在他看来，启蒙对于摆脱教会控制、突破神学迷信、建立现代组织、推进凡俗化进程等发挥了重要作用，但也导致了西方中心主义、人类中心主义、工业中心主义、物质主义和宰制主义等问题，究其原因在于推崇工具理性、过于迷信科学、以知识代替智慧、放纵物欲、过度张扬自我等，这就造成天与人以及人与人的紧张关系。为此，他从儒学传统中发掘出赞天地之化育、天人合一、致良知、敬畏、寡欲、仁爱、中和等资源，主张平衡、利他、和谐。陈来以前现代的中国文化如何对现代化的西方文化作出创造性回应的名义回向儒学传统。他认为："中国社会的现实并不是什么儒家伦理化原则作为精神枷锁束缚人和社会的现代化，相反，拜金主义、功利主义、投机主义以及无掩饰的贪欲在社会弥漫，近年来已有愈演愈烈的趋势，青年一代在价值虚无的气氛中无所适从。"③ 他为此反对彻底打破儒家的价值理性，并从孔子、宋明儒和现代新儒家学者那里发掘出求诸己、和同、礼让、安分知足等资源。这些新儒家学者并非要消解启蒙与现代性，而是要予以补益或校正，以促进古今中西的和解与交融，也将前现代性创造性地转化为后现代性。值得指出的是，他们虽然利用梁漱溟消解西学与中学的大小传统的分别，但未像梁漱溟那样消解城市文明与乡村文明的大小传统

---

① 许纪霖：《启蒙如何起死回生》，北京大学出版社 2011 年版，第 402 页。

② 哈佛燕京学社主编：《启蒙的反思》，江苏教育出版社 2007 年版，第 1—104 页；杜维明、卢风：《现代性与物欲的释放：杜维明先生访谈录》，中国人民大学出版社 2009 年版，第 1—17 页；杜维明、范曾：《天与人：儒学走向世界前瞻》，北京大学出版社 2010 年版，第 1—42 页。

③ 陈来：《回向传统：儒学的哲思》，北京师范大学出版社 2011 年版，第 17 页。

的分别。

王治河和樊美筠代表了建设性后现代主义的反思启蒙与现代性的文化理路，理论来源主要是与杜威同承英国经验主义传统的怀特海的有机哲学（过程哲学）。他们指出怀特海等的过程哲学受到中国传统文化的影响，第二次启蒙（建设性的后现代启蒙）的希望在中国。[①] 在他们看来，现代性的"第一次启蒙（现代性的启蒙）"具有对自然的帝国主义态度、对他者的种族主义立场、对传统的虚无主义姿态、对科学的盲目崇拜、对理性的过分迷信、对自由的单向度阐释和对民主的均质化理解等局限。他们为此提供了敬畏大地、百年树人、和者生存、差异之美、互补并茂、仁者爱人、道义民主、厚道科学、深度自由、化成天下、为富需仁、活出生命等的应对方案。不管他们对"第一次启蒙"起点的选择以及由此形成的"第二次启蒙"的概念是否准确，就文化观念来说，他们用过程论表明了现代性的流动性，用和生论去克服现代性的局限性。他们利用海德格尔倡导的"诗意地栖居"，通于孔子的"一箪食，一瓢饮，在陋巷，人不堪其忧，回也不改其乐"；他们用梭罗的思想宣扬生态启蒙，恰同于霍尔姆斯·罗尔斯顿和雷切尔·卡森那样，在被边缘化的农村发现中心。他们认同科学、民主和自由等现代价值，同时主张用中学校正西方现代性的失误，表明中国之古也能够反启现代之西。更为显著的是，他们将儒学提倡的敬畏、仁爱、道义、节制、和乐等观念用到了有机农业（生态农业）的建立上，再度彰显出儒学与农业的亲密联系，表明回向传统农业能使人亲近自然、心灵宁静、生活充满诗意。应当指出的是，他们严厉地批判康德等，却忽略了康德赋予启蒙的寻找出路、尊重人、进步等内涵以及批判精神和可持续等属性不容置疑[②]。他们倡导的以小为美的后现代农业，对于中国发展生态农业值得借鉴，但却不能将其组织方式作为主导形式。

后现代的思想状况远比以上论述复杂，但都对现代性持批判态度，以流动的方式对待现代性的发展。一方面像德里达那样消解中心，在边缘处发现新的中心。另一方面像怀特海那样回向传统寻找整合资源，应对多中

---

　　① 　王治河、樊美筠：《第二次启蒙·序言》，北京大学出版社 2011 年版，第 17 页。

　　② 　［德］康德：《答复这个问题：什么是启蒙》，载康德《历史理性批判文集》，何兆武译，商务印书馆 1990 年版，第 23—32 页；［法］福柯：《何为启蒙》，载杜小真选编《福柯集》，上海远东出版社 1998 年版，第 528—534 页。

心造成的分化和断裂。那么，中国的后现代何时开始，中国的后现代性如何书写呢？王治河和樊美筠将五四运动时期作为中国现代性启蒙的起点，然而就施密特将尼采作为新启蒙的起点①，李泽厚将杜威、马克思和尼采作为后现代哲学的起点②，他又曾以杜威论述胡适、以马克思论述陈独秀、以尼采论述鲁迅而言③，五四运动又可作为中国后现代启蒙的起点。这种视界的交叉重叠，或可理解为五四新文化运动以及启蒙思想家本身的复杂性，但也可以加以鉴别。鲁迅高扬人的主体性，但批判的对象主要是封建礼教；胡适关怀国民教育，但杰出贡献是改造旧文学和旧道德；陈独秀宣传和捍卫马列主义，但主旨在于发动反帝反封建的革命。因此他们的文化属性显著呈现为现代性。在余英时所谓的五四思想世界的心灵社区中④，梁漱溟可算作建设性后现代主义的思想家。这是因为在他的令西方人焦虑不安的《东西文化及其哲学》中，梁漱溟不仅认同科学、民主和自由等价值观念⑤，而且把儒学和佛学当作了人类文化的未来路向。这种源自康有为《大同书》的文化观念，消解了西方中心主义和西方文化霸权，给予了中学与西学平等对话的地位和空间。这与陈来、杜维明和主张"该中国哲学登场出手"的李泽厚等的文化观念并无二致，也与王治河和樊美筠认为后现代启蒙的希望在中国异曲同工。他由此路向最终走向社会主义，也与卢风的"第二次提升"形成契合。此外，梁漱溟还主张化宗教为德性和音乐，这种源于《尚书》和《诗经》的文化观念，与陈明所谓的今天儒教问题的关键并不在于儒教过去是否宗教，而在于能否解决如文化认同、政治建构和身心安顿等关系到民族生命与生活的健康和安全问题⑥，与陈昭瑛所谓的先秦儒家的仁与乐是一种创造性的和谐关系，也与王治河和樊美筠不以宗教谈论儒学和怀特海等，呈现出某些共同性。

　　更为重要的是，在以城市化和工业化为中心的现代化潮流中，梁漱溟

---

　　①　［美］詹姆斯·施密特：《启蒙运动与现代性》，徐向东、卢华萍译，上海人民出版社2005年版，第25页。

　　②　李泽厚：《该中国哲学登场了？》，上海译文出版社2011年版，第3页。

　　③　李泽厚：《中国现代思想史论》，天津社会科学院出版社2004年版，第91、103、108页。

　　④　余英时：《现代危机与思想人物》，生活·读书·新知三联书店2005年版，第98页。

　　⑤　陈来：《回向传统：儒学的哲思》，北京师范大学出版社2011年版，第29—32页。

　　⑥　陈明主编：《儒教新论》，贵州人民出版社2010年版，第25页。

发现了工业发达、都市兴起之后的西方已开始赶快回过头来救济乡村救济农业①，于是他从北京的都市走进了中国的农村，并且把他的文化哲学运用到了乡村建设的理论构建和亲身实践上。他用这种理论构建和身体力行，克服了李泽厚和陈来等批判的价值虚无主义。他认为求诸外而不求诸内、注重征服自然和物的满足的西方文化路向终将走到尽头，不得不转入提倡求诸己而不求诸外、注重心的和同与精神安宁的中国文化的路向②。这一转向，亦有着反对物质主义和人类中心主义等的生态意义，而且农业、农村和农民关联的粮食安全问题，对于有着人口压力的中国来说原本就是重大的生态问题。他主张发展乡村教育事业，也与王治河和樊美筠的百年树人理念相契合。他的农村组织、教育、信贷、灌溉、卫生等方面的理论和实践，成为其后中国农村建设的理论和制度安排的重要来源。他批判进城后的毛泽东等忘掉了革命年代支持过他的农民和乡村③，又促成了中国共产党领导人和知识分子等对中国现代化的持续反思。由此可见，中国的后现代性已由梁漱溟开始书写，中国后现代性的丰富性和特殊性已在梁漱溟那里得以呈现。艾恺将梁漱溟称作"最后的儒家"，虽然得到了他本人的首肯，但是并不妥当。这是因为自梁漱溟开始④，涌现出一批在海内外和中国的城市或乡村，弘扬中华传统文化的现当代新儒家学者。同时涌现出一批关注发展中国家抑或专门关注中国的"三农"问题的学者，他们的智慧和声音促成了资金、技术、人才等要素向农村回流，促成了反哺农村社会的制度政策的出台和落实。

在许多关注发展中国家或中国的"三农"问题的国外学者中，舒尔茨可算是与梁漱溟一样去西方中心主义、去工业中心主义、去城市中心主义的建设性后现代主义的经济社会学家。这是因为在以西方、工业、城市为中心的现代化潮流中，作为发展经济学奠基人的舒尔茨，高度关注发展中国家的农业农民，他像梁漱溟一样在边缘处发现中心，并且以人力资本投资理论及其衍生出的改造传统农业的主张，影响了中国和世界。他批判

① 《梁漱溟全集》第 1 卷，山东人民出版社 2005 年版，第 609 页。

② 梁漱溟：《东西文化及其哲学》，商务印书馆 2010 年版，第 186—187 页。

③ [美] 艾恺：《最后的儒家》，王宗昱、冀建中译，江苏人民出版社 2011 年版，第 243 页。

④ 李泽厚曾先论熊十力而后论梁漱溟（《中国现代思想史论》，天津社会科学院出版社 2004 年版，第 263 页），本书从李泽厚的梁漱溟影响熊十力说。

以损害农业来实现工业化的国家行为，以及农业可以为穷国提供所需要的大部分人力资本和为工业提供无限劳动力的理论学说①，这同于梁漱溟对20世纪的中国以牺牲农业发展来换取工业发展的行为逻辑的批判。他主张用科技、教育、金融和组织等方式在农村内部培育提高农业经济效率的稳定力量，也与梁漱溟的乡村建设理路总体一致，当然在具体层面上不乏对美国农业模式的移植（例如规模化和市场化等）。作为舒尔茨的继承者和批判者，黄宗智把理论的关怀投向了中国人民，尤其是农村人民。他在前期的农村调研中发现，没有发展的增长是明清以来至少六个世纪中国农业变迁的主要形式②。在随后的调研中，他又发现新增劳动力递减、快速的城镇化和大规模的非农就业、食品消费结构变化等外部因素，使中国发生了农业劳动均值持续上升的隐性农业革命③。为此，黄宗智批判舒尔茨的传统农业农村劳动力不可能过剩等理论，主张利用市场需求动力，通过微型金融扶持在现行土地承包制度下的小家庭农场为基础的合作组织，实现农业发展和农村稳定。黄宗智主张利用小家庭农场避免两极分化和实现社会和谐，这一主张呈现出儒家社会主义特征，体现了向倚重家庭力量的儒家农业传统的某种回归。但"隐性农业革命"蕴含了对"没有发展的增长"的否定，一些农民失去和脱离土地或丧失劳动能力，使部分小家庭农场名存实亡甚至不复存在，使部分农民成为农业龙头企业的雇佣工人，这种现实也不容置疑。

温铁军是梁漱溟的继承者和新时期为农民代言的知识群体中的重要一员，他像梁漱溟一样解构西方中心主义、城市中心主义和工业中心主义的现代化。在他看来，西方人实现的城市化、工业化和福利主义主导下的现代化是长期殖民化的结果，是不可复制的。日本曾效仿西方走殖民道路，但不成功。墨西哥、巴西、印度等国家也效仿西方，虽然拥有了较高的市场化和城市化水平，但造成了巨大的收入差别、城乡差别和地区差别。④为此他宁愿选择以人为本、全面小康和统筹城乡，而不选择现代化。而在

---

①　[美] 西奥多·舒尔茨：《改造传统农业》，梁小民译，商务印书馆2006年版，第5、8页。

②　黄宗智：《长江三角洲小农家庭与乡村发展》，中华书局2006年版，第446页；黄宗智：《华北的小农经济与社会变迁》，中华书局2006年版，第410页。

③　黄宗智：《中国的隐性农业革命》，法律出版社2010年版，第1—2页。

④　温铁军：《解构现代化》，《管理世界》2005年第1期。

统筹城乡中，他选择了具有反哺性的新农村建设。在他看来，建设社会主义新农村，应该是追求科学发展观所要求的兼顾农民权益、农业可持续、农村治理的综合发展目标。[①]他认为，既然"看不见的手"导致的生产力诸要素从农村社会的净流出，无法维持农业经济领域的不衰败，那么就应当运用"看得见的手"促使土地、劳动力和资金要素向农村地区回流，从而体现政府主导和政府的善意。对于政府输送到农村的优惠被精英俘获的问题，他主张实行农口的大部制改革，发展综合性的农民合作经济组织体系，培育农民主体和实现政府善治。[②]正如他主张"善意""善治""反哺"和"惠农"，并且像黄宗智一样主张在保证现行土地制度不变的条件下发展以小家庭农场为基础的农业合作组织保证农业发展和农村稳定，温铁军的思想主张也呈现出儒家社会主义的特征。作为社会主义新农村建设的建言者，他把儒家的情感和理性与政府的行为、新型农业组织等结合了起来。但也要看到，温铁军批判西方的现代化和社会科学的态度过于严苛，西方的现代化和社会科学虽然不可复制，但可以借鉴，而且生于西方的马克思主义也属社会科学。除此之外，温铁军想要留住农民也有些一厢情愿，因为现代化趋势可以校正但长期不可逆，而且农民依然大批离开土地奔向城市[③]，他们认为这是他们的自由和权利，认为城里有他们的梦想和尊严。

值得注意的是，2004年是中共中央国务院开始连续出台关于"三农"问题一号文件的年份，这一年也被一些媒体和学者称为传统文化回归年[④]。这种耦合有着政治、经济、文化、外交等方面的复杂原因，但都汇同于十六大报告中提出的全面建设小康社会和实现中华民族的伟大复兴[⑤]。这需要文化政治的民族认同，也需要稳定的农村、高效的农业和富裕的农民。在多予、少取、放活的精神指导下，延续了几千年的农业税得以取消；在统筹城乡的经济社会发展的精神指导下，生产发展、生活宽裕、乡风文明、村容整洁、管理民主的社会主义新农村建设目标确立以

---

① 温铁军主编：《中国新农村建设报告·导论》，福建人民出版社2010年版，第3—4页。

② 语义通于《中国新农村建设报告》封底引用《尚书》的"皇天无亲，惟德是辅；民心无常，惟惠之怀"。

③ 朱启臻、赵晨鸣主编：《农民为什么离开土地》，人民日报出版社2011年版。

④ 甘阳：《通三统》，生活·读书·新知三联书店2007年版，第6页。

⑤ 《江泽民文选》第3卷，人民出版社2006年版，第529、542页。

来。政府主导下的一系列反哺农村的，诸如农村电网改造、村村通公路、村村通电视、农田水利设施建设、小额贷款、科技下乡、大学生村官、种粮补贴、农村合作医疗等惠民工程的启动，使农业发展得以维系，农村面貌和农民生活得以改观，儒家惠民思想在中国特色社会主义的理论和实践中得到新的书写和有效实践。但也应当看到，十八大报告指出坚持社会主义市场经济的改革方向①，规避了重义轻利的道德主义以及解构现代化和提倡政府主导可能招致的对市场化和农业现代化的否定，保证了农村改革的现代化方向。2013 年的《关于加快发展现代农业进一步增强农村发展活力的若干意见》，肯定了专业大户、家庭农场、农民合作社等新型生产经营主体的地位，也表明中国后现代的农业生产经营是规模化、碎片化及其有机整合的多元统一。规模化的专业大户体现西学影响，碎片化的小家庭农场体现儒学传统，整合性的合作社体现社会主义的方向。也应看到，社会主义新农村建设作为一项反城市化的运动，虽留住了一部分农民经营土地，但仍然有大批农民离开土地走向城市，这表明中国的后现代化应走城乡一体化的发展道路。毕竟后现代不仅面向农业、农村和自然经济，也面向工业、城市和商品经济。

## 四 马克思主义的视界

马克思主义的视界是辩证唯物主义和历史唯物主义的视界，本书尤其指中国特色社会主义的城乡一体化发展的视界。关于儒学与马克思主义的关系，列文森曾讲："马克思主义者认为，古代经典是后来人深入研究精神世界的主题，但却不能像它们曾经所做的那样去统治精神世界本身。"②他把共产党人对孔子的批判作为论证唯物史观的依据和中国从古代到现代的里程碑，进而把儒学作为了往昔的墓碑。与列文森搁置儒学传统不同，李泽厚以马克思主义的视界，对儒学持批判的态度和转换性创造的立场。他认为儒学传统是已经积淀在人们的行为模式、思想方法、情感态度中的

①　胡锦涛：《坚定不移沿着中国特色社会主义道路前进，为全面建成小康社会而奋斗》，人民出版社 2012 年版，第 14 页。

②　[美] 列文森：《儒教中国及其现代命运》，郑大华、任菁译，中国社会科学出版社 2000 年版，第 332 页。

文化心理结构，是集好坏优劣于一身的活的现实存在，农业小生产的家族宗法制度是儒学生存延续的根本基石。① 为此，他主张对儒学传统作社会体制结构方面的转换性创造，将中国固有的重民思想与民主法制相结合，实现社会主义的民主和自由；作文化心理方面的转换性创造，将儒学的关心国事民瘼和以天下为己任的传统与遵守法律的作合格公民的社会要求相结合，刷新民族心灵。李泽厚的批判和转换创造的态度，与同时期的邢贲思启蒙视域下的批判和利用的主张基本一致②，代表了改革开放以来中国学界对待儒学的基本立场。但李泽厚留下两个问题：首先，儒学的哪些要素能转换性创造，这在他的中国思想史论中虽有呈现，但仍有不足（见下文）；其次，儒学的转换性创造究竟朝向自身，还是马克思主义中国化，这种分野在随后的中国学术中体现了出来。

陈来和干春松等代表了儒学体系内的创新路向。他们在肯定马克思主义主导地位的基础上，秉持同情说和参与说，这就保持了儒学的相对独立性和时代适应性，又与否定或取代马克思主义的思想观念分别了开来。但由于儒学属于传统，他们又回归传统，总不免招致西学和马克思主义者的反传统化、反托古改制、反返本开新等的批评和质疑，形成一些主张断裂和决裂的声音。学界也呈现出将儒学朝马克思主义中国化滤透的路向，形成将儒学与马克思主义相结合、相补充、相融合、相贯通等的声音。例如李建勇认为中国传统文化对马克思主义中国化有发展价值③，李杰认为儒学中尚变、民本和大同等思想有利于马克思主义中国化④，许全兴主张把马克思主义与中国哲学相结合⑤，郭沂认为马克思主义的国家意识形态与儒学的民族主体价值相辅相成⑥，张文儒认为中国传统哲学与马克思主义

---

① 李泽厚：《中国现代思想史论》，天津社会科学院出版社 2004 年版，第 37—38 页。

② 邢贲思：《哲学和启蒙》，人民出版社 1980 年版，第 142—143 页。

③ 李建勇：《中国传统文化在马克思主义中国化中的三种价值》，《黑龙江社会科学》2007 年第 1 期。

④ 李杰：《儒学中的合理思想有利于马克思主义中国化》，《边疆经济与文化》2008 年第 6 期。

⑤ 许全兴：《马克思主义与中国哲学相结合的思考》，《南京大学学报》（哲学人文社会科学版）2006 年第 3 期。

⑥ 郭沂：《国家意识形态与民族主体价值的相辅相成——全球化时代马克思主义与儒学关系的再思考》，《哲学动态》2007 年第 3 期。

相吻合和相补充①，黎红雷主张实现马克思主义哲学、中国传统哲学与西方哲学的汇通与融合②，甘阳认为孔夫子的传统与毛泽东的传统和邓小平的传统是同一个中国历史文明连续统③。此类思想主张，对于马克思主义中国化，使马克思主义哲学具有中国内容、中国作风和中国气派，都有推促作用。但将马克思主义作为与中国传统文化、西方文化并列的文化形态而讲互补融合的主张，就呈现出了弱化马克思主义指导思想地位的倾向，与中国现当代哲学发展的总体趋向不符。这也正是陈学明、黄力之和吴新文在《中国为什么还需要马克思主义》中发出的警醒，他们对儒学也持批判和利用的态度④。

关于儒学与马克思主义关系的观点学说复杂多样，但都可以归结为儒学体系与马克思主义理论体系的交互关系。当代新儒家学者的同情说略显沉郁，参与说的取向性有所游移。应当说，相对独立的儒学系统支持了中国化马克思主义更为合理，这由改革开放以来儒学支持中国特色社会主义反对西化和反对移植西学，强调文化政治的民族认同和自主创新的事实可作证明。儒学与马克思主义的结合说和贯通说都符合中国国情，说明马克思主义中国化需要利用儒学传统，但还需要强调批判和创新的问题。因此儒学与中国化马克思主义的贯通具有滤透性，中国特色社会主义理论中的和谐思想、以人为本、全面建设小康社会等，都可以从儒学的和乐、民本、小康和大同等思想中找到文化根基，习近平的"中国梦"也与梁启超的"中国魂"⑤有着内在联系。但无论是上述学者的同情说和参与说，还是结合说、融合说和贯通说，都未深入到工农城乡关系的领域。而工农和城乡关系问题不仅是马克思主义经典作家的重要论域，也是当前中国最突出的问题之一。那么，儒学何为？学者们所谓的利用、结合和贯通又如何谈起？是否仅限于从和谐、大同以及"中国梦"和"中国魂"所共同

①　张文儒：《马克思主义哲学与中国传统文化关系的几点断想》，《新视野》2000 年第 4 期。

②　黎红雷：《汇通与融合——马克思主义哲学、中国传统哲学与西方哲学的互动》，《哲学动态》2006 年第 5 期。

③　甘阳：《通三统》，生活·读书·新知三联书店 2007 年版，第 46 页。

④　陈学明、黄立之、吴新文：《中国为什么还需要马克思主义——答关于马克思主义的十大疑问》，天津人民出版社 2013 年版，第 213—224 页。

⑤　梁启超：《中国魂安在乎》，《清议报》第 33 册，1899 年 12 月 23 日。

蕴含的爱国和兴邦的意义上，谈论儒学对中国特色社会主义的滤透和支持，进而考察统合工农和城乡问题呢？问题的解决还需从李泽厚和甘阳等的学术研究谈起。

应当肯定的是，近代儒家学者论述大同思想的莫过于康有为，他前期思想的逻辑发展和理论归宿就在于大同理想的构建。他的《大同书》摄取了古今中外的思想文化，也关涉家国、上下、男女、城乡和工农等一系列矛盾关系的解决。然而对康有为及其《大同书》，包括当代新儒家在内的中国学者或未关注，或有关注的缺失。例如陈来的面向归传统关注的是先秦儒学、宋明儒学和现代新儒家，赵汀阳的天下体系主要利用的是先秦和宋明儒学。他们都缺失了对近代康谭梁及其大同思想的利用，而且着力点在于古今中西而非工农城乡。李泽厚和林启彦虽关注了康有为及其《大同书》，但重点在于爱国、民主、平等。① 甘阳提到康有为的《大同书》，但只是作为挺拔中国文明主体性的通统论的题引②，且未能以康有为的平等和大同等思想为中介，打通孔夫子、毛泽东和邓小平的传统。干春松也曾关注康有为的《大同书》，但兴趣也在于世界秩序的重建③。可以说，上述学者对古今中西、民主平等和世界体系问题的论述，对中国的政治和文化建设等都有重大意义，但缺失了对中国当前日益凸显的工农和城乡矛盾的关注。除此之外，姜义华虽然关注城乡问题，但选择了城市化；曹锦清虽然关注城乡问题，但游移于合作社与工商业化之间④，他随后与戴志康、华民、陈学明和吴新文等选择了工业化和城市化的解决方案⑤；温铁军等则沿着梁漱溟的理路，选择了合作社和社会主义新农村建设的方案。这两种路向偏执于城乡两端，未能像康有为主张的通同那样，形成城乡一体化的解决方案。

按照康有为自己的陈述，他是在西方殖民入侵造成的城市破坏和乡村凋敝的情景下创作的《大同书》。他游走于中外和城乡之间，深感民生疾

---

① 李泽厚：《中国近代思想史论》，天津社会科学院出版社 2008 年版，第 126—148 页；林启彦：《中国近代启蒙思想研究》，百花洲文艺出版社 2008 年版，第 44—51 页。

② 甘阳：《通三统·自序》，生活·读书·新知三联书店 2007 年版，第 3—6 页。

③ 干春松：《重回王道——儒家与世界秩序》，华东师范大学出版社 2012 年版，第 78—88 页。

④ 曹锦清：《黄河边上的中国》，上海文艺出版社 2000 年版，第 766、768 页。

⑤ 戴志康：《长江边上的中国·序》，学林出版社 2003 年版，第 3、7 页。

苦，归其缘由在于有国界、级界、种界、形界、家界、产界、乱界、类界和苦界，于是主张去除一切界限而成就大同理想。对于康有为的去界思想，当今学界或论及农工而少及城乡。然如康有为所言："大同之世，铁道横织于地面，气球飞舞于天空，故山水齐等，险易同科，无乡邑之殊，无僻闹之异，所谓大同，所谓太平也。……如农工商之所在则不择地，无所不届也。"[①] 他的全地通同之论，已是要破除城乡之界，使农工商遍及城乡各地。既然各界破除，矛盾便可消除，世界便进入和合太平。男女老幼抑或农工商等便可成为自由的天民，老有所养、幼有所教、壮有所劳，公有天下之生业，共享文明之成果，于是历史便进入大同之世，随后向仙学佛学乃至天游之学发展。康有为基于前期的《孔子改制考》和《新学伪经考》等构建的大同思想，以去界、通同、平等、公业、爱国、和合、大同等统合了儒学现代性和后现代性的资源。又由于有黄遵宪、谭嗣同、梁启超、唐才常、陈虬、樊锥等的响应以及孙中山等的吸收，近代蔚然成风的大同学说，影响了五四新文化运动时期的无政府主义、新村运动和工读运动等，对中国共产党人的思想理论建设也产生重大影响。

李大钊也以去界精神，号召知识分子和青年到农村去安身立命和宣传真理，与劳工阶级打成一片。他讲："要想把现代的新文明，从根底输入到社会里面，非把知识阶级与劳工阶级打成一气不可"，"在都市里漂泊的青年朋友呵！……你们为何不赶紧收拾行装，清结旅债，还归你们的乡土？……都去作开发农村、改善农民生活的事业，一面劳作，一面和劳作的伴侣在笑谈间商量人生向上的道理"[②]。毛泽东作为李大钊思想的继承者，也从城市回到农村调查研究，并且发动农民投身革命。农村包围城市、武装夺取城市与知识青年上山下乡，也是移动于城乡之间。而城乡二元体制的设界，则源于经过百年浩劫后的中国城市工商业无力吸纳大量农民，这种功能只能部分性地交由社队企业。邓小平时代的市场化运动打破了城乡二元体制，改革开放使国界、家界、产界和城乡界限等都有破除。江泽民时代以开放促改革和加快城镇化进程，进一步破除了城乡界限，促进了农村劳动力向城市转移。胡锦涛时代的全面建设小康社会、构建社会主义和谐社会、统筹城乡社会和实现城乡一体化发展，促进了生产力要素

---

① 康有为：《大同书》，上海古籍出版社 2005 年版，第 248 页。
② 《李大钊全集》第 2 卷，人民出版社 2006 年版，第 304、307 页。

向农村回流。由此可见，儒家去界、通同、和合等的大同话语，创造性地转化为中国特色社会主义的话语体系，并且在全面建成小康社会的过程中得到实践。李泽厚将康有为的大同理想视作空想①，源于他未预见到中国后来的发展状况。

在新世纪研究中国城乡一体化问题的学者中，王景新、李长江和曹荣庆等把马克思恩格斯的城乡融合理论和霍华德的田园城市理论等，作为城乡一体化发展的理论渊源。② 徐同文另把沙里宁的有机疏散理论、赖特的广亩城理论、芒福德的城乡发展观、岸根卓郎的城乡融合理论、麦基的亚洲城乡一体化发展模式等，作为城乡一体化的基本理论。③ 钱方明另把普雷维什的中心—外围理论、缪尔达尔的地理上的二元结构理论、刘易斯的二元结构理论，作为城乡一体化的经典思想。④ 上述学者在针对中国城乡问题的研究中发现了西学和马克思主义，唯独缺少了对中学传统的发掘，也未审视中国人对西学和马克思主义的城乡理论的理解、接受、创新和运用等问题。也应看到，马克思恩格斯的城乡融合理论、霍华德的田园城市理论、沙里宁的有机疏散理论、赖特的广亩城理论、芒福德的城乡发展观、普雷维什的中心—外围理论、缪尔达尔和刘易斯的二元结构理论，都不同程度地呈现出城市中心主义，有些也呈现出工商业中心主义的特征，蕴含着城市和工商业向农村过渡扩张和移植的趋势，势必挤压农业和农民的生存空间，摧毁农村以及传统文化的存在根基，剥夺多元生活空间和生活方式的存在权利。岸根卓郎注意到了城乡优势的结合，但他的理论对城市化和农业现代化的要求较高。麦基注意到了中国长三角和珠三角的城乡融合，但该地区的城镇化，既非中国城乡一体化发展的唯一形式，也存在以城市和工商业为中心的某些局限。

应当说，康有为会通中西且独立于马克思恩格斯之外构建的，以去界、通同、平等、和合等为内容的大同理想，是中国人理解西方的城乡理论并进行自主创新的文化心理结构或理解的前结构。作为具有儒家共产主

---

① 李泽厚：《中国近代思想史论》，天津社会科学院出版社 2008 年版，第 126 页。

② 王景新、李长江、曹荣庆等：《明日中国：走向城乡一体化》，中国经济出版社 2005 年版，第 1—3 页。

③ 徐同文：《城乡一体化体制对策研究》，人民出版社 2011 年版，第 9—14 页。

④ 统筹城乡发展研究课题组：《统筹城乡发展报告（2012）》，经济科学出版社 2013 年版，第 2—6 页。

义性质的话语体系和本土文化根基，它接引了从五四运动至毛泽东时代中国共产党人的城乡建设理论，进而以创造性转化的方式进入中国特色社会主义的理论和实践中，支持中国的城乡一体化发展。十七届三中全会《决定》指出的"着力破除城乡二元结构，形成城乡经济社会一体化新格局"，2010 年"中央一号文件"提出的"把统筹城乡发展作为全面建设小康社会的根本要求"和"协调推进工业化、城镇化和农业现代化，努力形成城乡经济社会发展的一体化新格局"，付崇兰和董黎明将其解读为建设和谐社会和消除城乡对立①，说明其精神实质贯通于康有为主张的去界致合。而且康有为去国界而存国、去家界而存家、去形界而存形的开放融通又反同质化的理路，亦适用于城乡关系的处理。他所谓的"无乡邑之殊，无僻闹之异"，目的不在于以城灭乡或以工灭农，而是要以贯通方式实现城乡的整体、协调、平等和共同发展，这与十七届三中全会的《决定》、2010 年的"中央一号文件"以及十八大报告的精神亦相吻合。因此，中国的城乡一体化发展，应当建立城市、城镇和农村三位一体的开放格局。将城镇作为贯通城乡的中介，这合乎中道。要继续发挥农村的农业生产和社会稳定功能，这体现敬畏和民生。工商企业可以向农村适度移植，但不得以威胁农业生产和农村生态环境为代价，这体现天人合一。

中国城乡一体化发展面临的最突出问题，是城乡二元格局被打破后广大农民的安身立命或身心安顿问题。这也类似于康有为在《大同书》中提出的"公生业"和"去苦致乐"等问题。他与前后的洪秀全、孙中山和毛泽东等提出的公地制度，源于对中国历史上以及西方资本主义争地而引发的封建割据、殖民入侵、战乱频发、民不聊生等问题的深刻反思。因此当前的城乡一体化发展，应搁置土地私有之议，维持现行的土地制度不变，依法维护农民的土地权益，对闲置土地依法有偿流转，对于违法占地、开而不发、征而不补的依法处理。也应看到，康有为的大同理想，最终目的是要使人安居乐业，成为自由从事农工商等职业的天民，过有养、有教、有劳、有保障的快乐幸福生活，此目标与全面建成小康社会和实现城乡一体化发展的目标相通。为此要加快户籍、就业、医疗、养老、教育、文化等项制度的改革，合理有序地引导农村富余劳动力进入城市城

---

① 王伟光主编：《中国城乡一体化：理论研究与规划建设调研报告》，社会科学文献出版社2010 年版，第 41—42、54—55 页。

镇，使其公平地享有安居乐业的机会和各项公共服务。要加快推进农业现代化进程，进一步完善农村基础设施建设和各项惠农政策，培育具有职业技能的职业农民和兼职农民，发展生态农业、观光农业、休闲农业和养生农业，提高农业生产效益和农民收入水平。也要全面改善农村的生产生活条件，提高农村的公共服务水平，发掘农村优秀的传统文化，利用各种途径向农村传播先进文化，使农村居民享受安居乐业的幸福生活。

# 五　结束语

南怀瑾曾有过一个著名的比喻：儒家是粮店，道家是药店，佛家是杂货店。人们通常将粮店理解为精神食粮，忽视了儒家的物质性方面，或者说忽视了儒家与农业、农村、农民存在着天然联系。儒家从根底上关系着中国人的食粮安全，相比较道家的"药"和佛家的"杂货"来说，食粮一日三餐皆要用到，能使人安身立命，因而更为根本。既然儒家是粮店，农村和城市都需要，而且儒学与中国农村社会互为表里和相互纠缠，因此为中国人提供食粮与多元生活空间和生活方式的农村社会就只能被改造，而不能被消灭。儒学也只能被批判和创造性地转化利用，而不能被打倒。至于如何创造性地转化利用，问题的关键不在于儒学是否是宗教，这是因为儒学原本就是世俗性的学问，而在于对儒学要素进行甄别。透过前现代性、现代性、后现代性和马克思主义视界的分析，可以发现，儒学的敬天、怀土、追远、亲仁、顺命、勤俭、和乐等聚合性要素维护了中国农村社会的长期稳定；儒学的改命、变通、为学、为政、作工、谋利、出游等离散性要素参与了中国农村社会朝向城市化和工业化等的现代转型；儒学的敬畏、仁义、惠民、反哺、互补、怀乡、和乐等回向性要素支持了社会主义新农村建设；儒学的去界、通同、平等、公业、爱国、和合、大同等统合性要素支持了城乡一体化发展。儒学和农村社会都具有开放性和流动性的特征，中国农村社会的内外开放和流动变迁，在文化上体现了儒学自身的张力和活力，体现了儒学与西学的互动和交流，体现了儒学对中国特色社会主义的滤透和支持。儒学与农村社会作为为中国人提供食粮和家园的不可割舍的两个传统，需要在开放和流变中保持稳定和发展。

# 第 二 章

# 佛教与中国农村社会的变迁

当前中国佛教理论的研究，少有人像梁漱溟那样将慈悲深切地投向中国农村社会。然而，佛教文化是中国文化的重要组成部分，中国目前主体上仍然是农村中国和农民中国。对于城乡差别依然存在、农民生活仍有困苦的乡土中国来说，佛家去苦至乐的根本关怀仍旧不可或缺。本章试图运用文化社会学的方法与流动性的文化观念，从中国佛教文化中具有目的论性质的净土观念出发，管窥中国佛教理论变迁与中国农村社会变迁的关联性，探讨中国佛教文化如何适应和支持中国农村社会的现代转型。基于净土观念考察中国佛教理论与中国农村社会变迁的关联性，既能从目的论和现实针对性上体现佛教理论的人文与社会关怀，亦可丰富宗教社会学和宗教史研究的理论视界。

## 一 佛国净土与人间秽土

牟宗三在比较儒与佛道耶教时曾讲："在道德的理想主义看来，自然生命或情欲生命只是生命的负面，在正面的精神生命之下，而与动物的生命落在同一层次。老子说：'何谓贵大患若身？吾所以有大患者，为吾有身；及吾无身，吾有何患？'（《道德经·第十三章》）所谓'有身'的大患，便是植根于自然生命的情欲。耶教所谓的原罪、撒旦，佛教所说的业识、无明，均由此出。佛道二家都很重视生命的负面。在他们的心目中，人的生命恒在精神与自然的交引矛盾之中，因此如要做'正德'的修养功夫，必先冲破肉体的樊篱，斫断一切欲锁情枷，然后稍稍可免有身的大患，把精神从躯体解放出来，得以上提一层。可见释、道两家的正德功夫是谈何容易!"① 他认为佛道耶教对于人生的态度采取了负的方法,因此正德功夫较难。儒学则采取了正的方法,因此正德功夫较易。

牟宗三所谓负的方法,也就是否定的方法。正如舍尔巴茨基在论述佛教逻辑时所讲:"否定被从逻辑方面和本体论方面加以考察。它既是空无的空间所处的现在(当下存在);也是对它认识的事实本身。"② 否定既是佛教运用的逻辑方法,也是佛教对待人生社会的基本态度。如作为佛教基本教义的四谛说,就是以苦而非乐来论述人生的。苦谛表明生命是无常的,痛苦是生命的基本相状,这是对人生的第一次否定;集谛表明痛苦源于人的无明和爱欲,因而在六道轮回中流转,永无了期;灭谛表明人要摆脱痛苦,就必须斩断无明和爱欲,从而进入到涅槃的境地,这是对人生的第二次否定。通过这两次否定,或说是否定之否定,最终导出了去苦至乐的肯定结果。由此可见,佛教运用负的或否定的方法,是以修成正果的肯定作为最终归宿。而补充和完善灭谛的道谛,则以八正道作为修行的路径和法门。四谛说讲求以八正道修成正果,表明佛教中也采用正的和肯定的方法,并非全然是负的或否定的方法。

佛教的正负相间以及化否定为肯定的方法和态度,在社会问题上亦有运用。佛教理论认为,众生世间是深受各种欲望支配和煎熬的痛苦的欲界,人要摆脱在六道轮回中的无尽痛苦,就必须按八正道的法门修养功德,往升至断绝粗俗欲望的清静无碍的色界,再进一步往升至无欲、无形和无物的无色界。大乘佛教如净土宗、华严宗和密宗等又在此三界基础上另设了佛国净土,将佛居住的世界称为"净国""净土""净刹"或"净界",与众生居住的"欲界""秽土"或"秽国"相对,认为佛国净土庄严奇妙、尽善尽美,其中没有任何痛苦,可以享受无限的欢乐。如净土宗经典《无量寿经》讲:"衣服饮食,花香璎珞,缯盖幢幡,微妙音声,所居舍宅,宫殿楼阁,称其形色高下大小,或一宝二宝,乃至无量众宝,随意所欲,应念即至。"③ 佛教理论由此对人世间的秽土的否定,走向了对佛国净土的肯定;由对物质、情欲和形体的否定,走向了物质、情欲和形

① 牟宗三:《中国哲学的特质》,上海古籍出版社 2008 年版,第 10 页。

② [俄] 舍尔巴茨基:《佛教逻辑》,宋立道、舒晓炜译,商务印书馆 1997 年版,第 423 页。

③ 王党辉注译:《阿弥陀经·无量寿经·观无量寿经》,中州古籍出版社 2010 年版,第 123 页。

体的再度肯定。净土宗还提出了专念阿弥陀佛，即死后往升西方极乐净土的观念。由此可见，佛教也有简易功夫，并非全如牟宗三所说"谈何容易"。

牟宗三所说的"谈何容易"应当作这样的理解，即普通人成佛难。首先，人都有七情六欲，要斫断一切欲锁情枷，冲破肉体樊篱，去家向佛舍身求果，这对普通人来说非常难；其次，小乘佛教认为只有释迦牟尼才是佛，普通人即使积德行善，最终只能修成阿罗汉果位，仍与佛之间存在距离和鸿沟，因此成佛难；再次，净土宗认为专心念佛便可往升佛国净土，但只是在来世。由此佛家在现世的痛苦与现世的欢乐之间设置了鸿沟和界限，因此现世成佛难；最后，相对于儒家的"一箪食，一瓢饮，在陋巷，人不堪其忧，回也不改其乐"（《论语·雍也》）的以苦为乐来说，佛家的去苦至乐和逐层提升要复杂和艰难得多。上述艰难无疑是佛教理论的缺陷，佛家在作为秽土的人间与作为净土的佛国之间设置了鸿沟和界限，认为凡夫下人难以逾越鸿沟到达彼岸，这就造成了天国与人间的对立和紧张，显示出佛教理论有需改进的方面。但也应看到，儒家在主张为学的同时，也以"唯上知与下愚不移"（《论语·阳货》），在普通民众成圣的道路上设置了鸿沟和界限，跨越这种鸿沟界限的艰难也是儒家的缺陷和需改进的方面。

普通民众成佛成圣难，正是古代农民地位低下而且身份转换难的真实反映。马克思指出："宗教里的苦难既是现实苦难的表现，又是对这种现实苦难的抗议。宗教是被压迫生灵的叹息，是无情世界的心境，正像它是无精神活力的制度的精神一样。"[1] 方立天也讲："六欲天虽有地居、空居的差别，但都有固定的国土世界，也都有王臣父子一类的社会等级形态"，"地狱和净土都远离人间，但实际上又是人间社会内在分裂的反映。随着阶级的产生，世俗社会日益分裂成为两种对立的世界，一是被剥削被压迫者的人间地狱，一是剥削、压迫者的人间天堂。佛教的地狱、净土的说教，正是这种现实的地狱、天堂的折射"。[2] 在传统农耕社会，农民地位低下，翻身困难，只得忍受现实苦难，把期望寄予虚幻的来生。马克思为此指出："真理的彼岸世界消逝以后，历史的任务就是确立此岸世界的

---

[1] 《马克思恩格斯选集》第 1 卷，人民出版社 1995 年版，第 2 页。

[2] 方立天：《佛教哲学》，长春出版社 2006 年版，第 110、114 页。

真理。"① 方立天也明确指出："十分清楚,地狱应当在人间消灭,天堂应当在人间建立。"② 这意味着宗教要回应民众的疾苦,就必须面向此岸(即人间)进行改革。

苦乐净秽的分别在反映现实中阶级差别的同时,也反映现实中的城乡差别。方立天所谓的"地居、空居的差别""王臣父子一类的社会等级形态",现实中又表现为城乡差别以及城市对于乡村的优越地位。这是因为王公权贵往往居住在城市,普通民众大多居住在农村。马克思和恩格斯也曾指出:"物质劳动和精神劳动的最大的一次分工,就是城市和乡村的分离……随着城市的出现,必然要有行政机关、警察、赋税等等,一句话,必然要有公共的政治机构,从而也就必然要有一般政治……城市已经表明了人口、生产工具、资本、享受和需求的集中这个事实。"③ 住在城市里的王公权贵从事高雅的精神生产,过着相对优越的生活。住在农村的农民从事粗重的物质生产,过着相对艰苦的生活。农民很难逾越城乡之间的鸿沟与界限,实现身份的转换。佛教原有的等级制的理论形态,恰反映了并且服务于这种差别。突破城乡之间及其蕴含的人的生产生活方式的界限差别,也是佛教理论需要改进的方面。

## 二　心净土净与凡夫即佛

上述佛教理论的缺陷以及农民地位提升和身份转换难的状况,在中唐至明代中叶发生了明显改变。陈来讲:"从整个中国文化的发展和学术潮流的演变来看,中唐的中国文化出现了三件大事,即新禅宗的盛行、新文学运动(即古文运动)的开展,与新儒家的兴起。宗教的、文学的、思想的新运动的出现,共同推动了中国文化的发展。三者的发展持续到北宋,并形成了主导宋以后文化的主要形态,也是这一时期知识阶层的精神表现","禅宗、古文运动和新儒家所代表的宗教的改革、古文的复兴、古典思想的重构,表示这确实是一个与新的时代相符合的文化运动,它在许多方面与欧洲近代的宗教改革与文艺复兴有类似的特点。它虽然不是以

---

① 《马克思恩格斯选集》第 1 卷,人民出版社 1995 年版,第 2 页。
② 方立天:《佛教哲学》,长春出版社 2006 年版,第 114 页。
③ 《马克思恩格斯选集》第 1 卷,人民出版社 1995 年版,第 104 页。

工业文明和近代科学为基础的近代化体现，但可以认为是摆脱了类似西方中世纪精神的一个进步，我们可以把它称为'近世化'"，"这个近世化文化形态可以认为是中世纪精神与近代工业文明的一个中间形态，其基本精神是突出世俗化、合理性、平民性"。① 按照陈来的上述界定，近世化文化发端的一个显著标志就是禅宗代表的宗教改革。

禅宗之所以能代表中国的宗教改革，源于它开始克服原有佛教理论的缺陷，建立此岸的理论，把天堂建在人间。针对净土宗的西方净土观念，惠能批判道："随其心净，则佛土净。使君！东方人但心净无罪，西方人心不净有愆。迷人愿生东方、西者者，所在处并皆一种"，"法元在世间，于世出世间，勿离世间上，外求出世间"。② 惠能据此将净土由西方扩展到东方，由天国转向了人间和人心，人间的苦处化作了乐处，天与人的界限便被打破。针对禅宗旧的外染和渐悟观念，惠能批判道："心是菩提树，身是明镜台。明镜本清静，何处染尘埃"，"一切众生，自有迷心，外修觅佛，未悟本性，即是小根人。闻其顿教，不假外修，但于自心，令自本性常起正见，烦恼尘劳众生，当时尽悟"。③ 惠能由此确立了身心俱净和不为物染的思想观念，他认为人只要明心见性，便可顿悟成佛。这样，心物矛盾得以缓解，质变与飞跃被明确出来。针对小乘佛教凡夫不能成佛的思想观念，惠能批判道："人即有南北，佛性即无南北"，"前念迷即凡夫，后念悟即佛"，"若欲修行，在家亦得，不由在寺"。④ 惠能由此确立了众生平等和僧俗同修的思想观念，认为众生皆有佛性慧根，无论来自何地，也无论在家在寺修行，都可以了悟成佛。这样，空间和地域的界限便被打破，身与家的矛盾得以部分消解。惠能由此从理论上为普通民众成佛敞开了方便之门。

黑格尔曾用"黎明的曙光升起来""内心里完成的革命""一切外在性关系的瓦解""民众的书的出现"等评价欧洲的宗教改革，认为宗教改革的根本内容是"人类靠自己是注定要变成自由的"，宗教改革否认了教会的权威，促使农民要从农奴制度的羁轭下解放他们自己。⑤ 马克思也用

---

① 陈来：《宋明理学》，华东师范大学出版社 2004 年版，第 13—14 页。
② 郭鹏：《坛经校释》，中华书局 1983 年版，第 66、72 页。
③ 同上书，第 16、56 页。
④ 同上书，第 8、51、71 页。
⑤ ［德］黑格尔：《历史哲学》，王造时译，上海书店出版社 2006 年版，第 386—392 页。

"僧侣头脑中的革命"和"理论性的革命"评价路德的宗教改革，认为路德战胜了虔信造成的奴役制。[1] 恩格斯将英国的宗教改革评定为"还带有成见、还有点含糊的反抗中世纪的初次尝试"，认为只有宗教改革才引起了社会变革，把农奴变成了"自由的"劳动者。[2] 韦伯将宗教改革评定为"历史发展的必然性"[3]，认为新教伦理导出了资本主义精神。相比于西方的宗教改革，禅宗代表的中国的宗教改革也可用"黎明的曙光升起来""内心里完成的革命""一切外在性关系的瓦解""僧侣头脑中的革命""理论性的革命"和"历史发展的必然性"等予以评价。由惠能弟子记录而成的《坛经》，也可视作"民众的书的出现"。归结起来，中国的以禅宗为代表的宗教改革与西方的新教代表的宗教改革，相同之处就在于把天堂放到了人间和心间，佛或上帝所喻的幸福快乐就在于人心的自我发现。

　　然而中国禅宗代表的宗教改革与西方新教代表的宗教改革也存在明显差别，呈现出鲜明的中国特色。首先，在发生时间上，禅宗代表的宗教改革发端于公元 7 世纪，新教代表的宗教改革发端于公元 16 世纪，因此中国的宗教改革远早于西方的宗教改革，禅宗代表的宗教改革是在中国自主发生的新文化运动。其次，在针对对象上，西方新教代表的宗教改革与欧洲的文艺复兴一样，明确反对中世纪教会的腐朽统治。但惠能之前的中国却未必能说有似于西方的中世纪，即使汉代有董仲舒的神学和谶纬经学努力使儒学神学化，但这种努力最终并没有成功[4]；即使魏晋南北朝时期有佛道的滥觞和对政治的影响，但并未导致西方中世纪的教权高于王权的神权政治。可以说禅宗代表的宗教改革，主要表现为对原有佛教体系中等级制的消解。再次，从文化根基上，西方的宗教改革以古希腊哲学和教父哲学的自由意志和美德观念等作为基础，反对烦琐的经院哲学。禅宗代表的宗教改革则以先秦时期以来中国哲学的人性论和认识论等，如孟子的"尽心，知性，知天"和"人皆可以为尧舜"以及王弼"得意忘象，得象忘言"的简约功夫等为根基，用"不由文字"的方式反对以浩繁经卷对人成佛的阻隔。最后，在后期影响上，欧洲的宗教改革拉开了西方近代启

---

① 《马克思恩格斯选集》第 1 卷，人民出版社 1995 年版，第 10 页。

② 同上书，第 23 页。

③ ［德］马克斯·韦伯：《新教伦理与资本主义精神》，苏国勋、覃方明、秦明瑞译，社会科学文献出版社 2010 年版，第 55 页。

④ 牟钟鉴、张践：《中国宗教通史》，社会科学文献出版社 2003 年版，第 215—216 页。

蒙运动的帷幕，如韦伯所论导出了资本主义精神；禅宗代表的宗教改革则与儒道相兼导出了宋明理学，如陈来所言"不是以工业文明和近代科学为基础的近代化体现"。也正因为如此，长期以来有不少学者认为中国的禅宗代表的宗教改革是不成功的宗教改革。

禅宗代表的宗教改革是否成功是值得商榷的。首先，就理论贡献来说，禅宗代表的宗教改革与新教代表的宗教改革一样，已经标志着人的主体意识的觉醒，已经把天国转向人间和人类心灵，并开始缓解天与人、心与物、僧与俗等之间的矛盾；其次，就思想状况来说，狂禅滥觞以及"存天理灭人欲"和"心外无物"等观念的形成，固然有偏离理性、人性和自然的一面，但天国转向人间人心及其导致的世俗化、合理性和平民性却是近世化文化的总体情势，这种情势又通过中学西渐对欧洲的启蒙运动产生了积极影响；再次，就过渡环节来说，欧洲的宗教改革过渡到启蒙运动经历了曲折的过程，布鲁诺遭到加尔文教围攻并在罗马广场受刑就是新教的污点，是过渡过程曲折的典型表现。禅宗代表的宗教改革过渡到明清之际和近现代的中国启蒙运动，自然也要经历曲折过程；最后，就社会影响来说，被称为"獦獠"的农民思想家惠能成为宗师，对于农民转换身份无疑是巨大的暗示和鼓舞。科举制度与知识贤人制度的民主政治①（或称文人政治）的实行，无疑受到"凡夫即佛"等的导引，并且为农民通圣近佛或参与政治提供了现实路径。被李约瑟和丹皮尔等赞同的"四大发明"以及中医药等科技成果的涌现，正是以禅宗倡导的"发现本心"，以及受禅宗代表的宗教改革影响的宋明理学家倡导的"格物致知"等为理论根基，这些科技成果包含了中国农民和佛教徒的创造发明②。

还应看到，中唐至明中叶的中华文明仍在世界上保持着领先地位。城市快速发展，丝绸之路重启和郑和下西洋等，为农民脱离土地走向城市、工业和国内外贸易提供了便利，这里渗透着佛教追求自由、平等、幸福的精神以及利乐有情的功利主义和人本关怀的影响力。由此而论，禅宗代表的宗教改革应当作为成功的宗教改革，它是明清启蒙的前奏与接引明清之际以来中国启蒙的重要文化根基，促推了中国的民主化、城市化、工业化

---

① ［美］郝大维、安乐哲：《先贤的民主：杜威、孔子与中国民主之希望》，何刚强译，刘东校，江苏人民出版社2004年版，第98页。

② 马忠庚：《佛教与科学》，社会科学文献出版社2007年版，第311—345页。

和商业化进程。法国学者谢和耐为此指出，11 世纪开始中国人在有限而又可知的世界中再度成为人，他们对工艺、技术、博物学、数学、社会、政治等一切知识领域都进行了探索，实践唯理主义和自然主义哲学兴起。这种思想文化的深刻更新，与社会经济变化、富裕家庭数目增多、城市发展等不无关系，将 11—13 世纪的华夏世界与基督教世界略加比较便可确信欧洲大大落后了。① 然正如马克思在评价路德的宗教改革时所讲："他把人从外在的宗教笃诚解放出来，是因为他把宗教笃诚变成了人的内在世界。他把肉体从锁链中解放出来，是因为他给人的心灵套上了锁链。"② 也如恩格斯认为英国的宗教改革"还带有成见、还有点含糊"。禅宗代表的宗教改革作为一次思想革命还未发展成资本主义精神，心的发现主要服务于对佛圣的虔诚趋近，伦理教化远胜过对自然的科学分析，成佛抑或中举仍是封建体制下少数人的权利，农民或僧众虽带业修行但佛国净土仍难企及，这种科学与民主状况不利于继续维持华夏世界的高速发展，这是佛教文化和中国社会需要继续改进的方面。

## 三　人间佛教与庄严国土

从明末至清末，中国的资本主义经历了从萌芽到曲折发展的过程，佛教伦理导出了资本主义精神。梁启超曾借佛家观念论述清代思潮："佛说一切流转相，例分四期，曰：生、住、异、灭。思潮之流转也正然，例分四期：一、启蒙期（生），二、全盛期（住），三、蜕分期（异），四、衰落期（灭）。无论何国何时代之思潮，其发展变迁，多循斯轨。"③ 他把启蒙期作为破坏旧思潮和建设新思潮的历史时期，具体地把顾炎武、王夫之和黄宗羲等所处的历史时期作为启蒙期，这便是早期启蒙说或明清启蒙说的雏形。侯外庐承接和扩展了梁启超的启蒙期观念，把从王夫之到龚自珍的历史时期作为启蒙时期。他认为在王夫之、黄宗羲、顾炎武等人那里，体现出了追求民主、科学、进步、平等和功利主义的思想倾向，表现

---

① ［法］谢和耐：《中国社会史》，黄建华、黄迅余译，江苏人民出版社 2010 年版，第279、291 页。

② 《马克思恩格斯选集》第 1 卷，人民出版社 1995 年版，第 10 页。

③ 梁启超：《清代学术概论》，上海世纪出版集团 2005 年版，第 1—2 页。

出对资本主义世界的绝对要求。① 萧萐父与许苏民坚持和捍卫早期启蒙说，认为明清启蒙思潮的兴起是以古代文化的长期积累为背景的传统文化向现代转化的历史性起点，是中国传统文化在特定历史条件下的自我批判、自我发展和更新，因而传统与现代不是截然二分的，也不可用人为的断裂去割断它。② 他们将明清启蒙的起点上推至李贽那里，并认为明清启蒙学术接引了中国近代的启蒙学术。③ 这样，明末至清末的中国学术就在启蒙视域中联结成一体。

　　萧萐父和许苏民将明清启蒙的起点上推至李贽，既表明明清启蒙思潮的兴起以中国古代文化为内在根基，也隐含着佛学参与了明清启蒙，并且在与儒道耶教的碰撞中向近代转型。这是因为李贽出入于儒释道之间，曾经与利玛窦三度会见，他纠正了王阳明心学等的失误，还利用佛学反对封建主义。李贽讲："穿衣吃饭，即是人伦物理；除却穿衣吃饭，无伦物矣"（《焚书·答邓石阳》），"千万其心者，各遂其千万之欲"（《古道明灯录》）。这样，物理便是天然存在，心便是要求取物理，天理与人欲便消除了距离。李贽由此纠正了朱熹"存天理灭人欲"、王阳明的"心外无理""心外无物"以及佛道理论中的空无主义的缺陷。心物之间便由惠能的"物不染心"的初步和解，进化成"心物相接"的融合关系。这种回归欲界和肯定欲界的思想观念，透射出明清之际净土观念向人间的深度转移。李贽也讲："既成人也，又何佛不成，而更待他日乎"（《焚书·答周西岩书》），"尧舜与途人一，圣人与凡人一"（《古道明灯录》）。这样，李贽利用佛教的平等观念，从天赋能力和权利等方面破除封建等级。李贽还主张："以人本之治，人能自治，不待禁而止之也"，"善言即在乎迩言之中"（《古道明灯录》）。这样，李贽从佛教理论中开出了民主和自由精神，用以反对禁锢人的封建主义。李贽将上述有人伦物理、人能成佛、人能自治的世界视为娑婆世界，认为这种世界具有提升的空间。"谓娑婆世界即佛世界可也，谓佛世界不即此娑婆世界亦可也。"（《焚书·书决疑论前》）李贽由此触及启蒙与教育的层递性与开放性，为他的"各从所好""因性牖民""并育不害""不以孔子之是非为是非"等教育主张，提供

---

　　① 侯外庐：《中国早期启蒙思想史》，人民出版社1956年版，第27—30页。

　　② 萧萐父：《呼唤启蒙》，武汉大学出版社2007年版，第251页。

　　③ 萧萐父、许苏民：《明清启蒙学术流变》，辽宁教育出版社1995年版，第48、21页。

了佛教理论依据。

萧萐父和许苏民曾将李贽评为发挥出近代式个性自由解放学说的启蒙思想家，认为他对启蒙的论述比康德和黑格尔要早得多，他对奴性的批判是近代国民性批判的先声。[①] 张建业曾将李贽评为传统文化开始新变的代表和反封建反压迫反传统的进步思想家，并援引沈德符之论指出："王阳明之后，其弟子各立门户，儿经师承，'最后李卓吾出，又独创特解，一切而空之'。"[②] 杜继文等将李贽评为"开辟了居士佛教同宋明理学对立的一途，至清代而形成一大社会思潮。"[③] 该"先声""新变"和空前等评论，对于李贽恰如其分。首先，李贽利用佛教反对封建主义，宣扬自由、民主、平等、功利和人本思想，标志着中国佛教亦可开出资本主义精神。他所谓的"正谊即为谋利"和"天下尽市道之交"，反映的正是中国资本主义在明清之际的萌动。其次，李贽开创了明清启蒙思想的先河，王夫之、顾炎武、黄宗羲、戴震、谭嗣同、严复、章太炎、吴虞等都不同程度地受到李贽的影响，秉承了他反对封建专制主义，提倡自由、民主、平等和功利的精神遗产。李贽的"不以孔子之是非为是非"和"并育不害"等教育思想，成为明清启蒙思想家主张废除科举制度，施行学校教育乃至西式学校教育的先声。再次，自李贽纠正阳明心学的失误并会见利玛窦以后，禅宗与阳明心学的显学地位为净土宗所取代，儒释道代表的中学与包括耶教在内的西学的对话与融合开始常态化。单就耶佛对话而言，如赖品超和学愚等所论，耶之天国与佛之净土从目的论意义上为耶佛对话提供了交汇点，体现出两者共有的人文与社会关怀。[④]

萧萐父和许苏民将龚自珍作为中国早期启蒙的终点和近代启蒙的起点，基于龚自珍继承了李贽的个性解放思想，然龚自珍的个性解放思想及对社会理想的描述也直接利用了佛教的业报、平等和净土等观念。其后，魏源创作《海国图志》教人"放眼看世界"，是将佛教幻想性的世界图景作了科学化的发展。他提出"师夷之长技以制夷"，根本动机就是要通过

---

① 萧萐父、许苏民：《明清启蒙学术流变》，辽宁教育出版社1995年版，第162、173—174页。

② 张建业主编：《李贽文集·前言》第1卷，社会科学文献出版社2000年版，第24页。

③ 杜继文主编：《佛教史》，江苏人民出版社2006年版，第439页。

④ 赖品超、学愚主编：《天国、净土与人间：耶佛对话与社会关怀》，中华书局2008年版，第196、405页。

自觉学习和利用西方的科学技术，将一方国土变成不受外侮的神圣庄严的净土。张之洞虽对西方国家的殖民入侵提出保国保教保种，但也主张学习西方的科技和制度文明，对耶与佛教等听其自然而反对异教相攻①。上述人的中西文化观念与开放文化心态深刻影响了康有为，他集游走海内外之阅历与古今中西学术之大成，以佛家的去苦至乐精神与莲花净土观念等为指引创作了《大同书》。他主张去除农工、城乡、家国、男女等的界限，以通同和合方式以及由乱世至升平世再至太平世的进路构建大同社会，呈现出儒家或佛家共产主义的特征。谭嗣同也兼采中西并以净土观念等为指引创作《仁学》，提倡构建大同社会。他展现的舍生取义和不怕牺牲的革命精神，激励了章太炎和孙中山等一代又一代仁人志士为中华民族的独立和解放而浴血奋斗，彰显了居士佛教在中国近代民主革命进程中的重要担当。

谭嗣同以出世而入世的行为方式和化内在为外在的超越路径也影响了太虚。作为中国近代佛教复兴运动的重要发起人和佛教界领袖，太虚以现实主义态度，实行大乘佛法，建设人间净土。对于"现实主义"，太虚讲："现实主义的，即就是在事实上说明人生世界，使彻底明白人生世界真相，然后改造而臻于完善……使五浊恶世成为清静国土，人人离诸苦恼而得安乐。"② 太虚将此视为大乘佛法的真义，他号召僧俗乃至政治家和教育家等直面举国战争、疾疫流行和天灾人祸等痛苦，积极改造社会和国家，增进人民幸福。对于"人间净土"，太虚讲："佛学所谓的净土，意指一种良好之社会，或优美之世界。土，谓国土，指世界而言。凡世界中一切人事物象皆庄严清静优美良好者，即为净土"，"今此人间虽非良好庄严，然可凭各人一片清静之心，去修集许多净善的因缘，逐步进行，久之久之，此浊恶之人间便可一变而为庄严净土；不必于人间之外另求净土，故名为人间净土"。③ 此人间净土观念，体现了向原始佛教的"佛生长在人间"与"佛法在人间"的某种回归。太虚认为净土非自然而成，也非神造，只能靠人们创建。即要靠政治施设、教育进步、艺术升华和道德修养以及从一般思想、国难救济、世运转变中来创建人间净土，要以爱

---

① 张之洞：《劝学篇》，广西师范大学出版社 2008 年版，第 136 页。
② 向子平、沈诗醒编：《太虚文选》，上海古籍出版社 2007 年版，第 351 页。
③ 同上书，第 1767、1768 页。

国爱教、正业报国、护具保民、发展生产、发展科学、复兴农村、施政为公、善邻主义等建设人间净土。① 太虚一生以建设庄严国土的信念和利乐有情的情怀，净化人心，改良风气，弘法护教，经世护国，展现了佛教人士在保家卫国与推动中国文化和社会近现代转型中的重要担当。

卡尔·贝克尔曾指出，西方18世纪的哲学家们像是在追求一片乐土（人间天城），他们要重新改写基督教文本并使之现代化。② 此论亦适用于明末至清末的中国启蒙思想家与佛学家，他们将包括佛教在内的传统文化作了现代性的重写，如同太虚所言力图建设人间乐土，使中国恢复成世界上的先进国，把中国的文化发扬成领导各国的文化。③ 应当说这300多年来的努力是主调明确和颇有成效的，中国的资本主义最初从江浙等地萌芽，经洋务运动之后向全国展开。这使得中国开始由农业国向工业国转变，自然经济和传统社会开始解体，城市规模得以扩大，近代工业基础得以初步建立，大批农民离开土地进入城市和工商企业，中国的城乡与工农等结构有了明显改变。这些改变除明显受到西学影响外，也有佛教理论与实践的支撑。但也应看到，乾嘉时期清政府实行闭关锁国导致了中国社会发展的停滞不前，百余年间中国与西方国家形成巨大落差。晚清政府的腐朽统治以及西方列强的殖民掠夺，使中国长期处于半封建半殖民地社会。谢和耐对此指出："1895—1949年中国'现代化'的各个方面，远不能体现进步与充满希望的变化开端，将其视作外侮与社会解体的明显标志倒更为贴切。事实上，当时的发展是寄生性的，几乎是病态的，与外国资本及工业进入中国相联系，也与普遍贫困相关，贫困的重担落在了农村民众身上。"④ 因而人间净土或大同理想成为无法实现的乌托邦，中国农村社会面貌和农民生活状况未能得到根本改观。因此，要建立人间净土，就必须摆脱殖民主义和封建主义及其帮扶者的统治。

---

① 向子平、沈诗醒编：《太虚文选》，上海古籍出版社2007年版，第1769、1771—1784页。

② ［美］卡尔·贝克尔：《启蒙时代哲学家的天城》，何兆武译，江苏教育出版社2005年版，第104页。

③ 向子平、沈诗醒编：《太虚文选》，上海古籍出版社2007年版，第1784页。

④ ［法］谢和耐：《中国社会史》，黄建华、黄迅余译，江苏人民出版社2010年版，第507页。

# 四　人间净土与生态城乡

李泽厚曾以"启蒙与救亡的双重变奏"为题论述中国的五四运动。他指出："五四运动包含两个性质不同的运动，一个是新文化运动，一个是学生爱国反帝运动。"[①] 他把前者称为启蒙运动，后者称为救亡运动，认为启蒙运动与救亡运动最初相互促进，随后救亡压倒了启蒙。李泽厚以五四运动为开端，谈论中国现代的启蒙运动和马克思主义在中国的传播，这合乎实情。但他的启蒙观因袭了德国的康德，以救亡为目的本是五四启蒙运动的中国特点。他以儒学作为文化传统，却忽视了佛学传统。他论及中国社会走向，但非基于工农城乡。姜义华也以五四运动为起点论述中国现代的启蒙运动，并在现代化语境中突出了工农城乡。然他强调西学刺激并由此认为造成中国现代化失误的"理性的缺位"[②]，并非百余年来中国精神状况的全面反映，弱化了殖民主义和冷战的负面影响。[③] 他主张重新评估传统文化，然亦偏重儒略及佛。就佛学作为中国传统文化的重要成分和现代参与而言，中国现代的文化运动也表现为佛学与儒学、西学、马克思主义的互动，尤其是佛学与中国化马克思主义的互动。另就中国现代社会而言，社会运动也显著表现为城乡、工农及其关涉的天人、心物、身与家国等的多重变奏。

在五四启蒙运动的文化社区中，李大钊利用中国传统文化接引马克思主义，并由此发起了新村运动。胡适一开始以激进的态度批判传统文化，但到抗战时期已转向认同和保卫传统文化，并从中开出自由、民主、和平、平等、重教等现代价值[④]，他晚年也曾以科学精神提倡发展现代农业[⑤]。梁漱溟以佛兼儒后达于认同社会主义，他将佛家的慈悲和儒家的仁

---

① 李泽厚：《中国现代思想史论》，天津社会科学院出版社2004年版，第1页。

② 姜义华：《理性缺位的启蒙》，上海三联书店2000年版，第2、9页。

③ 姜义华在《现代性：中国重撰》（北京师范大学出版社2008年版）中，通过强调现代性的中国书写对上述缺陷有所弥补，但未改变启蒙或现代性源于西方的观念，对佛家的接引功能和现代参与也未予明确。

④ 胡适：《中国抗战也是要保卫一种文化方式》，载欧阳哲生编《胡适文集》第12卷，北京大学出版社1998年版，第781—789页。

⑤ 胡适：《基本科学与现代农业》，载欧阳哲生编《胡适文集》第12卷，北京大学出版社1998年版，第689—698页。

爱等具体转化为乡村建设的理论与实践。梁漱溟早期深受佛教影响，注重个体自我的内在修炼和超越。自入北京大学任教，他便无可回避地融入五四新文化运动中，成为独树一帜的重要成员。他在《印度哲学概论》中，从人生的进化以及教化等意义上论及了"净土"和"净秽土"①。在《东西文化及其哲学》中，他把包括儒学和佛学的中国文化作为胜过西方文化的人生哲学。以此为根基，梁漱溟由城市走进乡村，创建并践行他的乡村建设理论。在他看来，中国的城市存在着没有发达工商业支撑的虚假繁荣，中国的农村破坏根源于以城市化为重要内容的西方文化的侵袭。为此必须立足于中国文化的人生关怀，运用普及乡村教育、推行地方自治、进行农业改良、发展乡村工业、调剂农村金融和建立农村组织等具体措施，振兴农业产业和复兴农村经济。随后由于中国共产党通过土地改革发展农业生产和农村经济，赶走造成中国乡村破坏的帝国主义并建立新中国，梁漱溟最终接受和认同了社会主义。

中国五四新文化运动的思想世界是丰富璀璨的。与李大钊利用西学批判中学然后又以儒道等接引马克思主义，胡适利用西学批判中学然后又认同中学，鲁迅由接受儒学走向批判儒学，熊十力主张中学西学互补，谢婉莹利用印度佛学进行文艺创作等相比，梁漱溟以佛兼儒进而认同社会主义是别具一格的。他被后人以"现代新儒家"和"文化保守主义"相称，然就其深受佛学影响，利用佛学反抗西学，将佛学的人生关怀引入农村社会，力图使农村由遭受破坏的"秽土"变成繁荣的"净土"而言，他又可被称为现代新佛家。另就他认同而非拒斥科学和民主，提倡农业改良和发展乡村工业等而言，他又与守旧主义或守成主义严格地区分开来，体现出其思想的现代性。作为一位现代的思想家和社会活动家，他以佛兼儒进而认同社会主义，彰显出儒家和佛家的与时俱进与理论自觉。他发现了西方文化的弊病，并试图用中国文化进行调剂和超越，承接了康有为在《大同书》结尾认为儒释道的中国文化代表世界学术未来的设定，既表达了对于中国文化的自信，也说明中国道路需要依托中国文化和立足中国国

---

① 梁漱溟：《印度哲学概论》，载《梁漱溟全集》第 1 卷，山东人民出版社 1988 年版，第247 页。

情进行选择。① 他由城市走进农村，创建和践行乡村建设理论，与李大钊的走进农村和太虚的复兴农村等形成呼应，既表明佛家儒家的世俗关怀与知行合一，又表明城市与乡村整体关联，人间净土或人间乐土应当周遍城乡。

后世的中国人是五四遗产的受益者和继承者。毛泽东从李大钊和陈独秀等人那里接过了马克思主义，从胡适和梁漱溟等人那里接过了科学精神和乡村运动。他反复地从农村走进城市，再从城市走进农村。他发扬实事求是精神，最终找到了农村包围城市的中国式的革命道路，推翻了压在中国人民尤其是中国农民头上的"三座大山"。新中国的建立，为建设人间净土创造了根本条件。在社会主义改造完成后，他反对照搬苏联模式，推动包括农业现代化在内的四个现代化建设，为社会主义的现代化建设事业奠定了坚实基础。他所谓的"对付黑暗"和"迎接光明"以及"离开了旧中国"和"变成了新中国"，与佛家的离秽土升净土具有相通性；他所谓的"古为今用"和"洋为中用"，表明中国化的马克思主义利用了西学，也利用了包括佛学的传统文化。由此可见，五四运动以来的中国现代化进程中也显著地呈现出理性的在位，而非全然是姜义华所言的"理性的缺位"。佛家的人间净土观念转化成为建设富强民主文明的社会主义现代化国家的现代表达②，庄严国土成为社会主义的庄严国土。改革开放以来，邓小平接连发动了乡村和城市的改革开放，家庭联产承包制的实施和乡镇企业的异军突起，使农民走上了脱贫致富奔小康的道路，农村社会和农民生活状态发生巨大改变。江泽民的城镇化建设和胡锦涛的社会主义新农村建设等，进一步使中国人民在全面建设小康社会的进程中去苦至乐，使人间净土或人间乐土周遍城乡。

21 世纪以来，知识界涌起一种反思启蒙抑或反思现代化和现代性的思潮。这场思想文化运动受西方后现代主义和生态主义等的强烈影响，也显见杜维明等当代新儒家学者对于人类社会的命运与走向的深沉反思③。这场运动的主旨之一在于针对现代化进程中出现的生态环境危机，提倡走

①　［美］艾恺：《最后的儒家：梁漱溟与中国现代化的两难》，王宗昱、冀建中译，江苏人民出版社 2011 年版，第 206、208 页。

②　朱洪：《赵朴初说佛》，当代中国出版社 2007 年版，第 212 页。

③　哈佛燕京学社主编：《启蒙的反思》，江苏教育出版社 2007 年版，第 1—103 页。

可持续发展道路。事实上，当代佛家学者也参与了这场思想文化运动。例如，方立天指出："自18世纪进入工业文明以来，人类对生态环境的破坏日益严重……20世纪60年代以后，生态环境问题引起了人们的普遍关注，并逐渐从观念、理论和制度等方面进行反思"，"保护资源，保护环境，保护生态，关系到整个人类和地球的命运。努力把握人与自然之间关系的平衡，寻求人与自然的和谐发展，是保障可持续发展的基础"。① 他利用佛教的缘起论、宇宙图式论、因果报应论、普遍平等观、环境伦理实践中的生态资源，主张人们以知行合一和内外在超越相结合的方式，投身生态建设，实现生态平衡。王治河和樊美筠则更加具体地利用虚云和赵朴初业已提倡和实践，新时期安金磊又予以践行的农业禅，宣扬建设性后现代主义的新启蒙，主张发展生态农业抑或有机农业。② 上述佛教的生态理论与实践，意在否弃环境破坏和生态失衡造成的人间秽土，建设环境优美和生态良好的人间净土。就其文化属性与文化效果来说，是对现代化和现代性的校正与提升，它响应和支持了科学发展观倡导的建立资源节约型和环境友好型社会，实现人与自然协调发展。

学诚在《科学发展与宗教研究》中引述了科学发展观，同时指出以人为本是宗教对社会的根本要求③。学诚由此表明佛教与科学发展观具有相通性，或者说作为科学发展观核心内容的以人为本，体现了佛家的去苦至乐的人本关怀。然而生态意义上的人间净土应当是城乡一体的，生态良好和环境优美应当是周遍城乡的。学诚在阐述科学发展观时提及了统筹城乡，而在论述佛教理论或佛教研究时未作相应的展开。那么，佛教与科学发展观的统筹城乡又是否相通，佛教能否为城乡一体化提供支持呢？事实上，梁漱溟主张工业发达都市兴起后赶快救济乡村救济农业④，业已呈现统筹城乡的要求。康有为主张去界通同至合，"无乡邑之殊，无僻闹之异，所谓大同，所谓太平也……如农工商之所在则不择地，无所不届也"⑤，也显现出城乡一体化发展的内容。对于统合城乡的人间净土抑或

---

① 方立天：《佛教生态哲学与现代生态意识》，《文史哲》2007年第4期。
② 王治河、樊美筠：《第二次启蒙》，北京大学出版社2011年版，第438—439页。
③ 学诚：《科学发展与宗教研究》，《中国宗教》2007年第4期。
④ 《梁漱溟全集》第1卷，山东人民出版社1988年版，第609页。
⑤ 康有为：《大同书》，上海古籍出版社2005年版，第248页。

大同世界的建设，学诚与杜维明等都突出了心识的力量①。而这种内在的超越还应当转化为外在的超越，也即结合具体实践，"变为群众的自觉行动"②。这种行动不限于以有节制的生活方式防止个人私欲与消费的过度膨胀，也不限于以利他主义的慈悲济世平衡利己主义的蔓延扩张。外在的超越尤其应当转化为全面建成小康社会的行动和力量，转变经济增长方式，推进新型城镇化建设与城乡治理结构的完善，促进人才、教育、资金、技术、信息、医疗等资源在城乡之间公平地流动和分配，能使周遍城乡的人间净土和大同理想更加接近现实。

# 五 结束语

圣辉法师曾讲"中国梦也是佛教的梦"。以太虚的在人间建立庄严清静优美良好的国土、使中国恢复成世界上的先进国、把中国文化发扬成领导各国文化的人间净土观念看，中国梦与人间净土具有相通性，或可说是人间净土观念的转化表达。中国梦是包括佛教僧俗的全体中国人的梦，也是消除城乡和工农差别的梦。从此目的论意义上看，中国佛教理论发展所贯穿的一条主线，就是从人间与净土的隔绝对立走向深度融合。其现实转化反映就是城与乡、农与非以及天与人、心与物、身与家等从相互对立走向深度融合。这种理论与实践的相应，反映了佛教慈悲济世、众生平等、利乐有情等价值追求及其化否定为肯定的逻辑方法、化出世为入世的行为方式、化内在为外在的超越路径，在改变中国农村社会面貌与农民生存状态中的具体运用；也反映了中国佛教在与儒道西学等互动中的与时俱进，以及最终走向适应和支持社会主义的理论自觉。由此可见，中国佛教能够适应与支持以城乡共同繁荣和工农等共同幸福为重要内容的中国梦的实现。

---

① 杜维明、范曾：《天与人——儒学走向世界的前瞻》，北京大学出版社 2010 年版，第76—78 页。

② 方立天：《佛教生态哲学与现代生态意识》，《文史哲》2007 年第 4 期。

# 第三章

# 道教与中国农村社会的变迁

冯友兰讲："道家和儒家不同，因为他们是对农民生活中的不同方面加以理论化。农民生活简单，思想单纯。道家从这一点出发，谴责文明，鼓吹返璞归真；把天真的儿童烂漫理想化，鄙视知识"，"农民时刻和自然打交道，他们爱慕自然。道家把这种爱慕发挥到淋漓尽致"。① 加之作为中国本土宗教的道教，其思想理论根基在于道家。因此有人认为道教是农民的宗教。讲道教是农民的宗教固然可以表明道教具有民本主义倾向，然而道教是否只关心或代表农民的利益，却是一个值得商榷的问题。与此相关，基于道家发展而来的道教，是否也使农民鄙视知识和谴责文明，也是一个值得商榷的问题。要解答这些问题，就需要对道教与中国农村社会的变迁，做一个关联性的考察和梳理。

## 一 道教与中国古代农村社会

人们通常认为道教产生于汉代，其最初表现形式是太平道和五斗米道。这种认识具有合理性，但忽视了道教的产生有其历史前提。当代新儒家学者陈来指出："中国上古时代的巫文化曾较发达，从个体巫术到公众巫术的发展，逐渐孕育出'神'的观念，导致了自然巫术向神灵巫术的发展。在以祭祀和战争为'国之大事'的文明时代初期，公众巫术融入了祭祀文化而转进为祭祀文化的组成部分。祭祀文化显示出夏商时代的神灵信仰和自然崇拜相当普遍。在殷商后期，神灵观念约分为三类，即天神、地示、人鬼……殷商的多神信仰反映了对自然力的依赖"，"但在

---

① 冯友兰：《中国哲学简史》，天津社会科学院出版社 2008 年版，第 32 页。

'五经'中可以看到，周人的宗教信仰已有所变化，这种变化成为五经体系的主导态度。周人信仰的最高神为'天'及天命，五经中反复强调的主题'天'更多地被理解为历史和民族命运的主宰，而天命的意义又通向某种宇宙命运的观念"。① 陈来将前轴心时代的宗教文化传统作为了儒家的源头，然而正如胡孚琛和吕锡琛所言："道家、道教和丹道的文化渊源，可以追溯到原始社会母系氏族公社时期的原始宗教传统"，"道教，是中国母系氏族社会自发的以女性生殖崇拜为特征的原始宗教在演变过程中，综合进古老的巫史文化、鬼神信仰、民俗传统、各类方技术数，以道家黄老之学为旗帜和理论支柱，囊括儒、道、墨、医、阴阳、神仙诸家学说中的修炼思想、功夫境界、信仰成分和伦理观念，在度世救人、长生成仙进而追求体道合真的总目标下神学化、方术化为多层次的宗教体系"。② 前轴心时代的中国宗教文化传统，也是道教的文化渊源。这种宗教文化传统反映了以农业为主的先民们对于自然力的依赖性。

　　先秦道家秉承了前轴心时代宗教文化传统的某些内容，具有亦宗教亦哲学的特征。老子用"有物混成，先天地生"和"道生一，一生二，二生三，三生万物"的方式推出了本根性的"道"。"道"一方面以理性方式在内容和功用上展现为"有无相生"和"无为而无不为"，另一方面以神性的方式展现为"玄之又玄"和"谷神不死"。老子用"有无相生"转换了《易经》阴阳互动的思维范式，同时用"复守其母""负阴抱阳""知白守黑"等，承接了原始社会母系氏族公社时期的原始宗教和《易经》阴阳互动的思维范式。他所谓的"知常曰明""爱民治国""绝巧弃利"以及"民不畏死，奈何以死惧之""大军之后，必有凶年"等，表明道家并不绝对反智，而是反对战争和以商抑农，体现了道家对发展农业生产和保护农民利益的诉求。庄子承接老子而论"道"，"夫道，有情有信，无为无形；可传而不可受，可得而不可见；自本自根，未有天地，自古以固存；神鬼神帝，生天生地……狶韦氏得之，以擎天地；伏羲氏得之，以袭气母；维斗得之，以袭昆仑；冯夷得之，以游大川；肩吾得之，以处大山；黄帝得之，以登云天；颛顼得之，以处玄宫；禺强得之，立乎北极；

---

① 陈来：《孔夫子与现代世界》，北京大学出版社 2011 年版，第 85 页。

② 胡孚琛、吕锡琛：《道学通论——道家·道教·丹道》，社会科学文献出版社 2004 年版，第 9、258 页。

西王母得之，坐乎少广"①。由此可见，庄子论述的作为终极实体的"道"，也兼具理性和神性的特征。庄子推崇的"道"因其无为而利于民生，他论述的上述神和社神等是农业农民的保护神。这些思想反映了先秦时期的宗教状况，为道教的产生奠定了基础，方仙道由此在战国末期产生。先秦道家以理性方式论道，又意味着人的主体意识的增强。

汉初的"文景之治"将黄老学说和无为之治在政治领域上实践出来，实现了社会稳定和国家中兴。随着谶纬神学的盛行和黄老学向宗教化方向发展，出现了黄老学和方仙道相结合的黄老道。经过方仙道和黄老道的长期酝酿之后，到东汉顺帝和桓帝之际，道教便正式产生。早期道教形成的重要标志是道教经书的出现，《天官历包元太平经》构造出了"天帝—真人—方士"的传授系统，建立了由直接参与并影响社会政治生活的活生生的人构成的神仙群体，体现出祈求太平世道的愿望和托天帝使神仙下凡以道教人的手法。《太平经》受到《天官历包元太平经》的影响，运用神道设教的方式，宣扬天人合一和善恶报应思想，以及帝王统治术和伦理道德观念，以实现太平世道为理想目标。《周易参同契》借助《周易》爻象的神秘思想论述炼丹修仙的方法，主张将"大易""黄老""炉火"三者参合，因强调内丹和外丹的修炼，故被称为"万古丹经王"。有了道教经书的思想准备，五斗米道和太平道便应运而生。张陵创建的五斗米道奉老子为教主，道术主要是上章招神和符咒劾鬼，以追求长生成仙为最高目标。五斗米道主要在巴、汉一带民间发展，后归顺曹魏政权，并向北方发展。张角创建的太平道以《太平经》为主要经典，崇奉中黄太乙为至尊天神，主张用善道教化天下和用符水咒说以疗病。太平道发展成为黄巾起义，沉重地打击了东汉王朝。汉代形成黄老学说、黄老道以及五斗米道和太平道，意味着汉代虽是儒学取得统治地位的时代，但也呈现出儒道的互动。道教在初创之时主要代表农民利益，以神道设教和医治疾病等方式团结和教化民众，其政教合一以及归顺和对抗世俗政权的社会组织和参与方式，既显示出农民力量的强大，也显示出道教与世俗政权互动的张力和路径。

魏晋时期曾被梁启超称为"老学时代"②，原因就在于玄学的流行和

---

① 陈鼓应：《庄子今注今译》，中华书局1983年版，第181页。
② 吴松等：《饮冰室文集点校》第1卷，云南教育出版社2001年版，第254页。

道教的发展。经过黄巾起义的事件后，统治者对于道教一方面加以镇压，另一方面加以利用和改造，促使道教发生分化。一部分道教徒向社会上层靠拢，为统治者服务；一部分道教徒隐居山林，专事修炼；还有一部分道教徒继续活动于民间，为农民起义者所利用。活动于民间并借道教发动农民起义者的有承接五斗米道的陈瑞、李特、孙恩、鲁循等，陈瑞、孙恩和鲁循领导的农民起义被镇压，李特在范长生的帮助下建立了成汉政权。统治者镇压道教又反过来促使道教向上层社会靠拢，上层社会也需要道教的神仙方术、医药卫生、呼吸导引、伦理纲常等。于是大批道士开始走出山林与上层社会接触，涌现出如葛洪、寇谦之、陆静修、陶弘景等道教思想家。葛洪著《抱朴子》系统阐释长生之道、成仙之方、玄道合一思想，既兼容儒道又兼顾了治身治国。寇谦之通过改造早期道教的民间性质，整顿道教组织，调整道教与政治的关系，重新设立教仪戒律等，使其成为可以被统治者接受的宗教组织。陆静修改造道教组织以重建南天师道，编制灵宝斋仪以创立灵宝派，撰写《三洞经书目录》以分类整理道教典籍。陶弘景通过总结早期道教重新编写了神仙体系，主张养神养形兼顾和内养外丹并用，提倡融儒援佛以促进儒释道三教合同。魏晋时期的道教呈现出向民间发展和向上层社会靠拢的双重趋势，在注重吸收儒家纲常伦理和佛教建制方式的同时，推进了中国古代的化学、医药学、性科学、武术、兵法、农学和文学艺术等的发展。但如牟钟鉴和张践所言："这些卓越的科学成果并没有沿着实验→工业生产→为人类造福的康庄大道发展，而是沿着炼丹→中毒→宗教解释这样一条死胡同走向了衰微。"① 由此可见，道教的宗教属性是使道教科学未能发展出中国近代科学的重要原因，道教向上层社会的靠拢和开展化学等的研究，标志着其取向并不限于农业和农民。

经过南北朝时期国家的分裂以及佛教迅速传播和发展后，隋唐时代的统治者适应重建大一统秩序的要求，内用儒学而外用佛道，促成了儒释道三教的繁荣。一批道教学者融儒援佛，不断推动道教教义趋于深化，外丹术盛极转衰，内丹术随之崛起，道藏编撰开始进行，道教在国家提倡和质素提高的有利条件下呈现出蓬勃发展的势头，涌现出孙思邈、王玄览、司马承祯、吴筠以及成玄英和李荣等一批道教学者。孙思邈以药救治众生，

---

①　牟钟鉴、张践：《中国宗教通史》，社会科学文献出版社2003年版，第369页。

其药学理论以阴阳五行与天人一体为基础，其养生术强调节欲适作和以德济养，他并不相信金丹可以使人飞升成仙。王玄览援佛入道而论心识，认为众生皆有道性，得道之途在于修炼心识，得道之用在于获得不死清净之真体。司马承祯承接老庄和陶弘景，援引佛家的止观学说和儒家的正心诚意学说，阐述修道除垢和道生相守，对君王示以无为之道，对众生示以五渐门和七阶次的法门，展现出道教内用修身和外用治国的兼容。吴筠着力强调老庄神仙思想以论证修仙的可能性与合理性，他不赞成佛教的重神轻形，而主张形神相守以达体与道冥和长生久视。成玄英和李荣更以重玄论述道性，他们不再局限于肉体长生，追求使人身心摆脱一切烦累而获无限安宁的精神境界。此外，由于外丹道致人中毒死亡而受到质疑走向衰落，注重性命双修和练形练气练神的内丹道发达了起来。由此可见，统一、繁荣的隋唐时代是道教发展的隆盛阶段，道教作为宗教并非仅适用于苦难之社会，也适用于繁荣之社会。道教的思想理论水平显著提高，在个体修养和国家治理等方面都有运用。道教的渐进法门和佛教的顿渐法门与时行的科举制度等相适应，为农民转换身份提供了进路。

宋代的道教继唐代之后出现中兴，陈抟和张伯瑞发展了内丹学，他们将内丹与禅学结合起来，主张性命双修、练精练气、以命安性。在处世上将老庄学说与儒学相结合，主张以高尚道德激励世风，提倡"三教归一"，使内丹学走向成熟，并对北宋理学的形成产生重要影响。神霄、清微、净明等派融冶佛儒、吸收内丹、行用雷法，使道教符箓派形成新的衍化，影响至官府民间。全真教兴起于金朝，讲求三教合一、性命双修、功行两全，其逊让、勤苦、慈爱作风广受士民的趋戴。丘处机以止杀规劝成吉思汗，使全真道在元朝走向繁荣。正一道和净明道在江南一带广为流传，教义上对儒家忠孝和佛家心性学说皆有吸收。明代道教通过武术、气功、中医、文学等方式朝世俗化大众化方向发展，构建了包罗万象的神仙体系。正一道代全真道而占据主导地位，所用符箓斋醮之法和对儒家忠孝观念的吸收，使其接纳于官府民间。全真道提出"修性—修命—了性"的修行程式，形成自身清修和男女合修的修行路径。清代前期道教因缺乏理论创新，也不受官方见重，总体上走向了衰落。其间出现了全真道中兴的局面，道教通过建构神仙体系和文艺作品发挥了全民劝善的教化功能。由此可见，宋元明清时期是道教走向成熟又趋于衰落的历史时期，出现儒释道以及道教各派合流的局面。道教因官方的支持、士人的证修以及与武术、气功、中医、文学等的互动，广泛地走向官方民间。内丹学的流传和简化运用改善了中国人的身心素质，符箓斋醮之法包含了迷信的成分，也造成社会资源的巨大浪费，制约了科学和生产的发展。

关于道教与中国农村社会的关联，袁名泽曾专论道教农学思想。在他看来，道教追求长生久视，食物是生命之基。因此道教自然不乏对于农业的关注，形成独具特色的道教农学思想。道教农学思想源于远古神话、《易经》、先秦诸子百家、秦汉时期道家的农学思想，于汉代魏晋南北朝时期道教的创教模式中显现出来，形成了高道论农和道教经书中论农的局面。唐宋时期是道教农学思想繁荣的历史时期，其间农业和宫观农业经济较发达，因而除道教经书中论农外，还出现《亢仓子·农道》《山居要术》《化书》《刘子·贵农》《陈旉农书》等道门农书。金元明清时期是道教农学思想持续发展的历史时期，全真道出于养生和组织发展的需要，将农业作为立教之本，非常注重提高农业生产效率、改变农业生产环境和农产品的消费。该时期道门隐士创作的《二如亭群芳谱》《野菜博录三卷》《艺菊须知二卷》《梭山农谱三卷》等都有丰富的农学思想。"道教继承了道家以'道'为世界本体的观点，'道'本身'恍兮惚兮'，空无一物，但它又化生万物，所以它与农业的起源密切相连，使农业生产产生具有本体论上的可能性。'道'化生万物时，由于万物禀受元气不同而造成世间万物的差别，这种差别又造成万物的时空有限性。正是这种万物的时空有限性，才导致农业生产产生的必要。"[1] 袁名泽将道教的农学思想概括为道化万物的农业起源观、顺天应地的自然环境观、天人合一的社会环境观、巧种即得的农业科技观、修道为旨归的消费观等内容，在实践上呈现出农道双修的鲜明特征。盖建民在为袁名泽书作的序中尤其强调了"道教是农民的宗教"，认为"道教'重生'必然导致'贵农'，农耕之道是道教孜孜以求的自然之道的一个组成部分，对农耕之道的探索也就成为道教徒奉道体道和求道证道的一条途径。"[2]

盖建民和袁名泽揭示了道教与中国古代农村社会密切关联的一面，然而却非全部的方面。中国古代社会是农业为主的社会，这就决定了作为中

---

① 袁名泽：《道教农学思想发凡》，广西师范大学出版社2012年版，第153页。

② 袁名泽：《道教农学思想发凡·序》，广西师范大学出版社2012年版，第2页。

国本土宗教的道教势必以农村、农业、农民为生存之地和立足之本，道教在安顿中国人尤其是人数居多的农民的身心，维护农村社会稳定和促进农业发展等方面，发挥了巨大作用。然而道学的"显著特征就是其开放性和包容性"①，道教以包容胸怀接洽儒家和佛家，使其并不拘泥于农村、农业和农民。道学家对"道"的基本设定是"周行不殆"，使其能周遍于天地人物。其所谓"养生"之"生"，遍及天下苍生。道教由此建立了一套周遍天地万物和所有人群的教义和建制体系以及包罗万象、各司其职、秩序井然的神仙体系，能够面向天上地下、山川湖海、一草一木以及帝王将相、士农工商、妇孺康病等而展开，能适用于城市乡村、科技商贸、医药卫生、道德教化、为学为政、军事法律等领域，为社会发展和人的素质提高提供支持，形成丰富多彩的民风民俗，进入人们的日常生活。其神仙谱系中的城隍、文昌帝、财神、利市使者、妈祖等都具有非农或去农化特征。另如冯友兰所讲："道教含有一种征服自然的科学精神。如果有人对中国科学史有兴趣，《道藏》里有许多道士的著作倒是可以提供不少资料。"② 盖建民也讲："道教寓道于术，以术演道。故道教方术异常发达。道教的各种内修外养术如外丹黄白术、导引服气、存思、服食、房中、占星、堪舆诸术，都曾与中国古代的医学、药物学、化学、天文地理、算学、养生学发生过千丝万缕的联系。道教对中国古代科技影响之深、贡献之大，这在世界宗教史与科技史上也不多见。"③ 因此道教科学思想也不局限于农学，而广泛涉及算学、天文、地理、医药、化学、文学等方面。除此之外，作为道家的建制方式和最具本土化色彩的道教，不仅是中国古代社会的稳定力量，也是中国古代社会的变革力量，为中国古代的官民或士农工商等的进退，提供了游刃有余的选择空间和行动路径。道教及其衍生出的民间宗教，不仅是农民安顿身心和追求进步的精神力量，也是农民捍卫自身权益和进行革命的重要旗帜。秦汉以来的农民起义和朝代更迭，多与道教有密切关联，这又表明道教是农民的宗教仍有一定的合理性。

---

① 胡孚琛、吕锡琛：《道学通论：道家·道教·丹道》，社会科学文献出版社2004年版，第54页。

② 冯友兰：《中国哲学简史》上卷，天津社会科学院出版社2008年版，第7页。

③ 盖建民：《道教科学思想发凡·导论》，社会科学文献出版社2005年版，第6页。

# 二　道教与近代中国农村社会

近代中国，道教与农村社会一同走向了衰落。这里既有外忧内患的社会原因，也有道教缺乏创新的自身原因。从社会原因看，自鸦片战争到五四新文化运动的近代，是中国由封建社会走向半封建半殖民地社会的历史时期。按照汤因比以及费正清等的"冲击—回应"模式，西方列强用鸦片贸易和坚船利炮敲开了中国的大门，使中国的经济、政治和文化等都受到强烈的冲击。鸦片贸易的巨大逆差和不平等条约签订后的割地赔款，造成了中国农村社会的凋敝，也动摇了道教赖以维系的经济基础。伴随着坚船利炮打开中国大门的，还有基督教及其裹挟的科学和民主等西方文明，它们以先进、优越、普世的姿态，冲击着儒释道代表的古老的中华文明。基督教以上帝信仰蚕食着本土诸神，以枪炮击退了大刀长矛，以西医治愈了中医乏术的疾病，以仁慈之主的名义救助了穷困潦倒的难民。在西方或基督教的冲击之下，一切坚固的东西都烟消云散了，道教似乎成了完全可被替代或丢弃的垃圾。道教信众乃至中国民众的反抗，往往遭致西方列强和清政府的残酷镇压。这些都是道教在近代衰落的社会原因。

道教在近代衰落也有自身缺乏创新的原因。面对基督教及其裹挟的西方民主和科学等的冲击，中国道教并没有能够在吸收西学和自主创新中予以积极应对，而是朝着行醮祈禳的神秘主义和谋取富贵的俗世化方向发展。加之晚清政府重佛而抑道，使得道教走向衰落。晚清时期正一道的天师们无大作为，而是依仗天师的声威谋取富贵。《清朝野史大观·贬斥道教之历史》中讲，清末"张氏（张陵）子孙乃犹有僭用极品仪制，舆从鸟奕，声气召摇，游历江浙闽粤诸省，沿途以符箓博金钱，并勒索地方有司供张馈赠。"[1] 这就损害了道教天师在人们心中的形象，道教走向衰微在所难免。晚清时期的全真道以龙门派为主，虽然势力仍很强大，但教团素质低下，高道极少，甚至出现如高云溪这样的勾结西方列强和满清政府的政治道士。高云溪任全真道祖庭北京白云观的第20代主持期间，因与刘诚印和李莲英有交往，因而能出入宫廷并得到慈禧太后青睐。清朝与俄国签订《喀西尼密约》，高云溪就起过联络作用，以白云观作为双方联络

---

[1]　转引自牟钟鉴、张践《中国宗教通史》，社会科学文献出版社2003年版，第979页。

的场所。高云溪还利用与慈禧的关系，卖官鬻爵和敛财劫色，但在宗教事业上却毫无建树，这表明全真道的教团领袖已经完全世俗化了。[①] 这种世俗化趋向更是有损于道教的形象和清誉，势必导致道教走向衰落。

尽管如此，道教还是延续下来，出现了如李涵虚、刘名瑞、赵避尘、黄元吉等道教名士。李涵虚是道教内丹功法西派的创始人，推崇张三丰和吕纯阳的丹法，著有《太上十三经注解》和《道窍谈》等。《道窍谈》最能体现涵虚西派的特色，书中多有创新。例如他在该书中将传统的筑基和练己，分作开关、筑基、得药、练己四步。将旧有的"炼精化气、炼气化神，炼神还虚"，改造成炼精、炼气、炼神了性、炼神了命、炼神还虚五关。将旧说的"河车"，解析为运气、运精、精气兼运。他还将道教的绝密之诀——"两孔穴法"展示于世人，精论玄关之要，主张仙佛同修。刘名瑞为南无派第20代宗师，隐居于北京郊外的天寿山桃源观，著有《道源精微歌》和《易考》等，阐发丹功清修之秘。刘名瑞师承龙门派和南无派，主张忘情绝念，心不外游，处静室之中，以正念治情欲，炼神于双乳之间。赵避尘自称刘名瑞弟子，著有《性命法诀明指》。他师承道教北宗，但又兼容佛法，主张修炼的入手功夫先观两眉间的祖窍并看鼻难，坐式以"两手和合相扣连环，四门紧闭守正中"为口诀。黄元吉著有《乐育堂语录》和《道德经注释》等，其内丹功法承中派绪统又在吸收南宗和儒家学说中有所创新。他认为性命双修就是以性了命，性命合一。练功的秘诀是，动处炼性，静处炼命，修丹不过是守仁慈而已。因有上述道士继承发扬道教传统，加之晚清有金山、华山、先天、紫阳等全真道支派存在，道教得以存续不绝。

道教的存续还体现在对道教之外文化的影响上。由于中国历史上具有儒释道三家调和融通的传统，近代非道教名士也吸收道教文化。例如，信儒佛而不信道的龚自珍所创作的《己亥杂诗》："九州生气恃风雷，万马齐喑究可哀，我劝天公重抖擞，不拘一格降人才"，原是一首道教斋醮用的祷词。他在该诗自注中讲："过镇江，见赛玉皇及风神、雷神者，祷词万数，道士祈撰《青词》。"由此可见，龚自珍作该诗的灵感源于迎神赛会。近代经济学家廖平兼通今古文经学，一生中经学思想经历六次变化，渐渐舍佛典而重《内经》，以《内经》解说《诗》，认为《诗》乃神游

---

① 牟钟鉴、张践：《中国宗教通史》，社会科学文献出版社2003年版，第980—981页。

学,《易》乃形游学。晚年时期,他将仙学置于儒学之上,将仙作为人类最高境界,由此足见道教的深刻影响。康有为受廖平影响,在《大同书》中讲:"大同之世,惟神仙与佛学二者大行","盖大同者,世间法之极,而仙学者,长生不死,尤世间法之极也;佛学者,不生不灭,不离乎世而出乎世间,尤出乎大同之外也。至是则去乎人境而入乎仙佛之境,于是仙佛之学方始矣"。康有为认为儒家的大同理想终能实现,然后是仙学佛学流行,最后是天游之学。他以天游之学作为最终理想,体现出对道教思想的继承和吸收。除此之外,道教还融入文学作品和民风民俗之中,例如刘鹗的《老残游记》就利用了道教的批判精神和丰富想象。道教也与民间宗教相糅杂处,一方面劝人向善,安定人心;另一方面增设民间诸神,通过作法事、行斋醮、办庙会等方式,无孔不入地融入日常生活,为民众提供宗教信仰和宗教服务。

道教对近代中国社会乃至农村社会的影响,还包括对帝国主义和封建帝制的反抗。面对基督教支持下的帝国主义的侵入以及满清封建帝制的压迫,道教及其衍生的民间宗教发起反抗。全真道在清初原以明朝灭亡后愤世遁入教门的儒士为骨干,这些人多有反清复明的意识。龙门十代以后,金静灵、许青阳、沈一炳、闵一得等儒生皆因科举不中,对世俗政治心灰意冷而转入道门修炼。清代晚期,由八卦教呼应和支持下的捻军,与太平天国运动一样,给予清政府以沉重打击。义和拳虽不是严格意义上的八卦教,但直接源于八卦教,以八卦方式化分拳门。义和拳发展成的义和团运动,在反洋教反洋人的思想支配下,开展了轰轰烈烈的反侵略斗争。他们以大刀长矛与西方列强的洋枪洋炮作战,前赴后继、有进无退、无逃无降,并不像一些人所认为的道家和道教那样是一种退守主义。义和团运动的大无畏英雄气概和捍卫民族独立尊严的坚定意志,令帝国主义胆战心惊、不敢瓜分中国。除此之外,杂糅了儒释道罗教的真空教以归一归空的宗教修行方式诊治帝国主义强加给人民的鸦片之毒,江南的斋教打着"王国普有"的旗帜反抗清王朝,一贯道以强烈的反清意识组织抗清暴动。从近代道教反对帝国主义和清朝统治的意义上说,洪秀全领导的太平天国运动以及孙中山领导的辛亥革命,虽无道教之名,却合道教之实。由此可见,道教虽在近代处于衰落状态,但却以其对政治社会与人生信仰等的关怀和介入,依然存续在场。

李约瑟曾提出著名的追问:近代科学技术为什么没有在中国发生?这

种追问也是对中国道教的追问，毕竟道教创造出为李约瑟所赞叹的璀璨的中国古代科技文明，道教的科学技术代表了中国古代科学技术的辉煌成就。关于近代科学技术为什么没有在中国发生，人们的回答见仁见智。韦伯早前就提出："在异端教说（道教）的巫术乐园里，具有近代西方特色的那种理性的经济与工技，根本是不可能的。因为一切自然科学知识的付之阙如，是由于以下这些根本力量（部分是因，部分是果）所造成的：占日师、地理师、水占师与占候师的势力，以及对于世界的一种粗略的、深奥的天人合一观。"① 韦伯认为由道教支持下的儒教确立的中国人的心态，"是强烈阻碍资本主义之发展的一个有利因素"②。董英哲认为："中国传统科学思想体系是以道、气和阴阳五行说为主旋律的，它不仅表示可与世界其他文明中心明显区别的若干特点，而且还表示它具有可以不断向前发展的内在力量，即不断提出尚待解决的问题，并且能够找到解决这些问题的途径和方法，从而得到了长期的持续不断的发展。但它也有弊端，一经产生，就形成一种无形的壁垒，具有保守性和排他性，尤其是到封建社会末世，便成为吸取新思想、新知识的障碍，从而是近代科学技术在中国迟迟未能兴起的原因之一。"③ 盖建民认为："在道教庞大的教理教义体系中，始终贯穿着一根主线神仙信仰，即信奉神仙实有、神仙可学，相信人们通过自身努力最终可以长生久视，成为逍遥自在、神通广大的'神仙'。这一神仙信仰不仅是道教神学理论的'内核'，也是道教徒从事宗教修行活动的最高目标和动力源泉。"④ 盖建民也由此道出了道教未能开出近代科学技术的重要原因。

关于道教与近代科学以及与资本主义的关系，固然可以用韦伯的比较于西方新教的祛魅的方式进行理解。然而西方宗教改革和文艺复兴以来的思想文化是否完全摆脱了宗教的神秘主义，以及是否应该把中国道教视为巫术，都是令人生疑和值得商榷的。以动态的和开放的观念来看，按照黑格尔历史哲学中的光明传递路线，中国道教的炼丹术等通过阿拉伯世界，影响了近代欧洲的化学和天文等科学的发展。道教科技作为人类科技思想

---

① ［德］韦伯：《中国的宗教，宗教与世界》，康乐、简惠美译，广西师范大学出版社 2004 年版，第 310 页。

② 同上书，第 334 页。

③ 董英哲：《中国科学思想史·前言》，陕西人民出版社 1990 年版，第 4 页。

④ 盖建民：《道教科学思想发凡·导论》，社会科学文献出版社 2005 年版，第 8—9 页。

的一个母体，并不排斥他者的学习和推进，也不像黑格尔所谓的那样中国文化已经陷入停滞状态。受惠于中国道教科技以及"四大发明"的西方科技在近代反诸中国，正可促成中国科技的再造和自主创新。更何况中国道教中有西方并不擅长且又未能重视和吸收的内容，比如内丹学及其追求的内心平静，后者正是梁漱溟在《东西文化及其哲学》中批判西方文化，赞扬中国文化时的凭籍。另外按照萧萐父和许苏民等的早期启蒙说，中国在明清之际亦有资本主义的萌芽，考察王夫之、顾炎武、黄宗羲等的思想来源，既有儒佛也有道家或道教学说。如前所述，中国近代学者吸收道教的养分而生成其思想主张，也足见道教可以接引资本主义。事实上，董英哲也用爱因斯坦的"中国的贤哲没有走上这两步，那是用不着惊奇的，令人惊奇的倒是这些发现［在中国］全部做出来了"① 与李约瑟的"当希腊人和印度人很早就仔细地考虑形式逻辑的时候，中国人则一直倾向于发展辩证逻辑……在这方面，'西方'是初等的，而中国是高深的"②，为道教辩护。盖建民认为"道教对生命的珍视和对现世美好幸福生活的肯定与希翼不仅仅停留在神学本体论上，而且还以生与道相守、生与道相保的'道理'出发，寓道于术，强调延生有术，这就必然激励道众博采众长，并积极不懈地探索自然变化的奥秘，开发、创制各种能够养命延年的方术和道技"，"道教之道，既是宗教之道，又是自然之道。道教崇尚自然，以道法自然为修道的基本法则……道门所崇尚的'无为'是其在求道证道过程中的境界和思想方法，有其特定的思想内涵，体现了道教崇尚自然、尊重自然客观规律的科学精神"③，同样为道教作了积极辩护。

　　总体来说，近代的中国道教因西方的冲击以及自身缺乏创新处于衰落之中，呈现出某种过于谄媚流俗的倾向，也编造了所谓刀枪不入的神话，但它并未因此陷落而依然存续在场。道教文化是包容的文化，内含着科学和民主的因素。这使近代的中国人包括中国农民的优秀分子，能够在面对西方文明的强大冲击时开始睁眼看世界，甚至留学西方，自觉地向西方学习，包容和接纳西方的民主和科学；道教文化是爱国的文化，是国家和民

　　① ［美］爱因斯坦：《爱因斯坦文集》第1卷，许良英等编译，商务印书馆1977年版，第574页。

　　② ［英］李约瑟：《中国科学技术史》第3卷，袁翰清、王冰、于佳译，科学出版社1975年版，第337页。

　　③ 盖建民：《道教科学思想发凡》，社会科学文献出版社2005年版，第10、15页。

族认同的重要精神纽带，这使它在面对外敌入侵时，能够动员广大民众，有进无退、不怕牺牲，前赴后继地维护国家主权和民族尊严，使得帝国主义不敢也不能亡我中国；道教是变革的文化，具有追求自由的因素。这使它在面对殖民统治和封建统治时，能够奋起反抗和不懈斗争，以理论批判、暴力起义、非暴力不合作等方式追求民众的自由和幸福，加速了清朝专制统治的灭亡；道教文化也是爱生的文化，包含奋发有为与乐生爱生的因素。这使它在内忧外患的危境中，能够用农耕、中医、武术等，促进农业生产、救毒治病、强体抗暴、保家卫国，包括中国农民在内的中国人的身心和家国得以存续发展。作为中国本土宗教文化的道教文化还是信仰文化，它能够用周遍万物众生的宗教信仰，为民众提供信念支持。正因为道教关乎农业根基，关系人们的日常生活，为中国人提供终极信仰，是维系中国社会稳定和促进中国社会变革的力量，因此如鲁迅先生所言，中国文化的根底全在道教。

# 三　道教与现代中国农村社会

从五四新文化运动到改革开放前的现代，是道教有所复苏又多次经受挫折的历史时期。中国现代社会的主题，犹如李泽厚所谓的"启蒙与救亡的双重变奏"①。李泽厚所谓的"启蒙"就是提倡民主和科学，"救亡"就是高扬爱国精神。他将启蒙归于西学，将启蒙与救亡割裂开来，认为救亡最终战胜了启蒙。这一观点尽管有失偏颇，却道出了中国现代社会的精神状况和价值谱系。受李泽厚影响，姜义华认为百余年来中国启蒙运动无穷尽的困顿在于理性的缺位。"它始终没有对以理性思维取代占统治地位的传统思维方式给予起码的重视，更不用说给予足够的重视了。"② 姜义华将现代中国社会划分为与商品经济和社会化大生产联系在一起的现代化运动以及与自然经济和传统小生产联系在一起的农民运动，认为现代化运动是使中国超越已持续数千年的小农文明而进入现代文明的运动，代表一种新的生产方式、一种新文明创立的力量。农民运动本质上是一种与现代化运动性质不同的运动，它不是创造一种比资本主义更为先进的文明，而

① 李泽厚：《中国现代思想史论》，天津社会科学院出版社2004年版，第1页。
② 姜义华：《理性缺位的启蒙》，上海三联书店2000年版，第2页。

是力谋确保小生产与自然经济、农民阶级以及它所依托的整个小农文明长久存在。中国启蒙运动的一系列根本性特征以及它所行经的曲折之路，都离不开且取决于这两大运动相互之间的关系。姜义华认为，在西方资本主义东来刺激下开始的中国现代化运动，长期以来力量有限，并处于弱势状态。它打击了传统的小农生产，但并没有给农民新的出路，结果使处于空前威胁下的农民更顽强地维护他们原先的生产方式，中国农村成为现代化发展的最顽强最有力的抗拒者。① 姜义华的上述观点虽也有所偏颇，但却道出了中国现代社会的两难。

　　上述社会状况与道教的关联首先在于，经过五四运动洗礼的中国社会必须走以工业化、市场化、城市化、世界化、民主化、科学化、法制化和俗世化为内容的现代化道路，这使中国农民和中国道教面临前所未有的冲击和挑战。如前所述，五四启蒙运动的思想主题是民主和科学，在此思想主题下，一切传统都受到重新审视和批判。尽管儒教遭受的批判最显著，但道教作为宗教文化传统也难逃其外。首先，道教赖以生存的农村和农民，在工业化、市场化、科学化、民主化和俗世化等的时代潮流中同样受到冲击，广大农民守护道教还是遗弃道教，守护农村还是脱离农村，就成为他们的艰难选择。其次，现代中国社会以及五四运动是在帝国主义瓜分中国和挤压中国生存空间的背景下展开的，正如陈独秀所言："如若有人问五四运动的精神是什么？大概的答词必然是爱国救国。"② 爱国主义原本就是五四启蒙运动及其以后的新启蒙运动的重要内容，而非在中国启蒙运动之外。秉承爱国主义和保家卫国文化传统的中国道教和广大农民势必成为被争取和利用的对象，于是传统与现代就形成对立又合作的双重走向，深受道教影响的中国农民的倾向和选择势必左右中国现代社会的历史进程。最后，自五四运动以来，马克思主义开始登上历史舞台并逐步发展成为主流意识形态。若按艾恺的"马克思主义乃是启蒙原则的扩展"③ 和李泽厚的"马克思主义本来诞生在西方近代民主主义和个人高度发展了的资本主义社会，它汲取了资本主义自由、平等、民主、人道等一切优良

---

① 姜义华：《理性缺位的启蒙》，上海三联书店 2000 年版，第 11 页。
② 任建树主编：《陈独秀著作选编》第 2 卷，上海人民出版社 2010 年版，第 222 页。
③ ［美］艾恺：《世界范围内的反现代化思潮——论文化守成主义》，贵州人民出版社 1991 年版，第 229 页。

的传统和思想"①，把马克思主义作为继承了欧洲启蒙运动遗产的新启蒙
形态，再按李大钊的观点将马克思主义作为意识到中西方文明皆有缺陷之
后的自觉选择②。那么马克思主义在其中国化过程中，如何处理与作为中
国文化根底的道教的关系，就成为意识形态领域的一项重大理论问题。文
化的激进与保守之间，密切关涉到以道教为精神寄托和信仰支持的广大农
民的利益。

　　1911 年辛亥革命推翻了清政府统治后，因民国政府推行宗教信仰自
由的宗教政策，道教成为合法存在，但其政治地位和社会影响已更趋没
落。民国初年，江西都督府在破除迷信的活动中取消张天师的封号封地，
使正一道的政治和经济根基发生动摇。袁世凯为了拉拢道教以实现称帝野
心，于是重颁正一真人之印，恢复天师称号并发还田产，意欲形成传统的
政教关系。然而随着袁世凯皇帝梦的破灭，正一道首领的封建特权仅仅是
昙花一现。其后一些道教徒曾服务于黎元洪、吴佩孚、孙传芳以及蒋家王
朝和日伪政权，却终因五四运动的开展、国民政府的打压、基督教的排
挤、抗日志士的声讨等，道教试图借助腐朽势力和帝国主义博取政治地位
和社会影响的努力归于破产。五四学人陈独秀认为上帝仙佛等都是"骗
人的偶像"，钱玄同认为益世觉民要剿灭道教神学，胡适认为"道教最迷
信"，《道藏》是"一套从头到尾，认真做假的伪书"。民国政府在经济和
文化等方面不支持道教，将其作为封建迷信予以打击，并以基督教加以排
挤。道教内部长期难以形成统一，思想理论难以创新。这些都使民国时期
的道教显现出"时运多蹇，满目凄凉，呈末世光景"③。加之有帝国主义
的侵略和资本主义商品经济的侵蚀，民国时期的道教"逐渐失去了其固
有的本色。一些宫观殿堂变成了赚钱的场所，为信徒做功德也成了一些道
士糊口谋生的手段，道教信徒一方面出钱雇道士做道场，冀求登升仙界；
一方面又从音舞结合的道场中获得娱乐。在道教世俗化的潮流中，向来口
口相传的道教内修秘术，也逐渐流向了社会。"④

　　然而民国时期毕竟还是有一批道教和非道教人士促推了道教的发展，

---

　　①　李泽厚：《中国现代思想史论》，天津社会科学院出版社 2004 年版，第 31 页。

　　②　中国李大钊研究会编注：《李大钊全集》第 2 卷，人民出版社 2006 年版，第 214、263
页。

　　③　牟钟鉴、张践：《中国宗教通史》下卷，社会科学文献出版社 2003 年版，第 1071 页。

　　④　卿希泰、唐大潮：《道教史》，江苏人民出版社 2006 年版，第 355 页。

使道教显出一些复苏迹象。这些道教人士包括陈撄宁、易心莹、岳崇岱等。陈撄宁提倡仙学，致力于宗教救国，他提倡仙学的目的就在于爱国强族。陈撄宁大半生处于民国时期，他看到国力衰落、外患不止，因而提倡本土性的道教文化以图救国。在他看来，佛教讲慈悲但徒唤奈何，西学重物质但流于杀人，唯道教不尚空谈，合物质与精神，可以达到自救救他的目的。他因此表示"西方虽好，我不愿意去"。陈撄宁认为儒学任经常而守现状，佛家求正觉而去现世，道家重自然而失放任，唯有仙家认为人生有缺憾，宗旨在于改革现状、推翻定律、打破环境、战胜自然。因而他出入儒释道三教，发扬道教内丹学的优秀成果，取出其中的术数和科仪等，将仙术提升为与儒释道并驾齐驱的仙学。陈撄宁还引进科学精神，去除道教中的祀神和符箓等迷信成分，把自己的仙学归为学术而非宗教，认为他的学术是实验的而非空谈的，是调节情欲、养生健体、使人长寿的生理之学。他把传统中医与仙学结合起来，为家人和其他患者治病，并将其高深的修养方法通过著述和创办的《仙学日报》等推广于社会。陈撄宁提倡爱国，又能在其仙学中引进科学精神并主张改造自然，体现了启蒙与救亡的统一。岳崇岱农道双修又摒弃道教神话，体现了道教与农业的天然联系以及道教的与时俱进。在民国时期，还有傅勤家、陈垣、陈国符、刘师培、刘鉴泉、王明以及汤用彤、冯友兰等学人开展道教研究，对道教的复苏也起到了一定的推动作用。

　　民国时期的道教实践还有广大道教徒反帝救亡的爱国义举。20世纪20年代，沈阳太清宫住持葛月潭道长就将宫内收入结余全部拿出来办学校、开粥厂，周济奉天百姓。随后又作画义卖，用全部所得赈济冀鲁两省大旱时的灾民。30年代初，武当山道总徐本善便以紫霄宫父母殿和西道院作为贺龙率领的红三方面军的司令部和后方医院，帮助红军送情报、劫军火、救护伤员。当红军北上转移时，徐本善被暗杀，王教化道长被严刑拷打。抗日战争爆发后，不少道教徒发扬道教一贯的爱国主义精神，以实际行动支持抗日军队，参加各种形式的抗日救亡活动，为民族生存尽力尽责。例如，茅山一度作为新四军在江南的抗日根据地，乾元观一度成为新四军一支队的司令部所在地。茅山道众有的参加了新四军，直接投身民族解放事业；有的为新四军做向导，传递情报，护理伤员，备粮筹款。后来，茅山的乾元观和元符宫等道院在日寇的清乡扫荡中被焚烧殆尽，几十名道士惨遭日寇杀害。南岳衡山道众也曾在叶剑英的引领下加入"南岳佛道救难会"，投入抗日救亡的洪流中。西岳华山的道众和广东罗浮山的道士们，都在解放战争期间支持和帮助人民解放军。如此事例，不胜枚举。①无国无家便难全生，有国有家才能全生。道教通过反帝爱国的社会实践，彰显了自身的爱国情怀和贵生本色，得到了广大民众的普遍认同。道教界不少人士在第一次国内革命战争时期、抗日战争时期和解放战争时期就支持共产党的民族解放事业，因而得到中国共产党的认同，成为中国共产党领导下的爱国统一战线的重要组成部分。

中国共产党成立于五四运动时期，作为五四运动发起者和中国共产党缔造者的陈独秀和李大钊，都曾以激进主义的态度批判宗教。后者领导了非宗教化运动，并且号召青年人和知识分子走进农村，用民主和科学教育改造农民。他们首先站在近代西学，随后站在唯物主义的历史观和无神论的立场上批判宗教。他们虽主要针对儒教和基督教，但也波及道教，因而呈现出启蒙的主题。然而正如陈独秀所谓的五四运动的精神是爱国救国，爱国救国原本就是五四启蒙运动的思想主题和精神内核。其后由于日本帝国主义侵华，这一主题依旧渗透在何干之和舒衡哲等论述的以马克思主义为指导的新启蒙运动中。由于广大道教徒秉持爱国立场，具有反帝救亡的爱国义举，能顺应时代潮流自我革新，能用中医武术治病救人和强体抗敌，不少道教徒支持共产党的民族解放事业，于是中国共产党的宗教思想和宗教政策发生转变，道教成为可以团结的对象。毛泽东根据中国革命的任务，从中国的国情出发主张反对神权，认为神权、政权、族权、夫权是束缚中国人民特别是农民的四条极大的绳索。他赞扬农民对神权的冲击，但不主张人为地废除宗教，认为神权的废除乃是政治斗争和经济斗争胜利以后自然而然的结果，不必用过大的力量生硬地勉强地从事这些东西的破坏。他讲："共产党对于这些东西的宣传政策应当是：'引而不发，跃如也。'菩萨要农民自己去丢……别人代庖是不对的。"②中国共产党人的宗教思想和宗教政策在抗日战争和解放战争时期得到发展，所积累的宝贵经验被写进中华人民共和国成立前的中国人民政治协商会议通过的《共同纲领》中。"按照《共同纲领》，在全国性的自下而上

①　卿希泰、唐大潮：《道教史》，江苏人民出版社2006年版，第346、359页。
②　《毛泽东选集》第1卷，人民出版社1991年版，第31—33页。

的群众性的反封建斗争的疾风暴雨中，长期受剥削阶级的控制和利用的佛教、道教中的种种封建制度和特权被革除，佛教、道教自己也获得了新生。"①

新中国的成立使饱受磨难的中国焕发青春光彩，从历史中蹒跚走来的道教也获得新生。《共同纲领》确立的宗教信仰自由政策，使广大道教徒对中国共产党领导的新政权感到了放心。党和政府从政治上对道教徒加以引导，在生活上予以关心，尊重他们的宗教感情，以统一战线方针团结广大爱国教徒共理国家大事，使道教徒以饱满的政治和爱国热情，积极投入到建设新中国的时代洪流中。道教素有拥护和平、反对战争、济世利人、利国福民、爱国救国、贵生爱生等的优良传统，新中国成立后，中国共产党基于道教的优良传统并根据统一战线的要求，给予了道教徒参政议政的权利，使他们与各界人民一样享有平等的权利。道教组织也按民主化、平等化、法制化的要求进行改造，组织秩序得以重建，道教队伍得以纯洁。经过土改房改之后，常住宫观的职业道教徒与普通农民一样分得土地，开始从事生产，摆脱寄生生活，后来又都参加了农业生产合作社。上层道教徒也力尽所能地参加生产劳动，转变为自食其力的劳动者。与此同时，中国共产党的宗教理论和宗教政策更趋合理。周恩来总理指出："信仰宗教的人，不仅现在社会主义国家里有，就是将来进入共产主义社会，是不是就完全没有了？现在还不能说得那么死"，"别说分了地的农民，就是进入了社会主义社会，也还有信教的"。② 这种马克思主义宗教观的中国表达，使道教徒从心底里拥护共产党，愿意接受中国共产党的领导，以实际行动支持社会主义建设事业。他们化出世为入世，成为了社会主义建设事业的一分子。1957 年中国道教协会的成立，使历史上始终处于一盘散沙状态的道教界，第一次有了真正属于自己的统一性的全国性爱国组织。不久之后，全国性的反右运动、"大跃进"和人民公社化运动都对道教形成重创，"文化大革命"更是弃中国共产党业已形成的合理的宗教政策于不顾，将具有优良传统的道教推到了被毁灭的边缘。

从五四运动到改革开放前的现代中国社会，道教的发展命运多舛、起

---

① 任杰：《中国共产党的宗教政策》，人民出版社 2007 年版，第 46 页。

② 中共中央文献研究室编：《周恩来统一战线文选》，人民出版社 1984 年版，第 383、201 页。

起伏伏，这种起伏多舛的发展状态与国家的命运以及农民的生存状态休戚相关。一方面，帝国主义的入侵、战争不断、军阀割据、国家长期不统一等，使道教和中国农民依然遭受举步维艰的困境，救亡图存和实现国家统一成为摆在道教徒和中国农民面前的历史使命；另一方面，现代化已经成为世界潮流，现代化不仅意味着韦伯所说的理性化和祛魅，也意味着姜义华所说的工业化、市场化、城市化、世界化、民主化、科学化、法制化和俗世化，融入和实现现代化同样是道教和中国农民的历史使命。通过上述的历史考察可以发现，正是因为道教和中国农民投身了救亡图存和现代化建设，在祛魅的同时也按科学化、民主化和法制化等要求改造自身，因而获得了新生。将启蒙与救亡以及现代化运动与农民运动割裂开来，容易走向精英主义，否定广大农民的历史贡献和现代化参与；也容易走向西化，导致否定中国传统文化的历史虚无主义。如同韦伯认为新教伦理接引了资本主义的启蒙，盖伊的《启蒙运动：现代异教精神的崛起》提出古希腊和古罗马的思想文化接引了近代资本主义的启蒙。列宁也讲："马克思主义这一革命无产阶级的思想体系赢得了世界历史性的意义，是因为它并没有抛弃资产阶级时代最宝贵的成就，相反却吸收和改造了两千多年来人类思想和文化发展中一切有价值的东西。"[1] 无论资本主义启蒙还是马克思主义的新启蒙，都非历史虚无主义。道教作为中国传统文化的重要组成部分，虽具有神学迷信的成分，但所包含的拥护和平、反对战争、济世利人、利国福民、爱国救国、贵生爱生等优良传统，却是中国文化的特质和优势之所在。毛泽东领导的社会主义建设时期，为防止西方国家的核讹诈和技术垄断，提出科学技术现代化并取得"两弹一星"的巨大成就，为实现道教的天游梦想奠定基础，也非救亡压倒启蒙所能诠释。因此中国的启蒙和现代性既要反对神学迷信，也要反对历史虚无主义。回顾历史亦可发现，农民并非中国现代化的阻力，而是积极的参与者和推动者。西方的封锁、"极左"主义思潮、城乡二元体制阻碍了中国农民的现代化，然而中国农民参与和建设现代化的强烈意愿和巨大能量，却在随后的改革开放和城乡一体化进程中爆发出来。

---

[1] 《列宁选集》第4卷，人民出版社1995年版，第299页。

## 四　道教与当代中国农村社会

改革开放以来，道教与其他爱国宗教一样走向复兴。关于宗教抑或传统文化的复兴，李泽厚的《启蒙与救亡的双重变奏》也有涉及："我们今天的确要继承五四，但不能重复五四或停留在五四的水平上。对待传统的态度也如此。不是像五四那样，扔弃传统，而是要使传统作某种转换性创造"，"这是因为，如前所述，真正的传统是已经积淀在人们的行为模式、思想方法、情感态度中的文化心理结构"。[①] 在他看来，对传统至少要有两方面的转换创造，一是社会体制结构的转换创造，即将传统中的个人主义和重民，转换为社会主义法制规范下的自由和民主；二是文化心理结构方面的转换创造，即将关心国事民瘼、以天下为己任和孝亲等，转换为社会主义法制规范下的公民道德。两者服务于"中国式的社会主义现代化道路"[②]。李泽厚的论述虽主要针对儒学，"扔弃传统"的评判也不符合五四运动的全貌，譬如五四运动中还有高扬传统的梁漱溟等。但他主张对传统作转换性创造，用于中国式的社会主义现代化建设，却还是宽容地给传统文化留出了余地，明确了传统文化服务于中国特色社会主义的关系定位。姜义华在随后的《现代性：中国重撰》中也讲："现代性中国重撰，指中国构建自己的现代性，既是西方现代性的延伸和接续，又是对西方现代性的反抗和叛逆"，"为抗拒西方列强奴役和灭亡中国的图谋，中国师法西方，开始了本国工业化、市场化、城市化、世界化、民主化、俗世化进程。但一落到中国社会实际，人们就发现，径直复制西方现代化模式，这条路在中国走不通"。[③] 他认为中国的现代性蕴含着对前现代诸传统的断裂和承续，从一开始就与批判和否定资本主义的社会主义努力联系在一起。他认为现代性源于西方虽未必合理，譬如侯外庐和萧萐父就将中国启蒙的早期生成前移至明清之际，而按他们的理路更早地应该放到《易经》生成的殷周之际[④]。但姜义华同李泽厚一样揭示了当代中国的历史任务和

---

① 李泽厚：《中国现代思想史论》，天津社会科学院出版社 2004 年版，第 36—37 页。

② 同上书，第 43 页。

③ 姜义华：《现代性：中国重撰·序》，北京师范大学出版社 2008 年版，第 2 页。

④ 田云刚：《早期启蒙说的当代使命》，《中国哲学史》2015 年第 2 期。

时代主题，那就是要走中国特色社会主义道路，实现中国特色社会主义的现代化。

上述主题与道教和中国农民的关联首先在于，道教和中国农民是否能为中国特色社会主义提供支持。在这方面，李泽厚和姜义华都转换利用了儒家，而对道家和道教则较少提及。陈来认为改革开放时期，执政党的任务就是要把注意力平实地集中在治国安邦的主题上，探求"治国安邦"和"长治久安"的儒学正好迎合这种要求。"从江泽民的哈佛演讲，到胡锦涛的耶鲁演讲，以及温家宝的哈佛演讲，无可怀疑地显示出执政党政治文化的'再中国化'倾向。21 世纪中国领导人的演讲，以自强不息、以民为本、以和为贵、协和万邦为核心，无一不是从中国文明来宣示中国性，来解释中国政策的文化背景，来呈现中国的未来方向。以'和谐'为中心的执政党的国内政治理念和口号，也体现着类似的努力，即探求以中国文化为基础来构建共同价值观、巩固国家的凝聚力，建设社会的精神文明。大量、积极地运用中国文化的资源以重建和巩固合法性，已经成为21 世纪执政党的特色。"① 陈来凸显了代表城市和士人的大传统或显传统的儒学，那么代表小传统或隐传统的农村、农民、道教何为？其次，中国特色社会主义道路不同于西方资本主义道路和苏联的计划体制模式，它把社会主义同市场经济结合起来。那么道教和农民是否能适应市场经济要求，且能用于校正市场经济的缺陷？再次，现代化的显性特征是城市化，道教和农民是否能适应城市化，又是否能在城市化浪潮中守护农业和农村？又次，现代化的另一显性特征是工业化，工业化造成了生态环境问题，道教和农民是否能为解决生态环境问题提供助力？最后，现代化意味着世界化，中国走向世界和世界走向中国势必引发多元文化包括多元宗教的并起，道教能否为构建和谐社会与和谐世界以及实现宗教生态平衡提供支持？

十一届三中全会使党的工作重心由"阶级斗争为纲"转移到四个现代化建设的轨道上来，爱国的道教界人士被彻底平反，部分道教宫观开始由道教界自己管理，中国道教协会开始重新恢复工作；1982 年宪法恢复公民有宗教信仰自由的规定，道教由此走向了复兴。改革开放以来道教的复兴包括道教人才数量质量的提高、道教宫观经济和自养事业的发展、恢

---

① 陈来：《孔夫子与现代世界》，北京大学出版社 2011 年版，第 11—12 页。

复传统的传戒和授箓仪典、开展国内外道教界的交流、进行道教学术研究等方面。就道教学术研究而言，30 多年来涌现出如任继愈、卿希泰、牟钟鉴、胡孚琛、张继禹、王沐、王卡、李远国、盖建民等一大批学者，形成了《道藏提要》《中国道教史》《道教通论》《中华道藏》《道学通论》《道法自然与环境保护》《道教内丹五派丹法精选》《三洞拾遗》《中国道教养生长寿术》《道教医学》等丰富的研究成果。王卡因此认为："自1978 年以来的改革开放时期，则是道教研究蓬勃发展，达到繁荣兴盛的新阶段。"① 在所有道教学术的研究中，并不乏对道教现时存在的合法性证明。相比较而言，李泽厚讲的关心国事民瘼、以天下为己任、孝亲，陈来讲的自强不息、以民为本、以和为贵、协和万邦等，同样是道教的文化传统。从老子的"道生一，一生二，二生三，三生万物。万物负阴而抱阳，充气以为和"以及"夫兵者，不祥之器"，到《太平经》的"太者，大也；平者，正也；气者，主养以通和也。得此以治，太平而和且大也"以及丘处机的一言止杀，和平、和谐同样是道教文化的精义。除此之外，中国道教主张的不信鬼神、生命由己、济世利人、无量度人等，都与马克思主义具有相通性。这些都是马克思主义中国化，涵养中国特色社会主义，形成中国现代性的特质、风格、魅力的内在前提和文化根基。

邓小平指出："社会主义也有市场经济"，"计划和市场都是经济手段"。② 这就拉开了破除照搬苏联的计划体制模式，建立社会主义市场经济体制的帷幕，中国启蒙因思想的解放和体制的变革得以重启。社会主义市场经济具有开放性，它一方面吸收西方的科学技术和民主管理等经验，另一方面又从本土文化中寻找资源和依据。就后者而言，《易经》明确的革故鼎新的变易精神和"西南得朋"的商业传统，成为支持改革和发展市场经济的历史文化依据。而萧萐父和许苏民等早期启蒙论者更是借明清之际中国资本主义的萌芽，揭示了传统文化也可接出商品经济与近代的民主和科学。③ 就道家和道教而言，老庄的"我无为而民自化""治大国若烹小鲜""朴散则为器""大制不割"和"逍遥游"恰是发展民主、科技以及推进法制和自由的历史文化前提；财神、老君、文昌帝等信仰以及道

---

① 卓新平主编：《中国宗教学 30 年》，中国社会科学出版社 2008 年版，第 143 页。
② 《邓小平文选》第 3 卷，人民出版社 1993 年版，第 364、373 页。
③ 萧萐父、许苏民：《明清启蒙学术流变》，辽宁教育出版社 1995 年版，第 2—20 页。

教的戒律科仪，也有助于中国农民接受市场经济、发展科技、接受教育和认同法律。不仅如此，道教伦理的诚实守信、不为物役、不与物迁、节制主义、中道和谐等，提供了市场经济应遵循的基本原则和校正市场经济缺陷的理路，超然物外和炼神还虚的修行境界能够避免放纵私欲和为物所役。"朴散则为器"和"大制不割"的人本主义倾向，正可克服韦伯的"理性的囚笼"或宰制主义以及阿伦特等反对的极权主义。杜维明和黄万盛等启蒙的反思学派，从儒家伦理中寻找补益和校正市场经济的资源，事实上这种资源也存在于道家和道教文化之中。有些经过创造性转换进入社会主义国家的主流意识形态，有些则作为民族的文化心理结构和主流意识形态的有益补充在民间继续发挥作用。

　　江泽民指出："农村富余劳动力向非农产业和城镇转移，是工业化和现代化的必然趋势。要逐步提高城镇化水平，坚持大中小城市和小城镇协调发展，走中国特色的城镇化道路"。① 胡锦涛也指出："加快现代化建设，必须妥善处理工农城乡关系……加快改变农村经济社会发展停滞的局面，扎实推进社会主义新农村建设"，"必须坚持城乡统筹。我国能否由发展中大国逐步成长为现代化强国，从根本上取决于我们能不能用适合我国国情的方式，加快改变农业、农村、农民的面貌，形成城乡经济社会发展的一体化新格局。我们必须正确处理工业和农业、城市和农村、城镇居民和农民的关系，加大以工促农、以城带乡的力度，使稳妥推进城镇化和扎实推进社会主义新农村建设成为我国现代化进程的双轮驱动，从而逐步解决城乡二元结构矛盾"。② 中国要实现现代化必须解决遗留的城乡二元结构矛盾，统筹城乡，实现城乡一体化发展。那么道教以及深受道教影响的中国农民能否适应城镇化进程和城乡一体化发展呢？应当说，并非只有儒学和基督教的传统具有城市文明的特征，也非只有儒学和基督教能够周遍城乡。道教也有城市文明的特征，也能够周遍城乡。这是因为道教也有天下体系③，这种天下体系既周遍世界，也必能周遍城乡。就前者而言，

---

　　① 《江泽民文选》第 3 卷，人民出版社 2006 年版，第 546 页。

　　② 《科学发展观重要论述摘编》，中央文献出版社、党建读物出版社 2009 年版，第 52—53、55 页。

　　③ "天下体系"为赵汀阳所发扬，其论述既利用了儒家，也利用了道家，譬如老子的"以天下观天下"。（《天下体系：世界制度哲学导论》，中国人民大学出版社 2011 年版，第 20 页。）道教以道家为理论基础，同样关注天下问题，因此"天下体系"也是道教的"天下体系"。

天帝、炎黄、关帝、妈祖、药王、保生大帝等信仰和崇拜，可以包容众生和化敌为友，使海内外华人形成共同的精神纽带，建立广泛的社会交往。就后者而言，道教中的城隍、关帝以及文曲、包公和海瑞等信仰，能够使信道农民适应城镇化的要求，融入城市生活，务工从商，为学为政，扩大交往。道教中的灶神、社神、后土等信仰，能使信道农民继续在农村和农业中安身立命。正如同涂尔干所言："宗教的功能就是促使我们去行动，帮助我们生活下去。通过与神的沟通，信仰者……更加坚强了。他感到自己更有力了。"① 而具有道教气质的休闲农业和养生农业的兴起，不仅改善了农业的品质和农民的收入，也吸引了工业对农业的反哺和城市人口向农村的流动。除此之外，道教的庙会和宫观也通过商贸和旅游等方式，支持着城乡一体化发展。

对于人与自然关系，江泽民提出实施可持续发展战略，促进人与自然的和谐，"走出一条科技含量高、经济效益好、资源消耗低、环境污染少、人力资源优势得到充分发挥的新型工业化道路"②。胡锦涛指出："坚持生产发展、生活富裕、生态良好的文明发展道路，建设资源节约型、环境友好型社会，实现速度和结构质量效益相统一、经济发展与人口资源环境相协调，使人民在良好生态环境中生产生活，实现经济社会永续发展。"③ 习近平指出："走向生态文明新时代，建设美丽中国，是实现中华民族伟大复兴中国梦的重要内容。中国将按照尊重自然、顺应自然、保护自然的理念，贯彻节约资源和保护环境的基本国策，更加自觉地推动绿色发展、循环发展、低碳发展。"④ 中国要实现现代化和伟大复兴的中国梦，就必须走可持续发展道路，实现人与自然协调发展。那么道教以及农村和农民能否对此时代主题予以积极回应呢？张继禹指出："人类因科学技术的强大和自我意识的膨胀，忽略了大自然本身固有的规律，背离了老子所说的大道，对大自然无休止的掠夺，到头来反为自己挖掘了一座座难以跨越的陷阱。现代人类只有改变观念，采取新的发展模式，才能真正地避免

---

① ［法］涂尔干：《宗教生活的基本形式》，渠东、汲喆译，商务印书馆 2011 年版，第 576 页。

② 《江泽民文选》第 3 卷，人民出版社 2006 年版，第 545 页。

③ 《科学发展观重要论述摘编》，中央文献出版社、党建读物出版社 2009 年版，第 44—45 页。

④ 《习近平谈治国理政》，外文出版社 2015 年版，第 211 页。

走向毁灭，重造辉煌的未来。这当是老子'道法自然'的思想，给我们最重要的启示。"① 蒋朝君认为："道家和道教文化中有一种与西方环境保护文化相契合的精神特质。正是这一特质才使得整个华夏文明在历史长河中避免了因生态环境的严重破坏而导致的自身的灭亡。"② 在他看来，道教文化的"顺其自然"和"戒杀护生"等的生态智慧和神圣律令，正是走出当前生态困境的出路所在。王治河和樊美筠讲的生态、可持续、再生、和谐、多元、感恩的后现代农业与环境友好型、资源节约型、农民尊重型、社区繁荣型、审美欣赏型的新农村③，虽主要依托西学和儒学，却也合乎道教的理路与要求。由此可见，道教以及农村和农民也可回应生态环境保护的时代主题，成为支持中国现代化建设的生态建设的重要力量和资源，从而使得华夏大地能够留住绿水青山，留得住乡愁。

再就宗教生态而言，改革开放以来随着宗教复兴和宗教文化从外部的输入，多元宗教并存的局面得以形成。多种宗教本身具有的排他性、国家之间及其意识形态的相争，造成了亨廷顿所谓的"文明的冲突"以及国家特质和国民身份认同的问题。这种问题由于基督教向农村地区的迅速传播，成为关涉到农村和农民的重要社会问题。正因为如此，当代新儒家学者回归儒学传统。陈来将儒家的宗教传统追溯到"五经"④，并将其作为与耶教对话的儒家基础。蒋庆认为："儒教文明是中华文明的具体表现形态，是中华文明得以区别于世界上的其他文明，比如区别于印度佛教文明与西方基督教文明。"⑤ 他们释放出儒学的宗教面向以回应基督教的冲击，却未将具有本土性、根底性和真正宗教性的道教纳入回应体系。安伦试图借助对话伦理建立人类宗教共同体⑥，却难以提供消解排他性的现实依据和政治条件。陈晓毅提供了反对亨廷顿文明冲突论的现实依据，但却是基于基督教处于顶端的个体案例⑦，呈现出差等性结构的特征。对于建立平

---

① 张继禹：《道法自然与环境保护》，华夏出版社1998年版，第8—9页。

② 蒋朝君：《道教生态伦理思想研究·绪论》，华夏出版社2006年版，第19页。

③ 王治河、樊美筠：《第二次启蒙》，北京大学出版社2011年版，第56—74页。

④ 陈来：《孔夫子与现代世界》，北京大学出版社2011年版，第85页。

⑤ 蒋庆：《再论政治儒学》，华东师范大学出版社2011年版，第333页。

⑥ 安伦：《理性信仰之道——人类宗教共同体·导言》，学林出版社2009年版，第5页。

⑦ 陈晓毅：《中国式宗教生态——青岩宗教多样性个案研究》，社会科学文献出版社2008年版，第29页。

等和谐的宗教关系和维护宗教生态平衡而言，道教无疑能够发挥重要作用。一方面它能以爱国主义立场以及对往圣先贤的追慕和对中华民族文化传统的承载，抵御境外宗教的扩张、渗透和独大，保护我们自己民族的精神文化遗产；另一方面能以包容的胸怀以及化争为和、化彼为我的方式，开放地接纳外来文明，将其转化过来为己所用，进而使中华文明能在不绝根脉的基础上，兼容并蓄，开拓创新。道教的这种品质和能力在历史和现实中不断地显现出来。

然而正如涂尔干所言："构成宗教经验的各种自成一类的感觉的绝对而永恒的客观原因，其实是社会""宗教力就是人类的力量和道德力量。确实，集体情感只有把自身与外界对象结合起来，才能意识到自身的存在"。① 韦伯也讲："由宗教的或巫术的因素所引发的行动之最基本的形式，是以此世为取向的。"② 马克思也曾指出："宗教是人的本质在幻想中的实现。"③ 宗教的实质是人与社会，是人与社会的生活方式、组织形式、关系纽带和追求目标。在现代性和全球化持续推进的今天以及社会主义的中国，要寻找文化认同和处理不同文明间的关系，自不必像亨廷顿那样主张文明的冲突，也不必像蒋庆等那样释放中国传统文化的宗教属性，更不必像安伦那样寄望于建立人类宗教共同体。毕竟并非所有的人都信仰宗教，也非所有的宗教信徒都信仰一种宗教。既然宗教的背后是人与社会，那么就应如习近平所言："人类只有一个地球，各国共处一个世界。共同发展是持续发展的重要基础，符合各国人民长远利益和根本利益。我们生活在同一个地球村，应该牢固树立命运共同体意识，顺应时代潮流，把握正确方向，坚持同舟共济，推动亚洲和世界发展不断迈上新台阶。"④ 即在具有世俗性和周遍性的人类命运共同体的架构中和引领下，建立各种宗教的和谐互动关系。道教兼具爱国传统和包容胸怀，能够自觉担当这样的责任和使命。

---

① ［法］涂尔干：《宗教生活的基本形式》，渠东、汲喆译，商务印书馆2011年版，第578、579页。

② ［德］马克斯·韦伯：《宗教社会学》，康乐、简惠美译，广西师范大学出版社2005年版，第2页。

③ 《马克思恩格斯选集》第1卷，人民出版社1995年版，第1—2页。

④ 《习近平谈治国理政》，外文出版社2015年版，第330页。

# 五　结束语

屠呦呦获得诺贝尔医学奖与中国航天器登月，标志着包含中医学和天游学的道教的某种社会认同与理想实现。前者作为一种有别于西方医学的科学和理性，将能提供给世界更多的礼物；后者作为王斯福所谓的有别于西方神话的"帝国的隐喻"，将能提供无穷的开发和利用空间。然而正如屠呦呦的青蒿素和登月的航天器都利用了现代科学技术和民主管理方式一样，道教文化传统的创造性转换，都必须在马克思主义的指导下，充分吸收和利用西学的优秀成果。又如同在太空实验中改良的农业品种，改善了农业产业结构和农民收入一样，唯有做到以上的创造性转换，道教才能充满生机与活力，才能实现造福人类的价值。人们常言：道教是中国的本土宗教，中国文化的根底在于道教。正因为如此，道教属于中国，也属于世界。

# 第 四 章

# 基督教与中国农村社会的变迁

基督教作为一种外来宗教，唐代开始传入中国，自明清之际以来对中国社会产生重大影响。从思想史和社会学的角度看，学术界对基督教的研究，历来缺乏专门针对中国农村社会的关联性探讨。近年来此项研究逐渐增多，但仍缺乏历史演进线索的有效梳理，对农村基督教是问题还是常数的判定意见不一。基督教与中国农村社会有着怎样的关联，这种关联经历了怎样的演变，基督教在当今中国社会又有何种意义，这是本章试图探讨的理论和现实问题。

## 一　基督教与古代中国农村社会

基督教最初于唐代传入中国，名为景教。朱谦之讲："景教（Nestorianism）是东方封建社会的产物。作为宗教，它是罗马天主教会所称为的异端（heresy），景教徒即聂斯托尔派（Nestorians）应该就是异端者（heretics）了。尽管如此，自从此教以公元 635 年传入中国，更在 1623 年至 1625 年间（明天启三年至五年）《大秦景教流行中国碑》出土以后，这一宗教即被称为景教，意译之即 'Luminous Religion'。"[1] 依据碑文的"真常之道，妙而难名，功用昭彰，强称景教"和潘绅《景教碑文注释》的"由此观之，名为景教，犹言耶稣基督也"，朱谦之指出："确认景教是属于基督教之思想体系，首先有此必要。这就是说，中国之有基督教，实从异端的景教开始。"[2] 朱谦之讲景教是东方封建社会产物和基督教之

---

[1]　朱谦之：《中国景教》，商务印书馆 2014 年版，第 2 页。

[2]　同上书，第 3 页。

异端，是因为景教是有别于罗马天主教的教会，是适用于波斯帝国领地的基督教。景教主张耶稣有两性两位，天主性天主位，人性人位，圣母非天主母亲。这为罗马法王厅的天主教所不容，于是被迫流传至中国。在朱谦之看来，这种与罗马正教的背道而驰，恰恰使得景教具有尘世主义色彩，并且影响了马丁·路德，即使是 16 世纪来华的传教士也竟然乐意接受景教的影响。

关于景教对中国社会的影响，朱谦之并未专门予以论述，但论述了中国景教的产生背景和思想特征。在他看来，景教从叙利亚传入波斯、阿拉伯、印度，更由波斯传入中国，有经济、政治和文化的原因。从经济方面讲，中国和波斯之间已经开辟的交通路线使外交使臣、负贩商贾、传道僧侣能由西到东，景教徒从事经济活动是其生活的需要；从政治方面讲，唐代对外族采取宽大怀柔的民族宗教政策，使得来到中国的景教徒视中国为安乐土；从文化方面讲，继承了希腊文化的景教徒多掌握科学知识和技能，常用带来的"奇器异巧"作为结交达官显贵的手段。在思想方面，景教保留了其为基督教的特点，在论天主三位一体、论天主造物及原祖性体之完美、论原罪及害处、论天主降生等方面与天主教保持了一致；在不承认玛利亚为天主之母、不用偶像保留十字架、不承认罗马派之死后涤罪说、司祭以下五级皆可娶妻等方面，又与天主教形成分别。朱谦之接着论述了景教如何与中国已有的宗教相结合，实现自身的中国化。"唐代是儒道佛三教鼎立时代，景教传入中国后即极力顺应中国固有之宗教迷信和宿命论思想，不但袭用道、佛二教经典的词语、模型与形式，而且为布教传道的保护方便，简直接受了为封建社会统治阶级服务的'尊君'的儒家思想，以代替天主教之教皇至上主义。"①

朱谦之未予专论的景教对中国社会的影响，王治心给出了一些论证和说明。王治心认为《大秦景教流行中国碑》中的"贞观十二年秋七月诏曰：道无常名，圣无常体，随方设教，密济群生。大秦国大德阿罗本，远将圣像，来献上京，详其教旨，玄妙无为，观其元宗，生成立要，词无繁说，理有忘筌，济物利人，宜行天下，所司即于京师义宁坊造大秦寺一所，度僧二十一人"，与《唐会要》和《长安志》的相关记载有所相同。"可见太宗为建景寺于义宁坊后，高宗又继续建立景寺于各州，乃至有

①　朱谦之：《中国景教》，商务印书馆 2014 年版，第 140 页。

'法流十道，寺满百城'的盛况。"① 义宁坊在长安，唐分全国为十道，因此可以推断长安是景教教会的总机关，当时景教已遍布全国，教士当不止碑文所言的二十余人。从碑末具名的人数计算，就有六七十人之众。景教徒能够"来献上京"，因此得到了官方的优容。

景教在武宗灭佛运动中间接性地遭受沉重打击，但是并未在中国完全消亡。至伊斯兰教的影响压倒景教，蒙元政治统治退到长城之外，景教随之在中国消亡。在经过短暂的停滞后，随着地理大发现后欧洲的文艺复兴开启和海外殖民拓展，基督教于明清时期再度进入中国。这一时期向中国传教的首先是耶稣会，随后有方济各会、多明我会、东正教和新教。传教士们以坚韧不拔的毅力，并用西方先进的物质文明成果贿赂官员、学习中国语言与典章礼仪、借用佛教形体特征等方式，重新打开中国大门并得到了中国官员的支持。明清时期进入中国的著名传教士有罗明坚、利玛窦、龙华民、汤若望、南怀仁、白晋、叶尔摩根、马礼逊等。罗明坚创建了仙化寺，利玛窦用天主教儒学化的策略获得万历皇帝认可并北上传教，龙华民则以去儒学化的态度引发基督教与中国文化的冲突，汤若望成为清政府官员并修订了历法，南怀仁向中国传授西方的数学、几何、物理、天文、地理等知识，白晋主持了第一部中国地图——《皇舆全览图》的测绘工作，叶尔摩根向中国传播了东正教，马礼逊等向中国传播了新教。基督教再次传入中国后，李贽、黄宗羲、顾炎武、王夫之等都受其影响，徐光启、李之藻、杨廷筠等坚决护教，明清时期的基督徒数量陡增。"1627年13000人，1636年38200人，到了清初的顺治七年（1650年），教徒人数已达15万人。当时的中国，除了云南、贵州，各省均有传教士活动。基督教不仅在民间和士大夫中间传播，而且流入宫廷。"② 自康、雍、乾、嘉等朝实施禁教以来，基督教受到沉重打击，开始转入地下。

如梁启超在《中国近三百年学术史》中所言："中国智识线与外国智识线相接触，晋唐间的佛学为第一次，明末的历算学为第二次。"明清时期基督教再入中国，除了带来西方的宗教思想之外，也带来了西方先进的自然科学和物质文明成果。"自罗明坚和利玛窦等踏上中国之日起，西方的自然科学知识和机械产品就成了他们吸引教徒，证明上帝存在的工具。

① 王治心：《中国基督教史纲》，商务印书馆2007年版，第28—30页。
② 牟钟鉴、张践：《中国宗教通史》，社会科学文献出版社2003年版，第826页。

尽管他们的直接目的是传播宗教，但所采用的工具却对中国科技发展产生了极为明显的促进作用。中国的天文、地理、数学、水利、医药、语言、音乐、绘画等领域在明清之际皆发生了一个飞跃。"① 在天文历法方面形成《崇祯历书》和《时宪历》，在数学方面译作《几何原本》和《同文指算》等，在地理学方面输入和绘成《山海舆地图》和《皇舆全图》等，在水利和机械工程方面形成《农政全书》《远镜图说》《火攻挈要》和《神威图说》，在西方医药学传入方面形成《泰西人身概说》《西洋人身图》《人体血液循环和但尼斯的新发现》《本草补》《医学原始》和《医林改错》等，在建筑、绘画和音乐方面引进了西式教堂、西洋建筑、西方绘画方法和西洋音乐，形成了《律吕纂要》和《律吕正义》等。

　　西方的传教士在将西方文化传入中国的同时，也将中国的文化带回到西方。传教士到中国后深受儒家文化影响，所以首选儒家的经典向西方介绍中国文化。利玛窦最早将《四书》译成拉丁文寄回意大利，比利时人金尼阁最早将《五经》译成拉丁文。金尼阁创作的《西儒耳目资》成为汉语拼音之滥觞，卫匡国所著的《中国文法》、白晋所著的《中法辞典》、钱德明所著的《满法辞典》为中西文化的交流提供了便利。另外，传教士还撰写了相当一批介绍中国历史、地理、动物、植物、天文、医学等方面的书籍，引起西方社会对中国的兴趣。与明清之际同时，西方正处于资产阶级革命的前夜，思想界正酝酿着一场反对封建专制和教会蒙昧统治的斗争。由传教士输入西方的中国文化对西方的文艺复兴和启蒙运动提供了助力。中国文化中的"天"代表的自然法则，"理"代表的理性主义，"仁"代表的人道主义，莱布尼兹、孟德斯鸠、伏尔泰、霍尔巴赫、魁奈等一批启蒙思想家予以了认同和吸收。明清之际西方传教士的活动虽然带有一定的殖民主义色彩，但总体来说是和平的传教活动。传教士推动的西学东渐和东学西渐成为中西文化交流融通的经典记忆，"是文明世界的强大推动力"②。

　　对于基督教初入和再入的唐代和明清之际，现代学者或将其归入传统社会，并因宗教流行而将其归为蒙昧时代。而王治心则因唐朝的政治统

---

① 牟钟鉴、张践：《中国宗教通史》，社会科学文献出版社 2003 年版，第 827 页。
② 朱谦之：《中国哲学对欧洲的影响》，上海世纪出版集团 2006 年版，第 23 页。

一、四夷宾服、国富民安，将其称为"中国历史上最光明的时代"①。陈来又因唐宋之交思想上出现世俗化、平民化、合理化倾向，将其称为"近世化"，认为"它在许多方面与西欧的宗教改革与文艺复兴有类似的特点"②。另对于明清之际，梁启超早在《清代学术概论》中就因顾炎武、黄宗羲和王夫之等批判宋明理学，追求人类的德慧智术之进化，提倡贵创、博证、致用，其思想动机与欧洲文艺复兴绝相类，将其称为"启蒙期"或"启蒙时代"③。其后，侯外庐、萧萐父和许苏民等因明清之际出现了中国资本主义的萌芽，思想上形成初步的民主和科学思想，因而将其称为启蒙时代。再由康德冠以启蒙的进步观念、福柯冠以启蒙的批判态度、韩水法冠以启蒙的开放心态④等而论，基督教初入和再入中国的唐代和明清之际都是启蒙时代。唐代思想和明清学术不过分属中国启蒙整体历史图景的两个代际形态，基督教是这两个启蒙时代尤其是明清之际的一支参与力量，它以发展商业和引入西方科技的启蒙姿态影响了中国。

由此分析基督教对古代中国农村社会的影响，我们可以断定，首先，基督教虽然主要流行于城市和精英阶层，但其时的基督教已经呈现出世俗化倾向，这与唐宋以来的中国思想倾向相适应，基督教所裹挟的宗教、科学、商业思想，通过精英阶层向城市和农村扩散，使包括农村人口在内的中国人接受西方文化；其次，基督教承袭了古希腊文明的城市中心主义和犹太教的重商主义传统，前者有助于城市扩张，与当时施行的科举制度相呼应吸纳农村人口，后者促进了中国商业文明的发展，也拓展了中国人的世界观念尤其是海洋观念，使得中国的农村工商业得到发展，使更多的农村人口能转移到商品生产和包括海外贸易的商品流通中，最典型的是郑和带领商队下西洋；再次，基督徒带来的西方的天文、历法、算学、测量、水利等科学技术，直接转化成为中国的农政思想，最典型的便是徐光启的《农政全书》。徐光启与利玛窦共同翻译《几何原本》《测量法义》《泰西水法》和西洋历法等，其中的科学思想和科学精神融入他的《农政全书》和治理农业的实践中，为当时的农业发展做出重要贡献。曾雄生为此指

① 王治心：《中国基督教史纲》，商务印书馆2007年版，第24页。
② 陈来：《宋明理学》，华东师范大学出版社2004年版，第13页。
③ 梁启超：《清代学术概论》，上海古籍出版社2005年版，第1—21页。
④ 韩水法主编：《理性的命运：启蒙的当代理解》，北京大学出版社2013年版，第18页。

出："徐光启身居宰相之位，却能抛弃传统观念，身体力行地从事农事调查、试验、观察和研究，并取得丰硕的成果，这在中国历史上是罕见的，也留给后人一笔宝贵的精神财富。"① 总体来说，基督教为古代中国农村社会的变迁提供了外来助力，但影响还不显著。基督教受打击后转向地下和农村，为中国农民利用基督教进行革命和斗争作了准备，对中国农村社会赖以维系的儒家传统既有调和又形成冲击。

## 二　基督教与近代中国农村社会

本文按照较为通行的说法，将近代界定在从鸦片战争开始到辛亥革命结束的历史时期。虽然在鸦片战争前，中国本土已有基督教的存在，但影响并不明显。基督教真正显著地影响中国及其农村社会，是在鸦片战争开始的近代。鸦片战争的发生源于西方资本主义的对外扩张和殖民入侵，西方列强试图将中国变成原料供应国和产品输入国，彻底扭转对华贸易逆差的状况。然而从内因上说，鸦片战争的发生又在于中国人的闭关自守和夜郎自大。自康、雍、乾、嘉等朝实施禁教和闭关锁国政策以来，中西方的文化交流和中国对西方科学技术的吸收被阻断；在此闭关锁国的一百年间，中国社会发展陷入停滞状态，西方社会却以工业革命方式大踏步向前。一百年后，当西方用坚船利炮敲开了中国大门，再次出现在中国人面前时，双方的实力差距已不可同日而语。基督教随着西方资本主义的对外扩张第三次进入中国，一方面再次向中国输入了宗教信仰、科学技术和商业文明，另一方面向中国输入文化冲突、殖民统治和战乱纷争。感受到割地赔款、丧权辱国、民不聊生的中国人，开始自觉向西方学习，也开始在爱国、保种和保教等旗帜下奋起反抗，两者的交织构成中国近代社会的主旋律。

由于伴随着殖民入侵，基督教在近代中国传教的状况和作用发生重大改变。其时虽然不乏正直的和以传教为唯一宗旨的教士，但最显著的还是主张"用战争把中国开放给基督"的传教士。后者以西方国家的强大实力为后盾，放弃了利玛窦时代谦逊忍让的态度，盛气凌人地获取了在华传教的特权。在鸦片战争爆发前，伯驾、裨治文、卫三畏等就开始为武力侵

---

① 曾雄生：《中国农学史》，福建人民出版社 2012 年版，第 558 页。

华制造舆论，马礼逊和郭实腊等传教士则参与鸦片贸易，并借学术之名收集中国的政治和经济情报。鸦片战争爆发后，马儒略、雅裨理、文惠、伯驾等为侵略军作参谋和顾问，有些直接参与了不平等条约的签订。在清政府与国外帝国主义签订的《南京条约》《望厦条约》《黄埔条约》《天津条约》《北京条约》等一系列不平等条约中，均规定了基督教在华传播和受保护的条款，使基督教在全国各地迅速发展起来。据史料记载，至1918年，天主教教徒人数达187万人，外国传教士886名，中国传教士470人；至1914年，基督新教人数已达25万人，外国在华传教士5978人；至1906年，东正教中国籍信徒725人，俄罗斯信徒约3万人。①

基督教与帝国主义相结合，无所顾忌地享有治外法权，以排他性排斥中国的本土宗教，激起了中国人民的强烈反抗，基督教的教案频繁发生。在1860年前，发生的主要教案有黄竹教案、青浦教案、定海教案、玉林教案。此后发生的教案主要有贵阳教案、南昌教案、安庆教案、天津教案、宁国教案、重庆教案、大足教案、巨野教案、冠县教案等。大足教案和冠县教案的起义农民提出了"顺清灭洋"和"扶清灭洋"的口号，它们与巨野教案一道构成义和团运动的先声。义和团运动因得到清政府保守派势力的支持而迅速由山东和河北向全国蔓延。义和团的矛头直指一切洋教堂，擒杀一切可见的外国传教士和中国教民，甚至围攻外国使馆。据不完全统计，义和团运动一年间，杀死天主教主教5人，教士48人，修女9人，修士3人，教徒3万人；杀死基督新教教士188人，新教徒5000人，全国教堂四分之三被摧毁，基督教的传教事业遭受严重挫折。② 义和团运动沉重打击基督教的传教活动，一方面招致八国联军侵华和"庚子赔款"，中国人民陷入了沉重的灾难之中；另一方面唤醒一部分爱国教徒发起成立"中国基督教自立会"，也使外国教会放弃狂妄偏执的传教策略，着手进行天主教中国化和基督教本色化运动，力求基督教的儒学化和中国本土化。自此以后，基督教的教案大幅度减少，传教事业相对顺利。

基督教作为西方科学文化知识的载体，对近代中国社会也产生了积极影响。首先，开办新式学堂，传播西方科学文化知识。传教士承接明清之际注重学校教育的传统，创办了辅仁大学、震旦大学、燕京大学、金陵大

---

① 牟钟鉴、张践：《中国宗教通史》，社会科学文献出版社2003年版，第1006—1007页。
② 同上书，第1014页。

学等中国最早的一批大学，开办了遍及城乡的中小学教会学校，开设了基督教及其之外的数学、物理、化学、天文、英语等课程，为中国培养了一大批科技人才和职业革命家。其次，传播西方思想，输入西方民主法治观念。基督教的原始平等观念影响了洪秀全，李提摩太主张变法影响了康有为和梁启超。裨治文的《阿美利坚合众国》、丁韪良的《万国公法》向中国输入了法制思想，基督教倡导的一夫一妻、男女平等、婚姻自主等对儒学传统形成巨大冲击，这些都对孙中山产生了重要影响。再次，发展西式医疗，促进慈善福利事业发展。传教士将医疗作为中国人接受基督教的重要手段。自 1834 年伯驾开办第一所医院后，教会又开办包括协和医院在内的医院、诊所和护理学校，介绍西医和防病治病。传教士也把兴办慈善事业作为吸引教徒的重要手段，创办了育婴堂、孤儿院、育童学校以及改良会、济良会、拒毒会、道德会和赈灾会等，从而缓解人们的痛苦。

　　如果说义和团运动是基督教与中国农民的负面接触，那么基督教与中国农民的正面接触则是洪秀全领导的拜上帝会和太平天国起义。马克思曾给予太平天国运动高度评价："'两极相连'是否就是这样一个普遍的原则姑且不论，中国革命对文明世界很可能发生的影响却是这个原则的一个明显例证。欧洲人民下一次的起义，他们下一阶段争取共和自由、争取廉洁政府的斗争，在更大程度上恐怕要决定于天朝帝国（欧洲的直接对立面）目前发生的事件"，"历史好像是首先要麻醉这个国家的人民，然后才能把他们从世代相传的愚昧状态中唤醒似的"。① 洪秀全领导的拜上帝会和太平天国运动，利用了基督教的宗教信仰和平等观念以及儒家的大同理想和西方的科学技术。他第一次将基督教大众化地撒播到了民间，并作为中国农民反抗封建压迫和清政府统治的革命工具，使得西方列强以为盟友而前来亲近；但他又旗帜鲜明地以爱国立场反对帝国主义，使得帝国主义联合清政府的保守势力予以镇压。洪秀全领导的拜上帝会和太平天国运动，虽具有宗教神秘主义和领导力量不够先进的特征，但在耶儒对峙与调和耶儒中开出基督教的本土化，标志着中国农民也能吸收西方文化并成为革命的主力军，其反帝反封建的性质不容置疑。这些都深刻地影响了康有为、梁启超、孙中山以及毛泽东等，从而成为近现代先进的中国人追求民族独立、自由和解放的先声。

---

① 《马克思恩格斯选集》第 1 卷，人民出版社 1995 年版，第 690、691 页。

由此分析基督教对中国农村社会的影响，我们可以断定，首先，基督教支持的帝国主义入侵是中国近代贫穷落后的根源之一。帝国主义进行残酷的殖民掠夺，强迫清政府签订一系列割地赔款的不平等条约，最终转化成为广大中国农民的深重苦难和负担。一些基督教徒凭借治外法权干涉政务、横征暴敛、鱼肉百姓，激起了包括广大农民在内的中国人民的强烈反抗；帝国主义的入侵和连绵的战争从根本上破坏了中国乃至农村社会的繁荣和稳定。其次，基督教在近代的输入从根本上打破了中国传统社会的文化结构。自鸦片战争开始，维系中国乃至农村社会的儒学受到基督教和西学的挑战和冲击。其后虽出现耶儒调和的走向，但儒学已不可避免地受到消解而不再成为主流意识形态；基督教的宗教信仰和道德情感，成为统治中国人身心的另一种工具，成为中国人抚慰苦难心灵的另一种鸦片。再次，基督教的输入使中国人开始自觉接受西方先进的科学技术。经历割地赔款的痛苦后，中国人开始通过留学海外和进入教会学校学习西方的科学技术，许多农民由此成为产业工人、科学家、实业家和革命家。最后，基督教的再输入引发了中国近代声势浩大的农民起义和农民革命。近代中国的农民阶级受压迫和剥削最为深重，他们通过武装起义和暴力革命解放自身，随后成为中国民主主义革命的主力军。总体来说，基督教的再次输入伴随着工业革命尤其是殖民统治，因而对中国农村社会的破坏力巨大，农村生产力的发展陷入停滞和倒退状态。

# 三　基督教与现代中国农村社会

五四运动至改革开放前，基督教对中国乃至农村社会的影响不再像近代那样具有强烈的震荡效应。经历了五四新文化运动的非宗教化运动以及"文化大革命"的去资本主义和去封建迷信的运动洗礼，基督教在中国的生存发展关联性地受到抑制，似乎进入到休眠或退场状态，因而呈现出一些学者所谓的历史虚无主义。例如，黄万盛认为中国的启蒙并没有使西方真正的思想进入，"庸俗的效用原则、短视的功利主义，反而铺天盖地地以启蒙的名义把中国内部的资源冲刷得一干二净。这种精神氛围使得近百年来中国社会的思想缺席成为一种必然的状况"[1]。王治河和樊美筠认为

---

① 哈佛燕京学社主编：《启蒙的反思》，江苏教育出版社 2007 年版，第 24 页。

20 世纪初的呼唤民主和科学的波澜壮阔的五四新文化运动的局限性之一，就是"对传统的虚无主义态度"①。这些评论虽然主要针对儒学或儒教，但事实上也波及基督教。刘小枫更直接地指出："我们这一代曾疯狂地吞噬着《钢铁是怎样炼成的》和《牛虻》中的激情，吞噬着语录的教诲。谁也没想到，这一切竟然会被《金蔷薇》这本薄薄的小册子给取代了"，"《金蔷薇》竟然会成为这一代人的灵魂再生之源"，"历史理性与神性的永恒水火不兼容。我们究竟要用多少没有鲜花、没有墓志铭的荒茔，才会堆砌起一种恍悟：历史理性不过是谎言而已"。② 刘小枫批评的历史理性是包括历史唯物主义的启蒙理性，他认为这种历史理性或启蒙理性制造了与宗教的决裂关系。

中国人的现代历史观念生成于五四新文化运动时期。然而作为中国现代启蒙运动的五四新文化运动的思想世界是否构成上述学者所谓的历史虚无主义，委实是值得认真对待的问题。首先，就五四新文化运动的重要发起人胡适来说，他有显著的西化和反传统意识。例如他提倡民主和科学而反对宗教，甚至曾将传统文化视为包含妖鬼的"死路"。但他科学主义的历史观念以及"文学改良""中国的文艺复兴"等又有对宗教和文化传统的开放性。他留学前后受儒学和基督教的深刻影响，使他能转换利用儒学的"三不朽"和基督教的责任伦理，直至后期为中国传统文化做辩护。其次，就五四运动的总司令陈独秀来说，他旗帜鲜明地反对儒教和基督教，但基本动机却是反对封建迷信和帝国主义。他依然肯定宗教具有止伐劝善功能，肯定基督教中的崇高的牺牲精神、伟大的宽恕精神和平等的博爱精神。再次，就五四新文化运动的重要旗手李大钊来说，他领导了非宗教化运动，激烈地反对孔教和基督教，内在动机是要反对封建迷信和帝国主义。但他同样肯定了基督教的牺牲精神以及敬畏、济苦、忏悔、博爱等道德和情感因素，并且认同和主张宗教信仰自由。最后，就五四新文化运动的闯将鲁迅来说，他在激烈批判宗教的同时，也主张宗教的和平、平等、诚信、奋斗、禁戒残暴、普救众生、自我牺牲等是反映人民群众利益诉求的思想情感和道德规范。由此可见，将五四学人的启蒙思想和历史理性冠以历史虚无主义有失妥当。

---

① 王治河、樊美筠：《第二次启蒙》，北京大学出版社 2011 年版，第 12 页。
② 刘小枫：《我们这一代人的怕与爱》，华夏出版社 2012 年版，第 15、16 页。

在五四新文化运动的心灵社区中，还有梁漱溟式的为中国传统文化尤其是为儒家文化辩护的学者，他以西方文化终将走向尽头而中国文化代表未来的主张，随后又将此主张付诸乡村建设，表明中国文化在现代社会的重新出场。随之而后，又涌现出如熊十力和牟宗三等现代新儒家学者，因此五四新文化运动的思想世界并非形成与传统文化的决裂。再就基督教而言，与李大钊等发起的非宗教化思想相对应，基督教自立教会运动和本色教会运动应运而生。自立教会运动强调去除对外国差会组织和经济上的依赖，实行自治、自养、自传；本色教会运动则偏重从神学思想上去除西方文化色彩，力主基督教的教义、礼仪、表达方式要与中国的传统文化相适应。涌现出了如余日章、诚静怡、赵紫宸、刘廷芳一批思想家，他们认为中国教会的前途在于合一、本色、成圣。诚静怡讲："当今举国皆闻的'本色教会'四字，也是协进会所提倡。一方面力求使中国信徒担负责任，一方面发扬东方固有的文明；使基督教消除洋教的丑号。"① 由此可见，五四新文化运动虽对基督教的存在产生负面影响，但基督教并未走向断灭。

基督教在现代中国社会并非退场，而是一种重要在场，它深度走向了中国化。在经历了义和团运动的空前教难后，西方的教会和传教士认识到不可能在文化上征服中国，于是采取基督教中国化的传教策略，开始大力培养中国籍的包括神父、主教、红衣主教在内的神职人员，使教会与中国文化结合，以适应在中国传教的需要。另一方面，儒学"官学"地位的终结使批判基督教的主要武器丧失，日本帝国主义侵华使基督教先前作为西方侵华战争工具的形象趋于淡化，1912 年 3 月 11 日南京政府颁布的《中华民国临时约法》规定"人民有信教之自由"，使基督教变成了合法的宗教，因此基督教在民国时期得到加速发展。在民国年间，据 1949 年的统计，大约有 130 个新教差会在华传教，其中基督教青年会最活跃，传教士们除从事传教事业外，也多从事教育、医疗和各种慈善活动。民国期间的天主教新建了一批教堂，主要面向农村和下层民众进行传教和从事教育、医疗、慈善活动，培养了大批神职人员和教徒。培养的中国籍神职人员，1920 年达到 963 人，1933 年达到 1600 人，1949 年达到 2698 人，中国教徒 1949 年达到 350 万人。受到苏联的政教关系和第二次世界大战等

① 转引自王美秀等著《基督教史》，江苏人民出版社 2006 年版，第 385 页。

影响，民国期间的东正教在中国呈现出萎缩状态。①

　　说基督教是一种重要在场，也是因为它介入了中国现代的世俗社会的纷争。西方的教会组织和传教士在中国传教难免带有使中国基督教化的努力，因而对于作为基督徒的孙中山曾予以支持，但当革命危及帝国主义在华势力时，部分教士开始转向反对立场。例如斯伏尔匝认为孙中山放弃了与基督教的友谊，李提摩太认为孙中山将总统位置让给袁世凯是他一生中最聪明的一件事，李佳白认为制止革命最好的方式是当它开始时迎头痛击之。当1921年中国共产党成立时，基督教会就已经清楚地感受到共产主义是他们的大敌，于是在教徒中制造反共和仇共情绪，与共产党在农村争夺农民，支持蒋介石和国民党政权。在抗日战争期间，英美控制的基督教会对日本帝国主义持反对态度，基督教青年会等组织积极投身抗日战争。天主教的立场比较复杂，罗马教廷正式承认"满洲国"，一些天主教上层人士反对教徒参加抗日救亡运动。但广大的中国天主教徒是爱国的，涌现出了如马相伯、英千里这样的抗日英雄。抗日战争胜利后，基督教会和罗马教廷都明确地站在了国民党一边，对付共产党并与共产党在农村争夺农民。但也有许多基督教徒对国民党的腐败统治不满，在共产党的宗教政策影响下，摆脱西方教会的控制，探索中国教会新的出路。

　　中国共产党掌握全国政权后对教会采取较严厉立场，既有上述历史的原因，也有思想主张的原因。但这并不意味着对以马克思主义为指导思想的中国共产党对基督教的全然拒斥，也不意味着历史唯物主义在社会实践领域的与基督教文化传统的全然决裂。正如马克思创造性地转化利用基督教思想且不主张用行政命令的方式消除宗教一样，早在中国共产党建党初期的一些共产党人就提出了求"反帝"之同，存"信仰"之异。大革命时期，毛泽东提出了反神权斗争要服从反封建的政治和经济斗争；也是在大革命时期，党正式颁布了宗教信仰自由政策；抗日战争时期，提出在反帝和反封建的基础上共产党人和宗教徒建立统一战线；新中国成立后，成为执政党的中国共产党在具有宪法地位的《共同纲领》及其后的几部宪法中规定了公民有宗教信仰的自由，巩固和发展同宗教界的爱国统一战线。周恩来指出：中国的"宗教团体本身要独立自主，自力更生，要建

①　牟钟鉴、张践：《中国宗教通史》，社会科学文献出版社2003年版，第1146—1154页。

立自治、自养、自传的教会。这样，基督教会就变成中国的基督教会了[1]。随后中国基督教"三自"爱国运动和中国天主教爱国革新运动在全国蓬勃展开。这些都体现了历史唯物主义以及中国共产党在社会实践领域朝向宗教的开放性。"文化大革命"践踏了历史唯物主义以及中国共产党行之有效的合理的宗教政策。但此间的基督教的宗教场所、教职人员和宗教典籍都有所留存，比如宗教场所被列为文物、公共场所或被闲置起来而未毁弃，宗教典籍被封存或藏匿，教职人员转换身份成为普通公民，这些成为此后基督教能在中国走向复兴的内在根据。

对于基督教与现代中国农村社会的关系，张文清从基督教对中国暨农村社会生态的适应、基督教在农村兴盛的原因和基督教对农村社会的积极影响三个方面进行了专门论述，其时间跨度从 1949 年到 2000 年，论述主要涉及改革开放以来的历史时期，对于改革开放之前略有提及。譬如，在基督教对中国农村社会生态的适应层面，指出新中国党和政府保障宗教信仰自由，这为基督教信仰提供了可靠的政治与社会保障。中国基督教坚持反帝爱国、推进"三自"运动，适应了中国的社会生态。基督教配合宗教管理，在农村地区施行本土化，也适应了中国农村社会的生态。[2] 在基督教在农村兴盛的原因层面，张文清基本依托改革开放以后的调研资料进行论述，但有关基督教信徒文盲多、举家信教、闲暇活动单调、知识相对缺失等状况也适用于改革开放之前。另在基督教对农村社会的积极影响层面，张文清论述了政府对基督教进行了管理和控制，也论述了基督教通过"三自"运动成为政府的可靠伙伴和社会整合的辅助角色。其他如促进农村人际关系的改善、推动农村经济发展、提倡农村公益事业、改良农村风俗文化、教化农民提高道德修为、调适农民心理状态等，虽然主要以改革开放以来的事实为依据，但也一定程度上适用于改革开放以前。

基督教对现代中国农村社会的影响或可归结为以下几个方面。首先，基督教是一种充斥着政治张力的思想工具。在现代中国，基督教为侵略者和反侵略者、国民党政权和共产党政权所利用，各方力量利用基

---

[1]　《周恩来统一战线文选》，人民出版社 1984 年版，第 181—182 页。

[2]　姚伟钧、胡俊修主编：《基督教与 20 世纪中国社会》，广西师范大学出版社 2014 年版，第 399—404 页。

督教争夺农村和农民，从而在政治斗争旋涡中撕裂又重组着中国农村社会。中国农民一方面以坚韧的忍耐精神经受战争等苦难，另一方面以巨大的牺牲精神参与了反帝反封建的斗争。其次，基督教在现代中国农村社会既有发展又受抑制。基督教因其提供宗教信仰、科学技术、商业文明、教育事业、保障事业、医疗服务等，在现代中国乃至农村社会仍有发展。但也因民主和科学等现代性的高扬以及无神论的兴盛、西方国家对中国的封锁、"文化大革命"的打倒牛鬼蛇神，基督教的发展受到抑制，其积极意义的发挥打了折扣。再次，基督教中国化面临着中国基督教化和反基督教化的斗争。在现代中国乃至农村社会，因五四新文化运动对宗教尤其是对儒教的批判，使得儒释道的元气大伤，儒教中国已经褪色，对于基督教的抗衡能力大大减弱。加之国民党的一些重要领导人信仰基督教、日本和美国等在中国推行基督教，都不同程度地隐含使中国基督教化的努力。现代新儒家、启蒙主义者和马克思主义者则反对中国基督教化，使得现代中国的思想世界呈现出多元竞争的格局，进而影响了中国农村社会的思想状况和中国农民的精神生活。最后，基督教的"三自"运动具有里程碑的意义。基督教"三自"运动标志着中国的基督教进入摆脱外国教会和帝国主义国家控制而独立自主发展的历史阶段。它坚持爱国和自主原则，坚持与中国本土文化相衔接进而与社会主义相适应，以平等、相爱、幸福、和平等因素，在城乡二元体制下维系着城市和乡村的社会稳定。

## 四　基督教与当代中国农村社会

20 世纪 70 年代末以来是基督教走向复兴的历史阶段。基督教在中国的复兴与经济全球化浪潮的兴起和中国实行的改革开放有着密切的联系。就前者而言，经济全球化是西方国家和西方文化主导下的经济全球化，经济全球化浪潮的兴起席卷了中国，使中国的大门重新面对西方国家敞开。伴随着国外的资金、技术、管理等要素进入中国，包括基督教文化在内的从古希腊到后现代的全部西方文化整体性地再度输入中国。基督教作为拥有先进生产力的西方国家文化身份认同的重要标志，以提供信仰、推进民主、谋求功利、兼容科学、高扬道德、富有情感、关爱生命、保护环境等姿态，寻找着它的追随者。就后者而言，中国的改革开放以思想解放为内在前提，它使人们从对马克思主义的教条化理解中走出来，摆脱对苏联的计划体制的迷恋和"极左"思潮的错误影响，进而在坚持"四项基本原则"的前提下，在"百花齐放、百家争鸣""古为今用、洋为中用"的方针指引下，将包括儒释道耶伊等在内的宗教及其社会功能释放了出来，包括文化建设在内的中国的社会主义建设从此进入大繁荣和大发展的历史时期。

刘小枫率先从"怕"和"爱"的意义上论述了基督教的时代价值和社会功能。所谓的"怕"是以羞涩和虔敬为质素的怕，是生命之灵魂进入荣耀圣神的虔信的意向体验形式；"爱"与冷漠、荒凉、被弃、孤单相对，爱的实现与受苦和牺牲联系在一起，这是爱在此地此世的必然境遇。[①] 刘小枫从生命深层体验上揭示了基督教的社会功能，但还需要于"怕"和"爱"之外加以拓展。孙尚扬从宗教一般的意义上论述了宗教的社会功能，在他看来，宗教有维系秩序的社会功能，具体展开为四个方面：第一，社会整合，包括社会制度、社会组织和社会舆论层面的整合；第二，社会控制，包括对主观心理、认知活动和外在行为的控制；第三，个体的社会化，包括使人成为代代相传的文化载体、提供良好的学习环境和机会、范导人们的行为、形成良好的角色意识和社会角色；第四，心理调适，为组织的成员提供慰藉和安全感、提供关怀和帮助、消除怨恨等。[②] 孙尚扬接着指出了宗教的社会功能具有复杂性，宗教具有正功能，但也有负功能。后者表现为阻挠对不义的抗议、阻挠知识的进步、妨碍适应变化的环境、导向乌托邦主义和对变迁的不切实际的期待、促进个体所依附的群体与其他群体的冲突、会产生对宗教领袖的依赖而妨碍个人成熟。宗教的正负功能造成社会整合与社会冲突、阻碍社会变迁与促进社会变迁的巨大张力。

进入 21 世纪以来，中国的宗教学界对宗教与中国社会关系的论述日益增多，其中不乏专门针对基督教与中国社会关系的论述。何光沪认为佛教、道教、基督教、天主教、伊斯兰教以及其他一些宗教在历史上与中国社会就存在互动关系，与中国当代社会也存在互动关系。孙毅论述到了基督教对中国社会生活的影响，即基督教为信徒提供了心理安慰和交往的满

---

① 刘小枫：《我们这一代人的怕与爱》，华夏出版社 2012 年版，第 17—22 页。
② 孙尚扬：《宗教社会学》，北京大学出版社 2003 年版，第 119—132 页。

足，对于信徒确立信仰、明确目的、知错悔悟、摆脱苦闷有明显作用，能帮助信徒形成公平正义诚信的工作伦理以及比较和睦、相互理解、相互支持的家庭伦理。[①] 高师宁和周太良指出，社会转型的变化、工作生活的压力和个人经历的坎坷等社会因素已经成为人们选择天主教信仰的外部因素，信徒职业的改变和市场经济的需要等，使许多天主教徒能接受市场经济和改变贫穷状况，宗教信仰能使教徒踏实做人、踏实做事、心态平和、把个人利益和社会利益结合起来。[②] 李向平肯定了当代中国社会的各类宗教组织在希望工程、抗洪救灾、救灾求助、社会福利、扶正祛邪、稳定人心等方面均存富有效应的社会补充功能，认为这就是当代中国宗教社会性、合法性、公益性的最好体现。他同时指出宗教的发展呈现出诸如新兴宗教和邪教等问题，当宗教的负面功能发挥作用时，就会影响社会稳定。[③] 在李向平看来，中国的宗教和信仰常常被镶嵌在权力和秩序之中，要发挥宗教的正面功能和克服宗教的负面功能，就要按照政教分离的原则，使宗教组织作为社会性团体从国家权力结构中脱离和分化出来，以"官督民办"和"社团自理"的社会性形式呈现出来，在服从当代社会法律及其公共生活秩序的前提下获得发展的合法性。

梁丽萍通过对宗教徒的心理分析指出："宗教信仰既赋予宗教徒生活的意义，又削减他们对于生活意义的认识；宗教信仰既启发他们的天性和潜力，又削弱他们融入社会生活的能力，宗教信仰之于个人发展是一个复杂而又难以一一界定的过程。"[④] 张志刚通过中韩近代基督教传播效应的比较，指出基督教的社会角色和社会印象并不取决于基督教的经典和教义，而是取决于对传入的民族和国家的生存和发展产生正面还是负面的影响。他又通过牟钟鉴和马虎成揭示的西方势力支持基督教造成的一教独大、破坏了中国的宗教生态这一事实，主张在宗教对话的共同语境和责任伦理下，回应人类社会和生态环境面临的现实苦难，继承"和而不同、求同存异、海纳百川、兼容并蓄"的深厚文化传统，努力建设和谐社会

---

① 何光沪主编：《宗教与当代中国社会》，中国人民大学出版社 2006 年版，第 286—290 页。

② 同上书，第 369—372 页。

③ 李向平：《中国当代宗教的社会学诠释》，上海人民出版社 2006 年版，第 31—32 页。

④ 梁丽萍：《中国人的宗教心理——宗教认同的理论分析与实证研究》，社会科学文献出版社 2004 年版，第 240 页。

与和谐世界。身为炎黄子孙和国家公民的中国基督教界领袖和信众，应当以整个民族和国家利益为重，重新反省宗教信仰与社会责任的关系，努力做到使基督教中国化，使基督教真正融入中国文化、中华民族和中国社会。① 牟钟鉴指出现在宗教问题、宗教工作已经是一个关系到党和国家工作全局的问题，而不是一个局部问题和边缘问题。社会主义社会仍然有宗教存在的根源，在社会主义社会宗教是不可能消亡的，今后还会继续发展。为此不能用行政命令方式取消宗教，要发挥宗教界人士和信教群众在促进经济社会发展中的积极作用，全面贯彻执行党的宗教信仰自由政策，依法管理宗教事务，坚持独立自主自办原则，积极引导宗教与社会主义社会相适应。②

针对宗教的现实存在和正负功能，何虎生与武蓬勃指出要按政教分离原则，正确处理宗教与国家政权的关系。要尊重个人的宗教信仰，承认信教群众是中国革命、建设和改革的重要力量，按照确立与之结成统一战线原则支持宗教团体的建设。要加强党对宗教工作的领导，正确处理共产主义信仰与宗教信仰的关系，对广大人民群众进行无神论的宣传教育，共产党员不得信教。③ 杜小安指出中国的基督教界人士要走出僵化保守的教条主义和排斥主义传统，在全球化时代能够以"周虽旧邦，其命维新"的民族自信心来继承和发扬我们中华文化，推动基督教在中国实现本土化，促进基督教与中国文化的深层对话和融合，积极引导基督教与社会主义相适应，为构建中国特色社会主义和谐社会，为建立公正和谐的新世界发挥更加积极的作用。④ 佟洵认为构建和谐社会有赖中国宗教界人士与广大信众的和谐，要依法管理宗教，使宗教成为构建和谐社会的积极因素，发挥各宗教团体构建和谐社会的平台作用，发挥宗教服务社会、扶贫济困的社会作用。⑤ 卓新平主张把宗教作为人类学常态，并从"问题意识"的视角看待宗教。所谓的宗教是人类学常态，首先是指宗教与人密不可分；其次，宗教存在于从古至今的人类社会之中；再次，宗教为当今世界多数人

---

① 卓新平主编：《宗教与当代中国社会》，社会科学文献出版社 2013 年版，第 1—10 页。

② 卓新平、唐晓峰主编：《论马克思主义宗教观》，社会科学文献出版社 2009 年版，第 160—165 页。

③ 同上书，第 108—123 页。

④ 杜小安：《基督教与中国文化的融合·自序》，中华书局 2010 年版，第 5—6 页。

⑤ 佟洵：《宗教与社会主义和谐社会建设》，宗教文化出版社 2011 年版，第 352—357 页。

认同和信仰。所谓宗教是社会的问题是指，宗教既有正功能也有负功能，它可能引导人们朝向崇高、达到升华、超越自我，也可能使人陷入偏执、狂热或痴迷。弗洛伊德揭示的宗教表现出人的有限性、依赖感和精神压力，马克思指出的宗教是颠倒的世界观和人民的鸦片以及贝尔揭示的宗教又表现为动摇世界的力量等，都反映了宗教是社会的问题。卓新平由此主张要发挥宗教在社会发展中的正功能和正能量，尽量减少其负功能和负能量；要对宗教加以积极引导，推动宗教与社会以及各种宗教之间的互动交流，建设美丽中国与和谐世界。[1]

上述学者论述了宗教或基督教与中国社会的互动关系，设定了彼此良性互动的规范和原则，但很少专门论述到基督教与中国农村社会的互动关系，陈村富、刘志军、欧阳肃通等对此进行了实证分析。陈村富通过浙江省基督教的个案研究，揭示出社会主义市场经济引发了农民基督教徒的职业变化以及经济地位和经济收入的提高，进而引发他们生活方式、消费方式和思想观念的变化以及宗教生活、神灵观念与灵修的变化。[2] 这些变化具体表现为，农民身份的基督徒受市场经济的冲击和影响，开始改变农业产业结构或转入非农产业，从事经商、外出打工、做公务员等项工作，最显著的是兴起了一个有别于北京、上海、广州等大城市的"知识精英基督徒"的以个体经营主、公司经理和董事等构成的拥有市民身份的"老板基督徒"，从而实现了身份和职业的转变。富裕起来的基督徒开始摆脱对国外教会援助资金的依赖，自己出资修建教堂，教会资产开始大幅增长。由于从事繁忙的商业活动或在外打工无教堂，基督徒们变得很少进入教堂，认为心中有主和在家做祷告便可。由于交往的扩大和对知识的需求，他们对于非教徒乃至其他宗教教徒的宽容度提高，对于知识的渴求也在增强，妇女多、老人多和文盲多的"三多"现象正在发生变化。他们一方面认为改变职业和经商与宗教信仰无关，另一方面又受到基督教的影响认同"荣神益人"和守法，对于残酷对待员工、违法乱纪、弄虚作假和坑骗消费者的现象比较反感，在商业经营中拥有良好的信誉。陈村富运用韦伯的理论范式，揭示了在以市

---

[1]　卓新平主编：《宗教与当代中国社会·序》，社会科学文献出版社 2013 年版，第 2—3 页。

[2]　陈村富：《转型时期的中国基督教》，东方出版社 2005 年版，第 14 页。

场化、城市化、工业化、法治化、世俗化等为内容的现代化背景下，基督教对中国农村社会的积极影响。

刘志军以山西省平陆县张店镇为研究目标社区。他认为："改革开放以来，随着乡村都市化的发展，基督宗教在张店镇呈现一路上升的发展势头，至今的影响已经大大超越历史上的任何时期。从信徒的情况看，也经历了年龄结构、知识结构、性别构成、地域分布、皈依动机、宗教态度、宗教认知等方面的变化。"[1] 例如，人口结构方面，基督教信徒从老年、文盲和妇女为主转向中青年、小学和初中生为主，男性比例增加。地域方面从零星点缀发展到遍地开花，皈依动机方面从因病信主求医治和求取平安出现追求精神生活和学习知识的趋势。刘志军认为宗教与乡村都市化的关系具有相当的辩证色彩，乡村都市化使得乡村同质性遭遇化解，宗教信仰的多元化与自由化必然增强。同时异质性增强导致传统文化网络权力的削弱，人们转信宗教信仰的机会成本下降；乡村都市化对于宗教发展既有肯定作用，也有否定作用。两者既不同步也不完全独立，而是一种相互渗透、影响、激荡的过程，一方面宗教在乡村都市化过程中改变着自己的形式和内容，另一方面乡村都市化又以宗教为基础要素之一。[2] 欧阳肃通的个案研究以湖南省岳阳市君山区的良心堡教会为考察对象。他的论述涉及基督教与邪教的关系，主张"将宗教的交流与竞争建立在开放、法治的轨道上"[3]。为了改变我国社会团体的混乱的多重管理体制，他主张把它们统一到民政事务部门之下，应把宗教事务"正常化"和"民政化"。陈村富、刘志军和欧阳肃通在社会转型的视域下侧重论述了基督教对中国农村社会变迁的积极意义，然而都未能展现宗教问题的国际视野，未能将国家文化软实力在中国农村社会的竞争揭示出来，在韦伯式的变迁道路之外还有亨廷顿论述的反韦伯式的政治干预功能[4]，民政化和市场竞争的解决之道虽然具有合理性，但是从保证必要的宗教监管和维护宗教生态平衡的意义上来说未必妥当。

基督教对当代中国农村社会的影响可以归结为如下几个方面。首先，

---

① 刘志军：《乡村都市化与宗教信仰变迁》，社会科学文献出版社 2007 年版，第 229 页。

② 同上书，第 240—241 页。

③ 欧阳肃通：《转型视野下的中国农村宗教》，中国社会科学出版社 2009 年版，第 414 页。

④ ［美］亨廷顿：《第三波：20 世纪后期的民主化浪潮》，欧阳景根译，中国人民大学出版社 2013 年版，第 75 页。

基督教对中国农村社会来说有内生性和输入性诱因。改革开放以来，基督教在中国农村社会的复兴既有中国共产党落实合理宗教政策的原因，也有国外教会输入和扶持基督教的原因。国外教会的扶持和介入既有传教的目的，但也在争夺农村市场中制造了与马克思主义和社会主义的张力。其次，基督教对中国农村的现代化来说发挥助益和阻碍作用。中国当代社会的显著特征是推进科学化、民主化、法治化、市场化、城市化、世俗化、生态化等为内容的现代化，基督教包容接洽科学技术，但也制造迷信盲从。它接引民主法治，也妨害民主法治，譬如有些教会干涉基层民主和非法传教等。它以功利主义和积极进取的方式面向市场和城市，也以安逸忍耐和保守主义的姿态回避市场和城市。它以建设人间天堂的态度面向尘世，但也以理想信仰的追求超越尘世。它批判生态环境恶化而提倡节欲，但也难挡市场经济的诱惑而释放物欲。再次，基督教对中国农村的精神生活来说有丰富和限制作用。基督教在物质生活之外提供精神生活，譬如提供信仰、情感、道德和心灵慰藉，于市场经济大潮中提供道德基础和信心支持等，但这种精神食粮中又不免包含神秘主义、等级主义、退守主义等的冗余。最后，基督教对中国农民的社会交往来说有促进和阻碍作用。基督教能够帮助教徒在农村和城市化进程中过互爱互助的团契生活，从而获得安全感和依赖感。但也可能使其难以融入非宗教组织的团契生活，从而形成另一种孤立。由此可见，推进基督教的中国化和法治化，使之与社会主义社会相适应，在农村社会和城乡一体化进程中发挥其积极作用，仍是一项需要付出长期努力的事业。

# 五　结束语

总体而言，基督教与中国农村社会的变迁有着重要的相关性。自唐代以来，基督教作为一种外来的异质性文化，冲击和融入了中国文化、中国社会和中国农村社会，对中国农村社会的变迁发挥了正负两方面的功能。要发挥基督教的正功能而抑制其负功能，就必须包容基督教并推进基督教的中国化和法治化，积极引导基督教与社会主义社会相适应。就推进基督教的中国化来说，它从根本上依赖中国的崛起和综合国力的提高；就积极引导基督教与社会主义社会相适应来说，要求基督教会和教徒能坚持爱国爱教，坚持独立自主自办原则，遵纪守法和反对迷信，提高自身的素质，为社会主义现代化建设事业提供助力。当然也要求社会主义社会与中国农村社会相适应，照顾好广大农民的切身利益。正如马克思所言："宗教里的苦难既是现实的苦难的表现，又是对这种现实的苦难的抗议。"寻求并增长克服宗教苦难的现实资源，无疑有利于增进广大农民的利益。

# 第 五 章

# 农村宗教文化的存在与变迁

本章立足山西省晋城市金村镇，考察农村宗教文化的变迁。虽然选取的对象并不周延，但可以由一斑以窥全貌。山西省晋城市的农村宗教文化，存在久远且影响巨大的当数道教和佛教。而其活动场所中存在久远且最引人瞩目的当数金村镇的珏山真武观、青莲寺和玉皇庙。它们虽然地处乡野之间和村落之中，但却对地方文化产生了重要影响。同样地处金村镇的乡野村落，也对地方文化产生重要影响的还有神南村的东岳庙和赵庄村的村庙等。探讨这些宗教场所承载的文化信息及其社会影响和变迁方向，有助于我们从一个侧面认识农村文化的现状和发展趋势。

## 一　金村镇宗教文化的建筑群落

### 1. 珏山的真武观

珏山位于金村东南十多公里的群山之中，山势险峻，草木丛生，北有悬崖，南临丹河。该山双峰凸起，峰间弧形凹下，古人传说八月十五，月亮从双峰间升起，故有珏山吐月之说。宋代有道人倚山而建月老亭、魁星阁、三重天门、四大护法（赵公明、马天华、温琼、岳飞）、财神殿、文昌殿、三眼神殿、真武帝殿和玄武殿等，形成道教圣地。包括农民在内的地方上人，常选正月初一至十五或八月十五期间前往登山，烧香膜拜，许愿还愿。根据碑刻记载，明清时期，政府和民间多次出资修缮珏山各道观。但至"文革"时期，山上建筑已破败不堪。近几年来，随着政府大力改善农村交通，前往珏山已极为便利。地方上的一个煤炭企业又出资修缮山道、庙宇和塑像而发展旅游，珏山昔日道教圣地的荣观得以重现。此后游人或烧香祈福之人更是络绎不绝，山下广场上不时有大型文艺活动举办，古老的宗教文化与现代的视听文化形成了辉映之势。

2. 碤石山的青莲寺

地处碤石山的青莲寺与珏山的真武观隔河相望，依山傍水，错落有致。据载青莲寺由北齐名僧慧远法师于天宝年间创建，为我国弥勒净土宗的最早寺院之一，以"文青莲，武少林"而享誉中土。寺内主要供奉有释迦牟尼、弥勒佛和四大天王，禅院上院中有一棵子母柏供人瞻仰，禅院下院中有一座舍利塔巍然屹立。禅院上院之外有一泉，取名为"乳宝"。原为山中积水，顺着多处岩石空隙下注到洞穴之中，形成潭溪，供寺院饮水之用。常有善男信女视之为包治百病的神水，或即饮或取回饮用。从寺中保存完好且文字依然可辨的碑刻来看，寺院在清代乾嘉年间多有人出资修缮，2003 年至 2004 年文物部门又出资进行修缮。寺院现为国家重点文物保护单位，主要由文物部门派专人在此看管守护。由于该寺与珏山毗连，游客及善男信女至珏山真武观者，亦要到青莲寺中进行瞻仰或烧香拜佛，道教文化与佛教文化并行不悖。

3. 府城村的玉皇庙

玉皇庙位于晋城市东十公里处，由于坐落在金村镇的府城村，亦称府城庙。庙宇为道教圣地，所立主神为玉皇大帝，其他诸神有文昌帝、财神、瘟神、送子娘娘、太上老君、狱神、药王（华佗和孙思邈）、五道将军、东岳大帝、成汤、六畜神、蚕神、十二辰神和十三曜星等，而其中最具特色和最有影响者，当数第三重院落西面偏殿的二十八宿。二重院落中有一偏殿，为地藏王菩萨殿，显示出道教对佛教文化的某些兼容。寺庙常年对外开放，全国各地尤其是当地游客或烧香祈福者络绎不绝。农历九月十三至十五，为府城庙会之日。根据庙内保存的碑刻来看，该庙始建于宋代，明清时期多有增补和修缮。新中国成立后，作为文物部门亦得到政府出资和民间捐款，因此得以不断修缮，并在"文革"中幸免于难。每当庙会之时，入庙烧香或参观拜谒者每日可达数千人之众。

4. 神南村的东岳庙

神南庙原名天齐庙，或梁甫山东岳庙。因坐落于金村南面不远的神南村旁，地方人称之为神南庙。庙内正殿供奉主神为东岳大帝（黄飞虎），另有偏殿侧殿供奉东岳大帝的太子、府君（崔珏）、阎君、龙王、太上老君、五道将军、马王牛王、送子娘娘、文昌大帝、瘟君、药王（华佗、扁鹊、孙思邈）、财神、关帝、海瑞和包公等。由此可见，神南庙同玉皇庙一样是道教庙宇。庙宇最初修建年代已不可考，但从供奉诸神以及碑刻推断，大致亦建于宋代，而金元明清时期都曾重修。"文革"期间，打倒牛鬼蛇神，使庙宇遭到破坏而成为一片废墟。20世纪80年代，地方上有人多方募集资金，并根据老人们的记忆，依原址原样重修了庙宇。近年来又在大院南边修建了院落，晋城市佛教协会和一从五台山学习而归的僧人居于此地。据守庙之人讲，整个庙中并无道士，主要由当地农民和僧人从事管理。佛教居士共有一百多人，遍及周围各地，其中女性居多。神南庙自重修以来，长年累月香火不断。清明节、中元节尤其是农历三月二十八金村赶集时，前来敬香者众多，捐款捐物不可胜数。如此以道养佛，把道教圣地作为佛教僧俗重要活动场所的实属罕见。

5. 赵庄村的村庙

赵庄庙原名如何以及初建年代已不可考，因坐落于金村镇的赵庄村而得名。根据村中大院以及村边其他早已破败的文昌阁、泰山庙和城门楼等建筑物来看，村中早年应出过名门望族，为保佑家族发展，在村的西北高地处修建了庙宇。赵庄庙为佛教和道教场所，正殿供奉的是过去、现在和未来三佛，北侧殿供奉的是龙王和财神。由于"文革"时期的破坏，塑像荡然无存。寺庙被用作学校，仍由一居士看管。此居士收养一子拜村中名医为师，在居士病逝后入住庙中，尽看庙和行医之职，医道享誉方圆百里。近几年来，他多方募集资金，修葺日益破败的庙舍，重塑了正殿神像。庙门的"救死扶伤"以及正殿的"普度众生"两块匾额相互辉映，显示了佛道与医道的融合。农民常于正月初一和正月十五到庙中烧香供奉，常有周围村人慕名前来就医或供奉。村中另有中老年人组成的斋公会，将村庙作为道场。每逢重要节日，便在庙中诵经祈福。所诵经文，为一居士祖上所传，有一箱子之多。常诵和流传开来的是《上香经》《姐妹敬香》《安山神经》和《洞宾买药》等，兼及佛道，便于传唱。

## 二　金村镇宗教文化的精神意蕴

1. 人之生命的关怀

金村镇的宗教文化，总的说来是佛道互济。其对人生问题的关注，广泛涉及人的生老病死以及爱情、婚姻和家庭等。就生而言，最显著者当数对玉皇庙和神南庙的送子娘娘的崇拜，善男信女多有烧香供奉，全在渴望如愿生产；就老而言，最显著者当数对真武帝的崇拜，真武帝亦称玄武帝，由龟蛇崇拜而来，被视为司命之神，人们登山拜祭原为增寿添岁；就病而言，最显著者当数对玉皇庙和神南庙的药王崇拜以及赵庄庙的佛医结合，就医或行医者的祭拜，意在渴望脱离病痛或解救疾病；就死而言，最显著者当数对玉皇庙和神南庙的地藏王菩萨、东岳大帝、阎君的崇拜，生者以祭拜方式寄托对死者的哀思和祝福；就爱情和婚姻而言，最显著者当数对珏山真武大帝和月老神的崇拜。《周易参同契》中讲："雄不独处，雌不孤居，玄武龟蛇，蟠虬相扶，以明牝牡，竟当相须。"① 善男信女到此祭拜，尽在祈求永结同心；就家庭而言，最显著者当数对青莲寺子母柏的崇拜，母生子和子抱母象征着对家的依恋和撑持。除此之外，金村镇宗教文化对人生的关注，还涉及教育、应试和财富等。珏山的文昌殿、魁星阁、财神殿以及玉皇庙的文昌殿和财神殿，都涉及这些方面的文化信息。其中，珏山的财神殿除主神外，另供奉的有招财、招宝、纳珍、利市四位仙官。由此可见，求富意识、功利思想和市场观念早已深深植根于当地民间。

2. 社会问题的求治

金村镇处在太行山脉的山陵地区，富含矿产资源，便于发展蚕桑。但是历史上干旱少雨，交通极为不便，偶有暴雨成灾和瘟疫流行。这些生产生活方面问题，在金村镇的宗教文化中充分地显现了出来。就发展农桑而言，玉皇庙的玉皇大帝、神南庙的龙王以及珏山的真武帝、风婆、雨伯、雷公、电母等，都曾是或仍是地方民众祭拜的对象，用于祈求风调雨顺。几个宗教场所的财神以及玉皇庙独有的蚕神，则是地方民众祈求五谷丰登和发展桑织行业的祭拜对象；就发展畜牧行业而言，神南庙的三王殿以及玉皇庙的三王殿和六畜神殿，都曾是或仍是地方民众常来祭拜的场所，祈求六畜兴旺和少生疾患；就发展矿业而言，地方上的矿主和矿工常会到庙中或就地供奉神龛，祭拜太上老君以求平平安安，至今此风俗习惯依然有所保留；就发展交通行业而言，玉皇庙和神南庙的五道将军（大道、驿站、关卡、渡口、桥梁），是经营交通业者的祭拜对象，即使现在亦常有本地或外地公司的业者前来烧香捐赠，以求工程顺利开展；就防治瘟疫而言，玉皇庙的六瘟殿和神南庙的五瘟殿，曾是人们祭拜的重要场所，用以

① 任法融：《周易参同契释义》，东方出版社 2009 年版，第 358 页。

防治天花、痘疹、红痧、霍乱、痢疾等瘟疫的流行。虽当今社会医疗发达，此类疾病已能控治，但仍不时有人入庙祭拜，在瘟神殿前进香膜拜。

### 3. 清廉政治的向往

金村镇的宗教文化不乏对政治问题的关注，蕴含着对清廉政治的向往，具有代表性的是玉皇庙的成汤殿和神南庙的包公殿和海瑞殿。成汤殿是玉皇庙第二重院的正殿，位置仅次于第三重院的玉皇殿。由殿堂位置的排列，足见修建者对成汤的敬重。《尚书·汤誓》讲："夏王率遏众力，率割夏邑。有众率怠弗协，曰：'时日曷丧？予及汝皆亡。'夏德若兹，今朕必往。尔尚辅予一人致天之罚。"[①]《易传》中也赞道："汤武革命，顺乎天而应乎人。"[②] 成汤推翻了夏桀的残暴统治，又以仁德之方治国，深得百姓敬仰，所以立像以念。神南庙西殿中供奉着两位尊神包公和海瑞，在金村镇的宗教场所中独一无二。包拯是为官清廉、刚直不阿、不畏权贵的典范，他疾恶如仇、执法无私和为民请命的精神，千百年来获得了无数民众的敬仰和钦佩。海瑞亦为官清廉、刚直不阿、不畏权贵，深得民众的尊敬和爱戴。当地百姓向往清廉政治，入庙每每焚香以敬二公，视为神明。与此相偕的是，金村镇各村每逢庙会赶集，多演出上党梆子或河南豫剧，剧目中常有《铡美案》和《海瑞罢官》等，老者们对其中唱词耳熟能详，常能和唱而出。几年前，金村镇某村的前任村干部将征地款中饱私囊，全村一百多名农民到市政府上访。他们引用民众在神南庙为包公塑像以及《铡美案》的唱词，要求政府部门公正无私地解决问题。由此可见，宗教文化和戏曲文化对当地民众政治理念的影响。

### 4. 科学技术的敬持

金村镇的宗教文化也蕴含着科学和艺术的成分。从祭拜日的选择来看，正月初一至十五到珏山和村庙的祭拜，正是人们开始为一年进行谋划的时期。金村三月二十八的赶集以及神南庙会，正是农民们开始农忙耕作的时节，需要从事农副产品交易的时期。八月十五登珏山和游青莲寺，正是中秋月圆，利于一家人观景赏月的时期。从庙中的塑像来看，玉皇庙和神南庙供奉的华佗、扁鹊和孙思邈，显示了对中国医学及医学家的肯定与尊敬。玉皇庙的二十八宿、十二辰、十三曜星、五道、三垣等，凝结和记

---

① 孙衍星：《尚书今古文注疏》，中华书局 2004 年版，第 218—219 页。
② 李道平：《周易集解纂疏》，中华书局 1994 年版，第 438 页。

录了古代天文、地理、纪年、节气和历算等方面的科学知识。二十八宿的塑像，全都造型生动、个性鲜明、体态自然、服饰华丽、衣纹清晰流畅，所塑人物似与依附动物亲密地交流感情，表现出了中国古代劳动人民高超的雕塑艺术和惊人的创作才能，堪称我国文物宝库中的精品；从庙宇和殿堂的修建来看，珏山、青莲寺、玉皇庙等全都依山傍水、错落有致、层次分明，避雷、防火和排水系统完备，在建筑设计上显示出高超的技术水平。殿宇和门廊，雕梁画栋、飞檐出壁、琉瓦生辉，显示出古人智巧的匠心。

5. 伦理道德的宣扬

宗教文化的重要内容是伦理道德，金村镇的宗教文化自然也不例外。从各个宗教场所塑造的主神、辅神和侍从等上，虽仍可看出封建专制统治时期尊卑有序的礼制规定，但也传递出与现代性追求相衔接的伦理道德规范。如珏山真武观和月老亭象征的阴阳和合以及黑虎洞题写的道法自然，传递出人与自然、人与人和谐的文化气息。珏山最高峰塑造的降妖伏魔的三眼神以及神南庙龙王殿的壁画，显示出关爱民生和惩恶扬善的道德追求。珏山一天门处矗立的护法神之一岳飞和神南庙供奉的关公，宣扬的是爱国爱家和忠义守信的思想情怀。青莲寺塑造的释迦牟尼和弥勒佛，赵庄庙塑造的三世佛，玉皇庙塑造的分管平等王的地藏王菩萨等，体现出众生平等、乐生爱生、积德扬善的伦理观念。珏山、玉皇庙和神南庙塑造的财神，宣扬着功利主义的思想理念。玉皇庙塑造的狱神殿和神南庙塑造的东岳大帝，寄托着生者对死者的思念。神南庙中的阎君殿，陈列的各种刑具刑法，更是警醒世人诸善宜施而诸恶莫作。

# 三　金村镇宗教文化的当代变迁

1. 地方经济发展引发的变迁

改革开放以来，随着地方经济的发展，政府出资和民间筹资能力不断增强，作为国家重点文物保护单位的青莲寺和玉皇庙得到了进一步的保护，珏山道观、神南庙和赵庄庙也得以修复。青莲寺和玉皇庙除了继续承担文物保护的功能外，也静默地接受着佛教和道教信奉者的烧香膜拜，间或有一些学术会议在此召开。如笔者八月中旬前去青莲寺时，正有一个彩绘、泥塑和壁画的研讨会在此召开；神南庙在修复后，除了继续发挥祭奠亡灵等功能外，也由僧人为矿主、商人和其他人员提供咨询和祈福的宗教服务。其中的财神殿与玉皇庙和珏山的财神殿一样，常是企业主、商人和普通民众祭拜的对象，祭拜之后他们便投身到市场经济大潮中谋求功利和富裕生活；珏山及其道观经地方企业开发之后，演变成了一个旅游和休闲度假的场所。经企业和媒体以登山赏月为主题，或兼及听风看雪、亲绿戏水、问道祈福的大力宣传，珏山崇尚道法自然的道教文化较顺畅地融入旅游文化之中，成为晋城市发展旅游业的一种文化符号。山下广场不时举办的大型文化娱乐活动，更是充分利用了道教圣地的文化资源。例如笔者近期前往时，就遇到以"珏山华夏五千年婚礼大观"为主题的大型文化活动，举办、协办和承办者既有当地企业，也有省外企业和某网站。这种对宗教资源的开发利用，与省内外许多宗教圣地的开发利用一样，显示出了与旅游、休闲度假和文化活动相结合的共同发展趋势。

2. 科技教育发展引发的变迁

金村镇的宗教文化虽承载着古代科技和教育的内容，但与现代的科技和教育相比毕竟存在差别，现代科技教育影响着金村镇宗教文化的变迁。就煤炭企业的发展来说，近年来随着煤炭行业兼并重组的步伐加快，大型煤炭企业的安全生产和高效生产的知识技能和管理经验传入中小型煤炭企业，中小煤矿的从业人员虽仍有供奉或敬拜太上老君者，但他们的科学意识和科技素养已经明显地增强；就游览青莲寺者来说，已不再把近旁取名为"乳宝"的泉水视为医治百病的神水，而是视为一道景观，对山中之水的神秘崇拜演变成为一种乐山乐水的审美感受；就赵庄村庙的佛道医结合而言，庙中的医生擅长中医，且已进入耳顺之年。十年前，医生就已意识到要想持续济世扶生，就必须培养好后人。除了亲自带徒弟为周围农村培养医护人员外，他还把儿子送到了一所医学院学习中西医结合。在他的影响下，外孙女先后考上了一所医科大学临床医学的本科和研究生。由此足见，一个拥有佛道情怀的医者，对医疗事业发展的卓识远见，以及对佛道文化中重视科学和教育的优良传统的继承与发扬。

3. 社保事业发展引发的变迁

改革开放以来尤其是近些年来，农村社会保障事业的发展取得了显著进步，这对农民的宗教信仰产生了某种抑制作用。农村社会保障事业发展成效最显著，也最受民众欢迎的是农村合作医疗制度的推行，以及村镇医疗卫生体系的基本建立。农民就医用药趋于便利，大病诊疗的经济压力有所减轻，到庙宇之中求神问药或求助于巫蛊的现象已经明显减少。但农村医疗卫生体系的不完善、大病诊治的费用高和疑难杂症的难以治疗等，使少数农民依然会选择入庙拜神或求助于巫蛊。其中较典型的是妇女的不孕和男性的不育，这从玉皇庙送子娘娘殿前摆放的很多布娃娃或塑料娃娃可反映出来。农村正推行的养老保险和兴建中的养老院，将对当地农民的宗教信仰发生某些抑制作用，追求长寿和安度晚年不必寄望于对阎君和太上老君等的祈求。但目前农村养老体系的不完善、农村家庭的小型化发展和农民收入水平的相对低下等，仍使多数农民习惯于听天由命。间或有人通过参加宗教组织在吃斋念佛和相互济慰中安度晚年，这从赵庄村及其他一些村的斋公会成员身上可体现出来。公共危机事件的政府救治，对于农民的宗教信仰也发挥着抑制作用，例如禽流感、"非典"、甲流以及发生洪涝灾害期间，政府都进行了积极有效的救治，民众对政府和基层政权的救治行为都表示出极大的信任和支持。但灾害的偶发性及其造成的重大损失，也强化着少数农民对龙王瘟神等的信仰，这从诸庙中龙王殿和瘟君殿前依旧焚烧的香火中可折射出来。

4. 文艺事业发展引发的变迁

改革开放以来尤其是近些年来，金村镇在农村文艺事业方面所取得的成就，也对农民的宗教信仰产生了抑制作用。金村镇各村除保持在赶集、庙会、婚庆、丧葬时演出戏曲或电影的习俗外，在过年时节也兴起了做灯、观灯、赏灯的习俗。除了自己做灯欢庆节日之外，也会到城里或晋城矿务局观看灯展，丰富节日的文化生活。近年来，一些村庄也成立了秧歌队、音乐队、舞龙队等，在农闲时节进行排练，到重要的节庆时日参加演出和比赛，丰富了农民的业余文化生活。在这些戏曲、电影、灯展等节目中，虽保留着关公、玄奘、包拯和海瑞等为民众喜闻乐见的佛道教人物，继续宣扬一些伦理道德和文化观念，但其内容已主要转向了对当今社会和世俗生活的关注。在农忙时节或打工归来，男子女子多以看电视、玩棋牌或聊天为乐，农村家庭中日益普及的电脑也成为青壮年及其子女休闲娱乐的工具，孩子们也有些会在游泳、跳绳、打篮球、打乒乓球等体育项目中寻找快乐。这些世俗化的生活方式，对参禅悟道的宗教修行方式产生了拒斥。多数农民只是在年节时分，在家中或到庙中供奉天地爷、老君爷、财神爷、马王爷、五道老爷等神明，而且只是作为一种习俗或象征性的礼节，之后便接着过世俗化的生活。但他们的内心却有宗教徒式的虔敬，既可以为生计而从事采矿采石等危险行业，也可以在伤病或行业不景气时选择退隐和安闲。图书是金村镇农村文艺事业发展中的最大欠缺，一箱子经书可以让一个宗教组织复活的现象，未在发展地上产业时通过建立图书室而类似出现，农民们甚至丢失了人民公社时期通过修渠挖井而抗旱保田的科学经验。

5. 人口状况变化引发的变迁

改革开放以来尤其是近些年来，金村镇的农村人口状况发生了很大的变化，这对农村宗教文化的持存与变迁也产生了重要的影响。从学历上来说，随着普及九年制义务教育以及扩大高中阶段的教育，农村初中毕业生和高中毕业生的所占比例明显增加。各村中在改革开放以来，尤其是近些年来考上大学甚至研究生和博士的人数也有增加。这些受过初高中阶段教育尤其是高等教育的农村子女，对于村里人尤其是家里人信仰宗教多持反对意见，对农村宗教的发展产生了一定的制约作用。从人口流动来说，外来务工者多来自河南、安徽、福建等地，无论暂时务工或长期定居，多事于赚钱养家或顶门立户，而不以信教为业。外出务工者，在竞争压力中身心疲惫，深感科学文化知识欠缺，也无心以宗教为业。他们或有人在外接触到基督教，但总以有信仰或没空闲为由拒绝，如同居家者对基督教传教士的拒绝。从年龄结构和家庭是否完整来看，老龄化是农村人口状况变化的一个重要趋势，丧偶寡居者也不在少数。而各村中佛教或道教的笃信者，主要就是中老年的鳏寡孤独者，其中又以妇女居多。例如金村一名60 岁妇女，多年前丧夫，子女成家后各顾自己小家，因难耐孤独和拮据，便到神南庙开一店卖食品和香火，从此做了居士。其他进入斋公会或神南庙、珏山道观者，多与该妇女境况类似。偶有青年进入佛门，也或为孤儿且极为个别。也有非鳏寡孤独的中老年人加入斋公会等宗教组织，但觉戒律太多或有退出。由此可见，以中老年人为主的农村单身族，加入宗教组织的概率最大。加入者成为农村宗教文化的忠实守护者，也成为发展农村社会保障事业的热切盼望者。

# 四　结论

通过对晋城市金村镇道教佛教文化的考察与分析，我们可以发现，农村宗教文化作为农民的视觉奇观、价值观念、神秘信仰和风俗习惯，在存留之中也经历着变迁。作为视觉奇观，它以文物古迹和建筑场所走进了农民的当代视野，也部分转化为文艺形象融入并丰富着农民的当前生活；作为价值观念体系，其中的部分内容被转化利用，支撑并创造着农民的当前生活；作为神秘信仰体系，它正远离多数农民的精神生活，但也仍然残存在农村特殊群体的精神世界；作为风俗习惯或象征性礼节，它在重要节日走进了农民的当代生活。这就使得农民的现代性呈现出多样性和复杂性，彰显出传统与现代之间的相互纠结。

从农村宗教文化与当代农村经济、政治、文化的关系来看，农村经济的发展对农村宗教文化具有某些保护和激活作用；而农村宗教文化中的建筑资源和功利思想资源则对农村经济的发展具有某些促进作用；农村政治的发展状况对于农村宗教文化的抑制与激活具有重要影响，农村宗教文化中的尚廉和公正等思想资源对于农村政治的发展依然发挥重要作用；农村科技和教育事业的发展对于农民信仰宗教具有抑制作用，但农村宗教文化中也承载了科技和教育的信息，并对农村科技和教育事业的发展发挥一定的影响；农村文艺体育事业的发展对于抑制农民信仰宗教具有重要作用，但农村文艺和体育事业发展中存在的结构性缺失，仍无法很好满足农民的文化需求，仍为农民信仰宗教留下了空间。

从农村宗教文化与当代农村社会保障和人口状况的关系来看，农村社会保障事业和人口素质提高对于抑制农民信仰宗教发挥了重要作用，但农村社会保障事业发展中存在的诸多缺失以及特定的弱势群体的存在，仍为农民信仰宗教留下了空间。农村家庭的小型化、农村人口的老龄化和农村单身族的存在，直接影响着农村宗教文化的存在与变迁。难耐生活的拮据和心灵的无慰，以女性居多的部分中老年成为宗教文化的忠实守护者。要解决当前农村的鳏寡孤独以及老有所养和幼有所抚等问题，有必要转化利用农村宗教文化中的和谐、济世、乐生、爱生等价值观念。

第 六 章

# 农民宗教文化心态的现代性调适

近些年来，许多农村宗教场所重建新建、一些宗教教职人员走进农村、农民信教人数不断增加、农民的宗教认知有所加深，已经成为不争的事实。本章基于对山西省晋中、晋城、长治、临汾、运城、忻州等地部分宗教场所的考察，以及与这些地区的部分宗教教职人员、信教农民和村干部等的交流，揭示农民宗教文化心态的内在结构，并利用流动性的现代性观念分析其对农民的影响。进而从适应社会主义新农村建设和培育社会主义新型农民的要求出发，探讨调适农民宗教文化心态的现实路径。本章所谓的宗教指道教、佛教、新教和天主教，农民宗教文化心态主要指信教农民对于宗教文化的认知结构和接受态度等。

## 一 农民宗教文化心态的内在结构

### 1. 崇高神圣的敬畏心态

对神灵的敬畏，是包括道教信徒、佛教信徒、天主教信徒和基督教信徒普遍持有的一种文化心态。信徒对神灵的崇高和敬畏感，一方面源于宗教场所的建筑艺术。作为佛教和道教宗教场所的庙宇，一般占据较高的地理位置，造像高大威严。基督教和天主教的教堂采用哥特式的建筑风格，尖顶直指苍穹，圣母和耶稣像等的空间位置较高。这些都容易给人以崇高神圣的敬畏感。另一方面，信徒对神灵的敬畏当然也有历史的和教化的原因，但从根本上源于对天地自然以及人类社会中未知力量的畏惧和崇拜。农民把这种畏惧和崇拜投射到了这些神灵身上，愿意以顶礼膜拜或通过教职人员点化等方式，接受神灵的恩典和福佑。

2. 信则灵验的接受心态

心诚则灵，信则灵，是宗教信徒持有的一种重要文化心态。信包括信教主、信教义和信教规等，基本信念包括因信称义、因信得救、因信得福、因信祛祸、因信免灾等。在这种情况下，宗教信仰一方面化成为对宗教典籍的敬持和对教职人员的遵从和奉献，另一方面转化为斋戒、祷告和念诵等宗教活动，再一方面转化为内心的信念和祈愿。信灵由此变成对神灵和宗教信条的奉献、企盼、坚守和履践，而至于能否得到信灵的功效，信众往往会反省自身是否真的虔信和忠诚，是否有违背教义的言语和行为，是否有足够的尊敬和奉献。如结论是否定性的，便会增强虔诚，做出忏悔，增加奉献。当然广大农民信众的虔诚度并不整齐划一，虔信者中也不乏有改信他教和不再信教者，这往往导致与原先的宗教组织成员形成某种紧张关系。

3. 正邪有别的认同心态

各宗教组织为了增强自身的吸引力，维护自身的纯洁性，防止信众叛教或者改信他教，往往宣扬自己信奉的神是唯一真神，自己信奉的教是唯一能够带给人真理和幸福的教，教徒不得信其他教的邪神。这一点在新教和天主教那里体现得最明显，从而形成宗教和文化的冲突。佛教徒讲求圆融无碍，最初也由外方传入，对于其他宗教一般不置可否。但由于佛教在历史上也有排斥异己的情况发生，现实中需要维护自身的纯洁性和领地，因此也难免对其他宗教存有嫌隙。道教徒以本土宗教自居，对于基督教和天主教的快速发展心存忧虑，也希望能够快速地发展自己。此外，一些佛教徒和道教徒以教主和教徒的师生关系以及佛教教主和道教人物的真实性，宣扬佛教道教的真实性，言外之意也有批判基督教和天主教的圣父圣子关系的虚妄性之意。

4. 信心增强的入世心态

宗教信仰给予信徒的回馈是世俗信心，主要通过持敬奉、立功德、问前程和做法事等方式获得。敬奉了、立了功德、问了前程、做了法事便认为通了神灵、有了福佑、消了灾难、明了路向，这样便可以踏实地、放心地、积极地奔向前程。这时候内心增长起来的信，便转化成为世俗生活中的行。读书求学、生产经营、婚丧嫁娶、考取功名等，都因有了信的支撑而富有动力。信灵便在这种这些行为效果之中，成功之后便更加信；不成功也不当紧，只作为神的考验，依然可以信。一位属于天主教徒的开货车跑运输的村民坦言，信了教犹如顶了神，会保佑自己出入平安。他对自己开车跑长途挣钱充满信心。

5. 亲爱和谐的交往心态

宗教给予信徒的另一回馈是拥有爱心，爱的观念和爱的教育源于宗教教义，并由此衍生出无量度人、普度众生、扶弱济贫、无私奉献等价值观念。当然，各宗教也与时俱进地宣扬和谐，这与主流意识形态宣扬的构建和谐社会形成呼应。宗教信徒的爱心并不停留在心灵和口头的层面上，他们也付诸行动。主要表现在，他们能和蔼可亲地待人接物，能在教友之间互帮互助，能在汶川地震之类的重大灾害发生后发起捐助。有些宗教组织也发起或参与到农村的基础设施建设、保护生态环境、调节社会矛盾和邻里纠纷、办养老院和孤儿院、办联欢会等事务中，从而显示自己的爱心，也因此有信徒将所属宗教组织称为爱的组织。

6. 幸福平安的祈愿心态

应当说去苦至乐是佛教教义和道教教义中的共同观念，幸福和平安是新教和天主教教义中的观念。但在农民信众的思想观念中，幸福、平安、快乐是相同的和至上的。而至于幸福在哪里，不同的信众会有不同的认识。有些认为幸福在来生或天堂，有些认为幸福在此世和今生。认为在来生或天堂者，往往认同灵魂转世，有些天主教徒甚至认为人会像耶稣基督那样死而复生。而至于幸福的获得，例如庄稼收成的好坏、生意收入的多少、身体状况的好坏、婚姻生育的结果等，信徒们在肯定人力所为的同时，也会诉诸主或神的恩赐与福佑。事先会向主和神祈祷祈愿，事后会向主或神进献还愿。

7. 倾诉苦难的调节心态

在当前的中国社会各阶层中，农民无疑属于弱势的社会群体。在改革开放和现代化进程中，农村的基础设施，农民的收入水平、住房和出行条件、医疗卫生条件等总体上得到了改善，有些村民办起了自己的企业，甚至少数村民有了非常高的收入。但受国际金融危机、煤炭行业资源整合、城乡二元体制未能彻底破除、农民的科技水平较低等因素的影响，农民的弱势地位并未得到根本改变，城乡间的收入差距愈来愈大。农民不仅面临着佛教所谓的生老病死、爱别离、怨憎会、求不得的人生之苦，而且面临着经济困窘、居家创业缺少项目和支持、年轻力壮者外出艰难打拼、老人孩童无人照料、子女求学花费大、疑难杂症难以治愈等的艰难，农民信徒面对这些人生苦难无处倾诉，往往会诉诸神灵和宗教组织成员，以求得到某些帮助和支持，得到心灵的抚慰和缓释。

8. 善恶有报的回报心态

宗教在农村地区发挥了道德教化和劝人向善的功能。佛教和道教的不杀生、不偷盗、不邪淫、不妄语、不饮酒的道德戒律，天主教和新教的孝敬父母、毋杀人、毋行邪淫、毋偷盗、毋妄证、毋愿他人妻、毋贪他人财物的道德戒律，以及善有善报、恶有恶报、为善上天堂、作恶下地狱的业报轮回观念，对于农民道德观念的生成，对于农村社会的和谐稳定，都发挥了重要的作用。对于这些通于儒家礼俗的道德观念在信教农民身上发挥的作用，一些村委会成员和村民反映，信教的人善于自律，比较守信，悔过意识强，犯罪率低。由此我们可以判定，宗教伦理在信教农民身上形成了一种文化软实力。他们可以在种种艰难困苦面前奋力拼搏，也可以在知其不可的情况下保持克己、平和、纯朴的心态安身立命，哪怕善报不是来自今世而是来生。

9. 平静安详的解脱心态

与非宗教信徒一样，农民宗教信徒渴望过有价值和有尊严的人生。他们同样有生有死、有家有口、有情有爱、有劳有作，无论生前贫穷富贵，死后去向何方，都希望体面地走过自己的人生。一生中操持了、相爱了、奉献了，临终前得一声祷告和祝愿，去世后有一场祭奠，便可以平静安详地离去。生前的种种艰辛苦难，都可以一刹那间释然，内心生出幸福感和解脱感。道教的驾鹤仙游、佛教的极乐世界、天主教和新教的幸福天堂，这种终极意义上的目标取向，使得信徒可以勇敢地面对死亡。而天堂地狱的分别，在于生前的作业，也在于临终前后的祝愿和功过是非的评价。得祝所愿，留下英名，便死得其所，灵魂安息。

## 二　农民宗教文化心态的效应分析

1. 神与人的紧张与和谐

在近现代的启蒙与现代性观念中，对神灵的敬畏和忠诚无疑是违背人性的。康德将此视为人类的不成熟状态，他呼唤人类大胆公开地运用自己的理性，摆脱这种不成熟状态。他讲："启蒙运动就是人类脱离自己加之于自己的不成熟状态"，"启蒙运动除了自由而外并不需要任何别的东西，而且还确乎是一切可以称之为自由的东西之中最无害的东西，那就是在一切事情上都有公开运用自己理性的自由"。① 在康德看来，公开运用自己的理性便可摆脱宗教"不许争辩，只许信仰"的不成熟状态。马克思将此视为人的本质的异化，他主张建立唯物主义的世界观，摆脱这种异化状态。"在宗教中，人们把自己的经验世界变成一种只是在思想中的，想象中的本质，这个本质作为某种异物与人们对立着。这绝不是又可以用其他概念，用'自我意识'以及诸如此类的胡言乱语来解释的，而是应该用一项存在的生产和交往的方式来解释的。"② 在这样的启蒙语境下，农民宗教信徒对神灵的敬畏就成了宗教蒙昧主义，农民要开展自我启蒙，就应祛除神话而树立自主③，于是神与人就在世俗化进程中产生了紧张和对立。

　　然而刘小枫、杜维明以及王治河和樊美筠等学者，却从近现代的启蒙运动中看到了人类中心主义和物质主义的缺陷，认为人类在现代化的世俗化进程中失去了对大自然的敬畏，宗教伦理中的敬畏具有重新利用的价值。刘小枫讲："如此偶然使我们已然开始接近一种我们的民族文化根本缺乏的宗教品质；禀有这种品质，才会拒斥那种自恃与天同一的狂妄"，"以羞涩和虔敬为质素的怕，乃是生命之灵魂进入荣耀圣神的虔信的意向体验形式"。④ 杜维明讲："人如何才能参天地？你要有一种责任感，责任感必须和傲慢、偏激非常清楚地区分开来。这个可能性当然有。所以说周文王的忧患意识，孔子对天的敬畏，甚至到宋明儒学与天地万物为一体的精神，这种精神不一定导致人的傲慢，以及人对自然大化缺乏敬畏。"⑤ 王治河和樊美筠讲："'皇天后土'一词所表达的，可以说就是中华民族的先民对大自然的敬畏"，"后现代认为一个人居住的地方具有神圣性"。⑥ 在启蒙的反思和后现代启蒙的语境下，农民信徒对神灵的敬畏，就有了批判世俗化进程中的人类中心主义和物质主义，追求天人和谐和维护生态平

---

① ［德］康德：《历史理性批判文集》，何兆武译，商务印书馆1990年版，第23、25页。

② 转引自唐晓峰摘编《马克思恩格斯列宁论宗教》，人民出版社2010年版，第16页。

③ ［德］霍克海默、阿道尔诺：《启蒙辩证法——哲学片段》，渠敬东、曹卫东译，上海人民出版社2006年版，第1页。

④ 刘小枫：《我们这一代人的怕与爱》，华夏出版社2012年版，第15、17页。

⑤ 杜维明、卢风：《现代性与物欲的释放》，中国人民大学出版社2009年版，第86页。

⑥ 王治河、樊美筠：《第二次启蒙》，北京大学出版社2011年版，第62、68页。

衡的意义，各种宗教的教职人员都向农民宣扬宗教的这种时代意义。

2. 智与迷的对立与统一

在近现代的启蒙与现代性观念中，依托宗教典籍宣扬神启无疑是违背科学的。康德把启蒙的重点放在宗教事务上，由于它妨害了艺术和科学的发展，因而是"一切之中最有害的而又是最可耻的一种"①。马克思指出："真理的彼岸世界消逝以后，历史的任务就是确立此岸世界的真理。"② 此岸世界的真理包括科学技术，马克思指出："现代自然科学和现代工业一起变革了整个自然界，结束了人们对于自然界的幼稚态度和其他的幼稚行为。"③ 按照这种启蒙和现代性观念，宗教的神启就成了神学迷信和蒙昧主义，农民身上也确实发生着求神治病和求神保佑庄稼长势好等现象。

然而反思启蒙的学者和后现代启蒙学者，却从近现代的启蒙运动中看到科学技术宰制和伤害人的问题。正因为如此，海德格尔批评科学的"座架"④，格里芬主张"科学的返魅"⑤，王治河和樊美筠提出了"走向一种富有人文情怀的后现代科学"⑥。宗教教职人员在承认科学技术重要作用的同时，也同反思启蒙和后现代启蒙的学者一样，认识到现代科技在发展的过程中出现制造大规模杀伤性武器、导致生态环境危机、克隆人、在食品中添加有害物质等问题，这成为他们教化民众批判乃至否定科学技术的重要依据。

3. 正与邪的冲突与融合

在近现代的启蒙与现代性观念中，脱胎于基督教文明的西方资本主义文明是最先进的和需要输出的文明。康德讲："这种自由精神也要向外扩展，甚至于扩展到必然会和误解了其自身的那种政权这一外部的阻力发生冲突的地步。……只有当人们不再有意地想方法要把人类保持在野蛮状态的时候，人类才会由于自己的努力使自己从其中慢慢地走出来。"⑦ 黑格尔讲："世界历史民族是统治一个时代的民族，它是世界历史发展的某一

① ［德］康德：《历史理性批判文集》，何兆武译，商务印书馆1990年版，第31页。

② 《马克思恩格斯选集》第1卷，人民出版社1995年版，第1、2页。

③ 《马克思恩格斯全集》第46卷，人民出版社1980年版，第241页。

④ 《海德格尔选集》，孙周兴译，上海三联书店1996年版，第938页。

⑤ ［美］格里芬编：《后现代科学》，马季方译，中央编译出版社2004年版，第1页。

⑥ 王治河、樊美筠：《第二次启蒙》，北京大学出版社2011年版，第287页。

⑦ ［德］康德：《历史理性批判文集》，何兆武译，商务印书馆1990年版，第30—31页。

阶段上的最高主宰者，对于其他民族而言，它们是没有这个权力的，在世界历史民族面前这些民族连同以前的民族都成为了历史。"① 这种西方中心论和文明冲突论支撑下的殖民主义入侵，曾引发洪秀全与曾国藩、义和团与天主教徒之间的尖锐冲突。在世界殖民体系土崩瓦解后的 20 世纪后期，亨廷顿的文明冲突论仍在延续。这种理论在当前中国农村社会的一种反映，便是部分宗教徒排他性地将自己信奉的宗教作为正教，把其他宗教作为邪教，少数天主教和新教信徒甚至宣扬"推倒泥胎信上帝"。

然而杜维明、卓新平、王治河等则提倡世界不同文明间的和谐、对话、交流融合和互补并茂。杜维明讲："最好的配置，是真正的综合"，"最健康的选择，即融合"。② 卓新平讲："我觉得需要摒弃以前那种非此即彼的完全排斥性的方式，而是用建设性的、进步性的对话方式，探讨一些人类思索的基本问题、宗教有关的问题"，"中国的宗教也一直是走'合'的道路。合的概念更多是融合、包容、宽容和吸纳，不过分强调自己个性的彰显……我们中国文化中常用到'圆融'这个词，就是能够把更多的东西整合起来，达到不同而同的'玄同'"。③ 有些宗教的教职人员和农民信徒或能从各种宗教的基本道德和价值观念的相通上接受这种文化观念，但他们对各类宗教的普遍认同却并不鲜明。

4. 信与否的抉择与游移

在近现代的启蒙与现代性观念中，人类应当用唯物主义和人本主义摧毁虚幻的宗教信仰。哥白尼的日心说和达尔文的进化论等，都动摇了宗教信仰的根基。费尔巴哈的"宗教的本质是人的本质的异化"，尼采的"上帝死了"，马克思讲的"宗教是人的本质在幻想中的实现"④，都使宗教信仰变得不切实际和不合时宜。与此相适应，中国在 20 世纪初的非宗教化运动后，又在"文革"期间发起打倒一切牛鬼蛇神的运动，使得宗教徒隐匿了信教痕迹，农民用共产主义信仰和领袖崇拜取代宗教信仰。

然而在海德格尔、格里芬、许纪霖等学者看来，科技发展导致的唯我独尊，世俗化导致的物欲横流和关注当下，已使人类缺失了精神追求和终

---

① ［德］黑格尔：《法哲学原理》，杨东柱等译，北京出版社 2007 年版，第 156—157 页。

② 哈佛燕京学社主编：《启蒙的反思》，江苏教育出版社 2007 年版，第 26 页。

③ 卓新平、王晓朝、安伦主编：《从宗教和谐到世界和谐——宗教共同体论文集》，学林出版社 2011 年版，第 14、20—21 页。

④ 《马克思恩格斯选集》第 1 卷，人民出版社 1995 年版，第 1—2 页。

极关怀。杜维明讲："科学理性出现以后，宗教所代表的那种对大自然的恐惧感就消除了。可是在 21 世纪，我们发现宗教的影响力不仅没有减弱，反而越来越大。今天宗教的影响力，我相信不就是以前那种对自然的恐惧。"① 许纪霖讲："在前现代的传统社会，无论欧洲还是中国，人们的精神生活之上，都有一种超越的神圣价值。这种神圣价值，或者采取外在超越的方式，以上帝这样的人格神、造物主、意志主宰的形态存在，或者以中国式内在超越的形态，通过自我心性与超越天道的内在沟通，以天命、天理、良知等形式出现……然而，当历史步入近代，现代化的一个最重要的标志性事件，便是神圣的超越世界的崩溃"，"现代性发展到今天，蜕变得非常厉害，人性中的骄傲与贪婪空前膨胀，技术与理性的畸形发展，物质主义、享乐主义压倒一切，精神世界的衰落等等"。② 许纪霖指出，这种现代性无法提供人们对神圣性的现实需求，于是"当神圣性从前门被驱逐出去之后，又从后门溜回来了"③。作为这种思想观念的现实反映，便是宗教教职人员认为，改革开放以来，毛泽东的去神化、共产主义的遥远化、世俗生活的物质化、历史观念的当下化，已经使人尤其是年轻人精神变得空虚，缺少了远大理想和崇高信念，宗教信仰正好可以填补这方面的空虚。

5. 亲与疏的贴近与分离

在近现代的启蒙与现代性观念中，摆脱宗法关系的纽带而追求个人的自由解放是历史的进步。黑格尔在评价宗教改革时指出："这便是宗教改革的根本内容；人类靠自己是注定要变成自由的"，"盲目的服从也同样地取消了。现在变成了对于国家的法律当做意志和行动的'理性'的服从。在这种服从之中，人类是自由"。④ 由此可见，西方的宗教改革就已经开始了摆脱宗法关系的纽带而追求个人的自由和解放。笛卡儿的"我思故我在"，亚当·斯密的"经济自由"，康德的"启蒙除了自由而外并

① 杜维明、范曾：《天与人——儒学走向世界前瞻》，北京大学出版社 2010 年版，第 60 页。

② 许纪霖：《启蒙如何起死回生》，北京大学出版社 2011 年版，第 329、361 页。

③ 同上书，第 337 页。

④ ［德］黑格尔：《历史哲学》，王造时译，上海人民出版社 2006 年版，第 390—391、396 页。

不需要任何别的东西"①，尼采的"自由意志"等，共同彰显了自我的存在和价值问题，都以追求人的自由解放与启蒙和现代性联系起来。这种观念在中国近代以来的反映，便是康有为《大同书》中的去国去家、毛泽东早期信奉的无政府主义以及邓小平时代推行的经济自由。发展民族资本、摆脱裹脚布、实现婚姻自由、发展市场经济等，成为摆脱宗法关系的重要举措和标志。

　　然而在蒂里希、怀特海和杜维明等学者看来，这种现代性中存在着原子主义和个人主义式的孤立与隔离，自我膨胀、漠视他者、追逐权力、淡薄义务，已使人群之间变得冷漠和隔绝起来，宗教的博爱或仁爱等能将人有机地组织起来。蒂里希讲："'救治'意味着同已经疏远者重新结合，给已分裂者一个中心，克服上帝与人之间，人与其世界之间，人与其自身之间的分裂。"② 怀特海讲："在每一合生中，凡可规定者均被规定，但总有剩余物要由该合生的主体—超体来决定。这一主体—超体就是那样合成而成的宇宙，在它之外，只有无物存在。这一最后决定就是该统一整体对自身内部规定的反应。这一反应就是对情感、理解及目的的最后修定。"③ 怀特海在这里所谓的"宇宙"亦可理解为"上帝"。杜维明也讲："'仁'代表的是一种比较全面性而且比较深入的人文思潮"，"儒家这个传统，是从自身出发，重视和天道自然的统一，是一个全面而整合的人文精神"。④ 农村的宗教教职人员同样认识到现代性的上述缺陷，并且指出资源配置市场化、生产服务商品化、农村家庭小型化和青壮年农民长期外出等，已使亲情人情变得冷淡和疏离，而宗教的爱可以将农民连成一体。

　　6. 福与祸的趋近与规避

　　在近现代的启蒙与现代性观念中，宗教意义上的幸福是一种安贫乐道的生活方式或虚幻不实的人类理想。唯有运用科技、发展生产、开展竞争和斗争，才能切实增进人们世俗生活的幸福。康德指出，大自然使人类的全部禀赋得以发展所采用的手段就是人类社会中的对抗性，这种对抗性就

---

① ［德］康德：《历史理性批判文集》，何兆武译，商务印书馆1990年版，第25页。

② ［德］蒂里希：《系统神学》第2卷，芝加哥大学出版社1957年版，第166页。

③ ［美］怀特海：《过程与实在》第1卷，周邦宪译，贵州人民出版社2006年版，第37页。

④ 杜维明、范曾：《天与人——儒学走向世界前瞻》，北京大学出版社2010年版，第69页。

是由于虚荣心、权力欲、贪婪心的驱使而要在他的同胞们中间为自己争得一席之地，否则人类的全部才智就会在一种美满的和睦、安逸与互亲互爱的田园牧歌式的生活中永远被埋没掉。① 达尔文主张："一切生物都有高速增加其个体数量的倾向，这必然导致生存斗争"，"自然选择即适者生存"。② 马克思讲："废除作为人民的虚幻幸福的宗教，就是要求人民的现实幸福。"③ 在他看来，资本家赖以获得现实幸福的大工业通过普遍的竞争迫使所有个人的全部精力处于高度紧张状态。无产阶级要获得现实的幸福，就必须同资产阶级进行斗争，通过无产阶级革命的方式建立共产主义社会。按照这种对抗和相争的观念来看，农民宗教信徒所持的隐忍、谦让、不争、平安无事等心态，无疑是消极退守的。

　　然而在杜维明、王治河和樊美筠等人看来，激烈对抗和恶性相争导致了人类的相残相伤、过度紧张、身心疲惫、过劳而死等问题。杜维明讲："最糟的情况，就是损人损己，暴力；也可能作了损人不利己的事，愚昧；再有就是损人利己，这是带有侵略性的个人主义"，"儒家要超越这个困境。这就是说，越向外推，它的力度应该越大……向外推的意思就是要使对路人的感情与亲人的感情接近"。④ 王治河和樊美筠讲："一心拥抱现代西方'尚争哲学'，无疑是个历史的错误"，"我们之所以强调后现代尚和文化是'建设性的'，一是因为后现代的尚和文化是对现代尚争文化的超越……二是这种'有机整合'……给每个部分留下了发展的空间，部分与部分之间内在连接，相互补充，相互滋养，相互成全"。⑤ 这也是农村宗教教职人员所持的观念，他们认为和谐而舒缓的心态，正是现代人讲求相争和快捷的有益补充，和睦、安逸、亲爱的田园牧歌式的生活方式可以治疗现代人过度紧张和劳累等病症。

　　7. 苦与乐的节欲与纵欲

　　在近现代的启蒙与现代性观念中，破除宗教禁欲主义而释放人的物欲是合乎人性的。康德讲："有这种贪得无厌的占有欲和统治欲吧！没有这

---

① ［德］康德：《历史理性批判文集》，何兆武译，商务印书馆1990年版，第7—8页。
② ［英］达尔文：《物种起源》，舒德干等译，北京大学出版社2005年版，第46、53页。
③ 《马克思恩格斯选集》第1卷，人民出版社1995年版，第2页。
④ 杜维明、卢风：《现代性与物欲的释放》，中国人民大学出版社2009年版，第62、60—61页。
⑤ 王治河、樊美筠：《第二次启蒙》，北京大学出版社2011年版，第136、137页。

些东西，人道之中的全部优越的自然禀赋就会永远沉睡而得不到发展。"①
边沁讲："功利主义能够自始至终贯彻到底；……禁欲主义原理却从未、
也永远无法由任何生灵自始至终贯彻到底。只要有十分之一的地球居民坚
持实行之，一天之内他们就会使地球变成地狱。"② 马克思为此指出：大
工业"尽可能地消灭意识形态、宗教、道德等等……它使每个文明国家
以及这些国家中的每一个人的需要的满足都依赖于整个世界，因为它消灭
了各国以往自然形成的闭关自守的状态……它使城市最终战胜了乡村"③。
按照这种观念，宗教教义所讲的无欲无求、诃欲持戒、节制节约等，便是
僧侣主义和禁欲主义，与世俗化、工业化、城市化和市场化等的现代化进
程不符。

然而在杜维明、卢风和王治河等人看来，现代化造成了占有性的个人
主义、消费主义、享乐主义、娱乐主义的盛行，人类应当节约资源和节制
私欲。卢风讲：现代性价值导向的一个根本错误就是"物质主义、经济
主义和消费主义"，"我觉得完全没有必要这样，这是非常愚蠢的一种追
求意义的方式。我觉得人完全可以像梭罗那样用很少的物质财富去过一种
意义极为丰富的生活。我认为儒家倡导的生活方式，梭罗倡导的生活方
式，是更加明智的"。④ 杜维明回应道："你说这是根本的错误，我相信这
是道家对人的文化，对机心或算计之心的批评"，宗教的发展"促进了资
本主义的兴起，又被资本主义所腐化；可是它的基本教义又对资本主义有
限制作用"，"中国人对宗教的理解，从知识精英到政治精英、企业精英
都还不够。这是一个非常大的缺失。在 21 世纪，如果对宗教、终极关怀、
人生意义的问题没有一定的理解，文化资源便有缺失的危险"。⑤ 与此相
适应，一些农村宗教教职人员指出了有些农村孩子好逸恶劳、沉迷网络、
到境外赌博、结婚时让父母欠债买车买房并留生活费等问题。一位僧人
讲："我认同共产主义，共产主义是物质财富极大丰富，加上每个人都能
节欲。"

---

① ［德］康德：《历史理性批判文集》，何兆武译，商务印书馆 1990 年版，第 8 页。

② ［英］边沁：《道德与立法原理导论》，时殷弘译，商务印书馆 2006 年版，第 69 页。

③ 《马克思恩格斯选集》第 1 卷，人民出版社 1995 年版，第 114 页。

④ 杜维明、卢风：《现代性与物欲的释放》，中国人民大学出版社 2009 年版，第 52、53
页。

⑤ 同上书，第 52—53、58、59 页。

8. 善与恶的奖赏与惩罚

在近现代的启蒙与现代性观念中，以民主法制代替宗教礼仪是历史的进步，善与恶的评判和奖惩要交给公民社会的法律。康德讲："大自然迫使人类去加以解决的最大问题，就是建立起一个普遍法治的公民社会。"① 马克思讲："如果你们把宗教变成国家法的理论，那么你们自己就把宗教变成了一种哲学了"，"因此，你们就不应该根据基督教，而应该根据国家的本性、国家本身的实质，也就是说，不是根据基督教社会的本质，而是根据人类社会的本质来判定各种国家制度的合理性"。② 按照这种宗教与国家相分离的原则，宗教的审判和向神灵的忏悔并不能代替法律的审判和向受害人的忏悔，宗教力量并不能介入和影响世俗社会的政治权力。与此相悖的现象还是偶有发生，个别犯罪分子隐匿庙宇躲避法律的惩罚，个别党员干部信教甚至支持家属信教，个别村的天主教徒结成一体左右基层民主选举，这就要求法的规范。

然而宗教作为礼俗的力量，被杜维明、黄万盛和陈来等从儒家的立场上发掘出来。他们认为礼仪道德承载着人类文明，追求一种非法律维持的秩序，具有教化、规范、自律、他律、义务和社群的性格，可以作为民主社会的约束条件和积极补充。杜维明讲："和法的最大不同就在于，法非常明确、非常绝对，不可能成为生活的润滑剂，只是社会安定所需要的一套宰制性机制。而礼是强调，如果绳之以法，人民可以避祸，但没有羞耻感，'民免而无耻'，导之以德，通过礼，他就有羞耻感，成为个人约束的机制。如果一个社会要继续发展，要突破个人主义、家族主义、地方主义，甚至狭隘民族主义，它就必须逐步走向有公信度有透明度的社会，而礼是这种社会的调控机制。在很多地方有它的规定性。对于礼的了解，我们现在才刚刚开始。"③ 陈来讲："礼不是法律，也不等于道德；礼有法的功能，有道德含义，但礼作为社会组织和管理方式的模式，是以习俗和仪式来实现社会的秩序与和谐；或者说把仪式和礼节化为礼俗，实现某种社会功能。"④ 农村宗教教职人员也肯定这种观念，认为礼仪和道德规范对

---

① ［德］康德：《历史理性批判文集》，何兆武译，商务印书馆1990年版，第8—9页。

② 《马克思恩格斯全集》第1卷，人民出版社1995年版，第223、226页。

③ 哈佛燕京学社主编：《启蒙的反思》，江苏教育出版社2007年版，第95页。

④ 陈来：《孔夫子与现代世界》，北京大学出版社2011年版，第80页。

于预防农民犯罪，维护农村社会的和谐稳定能够发挥积极作用。

9. 生与死的尊严与卑微

在近现代的启蒙与现代性观念中，人是目的、生命的意义在于现世拒斥神是目的、生命的意义在于来世。伏尔泰讲："至于灵魂不死，那是无法证明的。"① 卢梭认为："一个原理使我们热烈地关切我们的幸福和我们自己的保存；另一个原理使我们在看到任何感觉的生物、主要是我们的同类遭受灭亡或痛苦的时候，会感到一种天生的憎恶。"② 康德主张人是目的，要按照人的尊严去看待人③。尼采认为苦难并非反对生命的根据，"生命意味着：不断地把想死的东西从身边推开；生命意味着：对抗我们身边的——也不止是我们身边的——一切虚弱而老朽的东西"④。马克思主张为人类牺牲自己，他宣扬"革命死了，革命万岁"⑤。列宁主张"应当在群众中发扬视死如归的精神"⑥，毛泽东宣扬"生的伟大，死的光荣"。在这些启蒙和现代性的观念之中，宗教所谓的灵魂不死和生死轮回都是虚妄的，人的尊严和价值只能在推进人类的自由解放，使自身以及后人获得的幸福中得到体现。这种生死观和幸福观在信教农民的身上卓有显现，他们用一生的辛劳谋求自身、子女以及周围人等的幸福生活，完全可以坦然地面对死亡。

然而海德格尔却提供了一种有别于在世俗生活中轰轰烈烈奋斗的死亡哲学，他认为"向死存在是最本己的、无所旁涉的、不可逾越的、确知的，然而又是不确定的可能性"⑦，他与荷尔林德一样主张人"诗意地栖居在大地上"。按照王治河和樊美筠的理解，"诗意地栖居"就是"不向生存事实屈服，推崇精神生活，过一种崇尚自然的简朴生活，懂得欣赏大

① 转引自北京大学哲学系外国哲学史教研室编译《十八世纪法国哲学》，商务印书馆 1979 年版，第 62 页。

② ［法］卢梭：《论人类不平等的起源和基础》，李常山译，商务印书馆 1982 年版，第 67 页。

③ ［德］康德：《历史理性批判文集》，何兆武译，商务印书馆 1990 年版，第 32 页。

④ ［德］尼采：《快乐的科学》，黄明嘉译，华东师范大学出版社 2007 年版，第 104 页。

⑤ 《马克思恩格斯选集》第 1 卷，人民出版社 1995 年版，第 401 页。

⑥ 《列宁选集》第 1 卷，人民出版社 1995 年版，第 687 页。

⑦ ［德］海德格尔：《存在与时间》，陈嘉映、王庆节译，生活·读书·新知三联书店 2006 年版，第 352 页。

自然抒情而生动的意蕴"①。这也正是一些宗教教职人员愿意走进乡间田野，多数农民教徒愿意留守农村的重要原因。它有利于回避城市或尘世生活的嘈杂与喧嚣，守护自己的心灵故土和精神家园，完全可以不去计较城市与乡村之间尊显和卑微的地位差别。

## 三　农民宗教文化心态的调适路径

### 1. 农民宗教文化心态的经济调适

上述思想观念深刻反映了现代性与前现代性和后现代性等的张力。后现代性意义上的对启蒙的反思与批判为宗教复兴和宗教价值提供了正名，使古今中西、理性信仰、道德法律、各种宗教共同在场，也使农民宗教文化心态变得错综复杂，现实中产生正负两方面的效应。其中正效应包括传承文化、涵养道德、稳定社会、平静内心、充满信心、维系生态等，负效应包括宗教冲突、排斥科学、干涉民主、漠视法律、否定物欲、反对市场、隔绝城市、走向封闭，甚至会导致神秘主义和等级主义、宰制主义等危险的传统卷土重来。在当今中国以及农村社会，要整合古今中西的有益资源，既发挥宗教文化的正面效应，又避免宗教文化的负面效应，不能依靠宗教自身来调节，而只能依靠作为先进文化和当代中国现代性主导形态的中国特色社会主义理论来引导。

正如江泽民在论述宗教问题时所言："积极引导宗教与社会主义社会相适应，这是我们党从社会主义初级阶段这一基本国情出发，总结新中国成立以来宗教工作的成功经验作出的科学论断，是我国宗教在历史进程中的正确方向。通观我国和世界的宗教历史，可以发现一条共同的规律，就是宗教都要适应其所处的社会和时代才能存在和延续。"② 中国目前正处于社会主义的初级阶段，这一阶段的中心任务就是要实现现代化。现代化的内容包括世俗化、民主化、科学化、工业化、市场化、法治化、城市化、世界化，这些内容虽在现当代社会饱受争议和批评，但与人本化和生态化等一道构成社会发展的主流趋势和内在要求。因此积极引导宗教与社会主义社会相适应，就要将包括信教农民在内的广大民众团结和凝聚到社

---

① 王治河、樊美筠：《第二次启蒙》，北京大学出版社 2011 年版，第 440 页。
② 《江泽民文选》第 3 卷，人民出版社 2006 年版，第 386—387 页。

会主义现代化的任务和目标上来，使之成为建设中国特色社会主义的生力军，避免宗教文化的负面影响以及危险的传统卷土重来。

马克思指出："物质生活的生产方式制约着整个社会生活、政治生活和精神生活的过程。不是人们的意识决定人们的存在，相反，是人们的社会存在决定着人们的意识。"① 从历史唯物主义的角度看，宗教的产生源于人生的苦难，苦难的根源就在于物质生活的生产方式的不发达。实现社会主义现代化正可以铲除苦难形成的根源，回应信教农民摆脱苦难的人生诉求。邓小平讲："社会主义的本质，是解放生产力，发展生产力，消灭剥削，消除两极分化，最终达到共同富裕。"② 毋庸置疑，中国农民不可能靠拜财神、观音、佛爷和上帝富裕起来，而只有按照社会主义新农村建设的要求发展生产，才能在农村安居乐业，使生活变得更加宽裕。为此，必须继续鼓励和支持农民进城务工和返乡创业，要鼓励城里人、企业家和大学生等到农村置业创业。要在已经取得的农村税费改革、农业生产补贴、基础设施建设等成就的基础上，继续推进科技下乡和科技成果的转化，继续加强财政和金融对"三农"的支持力度，继续推进"一村一品、一乡一业"的贯彻落实。要以新型农村经济合作组织为重要途径，改变农村原子化的生产方式。以利益共享和公平正义为原则，形成农村经济合作组织的治理和分配结构，防止由政府支持的农村生产建设项目为少数人独占和独享，否则宗教就会成为少数人的庇佑工具和广大农民的批判工具。

2. 农民宗教文化心态的政治调适

关于宗教与政治的关系，尽管在经历近现代的资本主义启蒙运动之后，西方国家已经宣称实行政教分离。然而正如美国首任总统华盛顿所说的，宗教和道德仍是促使政治昌盛不可或缺的两个伟大支柱。艾森豪威尔说："承认上帝的存在是美国作风第一位的和最重要的表现。没有对上帝的信仰，既不可能存在美国政治体制，也不可能存在美国的生活方式。"亨廷顿也把新教和天主教作为美国国家和美国人身份认同的标志，甚至指出"如果不是天主教会内部的这些变化，以及由此导致的教会反对威权

---

① 《马克思恩格斯选集》第 2 卷，人民出版社 1995 年版，第 32 页。
② 《邓小平文选》第 3 卷，人民出版社 1993 年版，第 373 页。

主义的行动，在第三波中发生民主转型的国家就会更少"①。由此可见，西方资本主义国家长期以来并未完全实行政教分离，政治把宗教作为了内部统治和外部干涉的御用工具。

中国的政教关系不同于西方国家的政教关系。王作安指出：新中国成立后，"党和政府支持宗教界废除了宗教中的封建特权和剥削制度，清除了教会中的帝国主义势力的影响，宗教为封建统治阶级和外国势力所控制、利用的历史得以终结。曾存在于我国部分地区的政教合一制度被彻底废除。宗教同国家行政、司法、教育相分离。党和政府实行宗教信仰自由政策，人民群众不论是信教的还是不信教的，其民主权利得以同样保障。宗教信仰问题真正成为公民自由选择的问题，成为公民个人的私事。"②爱国的宗教人士通过人大和政协等方式积极参与政治生活，使中国的宗教和政治形成良性互动关系。但也要看到，宗教中的极端主义、分裂主义、恐怖主义以及国外的某些反华势力借助宗教干涉中国内政，破坏着我国的政治稳定，使中国的宗教与政治形成某种对立。邓小平讲的"坚持四项基本原则"和"稳定压倒一切"，江泽民、胡锦涛和习近平讲的"积极引导宗教与社会主义社会相适应""依法管理宗教事务""处理我国宗教关系，必须牢牢把握坚持党的领导、巩固党的执政地位、强化党的执政基础这个根本，必须坚持政教分离"，既表明了卓新平所谓的"在我们这个政教关系中，政治是处于主导地位的"③的政教关系，也赋予这种关系以明确的含义。

由此考察农村宗教和信教农民的调适问题，农村基层政权无疑是中国共产党的执政基础，农村基层民主是社会主义民主的重要基石，农民必须坚持中国共产党的领导，必须坚持人民民主专政和依法治国。我国宪法赋予了公民信教自由，但党章要求共产党员不得信教。我国村民委员会组织法规定了农村村民有选举权和被选举权，这保证了信教农民可以公民身份参与农村基层政权的选举。但按照政教分离的原则，宗教势力尤其是境外反华的宗教势力不得干涉农村基层政权的选举。鉴于此，对于农村党员和

①　[美]亨廷顿：《第三波：20世纪后期的民主化浪潮》，欧阳景根译，中国人民大学出版社2013年版，第77页。

②　王作安：《中国的宗教问题和宗教政策》，宗教文化出版社2010年版，第114页。

③　卓新平、王晓朝、安伦主编：《从宗教和谐到世界和谐——宗教共同体论文集》，学林出版社2011年版，第21页。

党员领导干部信教的或支持他人信教的，可以劝其退教，要求其不得支持他人信教。对于不肯退教或继续支持他人信教的，可以要求其退党退职。对于借助宗教势力尤其是境外反华势力参与选举，取得领导职务的，可以剥夺其参选资格，罢免其领导职务。对于农村宗教力量强大而党组织力量薄弱的村庄，可以由上级部门委派干部或大学生担任村官，让村民脱教入党等方式，培育和壮大农村党组织的力量。同时要开展对农村村民的民主法治教育，杜绝以宗教内部的惩罚代替国家法律的惩处，对那些藏匿于宗教场所的违法犯罪分子要依法惩治。对于邪教和"三股势力"，要依法严厉打击。

### 3. 农民宗教文化心态的文化调适

关于宗教与文化的关系，宗教是传统和现代社会的一种重要文化力量，其中包含合理的养分和陈腐的旧习。以韦伯的观点看，宗教伦理导出了资本主义精神。如何对待宗教文化和资本主义精神，马克思和恩格斯指出："当人们谈到使整个社会革命化的思想时，他们只是表明了一个事实：在旧社会内部已经形成了新社会的因素，旧思想的瓦解是同旧生活条件的瓦解步调一致的"，"有人会说，……'存在着一切社会状态所共有的永恒真理，如自由、正义等等。但是共产主义要废除永恒真理，它要废除宗教、道德，而不是加以更新，所以共产主义是同至今的全部历史发展相矛盾的。'这种责难归结为什么呢？至今的一切社会的历史都是在阶级对立中运动的，而这种对立在不同的时代具有不同的形式"。① 因此马克思和恩格斯主张："共产主义革命就是同传统的所有制关系实行最彻底的决裂；毫不奇怪，它在自己的发展进程中要同传统的观念实行最彻底的决裂。"② 马克思主义正是以与时俱进的理论品质，区别于黑格尔和福山式的历史终结论。列宁指出："马克思主义这一革命无产阶级的思想体系赢得了世界历史性的意义，是因为它并没有抛弃资产阶级时代最宝贵的成就，相反却吸收和改造了两千多年来人类思想和文化发展中一切有价值的东西。"③ 马克思主义又以对传统文化的吸收和改造，区别于历史虚无主义。

---

① 《马克思恩格斯选集》第 1 卷，人民出版社 1995 年版，第 292 页。
② 同上书，第 293 页。
③ 《列宁选集》第 4 卷，人民出版社 1995 年版，第 299 页。

改革开放以来，邓小平在坚持解放思想、实事求是的党的思想路线的前提下，提倡加强社会主义精神文明建设，主张大力发展科技和教育，吸收人类文明中的一切优秀成果。江泽民坚持社会主义文化建设的先进方向，他专门针对宗教文化传统指出："要鼓励和支持宗教界继续发扬爱国爱教、团结进步、服务社会的优良传统，在积极与社会主义社会相适应方面不断迈出新的步伐"，"我国宗教在其产生和发展的过程中，与我国文化的发展相互交融，吸收了我国建筑、绘画、雕塑、音乐、文学、哲学、医学当中的不少优秀成分，可以研究和发掘其中的精华。宗教道德中的弃恶扬善等内容，对鼓励广大信教群众追求良好的道德要求有积极作用。宗教通过对信教群众的心理慰藉，对稳定信教群众的情绪、调节信教群众的心理也有积极作用"。[①] 这就表明中国共产党和中国化的马克思主义尊重宗教的优良传统，也强调宗教必须接受中国特色社会主义的引导。胡锦涛主张："用社会主义核心价值体系引领社会思潮、凝聚社会共识。"[②] 习近平主张："中国梦是民族的梦，也是每个中国人的梦。只有我们紧密团结，万众一心，为实现共同梦想而奋斗，实现梦想的力量就无比强大"，"我们要巩固和发展最广泛的爱国统一战线……发挥宗教界人士和信教群众在促进经济社会发展中的积极作用，最大限度地团结一切可以团结的力量"。[③] 这些论述都深刻地表明了中国特色社会主义理论体系对宗教文化的引领作用。

坚持社会主义核心价值体系与中国梦对农村宗教文化和农民宗教文化心态的引领，并不否认宗教文化对信教农民接受社会主义文化能发挥某些接引作用，对满足农民的文化需要能发挥某些补益作用。毕竟宗教中包含了某些科学和艺术的成分，宗教伦理有助于涵养民众的道德，宗教慰藉可以调节民众的心理，宗教信心可以增强民众生活的勇气。但这些都不能夸大，也需经改造后发挥积极作用。更何况社会主义新农村建设，培育社会主义的新型农民，不能以宗教理论为指导，不能以宗教理想为正确导向，不能以宗教的世界性、宗教价值观的普世性、宗教思想的消极退守因素否定爱国主义和改革开放，不能以宗教的清规戒律作为现代人必须完全恪守

---

① 《江泽民文选》第3卷，人民出版社2006年版，第387、388—389页。

② 《十八大报告辅导读本》，人民出版社2012年版，第32页。

③ 《习近平谈治国理政》，外文出版社2014年版，第41页。

的行为准则。为此要发挥社会主义核心价值体系对农村文化的引领作用，着力开发宗教文化的替代性资源，坚持以国家力量向农村地区传播先进文化，推进优秀的科技、教育、文化资源向农村转移，消除城乡之间的文化发展不平衡状态。要充分发挥党政组织、企事业单位、媒体网络、宣讲团体等的优势，深入持久地开展走基层和服务基层活动，帮助农民掌握政治、经济和科技等方面信息，了解和落实党的惠农政策。还要加快农村的图书室和信息库的建设，积极推动优秀电影、歌舞、音乐、戏剧等进农村，扶持开发农村地区的优秀文化资源，从而建设文明乡风，满足农民的文化需求。

### 4. 农民宗教文化心态的社会调适

关于宗教与社会的关系，宗教是组织社会的一种重要力量，却非唯一和先进的组织力量。在封建社会以及前封建社会，神权和君权是组织社会的重要力量，农村和农业较为见重。然而正如马克思所言：大工业"尽可能地消灭意识形态、宗教、道德等等，而在它无法做到这一点的地方，它就把它们变成了赤裸裸的谎言。它首次开创了世界历史，因为它使每个文明国家以及这些国家中的每一个人的需要都依赖于整个世界，因为它消灭了各国以往自然形成的闭关自守状态。它使自然科学从属于资本，并使分工丧失了自己自然形成的性质的最后一点假象。它把自然形成的性质一概消灭掉，只要在劳动的范围内有可能做到这一点，它并且把所有自然形成的关系变成货币的关系。它建立了现代的大工业城市——它们的出现如雨后春笋——来代替自然形成的城市。凡是它渗入的地方，它就破坏手工业和工业的一切旧阶段。它使城市最终战胜了乡村"①。可以说伴随着资本主义的兴起和机械化生产方式的建立，出现了近现代的宗教和乡村的陷落，形成了城市中心主义的城乡差别。马克思主义的理论构建，正是以消除城乡差别以及工农差别和脑体差别为重要目的。

邓小平领导的改革开放打破了城乡二元格局，家庭联产承包责任制的实施，不仅发展了农业和农村，也培育了农产品市场，解放了农村劳动力，开启了城乡之间的互动交流。江泽民领导推进的工业化和城镇化，加快了农村剩余劳动力向工业和城市的转移。他讲："提高我国的现代化水平，解决农民就业和增收问题，必须调整农村的就业结构和产业结构，走

---

① 《马克思恩格斯选集》第 1 卷，人民出版社 1995 年版，第 114 页。

工业化、城市化的路子，把农村人口尽可能地转移出来。这是世界各国走现代化的共同规律。"① 他另讲的 "宗教工作，最根本的是做信教群众的工作，是要团结和教育信教群众为祖国富强和民族振兴积极贡献力量"，"各级党组织都要坚持全心全意为人民服务的宗旨，倾听群众的呼声，实现群众的意愿，多为群众办实事，办好事……要通过我们的实际行动，让群众真正感到代表他们利益、能够带领他们创造幸福生活的是我们党和政府，而不是任何宗教和'神'的力量"②，也适用于上述主题。胡锦涛所讲的 "建设社会主义和谐社会" "统筹城乡发展" "扎实稳步推进社会主义新农村建设"，习近平所讲的 "全面建成小康社会" "实现'两个一百年'奋斗目标和中华民族伟大复兴的中国梦" "形成以工促农、以城带乡、工农互惠、城乡一体的新型工农城乡关系，让广大农民平等参与现代化进程、共享现代化成果"③，也都意在回应上述主题，消除城乡、工农之间的矛盾和差别。

要消除城乡和工农之间的差别，构建社会主义和谐社会，需要保持农村社会的和谐稳定，建立城乡之间的良性互动和公平正义关系。宗教的爱心互助与身心调节虽有助于农村社会的和谐，但宗教内部以及宗教之间也存在文化冲突、教派冲突、人群冲突、身心冲突的方面。从根本上来说，农村社会和谐与城乡之间的良性互动，只有依靠深化改革，通过加强农村的经济、政治、文化和社会建设等方式实现。为此，必须继续推进农村教育事业的发展，普及高中以上阶段的教育和推广职业教育，创造条件吸引人才向农村回流和转移；要实施扩大就业的发展战略，在鼓励和支持一部分农民向城镇转移的同时，也要鼓励和支持农民、农民工、大学生和城里人在农村创业置业；要深化收入分配制度的改革，增加农民的收入，扭转城乡居民收入差距拉大和农民收入相对比下滑的趋势；要加快建立和完善农村的社会保障体系和医疗卫生体系，为农民的生产经营、养老、医疗等提供保障，动员社会力量在农村创办养老院和托儿所等；要完善基层党政组织、派出所和人民法院等的社会管理和服务功能，以社会协同和公众参与方式有效预防和化解各类社会矛盾，提高保障公共安全和处置突发事件

---

① 《江泽民文选》第 3 卷，人民出版社 2006 年版，第 407 页。
② 同上书，第 393—394 页。
③ 《习近平谈治国理政》，外文出版社 2014 年版，第 81 页。

的能力，高度警惕和坚决防范危害国家安全的各种渗透、分裂和颠覆活动。

5. 农民宗教文化心态的生态调适

关于宗教与生态的关系，宗教的敬畏伦理和节制主义等对维系生态平衡具有重要意义，然而教会的腐败和因宗教问题引发的战争，也导致了生态环境的破坏。再按韦伯的观点，包括节制在内的宗教伦理导出了资本主义精神。却又如恩格斯所言："既然工业革命对于产品在纺和织以后所经过的那些工序产生了这样大的影响，那么它对新兴工业所需原料的影响就要大得多了。蒸汽机第一次使绵延于英国地下的无穷尽的煤矿层具有了价值"，"英国工业的这一次革命是现代英国各种关系的基础，是整个社会的运动的动力……个人的或国家的一切交往，都被溶化在商业交往中，这就等于说，财产、物升格为世界的统治者"。① 这就表明宗教伦理导出的资本主义精神，以大工业生产方式掠夺着自然资源，造成了物欲主义和人类中心主义。恩格斯由此指出："反对基督教的抽象主体性的斗争促使 18 世纪的哲学走向相对的片面性；客体同主体相对立，自然同精神相对立"，"为了完成这种外在化，金钱、财产的外在化了的空洞抽象物，就成了世界的统治者。人已经不再是人的奴隶，而变成了物的奴隶"。② 马克思将此视为人性的异化，并同恩格斯一样认为这是资本主义制度的缺陷。他们主张通过革命方式建立共产主义社会，使人们能过上"那种同已被认识的自然规律和谐一致的生活"③。

改革开放以来，邓小平提出的"植树造林，绿化祖国，造福后代""提高产品质量是最大的节约""解决农村能源，保护生态环境等等，都要靠科学"等，都显示出党和政府对生态环境的重视。江泽民讲的"全面建设小康社会的目标是……可持续能力不断增强，生态环境得到改善，资源利用效率显著提高，促进人与自然的和谐，推动整个社会走上生产发展、生活富裕、生态良好的文明发展道路""走新型工业化道路，大力实施科教兴国战略和可持续发展战略……走出一条科技含量高、经济效益好、资源消耗低、环境污染少、人力资源优势得到充分发挥的新型工业化

---

①　《马克思恩格斯选集》第 1 卷，人民出版社 1995 年版，第 31—32、35 页。

②　同上书，第 18—19、25 页。

③　《马克思恩格斯文集》第 9 卷，人民出版社 2009 年版，第 121 页。

道路"①，更是把保护生态环境上升到了国家战略和中国道路的层面上。这种战略和道路，需要包括信教农民在内的全体中国人予以落实。其后胡锦涛讲的"统筹城乡发展、区域发展、经济社会发展、人与自然和谐发展、国内发展和对外开放"②，其中的人与自然和谐发展也渗透在其他四个统筹之中。习近平讲的"走向生态文明新时代，建设美丽中国，是实现中华民族伟大复兴的中国梦的重要内容"③，将保护生态环境纳入了中国梦的构建和落实中。

以普遍联系和系统论的整体观念来看，农村的生态环境与城市的生态环境密切相关，农村生态环境的改善直接关系到城市生态环境的改善。改革开放以来，乡镇企业的发展、农药化肥的使用、耕地林地的被占、落后产能向农村转移等，都使农村的生态环境日益遭受破坏，有毒有害物质通过空气、水、蔬菜和食品等向外传播。农村地区生态环境的改善，无疑不能停留在宗教学者的智识运动以及部分宗教信徒节食和放生善举的水平上，更不可能依靠祭拜龙王爷等神灵实现，而需要从根本上改变农村地区的生产和生活方式。为此要继续加强农村水利电力等基础设施和防风固沙等基础工程的建设，继续实施退耕还林和绿化荒山荒坡等建设；要实现农村地区工业企业的绿色转型并淘汰落后产能，坚决防止落后产能向农村转移；要大力推行有机农业和绿色农业，在工业生产和日常生活中使用绿色清洁能源；要减少化肥农药等对土地、水源和农作物的污染，保证我国的粮食和食品安全；要着力改善农村的公共卫生条件，对生产和生活中的垃圾作无害化处理，还农村地区以秀美山川，使农村地区成为令人神往的一方净土。

6. 农民宗教文化心态的宗教调适

关于宗教之间的关系，各宗教之间既相统一和相融合，又相排斥和相对立。马克思和恩格斯指出："当古代世界走向灭亡的时候，古代的各种宗教就被基督教战胜了。当基督教思想在 18 世纪被启蒙思想击败的时候，封建社会正在同当时革命的资产阶级进行殊死的斗争。信仰自由和宗教自

---

① 《江泽民文选》第 3 卷，人民出版社 2006 年版，第 543—544、545 页。

② 《科学发展观重要论述摘编》，中央文献出版社、党建读物出版社 2009 年版，第 2 页。

③ 《习近平谈治国理政》，外文出版社 2014 年版，第 211 页。

由的思想，不过表明自由竞争在信仰领域里占统治地位罢了。"① 在历史和现实中，西方的基督教在中世纪战胜其他宗教取得统治地位，但它并未完全消灭其他宗教，自身又不断地分化，随后被资本主义的启蒙思想所战胜，进而演变成服从和服务于资本主义的工具。中国历史上呈现出儒释道的竞合关系，到宋明时期儒家兼容佛道取得统治地位。明清之际至近代，儒家又在与基督教的对话和交融中向前发展，但其地位已逐渐被资本主义的启蒙思想所取代。自五四运动以来，马克思主义逐渐占据主导地位。"积极引导宗教与社会主义社会相适应"，反映了马克思主义和社会主义与各种宗教的引导和被引导关系。在社会主义的中国，各种宗教之间关系的处理服从于这种引导和被引导的关系。

改革开放以来，党和政府充分认识到宗教存在具有长期性和复杂性。邓小平提出的"坚持四项基本原则"和"中国的问题，压倒一切的是需要稳定"② 等，为处理政教关系以及宗教关系奠定了基础。江泽民提出的"全面正确地贯彻宗教信仰自由政策""积极引导宗教与社会主义社会相适应""依法管理宗教事务"和"坚持独立自主自办原则"，也为正确处理政教关系以及宗教关系指明了方针。胡锦涛讲的"构建社会主义和谐社会是贯穿中国特色社会主义事业全过程的长期历史任务，是在发展的基础上正确处理各种社会矛盾的历史过程和社会结果"③，习近平讲的"实现中国梦必须走中国道路""实现中国梦必须弘扬中国精神""实现中国梦必须凝聚中国力量"④，都为正确处理宗教关系指明了方向。

在新的历史时期，要正确处理宗教之间的关系，就必须按照我国宪法、法律和《宗教事务条例》的要求，保障公民宗教信仰自由，维护宗教和睦与社会和谐，坚持独立自主自办原则。保障公民宗教信仰自由体现出国家对公民信仰权利的尊重，维护宗教和睦与社会和谐体现出避免矛盾冲突的社会要求，坚持独立自主自办原则体现出宗教的属地性和国家主权原则。要保障农民的宗教信仰自由，既要保障农民的信教自由，也要保障农民不信教的自由。任何宗教组织和个人都不得强迫农民信教，也不得以

① 《马克思恩格斯选集》第 1 卷，人民出版社 1995 年版，第 292 页。
② 《邓小平文选》第 3 卷，人民出版社 1993 年版，第 284 页。
③ 《科学发展观重要论述摘编》，中央文献出版社、党建读物出版社 2009 年版，第 73 页。
④ 《习近平谈治国理政》，外文出版社 2014 年版，第 39—40 页。

非法方式向农民传教；维护宗教和睦与社会和谐，既要维护农村各宗教的相对独立，也要维护农村宗教生态的总体平衡。要积极推动各宗教之间的对话和交流，防止宗教极端主义的一味排他。坚持独立自主自办原则，既要求农民宗教信徒坚持爱国爱教，也允许农民宗教信徒以合法的途径参与国际交流。要避免接受境外势力的捐赠，防范分裂和颠覆国家的图谋。在农村地区传教的宗教教职人员，尤其要遵守以上规范。鉴于其担当的文化承载者和传播者的角色，也应当加强自身的文化修养，能够做到洁身自好。

# 四　结束语

马克思指出："宗教里的苦难既是现实苦难的表现，又是对这种现实的苦难的抗议。"马克思所谓的"现实的苦难"，我们可以理解为不完满与完满的差异。宗教用想象的方式编制了虚幻的完满，人类则应当一代又一代地运用实践的方式建筑尘世的完满。这种完满与不完满的差异从农民的宗教文化心态中折射出来，而建筑尘世完满的代际性，决定了对农民宗教文化心态的调适，将会是一个比较漫长的过程。但社会生产每得到一次发展，科学技术每取得一次飞跃，管理方式每进行一次改善，人的精神境界每获得一次提高，都是由不完满走向完满的一次进步。当然这种进步，需要包括农民和宗教教职人员在内的全人类的共同担当，尤其是马克思主义者的担当。

# 第 三 编

## 人类学维度的价值与目标

第 三 章

# 第 一 章

# 对话的和谐意蕴

自柏拉图和孔子用对话方式探究哲学问题以来，对话已经逾越个人的局限，扩大到企业、政府、政党、民族、国家、经济合作组织、经济共同体和区域性的国家联盟等领域，人类已经进入全球对话的时代。在《全球化对话的时代》一书中，斯维德勒将对话界定为"人们之间的双向交流"①，并且将打架、争吵、辩论之类的交流排斥在了对话之外。在《交往行为理论》中，哈贝马斯把交往行为理解为"至少两个以上具有言语和行为能力的主体之间的互动"②，并且把理性的交往行为理解为"在没有任何强制条件下的平等、自由的对话"③。

斯维德勒与哈贝马斯都注意到对话的互动性，但将对话客体仅仅限定为人，把语言作为联系主客体的唯一工具，而不去考察人与自然以及人与机器的交往，这就忽视了对话产生发展的物质基础和物质工具。把对话的范围仅仅局限在人与人之间和思想观念领域，对话就脱离了所依赖的物质条件，对话目的就难以实现，对话也就不能形成完整的序列和有机的整体。斯维德勒把打架、争吵、辩论之类的冲突性交流排斥在对话之外，哈贝马斯把理性的交往行为理解为在没有任何强制条件下的平等、自由的对话，这样的观点只是说明对话的理想目标，而未认识到矛盾和冲突就存在于对话的历史和现实中，正是历史和现实中人与周围世界存在的矛盾和冲突，构成了对话的内容，推动了对话的发展。脱离历史和现实中人与周围世界的矛盾与冲突，也就不能揭示对话的发展规律和真正动力。为此我们

---

① ［美］列奥纳德·斯维德勒：《全球对话的时代》，中国社会科学出版社 2006 年版，第 7 页。

② ［德］尤尔根·哈贝马斯：《交往行为理论》，上海人民出版社 2004 年版，第 84 页。

③ 薛华：《哈贝马斯商谈伦理学》，辽宁教育出版社 1988 年版，第 2 页。

有必要从人类共同面对的矛盾和问题出发，用整体的、逻辑的和历史的观念考察对话，界定对话的概念，探寻对话的规律，明确对话的意义。

# 一 对话的整体概念

## 1. 对话主体的整体概念

对话的主体是人，但只有从事实践活动的人才能成为对话的主体。恩格斯讲："首先是劳动，然后是语言和劳动一起，成了两个最主要的推动力，在它们的影响下，猿脑就逐渐地过渡到人脑。……脑和为它服务的感官、越来越清楚的意识以及抽象思维能力和推进能力的发展，反作用于劳动和语言，为这二者进一步发育不断提供新的动力。……随着完全形成的人的出现又增添了新的因素——社会。"[①] 人一从自然界分化出来，就成了社会性的人，就具有了能用物质工具实践、能用思维工具认识、能用语言工具交流的主体特征，从而确立了自身的主体地位。人的主体地位一经确立，就成为动态发展的概念。最初的主体类型从性别上来说包括男人和女人，从组织规模上来说包括个人和氏族部落。国家建立后，主体类型包括个人、家庭、民族、国家以及手工业组织和宗教组织等。资本主义生产方式建立以来，对话主体发展出工人、资本家、企业、政党和市场中介组织等。在全球化浪潮迅猛发展的今天，对话主体进一步发展出跨国公司、企业联盟、经济共同体和地区联盟等。以上各类主体在历史发展中占有不同地位，发挥不同的作用，与客体对话的方式也不尽相同。由于科技的发展，对话由直面走向虚拟；由于民主的进步，对话由独断走向互动；由于交往的扩大，对话由封闭走向开放；由于教育的普及，对话由精英走向大众；由于传媒的拓展，对话由线状走向网状；由于共同的生存，对话由对抗走向合作。对话方式的转变，要求对话思维必须相应转变。人必须在尊重客体的基础上，与其进行科学对话、民主对话、平等对话、友好对话与合作对话，实现彼此的和谐发展。

## 2. 对话客体的整体概念

对话客体是主体在对话中指向的对象，也就是人与之交往的世界。世界作为人的交往对象包括自然、社会和人，人将神秘意志赋予自然就出现

---

① 《马克思恩格斯选集》第4卷，人民出版社1995年版，第377—378页。

了人神对话，将古往今来进行比较就形成人与历史的对话。近代以来机器成为显著的社会存在，将机器作为交往对象就产生了人机对话。人既是主体，也是客体，但只有在交往过程中人才能成为交互性主体。因而对话的客体就是自然、神、人、机和历史，它们作为客体之所以能够与人进行对话，是因为它们和人通过交往行为结成了一体，并被打上了人的烙印，从而使人与自然、神、人、机、历史的对话直接或间接地表现为人与人的对话。马克思指出："全部人类历史的第一个前提无疑是有生命的个人的存在。"① 人来自于自然，要获取生活资料首先要同自然交往。因此在上述的各种对话形式中，人与自然的对话是前提；对客观规律的无知和物质资料的匮乏，使人往往会求助于神的启示和恩赐，摆脱现实苦难和追求宗教理想成为社会发展的一种精神动力，因此人与神的对话是动力；只有人能够把握客观规律并赋予世界以目的意义，各种类型的对话都体现为人与人的对话，因此人与人的对话是核心；当人足以按目的性要求将客观规律复制为机器，机器就拓展了人与世界对话的能力，因此人与机的对话是展开；所有的对话都是为了实现社会发展和文明进步，建立"以每个人的自由而全面的发展为基本原则的社会"②，因此人与历史的对话是归宿。

3. 对话内容的整体概念

对话的内容是主客体之间在对话过程中传递的信息，反映的是主客体间的矛盾关系。人与自然、神、人、机以及历史之间总是存在着矛盾，在不同的历史时期矛盾会在不同程度和水平上展开，对话的内容记录了主体解决矛盾时取得的成果，体现了人的本质力量、生活方式和生存状态。围绕人与自然关系开展的对话，成果突出地表现为科技的进步，同时伴随着哲学、宗教、伦理、经济、政治、法律、军事等思想的产生和发展；围绕人神关系开展的对话，成果突出地表现为宗教的产生和发展，显示了信仰的不可或缺及其强大力量；围绕人与人关系开展的对话，成果突出地表现为交往的扩大，人类逐步进入全球化时代；围绕人机关系开展的对话，成果突出地表现为生产力的进步，推动了社会面貌和人自身面貌的改善；围绕人与历史关系开展的对话，成果突出地表现为社会发展、人的发展和文明进步，人在历史中发现创新的方向和动力。人与自然、神、机、人、历

---

① 《马克思恩格斯选集》第 1 卷，人民出版社 1995 年版，第 67 页。

② 《资本论》第 1 卷，人民出版社 1975 年版，第 649 页。

史的关系是对立统一的关系，在不同的历史条件下，主客体间的矛盾有其主要方面，矛盾的主要方面为对话确定主要话题。主客体围绕主要话题进行交流，就构成了对话的主要内容。

4. 对话意义的整体概念

对话意义也就是对话要达到的目的。恩格斯指出："动物仅仅利用外部世界，简单地通过自身的存在在自然界中引起变化；而人则通过他所作出的改变来使自然界为自己的目的服务，来支配自然界。这便是人同其他动物的最终的本质的差别。"① 只有人能按自身的要求赋予世界以目的和意义，同时赋予对话以目的和意义。人与自然、神、机、人、历史对话的目的有所不同。人与自然对话的目的在于弘扬理性，运用理性指导实践以满足人的生活需要。理性的弘扬是一个从弱到强、从有限到无限的过程，伴随着人对自然从尊重到不尊重再到新的尊重的循序渐进；人与神对话的目的在于确立信仰，通过信仰实践而趋乐避苦。人的信仰的确立是一个从多到一、从观念到现实的过程，伴随着人对神从信奉到怀疑再到新的信奉的长期变化。人与人对话的目的在于扩大交往，通过扩大交往而实现共同学习、宽容理解与和谐共处。人们之间的交往是一个从封闭到开放、从无序到有序的过程，伴随着人与人从公平到不公平再到新的公平的持续推进。人与机对话的目的在于改进实践手段，通过改进物质工具提高人改造世界的能力。人对机的改进是一个从简单到复杂、从落后到先进的过程，伴随着从合理到不合理再到新的合理利用工具的不断发展。人与历史对话的目的在于追求创新，通过创新实现社会发展、文明进步和人自身的发展。人创新历史的过程是一个从英雄到民众、从依靠体力到依靠综合素质的过程，伴随着文明从创造到被毁再到新的创造的无穷演进。人与自然、神、人、机、历史的对话，虽然有所不同，但都围绕人展开，对话的成果形成整个人类的文明。由于自然、神、人、机、历史构成的人类生活世界总是充满了矛盾，人弘扬理性、确立信仰、扩大交往、改进工具、追求创新的意义，就在于化解主客体的矛盾，建立和谐的人类生活世界，使人与自然共生，人与社会共进，人与人共存，文明与文明共同繁荣。

5. 对话条件的整体概念

对话条件是使对话得以进行的影响因素。对话受条件的决定，世界的

---

① 《马克思恩格斯选集》第 4 卷，人民出版社 1995 年版，第 383 页。

物质性、系统的整体性、实践的目的性、主体的社会性以及语言的工具性，为对话提供了可能，创造了条件。世界是人参与的物质世界，世界的物质性决定了主体只有尊重客体，才能正确把握利用客观规律；阿纳托尔曾说："一般系统论的方式将试图把分析的和整体的观点，描述性的和规范性的观点整合起来。我们的目的是要证明这些观点决不是不能共存的，它们揭示关于系统论的统一处理方式的互补的、不同的方面。"① 系统的整体性为对话提供了无限的时空，决定了主体必须采用系统思考的方式把握客观规律；实践是人类共同的实践，实践的目的性决定了人们必须采用共同学习、共塑愿景、持续创新的方式与世界对话，不断运用客观规律，创造客体价值，满足自身需要；人在生产劳动的基础上结成了各种社会关系，主体的社会性决定了人与人必须以平等友爱、互利合作的方式进行对话，促进彼此间的和谐发展；洪堡特讲："既然语言的智力运作正如其整个智力方面一样，完全建立在精神的独立自主性之上，既然人们的目的和手段是相同的，这种运作似乎也理应相同；况且，语言在智力方面确实保持着较大的同形性。"② 语言在语音、语法、语体、语用、释义、翻译、表达形式和方式等方面有共同的规则。这些规则使对话可以游万物、历时空、跨文化而有序地进行。语言的工具性，决定了主客体之间必须采用科学、民主、规范、宽容的方式进行对话，消除沟通中的障碍和界限，实现彼此之间的包容和理解。对话的条件是具体的和历史的，在不同的历史条件下，对话会在不同的层面上展开。

## 二　对话的逻辑发展

### 1. 人与自然对话的逻辑发展

人与自然的对话源于人与自然的矛盾，实质是人如何认识和利用自然规律，创造客体价值，满足自身需要。人与自然的对话，最初表现为人从自然分化出来之后对自然的敬畏与崇拜。由于对自然的盲目无知和实践能

---

① ［美］拉波波特·阿纳托尔：《一般系统论：基本概念和应用》，钱兆华译，福建人民出版社1994年版，第8页。

② ［德］威廉·冯·洪堡特：《论人类语言结构的差异及其对人类精神发展的影响》，姚小平译，商务印书馆1999年版，第103页。

力的低下，人在万物有灵和爱物俭啬等观念的作用下，与自然保持着低层次和谐状态。随着金属工具广泛使用，人作用于自然的能力有所增强，但由于主体力量相对低下，尚智尚力和节欲爱物等观念同时发挥作用。近代以来，随着资本主义的机械化大生产得以产生，人在与自然对话中取得了空前的成就，创造出了比以往社会财富的总和还要多得多的社会财富。然而正如爱尔维修所言："人们过去和未来都是爱自己甚于爱别人的。"① 资本主义诞生以来的人与自然对话，长期走的是以个人为本位、以功利为目的、以人类为中心的唯我论路线，造成了个人主义、功利主义、殖民主义和霸权主义，人与自然的平衡关系被打破。诚如恩格斯所说："我们不要过分陶醉于我们人类对自然界的胜利。对于每一次这样的胜利，自然界都对我们进行了报复。"② "二战"以后，资本主义生产方式和唯我论受到强烈批判，生态主义、系统理论、和平发展合作观念、自然科学与社会科学结盟的主张等不断冲击着唯我论的营地，人们开始用更加整体和自觉的观念，认识和处理与自然的关系，寻求彼此的和谐相处。然而资本无限追求控制自然以获取物质财富的内在逻辑，使人与自然的矛盾显得尤为突出。

2. 人与神对话的逻辑发展

人与神的对话源于人与人格化观念创造物的矛盾，实质是人通过对神秘力量的崇拜和信仰获取精神力量。人与神的对话始于原始宗教，工具理性的不足使得人产生了原始崇拜和万物有灵观念。国家的产生使原始宗教转化成为国家宗教，维护宗法统治的工具理性与确立信仰的目的理性在君王身上统一起来。封建制的产生使天神祖灵信仰发生动摇，探索自然奥秘和解决人生苦难的工具理性与目的理性在"轴心时代"的贤哲身上统一起来。随后道教、基督教、伊斯兰教等世界性宗教的产生，使理性依附于信仰并成为论证信仰的工具，人沦为神的忠实奴仆，此岸的幸福快乐被转移到了虚幻的彼岸世界。正如马克思所说："宗教里的苦难既是现实苦难的表现，又是对这种苦难的抗议。宗教是被压迫生灵的叹息，是无情世界的心境，正像它是无精神活力的制度的精神一样。"③ 宗教神权以及国家

---

① 北京大学哲学系外国哲学教研室编译：《十八世纪法国哲学》，商务印书馆 1979 年版，第 501 页。

② 《马克思恩格斯选集》第 4 卷，人民出版社 1995 年版，第 383 页。

③ 《马克思恩格斯选集》第 1 卷，人民出版社 1995 年版，第 2 页。

政权的双重压榨，在民众身上造成了天堂般理想与地狱般生活的对立，最终促成人性的回归和理性的弘扬。人和自然的再度发现，使君王走下了神坛，宗教伦理被改造成为资本主义精神，资产阶级启蒙思想家们用理性方式建起了人间天城。19 世纪末期以来资本主义频繁发生的经济危机，使资本主义的信仰发生动摇。于是尼采讲"上帝死掉了"①，马克思将"对天国的批判变成对尘世的批判"②。杜威、蒂里希、亨廷顿则以有机论、救治论、身份认同论开发出宗教的时代价值，为宗教及其支持下的资本主义的延存作出证明。

3. 人与人对话的逻辑发展

人与人的对话源于人们在社会交往中的矛盾，实质是以利益为核心的彼此之间本质力量、生存状态和生活方式的表达。人与人的对话最初以平等方式在氏族部落展开，无私和公平是成员之间共同遵守的道德准则。国家的出现打破了平等对话格局，记录君臣言行的典籍开始形成，贤哲士人创造出师生对话和学术对话的对话形式，无私和有私的张力开始显现。封建社会的君权和神权与民权和人权相互拮抗，天道无私、正义平等、仁爱宽容等时代精神加强了农民、手工业者、商人和妇女的话语权。资本主义以自由、民主、平等、博爱战胜了君权和神权，劳资对话中的自由竞争和弱肉强食造成贫富分化和劳资对抗。韦伯曾经评价道："古恩伯格把美国佬的哲学概括为这么两句话：'从牛身上刮油，从人身上刮钱。'志在必得的宗旨之所以奇特，就在于它竟成为具有公认信誉的诚实人的理想，而且成为一种观念：认为个人有增加资本的责任，而增加资本本身就是目的。"③ 马克思更深刻地指出："资本主义的生产——实质上就是剩余价值的生产——通过延长工作日，不仅使人的劳动力由于被夺取了道德上和身体上的正常发展和活动的条件处于萎缩状态，而且使劳动力本身未老先衰和死亡。"④ 频繁爆发的经济危机和工人运动，促成了宏观调控、工会组织、发展教育、改善福利，公平正义、基层民主、福利主义、女权主义、

①　［德］尼采：《查拉图斯特拉如是说》，钱春绮译，生活·读书·新知三联书店 2007 年版，第 6 页。

②　《马克思恩格斯选集》第 1 卷，人民出版社 1995 年版，第 2 页。

③　［德］马克斯·韦伯：《新教伦理与资本主义精神》，于晓、陈维刚等译，陕西师范大学出版社 2006 年版，第 14 页。

④　《资本论》第 1 卷，人民出版社 1975 年版，第 295 页。

和平主义思潮蓬勃兴起。资本输出和殖民主义为西方国家带来的强大话语权，遭到发展中国家和不发达国家的解构，反殖民和反霸权成为时代强音。然而霸权主义和强权政治至今并没有退出历史舞台，西方国家仍在利用自身的科技和军事等优势维护着自身的主导权。

4. 人与机对话的逻辑发展

人与机的对话源于人与物质工具的矛盾，实质是人如何利用物质工具来谋求生活便利。人机对话最初表现为人与石器的对话，随着青铜器和铁器的广泛使用，尚智尚技与反战弃技并生流行。公元7至15世纪，西方殖民主义用"四大发明"印制《圣经》，制造枪炮和远洋轮船，远征世界。16至18世纪，西方通过科技革命尤其是发明蒸汽机，逐步建立了机械化生产方式，强大的工具理性使资本家成为掌控世界的上帝。但正如马克思所说："只是在采用机器之后，工人才开始反对劳动资料本身，即反对资本的物质存在形式"，"劳动资料扼杀工人。当然这种直接的对立，在采用的机器同传统的手工业生产或工场手工业发生竞争时，表现得最明显"。① 机器的演进和广泛使用，给人类带来了生活便利和滚滚财富，但也不断地排斥、异化和杀戮人，造就了希特勒式的战争狂人，造成了核战争与核泄漏的生态灾难。保罗·肯尼迪质疑："一旦拥有原子武器的大国发生战争，人类是否能够生存下去。"② 人类对科技和机器社会功能的深刻反思，促使自然科学与社会科学开始结盟，倡导和平、合作、安全。但"控制人"与"人是目的"的较量并未停止，这种较量通过信息技术、机器人、基因枪、精确制导武器等获得新的表现形式。机可胜人、机可代人、技可造人、机可控人、机可灭人、物质和人消失了的观念凸显出来，使人类自身的地位、尊严和安全面临着更加严峻的挑战。

5. 人与历史对话的逻辑发展

人与历史的对话源于过去、现在、未来的矛盾，实质是人类如何把握和利用历史规律，创造新的文明成果。人与历史的对话最初表现为人与自然、先祖以及神灵的对话，演化成对人类起源和世界本原的探讨，语言和文字的使用使人类能记载文明，并透过文本把握历史规律。农业文明主导

---

① 《资本论》第1卷，人民出版社1975年版，第468、473页。

② ［英］保罗·肯尼迪：《大国的兴衰》，梁于华等译，世界知识出版社1990年版，第400—401页。

时期的历史认知为宿命论和循环论所把持，祛蔽求新被限定在家国的范围内和君权神权的统治下。资产阶级革命使进化论成为显学，使国别史转变成世界历史，国家民族之间进入开放状态，人类文明成果以前所未有的速度被创造出来。对此，马克思指出："资产阶级，由于开拓了世界市场，使一切国家的生产和消费都成为世界性的了。使反动派大为惋惜的是，资产阶级挖掉了工业脚下的民族基础。……过去那种地方的和民族的自给自足和闭关自守状态，被各个民族的各方面的相互往来和各方面的相互依赖所代替了。物质的生产是如此，精神的生产也是如此。各民族的精神产品成了公共的财产。民族的片面性和局限性日益成为不可能，于是由许多民族的和地方的文学形成了一种世界性的文学。"① 然而 19 世纪末期以来频繁爆发的经济危机又使人陷入悲观迷茫，于是出现叔本华的"悲观意志"、尼采的"永恒轮回"和柏格森的"盲目冲动"。与此同时，唯物史观创造出来，社会主义国家应运而生。在新的历史时期，围绕着资本主义的维护和消解，历史终结论、历史虚无主义和历史唯物主义呈现出相互斗争的局面。

## 三　对话的和谐之路

### 1. 人与自然对话的和谐之路

人与自然对话的当代议题主要是生态问题，原因在于全人类共同面临着发展生产与环境恶化的突出矛盾，全球性气候变暖、温室效应加剧、冰川融化、水源污染、森林减少、土地退化、物种数量减少、垃圾堆积如山、发达国家向发展中国家以及城市向农村转嫁生态危机等问题的出现，使人类社会的可持续发展能力面临着严峻挑战。正如地理学家黄秉维先生所说："全球环境变化与可持续发展是当今人类社会关注的热点……我们期望全社会关注人类的生存环境，尊重自然规律，树立可持续发展观念，在新的世纪里，努力谋求人与自然的和谐协调，将人类家园建设得更加美好。"② 全球性的生态危机表明，人类必须用整体的观点把握自然规律，用可持续发展战略应对生态危机。习近平指出："走向生态文明新时代，

---

① 《马克思恩格斯选集》第 1 卷，人民出版社 1995 年版，第 276 页。
② 黄秉维：《关注人类家园》，商务印书馆 2003 年版，第 155 页。

建设美丽中国，是实现中华民族伟大复兴中国梦的重要内容。中国将按照
尊重自然、顺应自然、保护自然的理念，贯彻节约资源和保护环境的基本
国策。"① 通向人与自然和谐的道路，归结起来在于崇尚节约。作为时代
精神的崇尚节约，就是保持生态平衡与实现人和自然的和谐统一，它包含
人对自然的尊重和敬畏，对物质资料的节俭和爱惜，对提高资源利用效率
的追求和痴迷，对解决人与自然矛盾的直面和勇气。要实现人与自然的和
谐统一，就必须将生态的与社会的伦理和责任融入到工具理性和目的理性
中，建立绿色生产和消费方式，营造绿色政治和文化环境，发展循环经
济，开发新型能源，控制人口数量，提高人口质量，爱护生态环境，治理
并逆转环境的污染和破坏，构建资源节约和环境友好型世界，实现人与自
然的协调发展和永续发展。

2. 人与神对话的和谐之路

人与神对话的当代议题主要是信仰问题，它源于全人类共同面临着信
仰缺失和信仰冲突的问题。信仰缺失表现为人们对社会制度和社会发展缺
乏信心，从而导致价值体系崩溃，邪教迷信、伪科学和反科学盛行；信仰
冲突主要表现为宗派主义和民族主义引发的教派冲突，并由此引发地区战
争、民族冲突和政局动荡，导致无数的人员伤亡和文明被毁。这两方面都
是理性缺失造成的恶果，前者缺失了对于客观规律揭示的未来社会的开放
性，后者缺失了对于他者存在的开放性。图海纳讲："我们只有失去了我
们的认同才能共同生存，反之……人与人之间不仅不能沟通，而且还会在
敬拜不同的神灵的人之间引发战争。"② 哈贝马斯讲："欧洲人从两次世界
大战的灾难中明白了，他们必须消除掉内心的民族主义排斥机制。"③ 既
然人类要共同生存，就必须重回理性，按客观规律的要求寻求通向理想生
活的进路。既然任何民族种族都不能被消灭，就必须放弃狭隘的宗派主义
和民族主义，开展平等对话，实现包容和解。习近平指出："实现中华民
族伟大复兴的中国梦，就是要实现国家富强、民族振兴、人民幸福，既深
深体现了今天中国人的理想，也深深反映了我们先人们不懈追求进步的光

---

① 《习近平谈治国理政》，外文出版社 2014 年版，第 211 页。

② ［法］阿兰·图海纳：《我们能否共同生存？》，狄玉明、李平沤译，商务印书馆 2003 年
版，第 5 页。

③ ［德］哈贝马斯：《包容他者》，曹卫东译，上海人民出版社 2002 年版，第 175 页。

荣传统"，"当今世界，人类生活在不同文化、种族、肤色、宗教和不同社会制度所组成的世界里，各国人民形成了你中有我、我中有你的命运共同体"。① 通向人神和谐的道路，归结起来就在于弘扬理性。作为时代精神的理性，就是还诸世俗生活构筑理想，着眼共同发展达成和解。对中国来说就是要实现国家富强、民族振兴、人民幸福的中国梦，对世界来说就是要推进人类命运共同体的创建，总起来说就是使世界各族人民和谐相处、乐生爱生。

3. 人与人对话的和谐之路

人与人对话的当代议题主要是公平问题，它源于全人类共同面临着利益均衡与利益失衡的突出矛盾。在当今世界，自由竞争、弱肉强食、冷战对抗、文明冲突的生存哲学依然深层次地影响着人们的思维，霸权主义、强权政治、地区差别、贫富分化、性别歧视、机会不均、家庭暴力等，严重威胁着人类社会的和谐安宁。沃尔夫讲："资本主义社会似乎无法再现赖以为自豪的繁荣昌盛了……政府资助私有资本反过来加强了民众的愤世嫉俗，因为他们本来就认为国家只帮助有钱人。"② 罗尔斯讲："正义是社会制度的首要价值……正义否认为了一些人分享更大利益而剥夺另一些人的自由是正当的，不承认许多人享受的较大利益能绰绰有余地补偿强加于少数人的牺牲。"③ 历史经验已经表明，专制主义、自由主义、殖民主义和霸权主义都属于老路，它们引发了两极分化和尖锐冲突。习近平指出："实现中国梦必须走中国道路。这就是中国特色社会主义道路"，"我们要随时随刻倾听人民呼声、回应人民期待，保证人民平等参与、平等发展权利，维护社会公平正义"。④ 通向人与人和谐的道路，归结起来就在于实现公平。作为时代精神的公平，是以权力公平为起点、机会公平为条件、规则公平为保障、分配公平为实质，是最广大的人民、组织、国家和民族都能享有的整体公平。要实现这样的整体公平，就必须缓解经济和社会发展之间的矛盾，调节社会差别，增进社会团结和睦，使最广大的人民群众能共享经济社会发展带来的成果。就要在互信、互利、平等、合作的基础

---

① 《习近平谈治国理政》，外文出版社 2014 年版，第 39、261 页。
② ［美］沃尔夫：《合法性的限度》，沈汉等译，商务印书馆 2005 年版，第 468 页。
③ ［美］罗尔斯：《正义论》，何怀宏译，中国社会科学出版社 1988 年版，第 3—4 页。
④ 《习近平谈治国理政》，外文出版社 2014 年版，第 39、41 页。

上，开展与各国政府和人民的交流合作，反对霸权主义和强权政治，建立公正合理的国际政治经济新秩序。

4. 人与机对话的和谐之路

人与机对话的当代议题主要是安全问题，它源于全人类共同面临着机器造福人类与危害人类的突出矛盾。科学技术是一把双刃剑，体现当代科技革命成果的物质工具同样具有双重功效，它一方面促进了社会生产能力的极大提高，为人的自由而全面的发展进一步创造了条件；另一方面也进一步排斥人，给人类制造了新的苦难。在当今世界，生物技术使人类克隆不再困难，空间技术使霸权主义向太空扩展，信息技术使战争升级为信息大战，网络技术使洗钱诈骗和剽窃盗窃等变得方便简单。新渡户稻造讲："注入活力的是精神，没有它即使最精良的器具几乎也是无益的……最先进的枪炮也不能自行发射，最现代化的教育制度也不能使懦夫变成勇士。"① 博德里亚尔讲："完美的罪行就是创造一个无缺陷的世界并不留痕迹地离开这个世界的罪行。但是，在这方面，我们没有成功。我们仍然到处留下痕迹——病毒、笔误、病菌和灾难——像在人造世界中心人的签名似的不完善的标记。"② 为机器注入正邪力量的是人，人能用机器增进福祉，也能用机器危害人类。习近平指出："做好网络安全和信息化工作，要处理好安全和发展的关系，做到协调一致、齐头并进，以安全保发展、以发展促安全，努力建久安之势、成长治之业"，"我们要坚持理性、协调、并进的核安全观，把核安全进程纳入健康发展的轨道"。③ 通向人机和谐的道路，归结起来就在于保障安全。作为时代精神的安全，就是破除技术对人的排斥、异化、宰制，使之服务于人类的和平、幸福和安宁。为此，我们必须促进自然科学和社会科学结盟，努力构建安全社会和安全世界，推进人类的和平与发展。

5. 人与历史对话的和谐之路

人与历史对话的当代话题主要是创新问题，它源于世界范围内存在亟待创新与创新不足的矛盾。在当今世界，科技革命和竞争合作为创新提供了动力，然而不合时宜的观念、做法、体制却为创新制造了阻力。创新与

---

① ［日］新渡户稻造：《武士道》，张俊彦译，商务印书馆1993年版，第104页。

② ［法］让·博德里亚尔：《完美的罪行》，商务印书馆2000年版，第43页。

③ 《习近平谈治国理政》，外文出版社2014年版，第198、254页。

发展具有相同的内涵，包括理论创新、制度创新、科技创新、文化创新和其他各方面的创新。熊彼特讲："我所意指的发展是一种特殊的现象，同我们在循环流转中或走向均衡的趋势中可能观察到的完全不同。它是流转渠道中的自发的和间断的变化，是对均衡的干扰，它永远在改变和代替以前存在的均衡状态。"① 江泽民指出："创新是一个民族进步的灵魂，是一个国家兴旺发达的不竭动力，也是一个政党永葆生机的源泉。"② 习近平也指出："面向未来，增强自主创新能力，最重要的就是要坚定不移地走中国特色自主创新道路，坚持自主创新、重点跨越、支撑发展、引领未来的方针，加快创新型国家的建设。"③ 通向人与历史和谐的道路，归结起来就在于创新。作为时代精神的创新是一个整体概念，它以每个个人、组织、国家、民族或其联合体为主体，以主体合争为手段，以理论创新为先导，以教育和学术创新为根本，以科技创新、组织创新、制度创新和文化创新为展开，以人的发展、社会发展和文明进步为归宿。用历史唯物主义的主体观念来概括，就是万众创新，创新成果为万众共享。历史唯物主义的创新理论主张创造性地改造吸收人类的一切优秀文明成果，因此不同于历史虚无主义；历史唯物主义的创新理论主张利用资本主义来发展社会主义，因而又不同于历史终结论。历史唯物主义的创新理论，更有利于推进人类文明的大发展大繁荣。

# 四　结束语

总的说来，对话是具有整体性的概念。从主体方面看，人类已进入全球对话的时代；从客体方面看，人与自然的对话是前提，人与神的对话是动力，人与人的对话是核心，人与机的对话是展开，人与历史的对话是归宿；从内容方面看，它涉及人与自然、神、人、机、历史之间的矛盾关系。对话的目的就在于化解人与世界的矛盾，构建资源节约、民众乐生、社会公平、生命安全、文明繁荣的和谐世界。而要构建和谐世界，就必须

---

① ［美］熊彼特：《经济发展理论——对于利润、资本、信贷、利息和经济周期的考察》，何畏、易家详等译，商务印书馆1990年版，第72页。
② 《江泽民文选》第3卷，人民出版社2006年版，第537页。
③ 《习近平谈治国理政》，外文出版社2014年版，第121页。

在历史唯物主义的指导下，克服神秘主义、专制主义、霸权主义以及历史虚无主义和历史终结论的缺陷，以新的崇尚节约、弘扬理性、实现公平、保障安全、追求创新等精神，引导人与自然、神、人、机、历史之间的交往，推动中国梦的实现和全人类的共同发展，推进人类命运共同体的建设。

# 第 二 章

# 共同发展：全球性的统一性

当前所有的发展模式或发展道路之争及其赖以支撑的文化价值观念之争，都延续着人类早期文明产生以来关于统一性与多样性关系的争论。争论的背后是在全球化时代多种道路和多元文化价值观念并存的条件下，如何确立统一的价值目标以整合人类社会。当代新儒家以仁爱、基督教哲学以幸福、新自由主义以自由、存在主义以共存等作为统一的价值目标，试图构建世界秩序，但又因观念缺陷和后现代主义的影响，而招致理论批判并陷入难以通约。中国的马克思主义者如何确立统一的价值目标，参与全球化过程且能引领多元社会思潮，这是我们需要明确的理论问题。本章基于考察 20 世纪 70 年代末至 90 年代初全球化显现时期邓小平对全球性问题的回答，比较分析弗里德曼等的全球性理论，探讨如何在全球性的多样性中寻求统一性。

## 一 全球性的核心问题是发展问题

正如邓小平所言："现在世界上真正大的问题，带全球性的战略问题，一个是和平问题，一个是经济问题或者说是发展问题。和平问题是东西问题，发展问题是南北问题。概括起来就是东西南北四个字。南北问题是核心问题"，"应当把发展问题提到全人类的高度来认识，要从这个高度去观察问题和解决问题。只有这样，才会明了发展问题既是发展中国家自己的责任，也是发达国家的责任"。① 邓小平哲学是在回答全人类共同面对的和平与发展的时代问题时形成的，所要解答的核心问题是发展问

---

① 《邓小平文选》第 3 卷，人民出版社 1993 年版，第 105、282 页。

题。我们在此把邓小平对于全球性发展问题的回答称为全球性发展规划，并概括为以下几个相互联系的方面：

1. 发展的思想前提是解放思想和实事求是

20 世纪 70 年代，毛泽东的辞世标志着一个时代的结束。随着中美邦交正常化和国际局势总体趋于缓和，邓小平敏锐地认识到时代主题已由战争和革命转向了和平与发展。对于国内出现的"极左"思潮和"两个凡是"，他认为制造神化迷信、官僚主义作风、照搬苏联模式、关起门来搞建设、将阶级斗争扩大化，不仅禁锢了人们的思维，也束缚了生产力的发展。他讲道："实事求是是马克思主义的精髓"①，"解放思想，实事求是，……是个关系到党和国家的前途和命运的问题"。② 对于国际上的冷战思维和资社对抗，邓小平在与美国学者谈话时讲："世界上有许多争端，总要找个解决问题的出路。我多年来一直在想，找个什么办法，不用战争手段而用和平方式，来解决这种问题。……我还设想，有些国际上的领土争端，可以先不谈主权，先进行共同开发。这样的问题，要从尊重现实出发，找条新的路子来解决。"③ 值得注意的是，邓小平这里讲的"先共同开发"和"从尊重现实出发"，是在针对全球问题，提倡解放思想和实事求是。

2. 发展的现实依据是从各国国情出发

对于各国如何选择自己的发展道路和发展模式，邓小平在与莫桑比克总统希萨诺谈话时讲道："要紧紧抓住合乎自己的实际情况这一条。所有别人的东西都可以参考，但也只是参考。世界上的问题不可能都用一个模式解决。中国有中国自己的模式，莫桑比克也应该有莫桑比克自己的模式。"④ 邓小平把各国国情作为选择发展道路的现实依据，遵循了一切从实际出发的原理，肯定了各国发展道路的多样性，明确了各国道路之间具有借鉴性而非可复制性。对于中国而言，从国情出发就是要从社会主义初级阶段的实际出发，坚持走社会主义道路。如果走资本主义道路，可以使中国百分之几的人富裕起来，但是绝对解决不了百分之九十几的人生活富

---

① 《邓小平文选》第 3 卷，人民出版社 1994 年版，第 382 页。
② 《邓小平文选》第 2 卷，人民出版社 1994 年版，第 143 页。
③ 《邓小平文选》第 3 卷，人民出版社 1993 年版，第 49 页。
④ 同上书，第 261 页。

裕的问题，因此只有社会主义才能救中国，也只有社会主义才能发展中国。邓小平并不因此否定相互学习，吸收对彼此有益的东西。在他看来，中国实行对外开放政策，利用外资，学习外国的技术和管理经验，是为了搞好社会主义建设。

3. 发展的重要手段是计划和市场

至于采用何种手段实现发展，邓小平在会见美国和加拿大的学者时讲道："市场经济不能说只是资本主义的。市场经济，在封建社会时期就有了萌芽。社会主义也可以搞市场经济。"① 这就表明市场手段是封建社会、资本主义社会和社会主义社会中发展生产力的普适手段。针对人们长期以来把计划经济等同于社会主义，把市场经济等同于资本主义的固有观念，邓小平在会见美国客人时讲道："社会主义和市场经济之间不存在根本矛盾。……只搞计划经济会束缚生产力的发展。把计划经济和市场经济结合起来，就更能解放生产力。"② 这就表明，采用单一的计划手段会束缚生产力的发展，把计划和市场结合起来能更好地解放和发展生产力。在1992 年的南方谈话中，邓小平更明确地指出："计划多一点还是市场多一点，不是社会主义与资本主义的本质区别。计划经济不等于社会主义，资本主义也有计划；市场经济不等于资本主义，社会主义也有市场。计划和市场都是经济手段。"③

4. 发展的重要动力是革命和改革

至于依靠何种动力促进社会发展，邓小平在会见联邦德国总理科尔时讲道："我们把改革当作一种革命。"④ 他认为革命是解放生产力，改革也是解放生产力。至于改革和开放的关系，邓小平讲道："对外开放也是改革的内容之一，总的来说，都叫改革。"⑤ 而至于对外开放的意义，他在与参加中外经济合作问题讨论会的中外代表谈话时讲道："经验证明，关起门来搞建设是不能成功的，中国的发展离不开世界。……在坚持自力更生的基础上，还需要对外开放，吸收外国的资金和技术来帮助我们发展。这种帮助不是单方面的。……帮助是相互的，贡献也是相互的。……从世

① 《邓小平文选》第 2 卷，人民出版社 1994 年版，第 236 页。
② 同上书，第 148—149 页。
③ 同上书，第 373 页。
④ 同上书，第 82 页。
⑤ 同上书，第 256 页。

界的角度来看，中国的发展对世界和平和世界经济的发展有利。西方政治家要清楚，如果不帮助发展中国家，西方面临的市场问题、经济问题，也难以解决。"① 这就表明，开放应当是世界各国的相互开放，中国的发展与世界的发展是相互依存的。在邓小平看来，发展和改革需要稳定的政治环境。稳定就是要坚持四项基本原则，不能照搬西方的政治体制模式。

5. 发展的根本任务是发展生产力

至于发展的根本任务是什么，邓小平在与捷克斯洛伐克共产党中央总书记雅克什的谈话中讲："社会主义的根本任务是发展生产力。"② 在邓小平看来，要大力发展生产力，就必须以经济建设为中心，抓好民主政治建设和精神文明建设。以经济建设为中心，就必须允许一部分地区和一部分先富起来，先富带动后富，最终实现共同富裕；要抓好民主政治建设，就必须尊重人民群众的首创精神，使民主制度化法律化；要抓好精神文明建设，就必须大力发展教育和科技事业，教育公民做到有理想、有道德、有文化和有纪律。他认为科学技术是第一生产力，实现现代化关键是科学技术要能上去。发展科学技术，不抓教育不行。因此要尊重知识和尊重人才。他也讲："实现人类的希望离不开科学，第三世界摆脱贫困离不开科学，维护世界和平离不开科学。"③

6. 发展的价值目标是实现共同发展

至于发展的目标是什么，邓小平坚信社会主义必然战胜资本主义。但从现实出发，社会主义必须谋求与资本主义共同发展。他在与日本工商界人士的谈话中讲："欧美国家和日本是发达国家，继续发展下去，面临的是什么问题？你们的资本要找出路，贸易要找出路，市场要找出路，不解决这个问题，你们的发展总是要受到限制的。……南方得不到适当的发展，北方的资本和商品出路就有限得很，如果南方继续贫困下去，北方的发展就可能没有出路。"④ 这就表明，全球化时代的发展不能再是单方面的发展，共同发展是全球性的价值目标。他接着讲，霸权主义是战争的根源。日本人民不希望有战争。欧洲人民也不希望有战

① 《邓小平文选》第3卷，人民出版社1993年版，第78—79页。
② 同上书，第264页。
③ 同上书，第183页。
④ 同上书，第106页。

争。第三世界，包括中国，希望自己发展起来，而战争对它们毫无好处。这就表明，共同发展需要和平的国际政治环境，反对霸权主义有利于世界各国的共同发展。对于社会主义中国而言，他提出贫穷不是社会主义，要允许一部分人和一部分地区先富起来，先富带动后富，最终实现共同富裕。他讲："社会主义的本质，是解放生产力，发展生产力，消灭剥削，消除两极分化，最终达到共同富裕。"① 共同富裕也意味着共同发展，依赖于相互带动。实现共同富裕要发展多种所有制经济以激发社会活力，要经历从温饱到小康再到现代化的过程，然后再继续向前发展。在此过程中，中国始终奉行独立自主的和平外交政策，反对霸权主义和强权政治，永不称霸。

## 二 确立共同发展目标的文化根基

正如上文所描述的那样，邓小平是通过对话和反思的理性方式回答全球性问题的。他参与的对话，是与不同类型国家或不同文化共同体间的不同人士的对话，符合正义的规范原则，有文化批判和文化认同的意义。他进行的反思，是对世界历史包括中国历史的反思，体现出时代性要求，也有文化批判和文化认同的意义。下文我们将运用词源考证、思想溯源和对比分析方法，深入剖析邓小平如何承接前人对人类精神的批判和认同，为他的全球性发展规划和共同发展目标的确立，在中西方文化中寻找可通约的文化根基。

1. 发展前提的批判性文化认同

正如邓小平所言："毛泽东同志倡导的作风，群众路线和实事求是是最根本的东西"，"解放思想，就是要运用马列主义、毛泽东思想的基本原理，研究新情况，解决新问题"。② 实事求是的思想路线是由毛泽东倡导，并由邓小平重新确立的。毛泽东和邓小平赋予实事求是的一切从实际出发、理论联系实际和实践检验真理等思想内涵，源于马克思、恩格斯和列宁对经验论和先验论的批判，是把实践的观点引入认识论的结果。"解放思想"一词，最早可以可追溯到《易经》的"发蒙"和"维有解"。

① 《邓小平文选》第 3 卷，人民出版社 1993 年版，第 64、123、373 页。
② 《邓小平文选》第 2 卷，人民出版社 1994 年版，第 45、179 页。

其后孔子的"不蔽"（《论语·尧曰》）、荀子的"解蔽"（《荀子·解蔽》）、桓谭的"祛蔽"（《新论·祛蔽》）、王夫之的"启蒙"（《周易外传·无妄》）、梁启超的"思想界之大解放"（《清代学术概论·第二自序》）等，都表达了形成正确思想和祛除错误思想影响的语义。西方近代思想家康德和孔多塞等用"启蒙"和"批判"，反对基督教会的黑暗统治；马克思、恩格斯和列宁也用"批判"，主张以社会主义新文化取代资本主义文化。毛泽东也曾提出"破除迷信，去掉压力，解放思想"①，反对照搬苏联的体制模式和教条主义。在西方现当代学者海德格尔用 aletheia（祛蔽）②、哈贝马斯用 Enlightment（启蒙）③、格里芬用 Disenchantment（祛魅）④，批判西方近代理性主义及其造成的消极后果的同时，邓小平认识到社会发展总是需要思想的推陈出新，思想的解放引领社会的发展。他继承中外思想家的批判精神，针对当代人类的思想蒙蔽，大力倡导解放思想和实事求是。

2. 发展依据的批判性文化认同

正如邓小平所言："要紧紧抓住合乎自己的实际情况这一条。"⑤ 这一思想触及对社会发展道路的选择和社会形态发育程度的认识，并由此与中外国哲学建立了联系。中国古代哲学适应封建体制建立和发展的要求，主要奉行晋升观和家天下⑥；中国近代哲学适应发展资本主义和摆脱殖民统治的要求，主要奉行进步观和民族主义，但已能睁眼看世界。西方中世纪适应君权神授和建立基督教世界的要求，主要奉行上升观和世界主义；西方近代哲学适应发展资本主义的要求，主要奉行进步观和以西方国家为中心的世界主义。马克思和恩格斯以世界主义和发展的观念，提出共产主义社会将在全人类共同实现，并把共产主义社会分为第一阶段和高级阶段。

---

① 《毛泽东文集》第7卷，人民出版社1999年版，第370页。

② ［德］海德格尔：《存在与时间》，陈嘉映、王庆节译，生活·读书·新知三联书店2006年版，第68页。

③ ［德］哈贝马斯：《现代性的哲学话语》，曹卫东译，译林出版社2004年版，第122页。

④ ［美］格里芬：《后现代科学——科学魅力的再现》，中央编译出版社1995年版，第1—4页。

⑤ 《邓小平文选》第3卷，人民出版社1993年版，第261页。

⑥ 晋升观念取自《易经》的《晋》和《升》，有通过矛盾运动实现发展之义，是中国早期的发展观念。

列宁从俄国的实际出发，提出社会主义可以在一国首先取得胜利，认为共产主义只有在社会主义完全巩固的时候才能发展起来①。毛泽东也曾主张从中国的实际出发认识社会主义，指出社会主义可分为不发达的第一阶段和比较发达的第二阶段②。在西方学者利奥塔用"后工业社会"③、格里芬用"后现代社会"④、哈贝马斯用"晚期资本主义"⑤ 称谓资本主义新发展阶段的同时，邓小平认识到人类社会发展的不平衡性和各国国情的特殊性，因此继续坚持一切从实际出发，主张尊重各国的发展道路和发展模式。

### 3. 发展手段的批判性文化认同

正如邓小平所言："市场经济不能说只是资本主义的。市场经济，在封建社会时期就有了萌芽。社会主义也可以搞市场经济。"⑥ 在中国古代社会，殷周之际就已出现商品经济和商业思想⑦，而重商主义则以明清之际李贽的"商贾亦何可鄙"（《焚书·又与焦弱侯》）、黄宗羲的"农商皆本"（《明夷待访录·财计三》）和王夫之的"商不可缺"（《宋论》卷二）最为典型。中国近代思想家严复、梁启超和孙中山等要求发展资本主义，更是倡导自由、民主和功利思想。从色诺芬到阿奎那，西方古代也有某些自由、民主和功利以及重商的思想。近代思想家亚当·斯密、孟德斯鸠和爱尔维修等更是提倡经济自由、民主法制和功利主义。列宁曾认为社会主义就是公有制加计划管理，但新经济政策时期又肯定了市场的作用⑧。毛泽东虽主要是以公有制和计划管理看待社会主义，但也曾肯定市场的作用⑨。在西方学者哈耶克和诺奇克等新自由主义者用"看不见的

---

① 《列宁选集》第 3 卷，人民出版社 1995 年版，第 141 页。

② 《毛泽东文集》第 8 卷，人民出版社 1993 年版，第 116 页。

③ ［法］利奥塔：《后现代状态》，车槿山译，生活·读书·新知三联书店 1997 年版，第 1 页。

④ ［美］格里芬编：《后现代精神》，王成兵译，中央编译出版社 2005 年版，第 28 页。

⑤ ［德］哈贝马斯：《合法化危机》，刘北成、曹卫东译，上海人民出版社 2000 年版，第 48 页。

⑥ 《邓小平文选》第 2 卷，人民出版社 1994 年版，第 236 页。

⑦ 如《易·坤》的"西南得朋"，《诗经·国风·氓》的"抱布贸丝"等。

⑧ 《列宁选集》第 4 卷，人民出版社 1995 年版，第 467 页。

⑨ 《毛泽东文集》第 8 卷，人民出版社 1993 年版，第 78 页。

手", 破解韦伯提出的现代性悖论以及凯恩斯主义造成的国家强制权问题, 但又继续承认市场体制下政府规制职能的同时①, 邓小平发现了计划和市场手段在多种社会形态中的普适性, 他摒弃了把资本主义与计划经济、社会主义与市场经济绝对对立起来的思想观念, 创造性地提出了计划和市场都是手段。

4. 发展动力的批判性文化认同

正如邓小平所言: "革命是解放生产力, 改革也是解放生产力。" "革命" 一词出自《易传》, "改革" 一词出自《后汉书》。中国古代思想家如韩非、扬雄、王安石以及近代学者康有为和梁启超等多用 "革新" "变法" 和 "维新" 等表示社会的改革, 孙中山则用 "革命" 和 "突驾" 强调国家政治的根本性突变。西语中的 revolution（革命）, 本义为旋转, 近代被广泛用于指称政治、产业和科学等领域发生的根本性变革。就政治领域的根本变革而言, 18 世纪末发生的法国大革命, 虽为孔多塞及其后的马克思和列宁等所推崇, 但其激进性质和暴力方式也为伯克和康德等所贬抑和忧虑。马克思和列宁提倡无产阶级革命, 但晚年时期也曾提出和平变革的思想②。毛泽东曾受马克思、列宁、孙中山和法国大革命等的影响, 主张用暴力革命方式解放生产力, 但也曾提出 "和平改造" 和 "和平过渡"③。毛泽东亦曾提出 "改革", 认为改革与阶级斗争时代的革命性质虽有所不同, 但解决的同样是人类社会的基本矛盾。④ 在西方学者勃兰特、吉登斯和哈贝马斯等提倡走反对暴力、民主参与和自由对话的和平革命道路, 解决资本主义出现的合法化危机的同时, 邓小平认识到了和平时代革命的特殊性, 他借鉴中外的变法与和平变革思想, 从解放生产力的意义上把改革视为革命, 创造性地提出改革也是解放生产力。

---

① ［英］哈耶克:《自由宪章》, 杨玉生等译, 中国社会科学出版社 1999 年版, 第 189—392 页; ［美］诺齐克:《无政府、国家和乌托邦》, 中国社会科学出版社 2008 年版, 第 140—173 页。

② 《马克思恩格斯全集》第 2 卷, 人民出版社 1957 年版, 第 625 页;《马克思恩格斯全集》第 22 卷, 人民出版社 1965 年版, 第 273 页;《列宁选集》第 3 卷, 人民出版社 1995 年版, 第 230 页。

③ 《毛泽东文集》第 8 卷, 人民出版社 1993 年版, 第 96 页。

④ 《毛泽东选集》第 5 卷, 人民出版社 1977 年版, 第 318—319 页。

### 5. 发展任务的批判性文化认同

正如邓小平所言："马克思主义最注重发展生产力。"① 中国古代虽然有管仲的"仓廪实而知礼节"、孟子的"有恒产者有恒心"、墨子的"技机藉之"等重视生产和科技发展的思想，以及以民为本的仁政思想，但重德斥力的人伦倾向和维护专制统治的政治要求，总体上束缚了生产力的发展。近代以来洪秀全、康有为、梁启超、严复和孙中山、李大钊等向西方学习，大力宣传民主和科学思想，但救亡图存胜过了发展生产。西方近代学者笛卡儿、伏尔泰、洛克和康德等提倡的民主和科学推动了资本主义的迅猛发展，但民主的资产阶级属性和科学的宰制主义特征束缚了生产力的发展。马克思、恩格斯和列宁从维护无产阶级利益和实现人类解放的立场出发，在主张科学技术是生产力的同时②，也主张通过无产阶级专政的方式解放和发展生产力。毛泽东从改变中国一穷二白面目以及中国人民长期遭受帝国主义和封建主义等压迫的状况出发，主张发展科学技术和社会主义民主以解放和发展生产力。在西方学者哈贝马斯和利奥塔等主张"技术和科学便成为了第一生产力"和"知识成为首要生产力"的时代③，针对科学和民主出现的合理性与合法化危机，主张接续或解构启蒙叙事的同时，邓小平坚持以民主保护人权和用科学造福人类的立场，主张用民主和科学的方式解放和发展生产力。

### 6. 发展目标的批判性文化认同

正如邓小平所言："小康社会，叫做中国式的现代化。"④ "小康"及其相对的"大同"，源于《礼记·礼运》，是儒家学者提供的两种社会理想。"天下为公"和"鳏寡孤独皆有所养"的大同是最高理想，"天下为家"和"礼义以为纪"的小康是现实目标，两者以仁爱、兼济、乐生和晋升等的向善向上要求，确立了早期的共同发展观念。千余年来，儒家学者在与佛教净土观念和道教神仙观念的互动中，持续地守护着小康。但明清以降，受西学东渐和殖民入侵的影响，以及李贽和戴震等对礼教的批判，小康成为

---

① 《邓小平文选》第 3 卷，人民出版社 1993 年版，第 63 页。

② 《马克思恩格斯选集》第 2 卷，人民出版社 1995 年版，第 243 页。

③ ［德］哈贝马斯：《作为意识形态的技术和科学》，李黎、郭官义译，学林出版社 1999 年版，第 62 页；［法］利奥塔：《后现代状况》，车槿山译，生活·读书·新知三联书店 1997 年版，第 3 页。

④ 《邓小平文选》第 3 卷，人民出版社 1993 年版，第 54 页。

难以守护的理想。于是洪秀全、康有为和孙中山等人吸取西学养分，又提无不均匀，重书大同理想，再讲天下为公，以普惠的向善性和进步的向上性为要求，形成了近代的共同发展观念，但因殖民势力和封建势力的挤压而成为无法实现的乌托邦。柏拉图提出的财产共有和男女教育机会平等是古希腊人设计的最高理想，亚里士多德提出的立宪政体和中道正义是古希腊人设计的现实目标，两者也以向善向上的要求确立了西方早期的共同发展观念。这种要求在基督教哲学中转化成归属于上帝的幸福天城，但又因出世主义、教会腐败及对科学和民主的压制，遭到文艺复兴以来启蒙思想家的长期批判。近代启蒙学者亚当·斯密、康德和孔多塞等，分别以公众幸福和普遍富裕、充分自由和永久和平、财富平等和教育平等为价值目标①，形成了世俗化的现代性启蒙规划。但因过于强调自我和所属国家的发展，导致经济危机、世界大战和宰制他者，成为未完成的规划。马克思和恩格斯在批判继承资本主义启蒙规划的基础上，提出了财产归全社会所有、阶级差别消失和每个人自由而全面发展的共产主义理想。② 但社会主义国家普遍建立在经济比较落后的基础之上，曾造就急于求成的文化心态，演变成"跑步进入共产主义"和"穷过渡"。当西方学者罗尔斯提倡世界正义，格里芬主张全球平等，亨廷顿和弗里德曼指出霸权衰落的同时，邓小平坚持以向善向上为根本要求确立统一的价值目标，形成了反对出世主义、蒙昧主义、集权主义和霸权主义以及急于求成和共同贫穷的共同发展观念。

## 三　共同发展作为统一性价值目标的合理性

我们这里所说的统一性的价值目标，是指在全球化时代多种模式和多元文化中可通约的或可达成共识的，能兼容其他价值，可用以整合人类社会的价值目标。正如我们前文所论述的，邓小平回答的全球性问题是发展问题，并由此把共同发展作为价值目标。而且共同发展这一价值目标的确立，是通过对话和反思的理性方式，在坚持马克思主义基本立场，批判性

---

① ［英］亚当·斯密：《国民财富的性质和原因的研究》上卷，郭大力、王亚南译，商务印书馆1974年版，第11、379页；［德］康德：《历史理性批判文集》，何兆武译，商务印书馆1990年版，第30、100页；［法］孔多塞：《人类精神进步史表纲要》，何兆武、何冰译，生活·读书·新知三联书店1998年版，第183、185页。

② 《马克思恩格斯选集》第1卷，人民出版社1995年版，第285—294页。

地认同中西方文化的基础上形成的。因此我们可以判定,邓小平确立的统一性的价值目标观是共同发展。下文我们将通过比较分析中外现代性和全球性发展理论中的多种价值观念,深入剖析全球化时代以共同发展为统一性价值目标整合人类社会的合理性。

1. 共同发展是全球性的价值观念

邓小平在谈论中国发展经验时,曾提出一个著名论断,"发展才是硬道理"①。这一命题既在揭示客观规律,也在确立价值目标。若就此命题认为邓小平仅仅解决的是中国或社会主义的发展问题,仅仅关注中国社会各地区及每个人的共同发展,则是不全面的,就与他回答全球性的发展问题形成了差异。对此因视域不同而产生的差异,美国学者乔纳森·弗里德曼指出:"自从1950年代中期以来,帝国主义的核心——边陲模型和后来对西方世界体系的更有活力的理解都已证明,发展不是简单的地方能动性的问题,而是全球定位的问题。"② 弗里德曼据此表明,全球性是有别于地方性实体发展的现代性的第二天性,是现代性的延续和发展,全球性的发展是世界各国相互作用的共同发展,其中包含了地方性实体的发展。由此我们可以认为,发展和进步一样都是现代性的观念,都具有国家主义和民族主义的特征。例如西方学者康德和孔多塞的进步观念以及黑格尔的发展观念,中国学者梁启超的进步观念以及孙中山的发展观念,都以民族国家为中心谈论世界的发展。前者强调由此及彼,后者则强调彼此独立,从而显现出现代性的某些局限性。与现代性的发展观念相比,邓小平确立的共同发展观念则是全球性的价值观念。两者表面上是历史视域的差异,但实质上却是价值取向的差异,看是代表民族国家的个体利益,还是代表世界人民的共同利益。前者是国家威胁论产生的根源,后者是和谐世界论建立的基础。就此而言,邓小平把共同发展作为世界各国发展的目标,已是在用全球性的共同性和统一性解决多元性的差异与对立问题,已是在谋求世界人民的共同利益。

2. 共同发展是交互性的价值观念

人们通常会用中国的发展离不开世界,世界的发展离不开中国,来理

---

① 《邓小平文选》第3卷,人民出版社1993年版,第377页。

② [美]乔纳森·弗里德曼:《文化认同与全球性过程》,郭建如译,商务印书馆2003年版,第7页。

解邓小平的世界历史观念。这种二元结构的理解方式，虽体现了中国与世界的交互性关系，但并未完全体现邓小平对多极化时代多边关系的交互性处理。在邓小平的共同发展观念中，各地区之间的多边关系并非彼此孤立抑或相互宰制的关系，而是相互依赖和相互带动的关系。弗里德曼也曾指出，由于跨国公司从中心大量输出资本，某些前边陲地区的工业发展挫败了依附理论。全球性成为事情的本来面目，全球性的发展观念取向于和民族志上的他者水乳交融。[①] 弗里德曼由此表明，全球化时代的国家关系虽不再是对宗主国的依附关系，但却是相互依赖的交互性关系。这种交互性，或可理解为马克思恩格斯的"各民族的各方面的相互往来和各方面的相互依赖"的世界历史[②]，但并不等同于胡塞尔所谓的"不只是为孤立的人而存在，而且也是为人的共同体而存在"的生活世界[③]，不等同于海德格尔所谓的"与他人共同存在"的共同世界[④]，也不等同于哈贝马斯所谓的"在沟通过程中，言语者和听众同时从他们的生活世界出发，与客观世界、社会世界以及主观世界发生关联，以求进入一个共同语境"的交往行为[⑤]。胡塞尔等的交互性理论，虽然包含了对主客二元对立的批判，一定程度上体现了实体正义或程序正义的要求。但仍具有现代性的从自我或地方性实体出发的特征，隐含着某种个体自我或西方国家扩张的趋势，仍不免引发新的主客对立和对他者的宰制。就此而言，邓小平以全球视野回答全球问题，通过全球对话的方式寻求共同价值，主张世界各国以相互依赖的方式实现共同发展。这种全球性的交互性，与胡塞尔和海德格尔的共同存在以及哈贝马斯的共同语境仍然有所不同，体现出了去中心或多中心的思想特征，是平等的多元主体之间的协同发展。

3. 共同发展是流动性的价值观念

一种主流的观念认为邓小平理论是社会主义初级阶段的意识形态，由

---

① ［美］乔纳森·弗里德曼：《文化认同与全球性过程》，郭建如译，商务印书馆2003年版，第8—9页。

② 《马克思恩格斯选集》第1卷，人民出版社1995年版，第276页。

③ Edmund Husserl, *The Crisis of European Sciences and Transcendental Phenomenology*, Evanston: Northnestern University Press, 1970, p. 190.

④ ［德］海德格尔：《存在与时间》，陈嘉映、王庆节合译，生活·读书·新知三联书店2006年版，第138页。

⑤ ［德］哈贝马斯：《交往行为理论》，曹卫东译，上海人民出版社2004年版，第95页。

此出发人们会认为邓小平共同发展观念是关于社会主义初级阶段的当下性规划。然而由"小康"及其对应的"大同"的形成发展及其思想内容来看，由作为思想、制度抑或社会形态的社会主义与资本主义的长期并存来看，邓小平的共同发展观念无疑是一个流动性和开放性的价值观念。这种价值观念不仅是对20世纪中叶至21世纪中叶的百年历史的敞开，而且也是对传统的过去以及几代十几代以后的未来的敞开；不仅是对中国历史的敞开，更是对世界历史的敞开。弗里德曼在《文化认同与全球性过程》中也流露出同样的观念，他甚至要从1500年前审视全球性过程。① 弗里德曼固然有独特的人类学材料作为佐证，但我们从雅斯贝尔斯说的轴心时代的先秦诸子的天下观念、印度佛教的大千世界、古希腊哲学的世界秩序，以及人类早期文明以来跨地方性实体的商业流通和文化传播中，已可以找到共同发展的萌芽和印迹，只不过人类常被蒙昧、专制和战争等所阻滞，也常由循环、封建和家国等观念所遮蔽而已。由此流动性的共同发展观念出发，审视人类历史上的各种理想规划。无论是儒家的大同小康，还是基督教的幸福天城，抑或道教的神仙世界和佛教的极乐世界，都带有明显的历史终结论的倾向。这也是为什么康有为在《大同书》的结尾认为耶教、回教、儒家、道教和佛教的理想都会渐次实现，之后便是天游之学的根本原因。② 至于现代性的价值目标和理想规划，在美国学者卡尔·贝克尔看来，只不过是启蒙时代的哲学家采用理性主义的方式，重建了一座有似于奥古斯丁那样的天城。③ 正如康德在《答复这个问题：什么是启蒙》中虽然指出了启蒙的代际问题，但也使用"启蒙了的"；孔多塞在《人类精神进步史纲要》中虽从人类文明早期叙述启蒙的历史，但又认为他处的时代已达到最启蒙的状态；黑格尔在《历史哲学》中虽提到了美国式的明天，但也认为他处的时代进入了最启蒙的状态。西方现代性的发展理论和理想规划也最终走向了历史终结论，此后的海德格尔、哈贝马斯和罗尔斯等人都在延续着这种理论。邓小平的共同发展观念无疑不是历史终结论的体现，而像是赫拉克利特的隐喻世界秩序的永恒的活火，或者说

① ［美］乔纳森·弗里德曼：《文化认同与全球性过程》，郭建如译，商务印书馆2003年版，第27页。

② 康有为：《大同书》，上海古籍出版社2005年版，第292页。

③ ［美］卡尔·贝克尔：《启蒙时代哲学家的天城》，何兆武译，江苏教育出版社2005年版，第6—10页。

更像是《易经》中隐喻生命体的阴阳之气，永恒地在革故鼎新的过程中生生不息。

4. 共同发展是批判性的价值观念

一种时下的观念认为，邓小平所处的20世纪80年代的启蒙仍属于五四新文化运动的第一次启蒙的范畴，依然是从西方文化中吸取灵感，所吁求的依然是西方资本主义的现代性。第一次启蒙的口号是解放自我，而今日反思现代化之种种弊端的第二次启蒙的口号是尊重他者。① 这种观念固然可以从五四运动以来中国学习西方找到某些佐证，但却忽视了五四启蒙学者和邓小平出于反对帝国主义和霸权主义的需要，也对西方资本主义的现代性进行了批判。尤为重要的是，邓小平提供的共同发展的价值观念，是在批判蒙昧主义、集权主义和霸权主义中形成的，既包含了解放自我的思想特征，也包含了对各国发展模式和发展道路的尊重，体现出尊重差异或尊重他者的价值取向。这一价值目标所具有的批判性，不同于海德格尔式的祛蔽——他与老庄一样通过对工具理性的批判走向了沉静和退守；不同于利奥塔式的解构——他与维特根斯坦一样通过对宏大叙事的解构导致了不可通约；不同于福柯式的批判——他强化了文化的断裂关系，而弱化了文化的联结关系；不同于亨廷顿的重建——他强化了基督教文化与儒教文化和伊斯兰教文化等的冲突关系，而弱化了彼此的和谐对话关系；不同于阿道尔诺式的否定——他与霍克海默一样在批判技术统治时流露出悲观的情绪；不同于乌尔里希·贝克式的自反——他与哈耶克一样通过批判集权主义否定了作为多样性和差异性的社会主义；不同于杜维明式的反思——他与黄万盛一样在批判个人中心主义和凡俗化等现代弊病时要复活儒家的仁与礼。这些可以称之为崇外论、尚古论、进化论或相对论的理论，是关怀自我或地方性实体的现代性理论的延续，依照弗里德曼的观念来看，都倾向于强调等级制②，而这却是共同发展观念批判的对象。邓小平对蒙昧主义、集权主义和霸权主义等进行批判，原因就在于这些因素阻碍了人类社会的共同发展。他的共同发展观念是入世主义的，是积极进取和继往开来的，是尊重差异和创造和谐的，也是可以通约的。

---

① 王治河、樊美筠：《第二次启蒙》，北京大学出版社2011年版，第6、30页。

② ［美］乔纳森·弗里德曼：《文化认同与全球性过程》，郭建如译，商务印书馆2003年版，第11—12页。

5. 共同发展是认同性的价值观念

另一种主流观念认为,邓小平理论是中国特色社会主义理论的重要组成部分。邓小平强调中国发展的诸多言论,为这种观念提供了支撑依据。按照这种观念,邓小平的发展理论应当是强调个体或个性化发展的现代性理论。这仍然关涉到了全球性与现代性,全球性的价值目标与现代性的价值观念的关系处理。在后现代主义者弗里德曼看来,全球化过程中的去中心化和碎片化带来了族群主义、民族主义、激进主义和本土的新的文化认同,全球失序可能意味着民族性秩序、族群性秩序和宗教性秩序。① 这就意味着,一方面全球性的相互依赖要求批判和突破现代性的自我中心,因此全球性是现代性的发展和载体;另一方面全球性的多元分化又强化了个体对自身传统和现代性的文化认同,因此全球性必须以现代性为前提和基础。就后者来说,强调个体和个性化发展是符合共同发展要求的,强调个体发展或个性化发展是共同发展的应有之义,也与国家主义和民族主义者宣扬的爱国主义和富国强民并不背离。但在全球化时代,要更好地实现个体和个性化发展,就不能忽视与他者共同发展,除认同自身的文化价值观念之外,也要认同他者的文化价值观念。共同发展要求的文化认同方式应当是冯友兰所谓的"抽象继承"和鲁迅所谓的"拿来主义",邓小平称为"吸收和借鉴人类社会创造的一切文明成果"②。正如前文所述,共同发展要求的吸收和借鉴必须是批判性和交互性的,它要克服唯我独尊和同质化,要达到尊重差异和美美与共。这样才能保证发源于传统、共认于近现代但又有地方性差异的自由、平等、博爱、幸福、功利和富强等价值目标能通过创造新质而得以持守,才能保证用于实现上述价值目标的科学和民主以及计划和市场等工具理性能通过不断完善而得以沿用,才能保证各国文化价值观念及其建制方式的多样性,也才能保证各国之间在文化价值观念及其建制方式上可以相互学习借鉴而不照抄照搬。也只有这样,上述价值目标和工具理性才能统摄并服务于共同发展。

6. 共同发展是整合性的价值观念

当前学人在未明辨邓小平哲学的生成方式与价值目标的情况下,探讨

---

① [美]乔纳森·弗里德曼:《文化认同与全球性过程》,郭建如译,商务印书馆2003年版,第349—353页。

② 《邓小平文选》第3卷,人民出版社1993年版,第373页。

邓小平思想与中国道路的世界意义，就会在论证理路上出现类似于胡塞尔的移情思想、海德格尔的"此在"与他人"共在"思想的缺陷。全球化时代抑或后现代社会是多元化的时代，在这一时代谋求发展无疑不能沿用现代性的个体中心、宰制他者和同质化方式，而只能采用多元整合的道路。新儒家学者成中英讲："我们必须明白，'解构'旨在解构后得以重建，使得涵盖更广博同时更有效的系统因而建立。"① 成中英以儒家伦理医治全球失序，虽然只能在马克思主义和资本主义的意识形态之外发挥补充作用，但他针对后现代状况提出重建，已说明全球化时代呼唤新的秩序。后现代主义者弗里德曼从美国霸权的衰落和全球性分裂看到全球体系的失序，同时也从东亚和沿太平洋地区的兴起看到了新的全球秩序和整合过程。他指出许多地方的和区域的谋划服从霸权的主导谋划是被以对中心谋划无害的方式采纳的，被压制的谋划和潜在的新谋划的自由发挥是世界舞台的解放。② 弗里德曼虽然为发展中国家的兴起提供了论证，但他对霸权主义的批判并不彻底，为美国的霸权留下了新的空间和契机。后现代主义者王治河和樊美筠指出："所谓第二次启蒙，也就是后现代启蒙，并非对第一次启蒙的全然排斥，而是将许多或者大多数第一次启蒙的伟大成就'整合起来'。"③ 他们针对后现代状况重申和深化了启蒙，并提出了敬畏大地、百年树人、和者生存、差异之美、互补并茂、仁者爱人、道义民主、厚道科学和深度自由等整合之路，但并未进一步确立统一性的价值目标将这些观念统领起来。相比较而言，邓小平确立的共同发展观念，是要求在批判中重建的整合性观念。它批判唯我独尊和宰制他者，提倡尊重差异和相互依赖。它继承传统价值并注重推陈出新，认同科学、民主、自由、平等和仁爱等观念及其发展。因此，邓小平的共同发展观念具有先进性和兼容性的特征，能统领上述文化价值观念，可用于整合人类社会并引领全球性过程。但这种整合和引领不再是宰制和对抗，就如同老子的长而不宰的大道，能体现公平正义并营造和谐世界，利于每一生命体的生存与发展。

---

① 成中英：《中国文化的现代化与世界化》，中国和平出版社1988年版，第8页。

② ［美］乔纳森·弗里德曼：《文化认同与全球性过程》，郭建如译，商务印书馆2003年版，第377页。

③ 王治河、樊美筠：《第二次启蒙》，北京大学出版社2011年版，第23页。

# 四　结束语

关于统一性与多样性关系的处理，蕴藏于古今中外的一切人类文化之中。而以反对出世主义、蒙昧主义、集权主义和霸权主义的共同发展为价值目标处理两者的关系，却凸显于马克思主义的理论体系之中。当马克思恩格斯把每个人的自由而全面的发展当作一切人自由而全面发展的条件时，他们已是在把共同发展作为用于整合人类社会的统一性的价值目标。然而人们常常将马克思和恩格斯的上述价值目标解读为追求自由解放而忽视自由描述且内含于发展，或者仅仅解读为个体发展而忘记是共同发展。

在全球化时代，国家和民族界限仍未消除的条件下，邓小平将其理解成为世界各国以及各国之中各个地区和每一公民的共同发展，坚持了马克思恩格斯解决统一性和差异性关系问题的根本价值取向。不可否认，邓小平与马克思恩格斯一样，虽有共同发展思想以及包含于共同发展中的可持续发展与和谐发展等思想，但是却未明确提出相应的概念。这是同时代及以后的中外思想家，特别是中国的马克思主义者江泽民、胡锦涛、习近平等予以明确并加以拓展的。他们多次反复强调共同发展，内用于全体人民以消除城乡、工农和脑体差别，外用于国际社会以建立各个国家平等、友好、互利、共赢的关系，体现了马克思主义的基本原则和追求目标。

也不可否认，当代中国乃至世界各国的现代性的个体发展虽已达到一定阶段，但是受全球性的生态危机和金融危机频发、民族和宗教矛盾加深、地区冲突不断以及文化上的个人主义和消费主义盛行、保守主义和国家主义以及族群主义和原教旨主义复兴、战争思维和贸易保护主义犹存、后现代主义蔓延等因素的影响，人类社会的分化趋势日益凸显，安逸和退守的倾向有所显现，全球性的和平与发展问题仍未得到根本解决。对此，我们应当清醒地认识到，全球化是一个不可逆的过程，任何以极端民族主义和贸易保护主义等方式消解全球化的努力注定不会成功。为此我们有必要明确或者重申由马克思主义者确立的价值目标，继续创新建制推进共同发展。

# 第 三 章

# 确立社会主义核心价值观的四个维度

确立社会主义核心价值观，就是要将社会主义的核心价值体系集中地体现和概括出来，意义就在于通过在多元世界和多元价值观念中寻求统一性，为规范和统一人们的思想和行为，为构建中国的话语体系奠定重要的理论基石。党的十八大报告提出："倡导富强、民主、文明、和谐，倡导自由、平等、公正、法治，倡导爱国、敬业、诚信、友善，积极培育和践行社会主义核心价值观。"[①] 表明这些系谱性或体系性的价值观念，应当作为社会主义核心价值观要兼容的面向。但作为统一性的能统摄或兼容上述以及创新、人民幸福、持久和平、生态良好等价值观的核心价值观，却并未明确提炼出来。如何按照能够统摄多元的一元性和简洁性要求，按照马克思主义和积极参与全球治理的普遍性和普世性要求，按照扬弃资本主义和前资本主义价值观的继承性和创新性要求，高度抽象概括地凝练社会主义的核心价值观，就成为应当进一步研究的理论问题。为此，我们有必要再次回到马克思主义经典作家，在历史唯物主义的视域下确立价值目标的传统，通过设定历史、主体、交往、生态的四个维度，继续探讨社会主义核心价值观的确立和凝练问题。

## 一 历史的维度

历史的维度就是发展的维度。德国古典哲学的创始人康德这样定义历史学："当它考察人类意志自由的作用的整体时，它却可以揭示出它们有着一种合规律的进程，并且就以这种方式而把个别主体上看来显得是杂乱

---

① 《十八大报告辅导读本》，人民出版社 2012 年版，第 32 页。

无章的东西，在全体的物种上却能够认为是人类原始的禀赋之不断前进的，虽则又是漫长的发展。"① 康德的历史观强调了整体、进步和自由精神，但未将历史整体的各个阶段区分出来。黑格尔同样用整体的和进步的观念看待历史，认为历史就是精神的发展。"世界历史——如前面已经表明过的——表示'精神'的意识从它的'自由'意识和从这种'自由'意识产生出来的实现的发展。这种发展，含有一连串关于'自由'的更进一步的决定"，"世界历史在一般上说来，便是'精神'在时间里的发展"。② 黑格尔用"世界历史"区别于前资本主义的封闭性的国家史或民族史，他的世界历史观念同样强调"自由"和"发展"。他与康德的不同在于借助隐喻将人类历史作了阶段性划分，即幼年时代的东方世界、青年时代的希腊世界、壮年时代的罗马世界、老年时代的日耳曼世界。他的世界历史观由此呈现出线性化特征，并最终陷入了历史终结论。

马克思和恩格斯扬弃了黑格尔的世界历史观念。"无产阶级只有在世界历史意义上才能存在，就像共产主义——它的事业——只有作为'世界历史性的'存在才有可能实现一样。"③ 马克思恩格斯同样以整体和发展的眼光看待人类历史，但与黑格尔的世界历史观念存在重大差别：其一，反对唯心史观，主张唯物史观。与黑格尔将人类历史作为精神发展史不同，马克思恩格斯首先将人类历史归结为生产发展的历史，继而才有精神的发展。"发展着自己的物质生产和物质交往的人们，在改变自己的这个现实的同时也改变着自己的思维和思维的产物。不是意识决定生活，而是生活决定意识。"④ 其二，以社会形态划分人类历史，反对历史终结论。与黑格尔以精神发展程度划分历史阶段不同，马克思和恩格斯首先以生产力的发展水平，继而以生产力水平决定的生产关系和上层建筑构成的社会形态，将人类历史划分为原始社会、奴隶社会、封建社会、资本主义社会、共产主义社会五个阶段，从而否定了黑格尔历史最后停滞于资本主义的历史终结论。其三，认同中国文化，高度评价中国革命的作用。与黑格尔对待中国文化的停滞论不同，马克思则以早熟论评价中国文化，认为世

① ［德］康德：《历史理性批判文集》，何兆武译，商务印书馆1990年版，第1页。
② ［德］黑格尔：《历史哲学》，王造时译，上海书店出版社2006年版，第58—59、66页。
③ 《马克思恩格斯选集》第1卷，人民出版社1995年版，第87页。
④ 同上书，第73页。

界历史进程中的中国革命对欧洲乃至世界必将产生重大影响。

近代以来反帝反封建的中国革命，以一个东方社会主义国家建立成长、走向复兴、迈向世界的方式取得了历史效果。马克思主义成为中国的主流意识形态，中国特色社会主义理论成为中国的国家精神。确立社会主义核心价值观之所以要设定历史或发展的维度，是因为按照马克思主义的历史唯物主义原理，人类社会是从原始社会开始，经过奴隶社会、封建社会和资本主义社会，向社会主义社会和共产主义社会及其之后不断发展的。因此，反映人类历史上当前最高级的社会形态精神状况的社会主义核心价值观，应当有别于以往社会形态中的价值观念，彰显自身的特色和优势。按照马克思和恩格斯所讲的"在旧社会内部已经形成了新社会的因素，旧思想的瓦解是同旧生活条件的瓦解步调一致的"①，作为新的社会形态中的主流意识形态的社会主义核心价值观，要既能体现历史的进步性，又不至于落入循环倒退论和历史终结论的窠臼。与此同时，由于人类历史的发展是一个螺旋式上升的过程，其中包含了对以往文化的转化和利用，因此社会主义的核心价值观应当与以往社会形态中的价值观念存在继承关系，能够体现历史的连续性，而不至于陷入历史虚无主义。

由此历史唯物主义的历史观念来看，发展是一个能够贯通古今，体现历史的连续性和进步性的观念。《周易》的"否极泰来"和"无往不复"，赫拉克利特的"万物皆流"和"无物常驻"，佛教的"诸行无常"和"成住坏空"，老子的"周行不殆"和"蔽而新成"，孔子的"逝者如斯"和"进，吾往也"等，表明人类早期就有了朴素的发展观念。这些思想观念都包含前进性和上升性的面向以及主张变革和革新的成分。但由于与小农经济相适应，最终陷入了循环论或倒退论。近代以来，"发展"与"进步"已为康德、黑格尔、康有为、梁启超等频繁使用，也包含革命和变法的因素。但由于与维护资本主义相适应，最终陷入改良主义和历史终结论。马克思主义主张摆脱资本主义的束缚，走向社会主义和共产主义，因此尤其强调发展，认为发展是"过程的集合体"②，发展是"旧东西的消灭和新东西的产生"③，发展是事物永恒的运动，发展是肯定和否

---

① 《马克思恩格斯选集》第1卷，人民出版社1995年版，第292页。
② 《马克思恩格斯选集》第4卷，人民出版社1995年版，第244页。
③ 《列宁选集》第2卷，人民出版社1995年版，第557页。

定的辩证统一，革命和改革是社会发展的重要动力。这样发展就成为体现历史连续性和进步性的观念，与循环倒退论、历史终结论和历史虚无主义等分别了开来。

综合地看来，历史唯物主义的发展观念，不仅是一个真理性观念，也是一个价值性观念。这是因为，人类社会的历史是不断向前发展的，这是不可颠覆的客观真理。既然历史不断地向前发展是一种大势，顺之者昌，逆之者亡，那么任何个人、组织、国家和民族，要获得自由解放和美好前景，避免被淘汰、湮灭、覆亡的历史命运，就必须谋求发展。这样发展也就成了价值观念和追求目标。马克思和恩格斯讲的实现每个人自由而全面的发展，列宁讲的"提高劳动生产率，首先需要保证大工业的物质基础，即发展燃料、铁、机器制造业、化学工业的生产"①，毛泽东讲的"应该发展人口，发展经济，发展文化。经济不发展，人口也不能发展，文化发展了，可以帮助经济发展"②，邓小平讲的"社会主义的任务很多，但根本一条就是发展生产力，在发展生产力的基础上体现出优越于资本主义，为实现共产主义创造物质基础"和"发展才是硬道理"③，江泽民讲的"我们党必须始终代表中国先进生产力的发展要求，代表中国先进文化的前进方向"和"党要承担起推动中国社会进步的历史责任，就必须始终紧紧抓住发展这个执政兴国的第一要务"④，胡锦涛讲的"全党必须自觉地把推动经济社会发展作为深入贯彻落实科学发展观的第一要义，牢牢扭住经济建设这个中心，坚持聚精会神搞建设，一心一意谋发展"⑤，习近平讲的"我们要坚持发展是硬道理的战略思想，坚持以经济建设为中心，全面推进社会主义经济建设、政治建设、文化建设、社会建设、生态文明建设，深化改革开放，推动科学发展，不断夯实实现中国梦的物质文化基础"⑥，都是把发展作为真理性和价值性观念的统一体。由于发展以改革和创新为动力，因此发展观念内在地含涉了改革和创新精神。

---

① 《列宁选集》第3卷，人民出版社1995年版，第490页。
② 《毛泽东文集》第7卷，人民出版社1999年版，第6页。
③ 《邓小平文选》第3卷，人民出版社1993年版，第137、377页。
④ 《江泽民文选》第3卷，人民出版社2006年版，第536、538页。
⑤ 《十八大报告辅导读本》，人民出版社2012年版，第8页。
⑥ 《习近平谈治国理政》，人民出版社2014年版，第41页。

## 二　主体的维度

主体的维度就是人的维度。康德曾经这样论述历史主体："大自然要使人类完完全全由其自己本身就创造出来超乎其动物生存的机械安排之上的一切东西，而且除了其自己本身不假手段于本能并仅凭自己的理性所获得幸福或美满而外，就不再分享其他幸福。"① 康德以高扬理性的方式将人与动物区分开来，进而将历史主体和发展目的归之于人。但在这种类主体中，康德认为历史每前进一步，"就只有很少数的人才能通过自己精神的奋斗而摆脱不成熟状态，并且从而迈出切实的步伐来"②。这种人就是他那样的有独立思想的学者和腓德烈大帝那样的手中拥有军队且允许人们争辩的君王，于是康德在历史主体问题上走向了精英主义。黑格尔继承了康德的历史主体观念，在他看来，东方世界只知道一个是自由的，希腊人和罗马人知道少数是自由的，受基督教影响的日耳曼人知道全体是自由的。在这个全体是自由的国度里，各个人众多的意志也要求参与各种政治决议，各种公职开放给一切人民。但"一种最后的决定权是绝对必要的"③，这个最后的决定权属于腓德烈那样的君主。黑格尔由此揭示出君王和臣民之间具有张力，但同康德一样最终走向了精英主义。

马克思和恩格斯对德国古典哲学的历史主体观念的批判，源于他们认为生活决定意识而非相反，物质生产决定精神生产而非相反。在他们看来，历史发展的首要前提就是人的存在。劳动创造了人，又通过创造物维系人的生存和发展，因此劳动是人类的本质活动，人通过劳动及其创造物来确证自身的本质力量。人首先在劳动中形成生产关系，进而结成其他的社会关系。人通过这样的社会关系确证自己的社会地位和社会属性，因此人的本质就其现实性来说是一切社会关系的总和。正是由于劳动者或人民群众创造了物质财富，进而创造了精神财富并推动了社会关系的变革，因此马克思和恩格斯认为劳动者或说人民群众是社会历史的主体，是社会历史的创造者。恩格斯讲："如果要去探究那些隐藏在——自觉地或不自觉

---

① ［德］康德：《历史理性批判文集》，何兆武译，商务印书馆 1990 年版，第 5 页。
② 同上书，第 24 页。
③ ［德］黑格尔：《历史哲学》，王造时译，上海书店出版社 2006 年版，第 425 页。

地，而且往往是不自觉地——历史人物的动机背后并且构成历史的真正的最后动力的动力，那么问题涉及的，与其说是个别人物、即使是非常杰出的人物的动机，不如说是使广大群众、使整个整个的民族，并且在每一民族中间又是使整个整个阶级行动起来的动机。"① 针对资本主义社会中工人阶级被异化和被剥削的现实状况，马克思和恩格斯主张通过无产阶级革命的方式建立共产主义社会，实现每个人自由而全面的发展。

确立社会主义核心价值观之所以要设定主体的或人的维度，是因为按照历史唯物主义的基本原理，历史是人类活动的历史，人民群众是社会历史的创造者，历史发展的最终目的就是要实现每个人的自由而全面的发展。这就意味着发展靠人、发展为人，历史的发展归根结底是人的发展。也因为价值观是人的价值观，必须以实现人的发展为目的。因此社会主义的核心价值观，必须体现以人的发展为目的。进一步说来，适应历史唯物主义的人民群众是社会历史创造者的原理的要求，确立社会主义核心价值观最根本的就是要体现以最广大人民群众的发展为目的，这样就可以区别于宗教神秘主义和唯意志论的把神和个人意志作为目的，区别于唯心史观或英雄史观的把少数个人的发展作为目的，也区别于物质主义和工具主义的片面地把人作为工具而把物作为目的。

历史地看来，人类对于人的地位和人的发展的认识是一个不断发展的过程。中国古代虽有"怀保小民""天生烝民"和"博施于民而能济众"等民本思想，但都落入了以君为主的窠臼。苏格拉底讲的"认识你自己"、柏拉图讲的"容许有广泛的自由"②、亚里士多德讲的"自由人政体实际上比任何专制统治为较多善德"③，显出民主和自由的气息，但都以肯定君主统治为政治前提。文艺复兴以来的西方启蒙思想家批判神而重新发现人，他们虽以"我思故我在"和"人是目的"等彰显出人的地位，明确了人是手段也是目的，但总的倾向仍是精英主义。马克思和恩格斯在批判和继承以往历史观的基础上创立了唯物史观，第一次明确了人民群众是社会历史创造者的主体地位，明确了实现每个人自由而全面的发展是历史发展的最终目的。毛泽东提出的群众观点和群众路线，邓小平提出的

---

① 《马克思恩格斯选集》第 4 卷，人民出版社 1995 年版，第 249 页。
② ［古希腊］柏拉图：《理想国》，郭斌和、张竹明译，商务印书馆 1986 年版，第 332 页。
③ ［古希腊］亚里士多德：《政治学》，吴寿彭译，商务印书馆 1965 年版，第 391 页。

"团结和动员最广大的人民群众"和"社会主义的目的就是要全国人民共同富裕"①，江泽民提出的中国共产党始终"代表最广大人民的根本利益"②，胡锦涛提出的"更加自觉地把以人为本作为深入贯彻落实科学发展观的核心立场"③，习近平提出的"中国梦归根到底是人民的梦，必须紧紧依靠人民来实现，必须不断为人民造福"④，都明显地遵循了历史唯物主义的关于人民群众是社会历史创造者的基本原理。

综合地看来，科学、民主、自由和幸福等文化观念都是为了人的发展的设计，代表了人的权利及人发展的不同面向。科学区别于愚昧，是人知识发展的面向。科学虽被视为真或工具理性，但通过转化为技术并用于造福人类就成为善，成为实现民主、自由和幸福的首要前提。民主区别于专制，是人政治权力发展的面向。民主虽常面临个体差异，但以求同存异方式集中民意，便可成为促进科技进步和实现人的自由和幸福的政治前提。自由区别于宰制，是人生存权力发展的面向。自由虽常面临客观规律和他人自由的制约，但不断掌握规律并在个体间达成总的协调和平衡，就能成为推进科技进步和实现幸福的必要条件。幸福区别于苦难，是人生活状态发展的面向。幸福虽常面临客观条件和他人幸福的制约，但不断地创造条件以推进人类共同福祉的改善，也就实现了每个人幸福的发展。应当看到，科学、民主、自由和幸福等并非近代以来才有的文化观念，而是从人类文明早期就有且需要持续完成的规划设计。

## 三　交往的维度

交往的维度就是人类共同体的维度。康德曾这样论述历史主体的交往关系："惟有在社会里，并且惟有在一个具有最高度的自由，因之它的成员之间也就具有彻底的对抗性，但同时这种自由的界限却又具有最精确的规定和保证，从而这一自由便可以和别人的自由共存共处的社会里；——惟有在这样一个社会里，大自然的最高目标，亦即她那全部禀赋的发展，

---

① 《邓小平文选》第 3 卷，人民出版社 1993 年版，第 190、110—111 页。
② 《江泽民文选》第 3 卷，人民出版社 2006 年版，第 536 页。
③ 《十八大报告辅导读本》，人民出版社 2012 年版，第 9 页。
④ 《习近平谈治国理政》，外文出版社 2014 年版，第 40 页。

才能在人类的身上得以实现。"① 康德在此将人们共存共处的人类社会作为了共同体，他在用自由原则处理共同体的成员关系的同时，又为了摆脱传统社会的田园牧歌式的安逸状态，促使人们努力奋斗向前，于是将对抗性引入交往和人类共同体的领域。这种对抗性的重要表现形式便是战争和革命。"因而所有的战争就都是要⋯⋯通过摧毁或者至少是瓦解一切国家来形成新的共同体；然而这些新的共同体，或则是在其自身之内或则是在他们彼此之间，却又变得无法维持，于是就必须再度经受新的类似的革命。"② 黑格尔的世界历史观念继承了康德的人类共同体观念，并同康德一样认同战争和革命。他们认同的战争具有对外扩张的属性，所认同的革命是资产阶级革命，而非无产阶级革命。

马克思和恩格斯站在唯物主义的立场上，扬弃了德国古典哲学的世界历史和人类共同体观念。"旧唯物主义的立脚点是'市民'社会；新唯物主义的立脚点则是人类社会或社会化的人类。"③ 在他们看来，只是随着生产力的普遍发展，人们的普遍交往才能建立起来。资产阶级通过革命的方式，建立起了世界交往，创造了比过去一切世代还要多的生产力。然而这种世界交往和生产力发展却是以资本家追逐剩余价值和自身利益最大化为出发点，造成了人的异化、对人的剥削以及对其他国家和民族的殖民统治。"个人力量（关系）由于分工而转化为物的力量这一现象，不能靠人们头脑里抛开关于这一现象的一般观念的办法来消灭，而是只能靠个人重新驾驭这些物的力量，靠消灭分工的办法来消灭。没有共同体，这是不可能实现的。只有在共同体中，个人才能获得全面发展其才能的手段，也就是说，只有在共同体中才能有个人自由。"④ 要消除异化、剥削和殖民统治，全世界无产者就必须联合起来，通过革命的方式建立共产主义社会。"共产主义只有作为占统治地位的各民族'一下子'同时发生的行动，在经验上才是可能的，而且这是以生产力的普遍发展和与此联系的世界交往为前提的。"⑤ 马克思和恩格斯由此提出了革命同时发生论，而列宁则针对俄国的社会状况，提出无产阶级革命可以首先在一国取得成功。

---

① ［德］康德：《历史理性批判文集》，何兆武译，商务印书馆1990年版，第9页。

② 同上书，第13页。

③ 《马克思恩格斯选集》第1卷，人民出版社1995年版，第60，61页。

④ 同上书，第118—119页。

⑤ 同上书，第86页。

　　确立社会主义核心价值观之所以要设定交往的维度，是因为按照马克思主义基本原理，世界是普遍联系的，任何事物都不可能孤立地存在，都同周围的事物存在着这样那样的联系。人类社会的历史也是如此，每一个人都通过经济、政治、社会、文化等领域的交往，同他人结成各种各样的社会关系，进而结成有机整体并且形成合力，共同推动社会历史的发展。在全球化时代，由于科学技术的发展，交通设施的改善，经济、政治、社会和文化的交往日益加深，人类更紧密地联结成了一个共同体，上述性状更加凸显出来。因此确立社会主义核心价值观就必须确立交往的维度，设定以平等相待、相互尊重、和处共生、共同发展等价值规范，反映全球化时代人类共同体的利益诉求，避免任何单质化和偏执性的私利主义和极权主义以及极端个人主义和极端民族主义的缺陷，防止出现任何自我中心主义的妄自尊大和故步自封以及对他者的歧视、漠视、排斥和宰制。

　　历史地看来，交往是一个贯通古今又不断发展的观念。中西方古代的"阴阳互动""五行相生""同人于野""出门交有功""仁者爱人""和为贵""损上益下""兵者不祥之器""天下大同"和"以礼相待"等交往思想以及苏格拉底、柏拉图和亚里士多德的城邦正义理论，都提供了交往的规范性要求，但都存在开放性不足和维护等级制度的缺陷。西方近代启蒙学者以自由、平等、博爱、永久和平和千年福祉学说，克服了传统文化的缺陷，但因推行武力扩张和崇尚物竞天择，最终招致文化冲突、极权主义和非均衡的发展。中国近代启蒙学者以进化理论、平等思想和大同理想谋求民族独立、国家富强和世界秩序的重建，但未指出彻底推翻帝国主义、封建主义和官僚资本主义压迫的革命道路。马克思主义经典作家指明了全世界无产者联合起来彻底推翻一切阶级压迫的革命道路，明确了实现人与人、各民族之间一律平等的社会理想。毛泽东讲的推翻"三座大山"以及独立自主、"为世界的永久和平与永久幸福而战"[①]，周恩来讲的和平共处与求同存异[②]，邓小平讲的"中国的发展也离不开世界"[③]、世界的发展离不开中国、反对霸权主义和强权政治，江泽民讲的"维护世界和

---

① 《毛泽东文集》第2卷，人民出版社1993年版，第136页。

② 《周恩来选集》下卷，人民出版社1984年版，第151—152、154页。

③ 《邓小平文选》第3卷，人民出版社1993年版，第78页。

平、促进共同发展""维护全人类的共同利益"和"实现共同繁荣"①，胡锦涛讲的"推动建设持久和平、共同繁荣的和谐世界"和"中国将继续高举和平、发展、合作、共赢的旗帜，坚定不移致力于维护世界和平、促进共同发展"②，习近平讲的"我们将高举和平、发展、合作、共赢的旗帜，始终不渝走和平发展道路，始终不渝奉行互利共赢的开放政策，致力于同世界各国发展友好关系，履行应尽的国际责任和义务，继续同各国人民一道推进人类和平与发展的崇高事业"③，都继承和发扬了中西方文化的优秀传统，坚持了马克思主义的正义立场，为世界交往秩序的重建提供了可概括为共同发展的价值规范。

综合地看来，和谐、和平、开放、包容、平等、相爱、互利等文化观念，都是关于人类共同体在交往中实现共同发展的设计，与科学、民主、自由和幸福等伸张个体权利的价值规范相比，是强调责任和义务的价值规范。和谐区别于冲突，是强调相互依存与形成合力的价值规范，意义在于为实现共同发展提供社会保障；和平区别于战争，是强调保护生命和防止摧毁文明的价值规范，意义在于为实现共同发展提供军事保障；开放区别于封闭，是强调相互联系和互通有无的价值规范，意义在于为实现共同发展提供体制保障；包容区别于排斥，是强调主体之间认同和相互融通的价值规范，意义在于为实现共同发展奠定文化心理基础；平等区别于差等，是强调相互尊重和权利对等的价值规范，意义在于为实现共同发展提供政治保证；相爱区别于憎恶和仇恨，是强调情感联系和加强团结的价值规范，意义在于为实现共同发展提供共同的组织和心理基础；互利区别于排他性的自私自利，是强调相互帮助和共赢共享的价值规范，意义在于为实现共同发展提供利益保障。需要说明的是，上述的价值规范都是公平正义的价值规范，都以共同发展为最高宗旨和根本目的。共同发展并不绝对地排斥个人主义、爱国主义或民族主义，这是因为共同发展内含了个人、国家和民族的发展，它所排斥的是极端的或狭隘的个人主义、国家主义和民族主义。

---

① 《江泽民文选》第 3 卷，人民出版社 2006 年版，第 566 页。
② 《十八大报告辅导读本》，人民出版社 2012 年版，第 48 页。
③ 《习近平谈治国理政》，外文出版社 2014 年版，第 42 页。

# 四　生态的维度

生态的维度就是人类共同体可持续发展的维度。康德曾这样论述人类共同体的持续发展："一个时代绝不能使自己负有义务并从而发誓，要把后来的时代置之于一种绝没有可能扩大自己的（尤其是十分迫切的）认识、清除错误以及一般地在启蒙中继续进步的状态之中。这会是一种违反人性的犯罪行为，人性的天职恰好就在于这种进步"，"给后代造成损害，使得他们毫无收获，——这却是绝对不能容许的"。① 康德由此揭示了启蒙和人类共同体发展的代际性及其责任，但他将启蒙与人类共同体的发展与释放人的占有欲联系在了一起。"有这种贪得无厌的占有欲和统治欲吧！没有这些东西，人道之中的全部优越的自然秉赋就会永远沉睡而得不到发展。"② 这样康德的启蒙的代际性观念中便以物欲的释放，显出资本主义在发展生产力的同时，又会造成人与自然之间的对立。黑格尔讲："自从太阳站在天空，星辰围绕着它，大家从来没有看见，人类把自己放在他的'头脑'、放在他的'思想'上面，而且依照思想，建筑现实。亚拿萨格拉斯第一个说，理性统治世界；但是直到现在，人类才进而认识到这个原则，知道'思想'应该通知精神的现实。所以这是一个光辉灿烂的黎明，一切有思想的存在，都分享到了这个新纪元的欢欣。"③ 黑格尔在此用依照思想建筑现实，表明人的主观能动性；又用理性统治世界，表明资本主义的生产方式会形成人统治自然的人类中心主义。

马克思和恩格斯对德国古典哲学或欧洲近代哲学的批判，依托的是辩证唯物主义和历史唯物主义。他们高度赞扬资本主义空前地提高了社会生产力，创造了比以往任何时代都要多的社会财富。但也指出资本家为了最大限度地追求利润，肆意掠夺自然资源，造成了对生态环境的严重破坏。马克思讲："在实践上，人的普遍性正表现为这样的普遍性，它把整个自然界——首先作为人的直接的生活资料，其次作为人的生命活动的对象

---

① ［德］康德：《历史理性批判文集》，何兆武译，商务印书馆 1990 年版，第 28 页。
② 同上书，第 8 页。
③ ［德］黑格尔：《历史哲学》，王造时译，上海书店出版社 2006 年版，第 417—418 页。

（材料）和工具——变成人的无机的身体。"① 马克思还讲："只有在资本主义制度下自然界才真正是人的对象，真正是有用物；它不再被认为是自为的力量；而对自然界的独立规律的理论认识本身不过表现为狡猾，其目的是使自然界（不管是作为消费品，还是作为生产资料）服从于人的需要。"② 马克思由此表明，资本按照效用原则和增殖原则，将自然界变成了具有使用价值的对象和工具。恩格斯进一步指出："由于蒸汽机的出现，英国丰富的煤层才具有了重要意义……英国藏铁丰富的矿山过去很少开采；熔炼铁矿石总是用木炭，而由于土地耕作的改良和森林砍伐殆尽，木炭越来越贵，产量越来越少。"③ 恩格斯由此表明，资本主义创造了惊人的生产力，但也带来了生态环境的严重破坏。他不无警醒地指出："我们不要过分陶醉于我们人类对自然界的胜利。对于每一次这样的胜利，自然界都报复了我们。"④ 这是对资本的增殖逻辑和控制自然的人类中心主义的批判质疑。

确立社会主义的核心价值观之所以要设定生态的维度，是因为马克思主义的物质统一性原理表明自然环境是人类生存发展的物质前提，缺失了这一物质前提人类的生存发展就难以为继。梅多斯和兰德斯等也讲："一旦人口与经济超越了地球的物理极限，那么只有两条路可以返回去：通过日益升级的短缺与危机而导致的非自愿崩溃，或者通过精心的社会选择而带来的生态足迹有控制的缩减。"⑤ 因此人类必须破除控制自然的神话，用可持续发展的眼光重新看待人与自然的关系。马克思主义的普遍联系观点同样表明，人类与自然环境处在相互联系之中，割断这种联系就会因人类自身的肆意妄为造成生态危机，因此必须以整体和系统的观点考察人与自然的关系。之所以确立生态的标准，也是因为人类当前面临的最大危机就是生态危机。全球变暖、极端气候频发、环境污染严重、动植物种类不断减少、可再生能源趋于枯竭，已经严重威胁到人类的持久生存和可持续发展。因此设定生态的维度或可持续发展的维度，克服人类中心主义以及

---

① 《马克思恩格斯选集》第1卷，人民出版社1995年版，第45页。
② 《马克思恩格斯文集》第8卷，人民出版社2009年版，第90—91页。
③ 《马克思恩格斯文集》第1卷，人民出版社2009年版，第398页。
④ 《马克思恩格斯选集》第4卷，人民出版社1995年版，第383页。
⑤ ［美］德内拉·梅多斯等：《增长的极限》，李涛、王智勇译，机械工业出版社2006年版，第216页。

占有性的个人主义和消费主义的缺陷，就成为确立社会主义核心价值观的必然要求。应当明确的是，可持续发展和人与自然协调发展关涉的是人类共同体发展的代际性，体现了发展具有的持久性和永恒性，因此是共同发展的深化和拓展，是共同发展的应有之义。

历史地看来，生态观念也是一个不断发展的观念。中国古代早已有了"甘节""道法自然""见素抱朴""恻隐之心""畏天命""天人合一""民胞物与""仁者以天地万物为一体"等生态伦理思想，以敬天顺天的方式维系了前工业化时代人与自然的和谐平衡。西方有着强调节制、节约、敬畏、感恩、爱生等的文化传统，这对快乐主义和强调人为等的文化观念形成了制衡关系。而自工业化时代开启以来，推崇理性、强调自主、崇尚科学、谋求功利等文化观念发达起来，上述的平衡关系被打破，人与自然之间形成了宰制与被宰制的关系。马克思和恩格斯发现了资本主义生产生活方式存在的弊端，他们以大工业破坏着人与土地的物质交换关系以及不要过分陶醉于我们对自然界取得的胜利等，警醒人类要保持与自然的平衡协调关系。毛泽东讲的"提倡艰苦朴素作风，厉行节约"①，邓小平讲的"解决农村能源，保护生态环境等等，都要靠科学"和"植树造林、绿化祖国、造福后代"②，江泽民讲的"可持续能力不断增强"和"大力实施科教兴国和可持续发展战略"③，胡锦涛讲的"坚持节约资源和保护环境的基本国策"和"努力建设美丽中国，实现中华民族的永续发展"④，习近平所讲的"走进生态文明新时代，建设美丽中国，是实现中华民族伟大复兴中国梦的重要内容"和"为子孙留下天蓝、地绿、水清的生产生活环境"⑤，都是要在人与自然之间建立平衡协调的关系，从而实现人类共同体的可持续发展。

综合地看来，节制、节约、敬畏、感恩、环保、友好等文化观念，都是为了实现人类共同体持续发展的规划设计，是强调人类代际责任和义务的价值规范。节制区别于纵欲，是规范人的心性的价值观念，意义在于约束人类对财富的过度贪婪；节约区别于浪费，是规范经济行为的价值观

① 《毛泽东文集》第7卷，人民出版社1999年版，第160页。
② 《邓小平文选》第3卷，人民出版社1993年版，第21页。
③ 《江泽民文选》第3卷，人民出版社2006年版，第544、545页。
④ 《十八大报告辅导读本》，人民出版社2012年版，第39页。
⑤ 《习近平谈治国理政》，外文出版社2014年版，第211、212页。

念，意义在于避免消耗过多的物质资源；敬畏区别于狂妄自大，是规范人类心灵的价值观念，意义在于防止人类对自然环境的盲目改造和肆意妄为；感恩区别于忘恩负义，是规范人类心灵的价值观念，意义在于使人类确立守护和回馈大地母亲的情怀；环保区别于环境破坏，是规范人类心灵和行为的价值观念，意义在于遏制和逆转生态环境的恶化；友好区别于敌对和杀戮，也是规范人类心灵和行为的价值观念，意义在于使人类能够与自然物平等和谐地共生共处。除此之外，由中国古人提出而鲜活于当下的"道法自然"和"天人合一"等价值规范，也可用于支持人类共同体的可持续发展和人与自然的协调发展。

# 五　结束语

应当明确的是，共同发展是贯通中国与世界的价值观念。马克思和恩格斯在设定国家消亡和民族融合的条件下，把实现每个人自由而全面的发展作为最终的价值目标，正是在世界意义上讲共同发展。而在现代民族国家依然存在的条件下，中国共产党既在世界意义上讲共同发展和构建人类命运共同体，又在中国的范围内讲实现共同富裕和全面建成小康社会，后者也意味着谋求共同发展。也应当明确的是，共同发展是对现代化乃至全球化过程中出现的单质化和非均衡发展的校正。既然现代化和全球化的趋势不可逆转，共同发展作为贯通世界和民族国家的价值目标就要予以坚守，任何极端的和狭隘的国家主义、民族主义和个人主义都会妨害共同发展。还应当明确的是，共同发展是批判性和建设性的价值观念，它拒斥一切腐朽的、封闭的和落后的文化观念，能够整合一切积极的、开放的和先进的文化资源，因此可以作为重建公平正义的世界秩序的价值规范，引领人类共同体走向持久和平与共同繁荣。最后应当明确的是，中国作为已经崛起和有着社会主义制度与文化优势的大国，正可以共同发展作为价值目标引领世界秩序的重建，引领人类命运共同体走向持久和平和共同繁荣。

# 第四章

# 生活世界的去碎片化

20世纪国际政治经济发生的重大变化，是两极世界解体和多极世界的形成。一方面，计划经济体制的式微和自由化浪潮的兴起，促成经济全球化的深入发展，世界的联系日益紧密。另一方面，两极世界解体、多极世界形成、竞争的加剧和重视个人价值，又造成解构主义的盛行和基要主义的回归，国家分化、宗教冲突、地区紧张、人际疏离、价值迷失等，使生活世界呈现出碎片化的特征。生活世界如何去碎片化，宗教究竟助长了生活世界的碎片化还是发挥了去碎片化的功能，这是本章关注的核心问题。

## 一 生活世界的碎片化

关于生活世界的碎片化，李泽厚在《该中国哲学登场了?》中有较为精辟的论述。"自黑格尔以后，思辨的理性哲学碰到了各种挑战，这个我已经讲过，其中一支就是由费尔巴哈到卡尔·马克思，这个大家比较熟悉。还有就是从尼采到海德格尔的那一支。当然还有从黑格尔到杜威——杜威的思想其实也是从黑格尔主义出来的，他们都把眼光从理性的、思辨的、绝对的东西，转到'生活'、'生命'上来了"，"他们都认为现实生活，比康德、黑格尔的先验理性和绝对精神，要更为根本。尼采为什么到现在为止还那么脸红? 因为他说: 上帝死了，那个神的、绝对的世界没有了。从柏拉图开始，哲学家就把尘世的世界和理念的世界（和基督教结合后就是上帝的世界），分为两个世界，并认为后面的那个理念的、尘世的世界才是更根本、更本原的，尘世的世界不过是那个世界的模拟，真正的真理、逻各斯，是在那个世界。这个观念一直保留到近代。康德有先验理性，黑格尔有绝对精神，都是纯理性的东西。按过去的说法，就是认那是第一性的。但是到马克思，到杜威，到尼采，这一切都翻转过来了。到维特根斯坦，到海德格尔，也是这样，也是更强调这个生活的世界、尘世的世界。所以海德格尔和萨特都强调：存在先于本质，就是这个世界的人的此刻的实存，是先于本质的东西。维特根斯坦也认为：语言形式来自生活"。① 李泽厚由此论述了西方哲学的近现代转换，转换的主题是从理念世界转向关注生活世界。这种时代主题的转换具有颠覆性，转换者不仅包括马克思、尼采和杜威，还有维特根斯坦、海德格尔和萨特。李泽厚的简要论述虽有遗漏，例如缺失了柏格森的生命哲学和胡塞尔的现象学，但他还是揭示了现代哲学的主题就是关怀生活世界。

李泽厚接着讲："笛卡尔是近代哲学，到尼采以后就是后现代哲学了。这个变化是非常有意义的，是很根本的。这就是说，追求狭义的形而上学的那种思辨的智慧，已经过去了"，"到后现代，像德里达，他可以说是海德格尔的私淑弟子，他认为海德格尔还强调一个实在的东西，一个大的东西，如'存在'、'本生'（或译'本有'、'天道'），现在他就来一个彻底解构——所有世界没有确定的东西。所以，遵循福柯、德里达的反理性，后现代的特点是摧毁一切，强调的是不确定性，不承认本质的存在，一切都是现象，都是碎片，都是非连续的，是多元的，相对的，表层的，模糊的，杂乱的，并无规律可寻，也无须去寻。于是由理性到感性一般（实践、经验、生命）再到感性个体（死亡、此在）再到彻底的虚无（后现代、'什么都行'）。这可以联系到王朔的'过把瘾就死'。因为没有什么过去未来，当下就是一切，没有什么绝对的东西，也没有什么本质、深度。海德格尔还追求基础的本体论，到德里达就什么也没有了，也没有什么哲学可谈了"。② 李泽厚的这段论述虽然仍有遗漏，例如缺失了哈贝马斯的交往行为理论和格里芬等的建设性后现代主义，但他还是揭示了现代思想的一种重要面向，即福柯和德里达等对于普遍理性的解构，所招致的后果就是生活世界的碎片化，它既意味着联系的断裂和规律的消失，也意味着个体的死亡和彻底的虚无。

关于解构主义的后现代主义造成的后果，格里芬也予以了论述。"现

---

① 李泽厚、刘绪源：《该中国哲学登场了？》，上海译文出版社2011年版，第2、3页。
② 同上书，第3页。

代哲学是自我—解构的。这种自我—解构的过程已经持续了一段时间，但在近来变得更加明显了，尤其是通过由理查德·罗蒂、雅克·德里达和相关思想家的著作而引起的各种讨论。哲学家们不仅否认哲学有能力发现那种超越通过自然科学所获得的真理（正如实证主义者一直坚持的那样），他们甚至认为哲学不可能以某种有意义的方式，在符合实在的意义上声称科学的结果是真实的。这种相对主义有时被称为'后现代主义'。"① 在格里芬看来，这种相对主义的后现代主义造成了一种令人惊讶和不安的现代性。"这种发展导致了各种自我—矛盾。例如，现代性不懈地寻求用现代'真理'代替原始的和中世纪的'谬误'，同时又否认我们具有任何真理比谬误更好的知识"，"相对主义的后现代主义近来所要求的哲学的终结和科学与其他文化领域（尤其是美学—文学领域）之间的这种令人厌恶的区别密切相关"。② 格里芬的上述观点同样表明，相对主义的解构主义的自我—解构，呈现出现代性的矛盾性，造成了真理的消解和哲学的消亡。

格里芬认为，现代哲学的感觉论、非泛心论、无神论为相对主义的解构主义提供了理论支持。他指出基于物质和心灵、决定论和自由之间的实体性的二元论，现代哲学在事实和价值之间或科学和神学、伦理学和美学之间引起了一种学科性的二元论。"客观事实和主观价值以及理论和实践之间的这种形式的二元论，一直是由现代哲学的实体性特征来支持的。大多数这种实体性的特征都可以从三种基本的理论推衍而来：（1）关于自然的一种机械论的、唯物论的、非泛心论的学说；（2）关于知觉的一种感觉论的学说；（3）关于神在世界中是天然在场的一种否定的学说。"③ 非泛心论拒斥自然的基本单位有经验和独立运动的力量，感觉论局限于感觉适合的知觉对象是物理对象，无神论否定宇宙的心灵或经验的在场。这三种理论在很大程度上说明，现代哲学未能解释人类实践的各种假设。关于原子、分子和细胞这些物理事物的非泛心论学说，不可能解释人体如何与心灵相互作用，经验与非经验如何相互作用，自由与非自由如何相互作

---

① ［美］大卫·格里芬等著：《超越解构——建设性后现代哲学的奠基者》，鲍世斌等译，中央编译出版社 2002 年版，第 267 页。

② 同上书，第 273、274 页。

③ 同上书，第 271—272 页。

用，后一个问题已经导向现代哲学作为一个整体具有何种自由的问题。关于知觉的感觉论学说以没有直接的知识，否定超越我们自身经验的现实世界的存在，从而导致了唯我论。它又以知觉不能给我们提供我们称之为价值的非物理事物的知识，导致了与价值理论和实践之间的分离。

正如解构主义者利奥塔尔所言："科技的突变促进了资本主义现阶段经济的'复苏'，我们说过，这是与国家的功能转变同时发生的"，"以前那些由民族国家、党派、职业、机构和历史传统组成的引力极在这一背景中失去了引力……'认同'伟大的名字和当代历史的英雄变得更为困难……生活目标由每个人自己决定。每个人都返回自我，每个人都知道这个'自我'是微不足道的"。[①] 解构主义的后现代主义的理论来源虽然可以追溯到尼采，但却在以信息网络技术为代表的新技术革命的背景下凸显出来。信息网络技术的运用，消解着韦伯讲的理性化、等级性的科层制组织方式，使生活世界愈来愈朝着扁平化和多中心的方向发展，每个人和每个局域都成为中心，原先的边缘转化成为中心。网络技术在生产领域的广泛应用，促使生产能力大幅度提高，也使个性化的生产和消费模式成为可能，个性替代了共性，差异取代了一般。加之国际政治领域两极格局解体，极权主义和霸权主义遭受批判，解构主义的后现代主义迅速升温。它以位移、谱系、分延等方式消解普遍理性和宏大叙事；它反对基础、反对本质、去除中心，在边缘处发现中心。解构主义的兴起造成旧有社会秩序和观念体系的破裂以及生活世界的碎片化，人际疏离、关系紧张、价值迷失、道德沦丧、没有未来，一切都处在不确定和不安定以及当下的烦累、沉沦、迷失之中。如何重建社会秩序和观念体系，去除生活世界的碎片化，成为摆在世人面前的突出问题。

## 二　去碎片化的可能性

针对解构主义的生活世界碎片化倾向，李泽厚提供了以情代理的解决路径。"我觉得，现在是中国哲学可以拿出自己一些看法的时候了。还是用通俗的说法吧，'过把瘾就死'，但并不见得就真死掉，实际是'过把

①　［法］利奥塔尔：《后现代状态》，车槿山译，生活·读书·新知三联书店1997年版，第32页。

瘾还得活着'，那又如何活下去呢？你一切都解构了，本质、规律、宏大叙事……统统个都不要了，人没有任何可以和必须遵循的共同的道理、规范和约定了，那人还怎么活下去？这就又回到了根本性的问题，也就是我为什么要提出'人类何以可能'的问题，这其实也就是回答人是怎么活出来的。在这里，中国'哲学'和西方哲学的确有着很大的不同"，"让哲学回到主题回到世间人际的情感中来吧，让哲学形式回到日常生活中来吧。以眷恋、珍惜、感伤、了悟来替代那空洞而不可解决的'畏'和'烦'，来替代由它激发出来的后现代的'碎片'、'当下'。不是一切已成碎片只有当下真实，不是不可言说的存在神秘，不是绝对律令的上帝，而是人类自身实存与宇宙协同存在，才是根本所在。海德格尔的 Dasein，其实也可翻译作'去存在（是）'，按中国解释学，就是'去活'，也就是我讲的'人活着'"。① 由此可见，李泽厚的去碎片化路径就是以情代理，换句话说就是梁漱溟式的以中学代西学。他为此提出了"情本体"的观念，在他看来，中国哲学注重生命情理和人本关怀的"天行健"和"生生之谓易"等人文与实践智慧，正是破解注重上帝、理性和语言的西方哲学面临困境的出口。

　　针对李泽厚主张的"情本体"，陈来接着阐发了他 20 世纪 90 年代即已提出的"仁体"。在陈来看来，李泽厚的《该中国哲学登场了？》和《中国哲学如何登场？》为中国哲学对世界哲学的可能参与提出了不少建设性意见，对中国哲学的当代建构提出了富有启发性的意见和主张。他认肯李泽厚在后形而上学时代，在对西方哲学的批判中提出广义形而上学不可能终结，主张广义形而上学根源于人类心灵的永恒追求，内容是对人生意义和宇宙根源的探求。他也认肯李泽厚对中国哲学一贯重视生活、生命、生生，不离日常生活和历史文化去设定理想世界和追求纯粹思辨的判定。但是陈来把李泽厚用于批判西方哲学和推崇中国哲学，试图确立"情本体"的理论依据，另作为了确立"仁本体"的理论依据。陈来虽同李泽厚一样以儒学为奥援，但并不认同李泽厚的情本体观念。"李泽厚以情为本体，终究难免于中国传统哲学对'作用是性'的批评，情之意义在感性生活和感性形式，还是在用中讨生活，不能真正立体。"② 在陈来

---

① 李泽厚、刘绪源：《该中国哲学登场了？》，上海译文出版社 2011 年版，第 4—5 页。

② 陈来：《论李泽厚的情本体哲学》，《复旦学报》（社会科学版）2014 年第 3 期。

看来，李泽厚虽用康德的"物自体"和海德格尔的"共在"阐发情本体的合理性，但当代广义形而上学的物自体不是康德式的与现象分裂的物自体，不是超绝于此世界的本体。"共在"是部分和全体的关系，在这里的确是平面的，体的意义无法确立，与自然主义不能清楚区别开来。李泽厚虽谈到"仁"，但总是限于经验之爱。陈来为此推崇仁体，认为仁具有注重日常生活、日常之用、天人合一、爱人利他等思想内涵，"中国几千年的历史证明，非宗教的人道主义（仁道）可以成为社会群体的凝聚力和道德基础而无需要超越的信仰"①。

　　格里芬针对解构主义的后现代主义的消解态势，也提供了去碎片化的策略。"从阿尔弗雷德·诺斯·怀特海和查尔斯·哈茨霍恩（生于1897年）的后现代哲学——这是一种建设性的后现代主义，它完全不同于后现代主义之解构的、相对主义的形式——的观点看，现代哲学的这种自我—毁灭（self-immolation）并不令人惊讶和不安。它并不令人惊讶是因为，现代哲学一开始就是以各种虚假前提为基础的；它并不令人不安是因为，现代哲学的自我消解（self-elimination）将创造一个可以由一种后现代哲学（它能够以一种更适当的方式完成哲学的文化任务）来填补的真空。"②格里芬指出，建设性后现代主义的理论基础是泛经验论。泛经验论主张现实世界的所有单位都是经验着的、创造的事件，其优点在于能够破除唯物主义的惰性和被动的物质观以及泛心论的否认身体的现实性和有效性，进而化解唯物论和唯心论的身心二分或心物二分。泛经验论也主张复合和统一，前者意味着较高的复合个体都包含了较低的复合个体，并包含了达到更高程度的宇宙变量，能包容和内在消化不确定性和人的自由，从而避免分裂和自我消解；后者意味着自然的基本规律也是社会学的基本规律，它肯定自然科学之外的其他文化研究也是对真理的探究，并且把自然科学和伦理学、美学以及神学放到了同样的水平上，这有助于我们克服自然科学和社会科学的分歧抑或现代性日益增长的理智分裂，将自然科学和社会科学整合起来。格里芬也把有神论作为泛经验论的组成部分，有神论蕴含了泛经验论的创造性。他认同哈茨霍恩的上帝是无限的创造力和无限的爱，

---

　　①　陈来：《仁学本体论》，《文史哲》2014年第4期。
　　②　［美］大卫·格里芬等：《超越解构——建设性后现代哲学的奠基者》，鲍世斌等译，中央编译出版社2002年版，第270页。

人的心灵有创造力和爱恰是上帝在场的证明。创造力立足于过去和现在而联通未来，爱或同情使人于自由之外承担责任，使人与人化解矛盾联结起来。格里芬由此将哈茨霍恩和怀特海等作为建设性后现代主义的奠基者，把他们的哲学视为超越解构的哲学，在这种哲学中蕴含着破解生活世界碎片化的一切可能性。

格里芬等的建设性后现代主义影响了王治河和樊美筠。作为将建设性后现代主义中国化的重要旗手，他们与李泽厚一样提出了"第二次启蒙"。与李泽厚的以情代理和以中代西的文化理路有所不同的是，王治河和樊美筠的"第二次启蒙"主张将中国传统文化与西方文化整合起来。"在西方，对现代性，现代化和启蒙的批判从它们诞生之日起就没有间断过，近半个世纪以来，随着问题越暴露越多，特别是随着后现代思潮的问世，更是将这一批判推向了高潮。这些批判的巨大警世意义是毋庸置疑的。然而问题是，许多批判者在批判的过程中，往往提不出任何积极的建设性的理念和筹划"，"可贵的是，过程哲学家和建设性后现代思想家选择了后者。他们不仅勇敢地抵抗形形色色的霸权，为弱小仗义执言，而且致力于人类的平等和共同的福祉，关爱自然与一切生命。他们并非一味拆除精神家园，而是致力于对生命深层意义的追求，致力于为我们这个时代寻找'可能的精神家园'"。① 他们欣赏中国和中国文化，却不苟同中国文化拯救世界说。他们主张的第二次启蒙与只拥抱西方文化的第一次启蒙不同，既向东方开放，也向西方开放。他们认为，"第二次启蒙的希望在中国"②。汤一介基本认同王治河和樊美筠的第二次启蒙观念，指出前现代社会是以"专制为体、教化为用"的社会，现代社会是以"自由为体、民主为用"的社会，后现代社会是以"和谐为体，中庸为用"的社会。在他看来，20世纪60年代兴起的后现代主义是对现代的解构，曾使一切权威性和宰制性都黯然失色，同时也使一切都零碎化、离散化、浮面化。后现代主义企图粉碎一切权威是有意义的，但是并未提出新的建设性主张，也并未策划过一个新的时代。针对中国正处在现代化过程中而西方的现代化又出现缺陷的状况，汤一介提出了用中西方文化相融合的理路。"如果我们能把儒学的'民本'思想，'宽容'、'责任'意识等精神融合

---

① 王治河、樊美筠：《第二次启蒙·序言》，北京大学出版社2011年版，第15页。
② 同上书，第17页。

在‘自由’、‘民主’、‘人权’之中，那么是不是可以走出一条新的进入‘自由为体’、‘民主为用’的现代社会呢？我想，这也许是一条使中国较快而且稳妥实现现代化的路子。"①

无论李泽厚的情本体和陈来的仁本体，还是格里芬、王治河和樊美筠的建设性后现代主义，他们为了避免解构和生活世界的碎片化，共同回向传统寻求资源。他们从传统文化中找到人文道德的生生、相爱、宽容等资源，试图矫治或补益现代性的科学、民主、自由等的缺陷，避免单一推崇理性造成的生活世界的碎片化倾向，他们的融合方式或整合理路对于重建世界秩序具有重要启示意义。然而正如王治河和樊美筠利用德勒兹批判现代人的思维惯性时所言："我们现代人的思维被训练得太习惯某个固定的‘答案’，而不是想一想是否有多种选择的可能，是否有多种答案？"② 上述学者提出的生活世界的去碎片化方案都主要地呈现为可能性，就其现实性来说则不免令人质疑。首先，在以科学化、民主化、城市化和商品化等为内容的现代化大潮冲击之下，儒学和基督教的建制方式已受到冲击而变得极其脆弱，很难独立发挥社会建制功能，其道德情感资源或只能以心理结构和人文素养参与现代生活；其次，传统与现代融合或整合传统与现代的路子，既可能带来正向效应的叠加，也可能造成负面效应的叠加，例如美国利用基督教和民主发动的"颜色革命"就造成世界的动荡不安；再次，回向传统和驻留现代可能会导致历史的终结和危险的传统从头再来，譬如福山就宣扬历史终结论，格里芬的建设性后现代主义中仍包含了等级的成分，提倡"以小为美"的农业生产方式又有回到封建时代的小生产方式的倾向；最后，生活世界的去碎片化究竟是选择儒家还是选择基督教，李泽厚的以情代理、以中代西、以孔子代基督是否是自称为儒家第四期的他的一厢情愿？基督教作为西方文化的悠久传统可被取代替换，是否是文化偏执者的一种妄断？这些问题都是值得再探讨的，而且基督教已经融入中国社会和中国人的生活，基督教的"畏"和"爱"等又在创造性地转换。

---

① 王治河、樊美筠：《第二次启蒙·序一》，北京大学出版社 2011 年版，第 7 页。

② 王治河、樊美筠：《第二次启蒙·序言》，北京大学出版社 2011 年版，第 18 页。

# 三　去碎片化的复杂性

　　思想观念反映现实生活，解构和建构之间的张力反映了全球化时代各种离散和聚合力量的表现冲动和竞争关系。由于旧的世界秩序和旧的统一性已被消解，新的世界秩序和新的统一性还未建立，各种力量多元参与、相互竞争又难分高下，这就决定了生活世界去碎片化的复杂性。这种复杂性首先表现为李泽厚论述到的杜威和怀特海的思想观念及其反映的美国制度模式，具有最重要的全球影响力。从思想层面看，杜威和怀特海吸收了诚信和相爱的基督教伦理，重视民主的教育，提倡有机与合生，主张科学技术的生态化，这些都可用于克服生活世界的碎片化。然而这种文化传统在发展和实践过程中又暴露出内在缺陷：首先，正是排他性的基督教的文化认同，导致了美国国内不同族群和教派的关系紧张甚至撕裂，造成国际上的文明冲突和恐怖主义不断兴起；其次，正是推崇竞争性民主，导致美国政治的金钱化、家族化与零和博弈，在输出过程中造成他国的政局动荡和社会分裂；再次，正是提倡有机与合生，导致美国国内资本家的权力寻租、肆无忌惮以及整个社会的两极分化，在国外推行殖民掠夺，充当世界警察，并与西方盟友联合起来干预他国内政，从而招致国内民众和他国的反抗；又次，正是主张科学技术的生态化，导致了生态技术的限制对外扩散，不惜采用战争方式掠夺国外的物质资源；最后，正如杜威及他的后继者罗蒂所言，"马克思主义在它宣称是科学的问题上已经'过时了'"①，"《圣经·新约》和《共产党宣言》，这两部著作的作者都想要做出关于即将发生的事件的预言，基于对决定人类历史的力量的卓越认识而做出的预言。不过迄今为止，这两套预言都可笑地落空了"②。杜威和罗蒂那里都呈现出反对马克思主义和社会主义的思想倾向。由此可见，杜威与怀特海的文化传统以及美国模式，虽是建构生活世界的力量，但也是解构生活世界或造成生活世界碎片化的力量。

　　建构生活世界和使生活世界去碎片化的还有哈贝马斯的交往行为理论，它的现实反映是欧盟的建立和扩展。哈贝马斯的交往行为理论受康德

---

①　[美]杜威：《自由与文化》，傅统先译，商务印书馆2013年版，第70页。
②　[美]罗蒂：《后形而上学》，张国清译，上海译文出版社2009年版，第317页。

的永久和平论、胡塞尔的现象学、霍克海默和阿道尔诺的技术批判理论、阿伦特的极权主义批判理论等的影响。康德提出了永久和平和国家联盟，胡塞尔提供了主体间性，霍克海默和阿道尔诺批判了工具理性，阿伦特倡导政治参与，这些都有助于生活世界的去碎片化，构成哈贝马斯用交往理性和对话伦理重构生活世界和反对解构主义的重要依据，也促成作为欧盟前身的欧洲共同体的建立。然而康德的永久和平论仍有德国中心主义以及敌人和战争的魅影，胡塞尔的主体间性仍以自我为中心，霍克海默和阿道尔诺的技术批判理论显示出悲观的情绪，阿伦特的极权主义批判未逃脱你争我夺的宿命。基于上述理论形成的哈贝马斯的交往行为理论仍然存在欧洲中心主义和私利主义的难以达成协调一致的问题，若以多数压倒少数的民主方式形成规则决议，那便意味着少数的被边缘化和被不在场，其利益诉求便难以得到保障。因此，以哈贝马斯的交往行为理论为代表的去解构和去碎片化方案中，也包含解构生活世界和使生活世界碎片化的因素，从而呈现出建构与解构的张力以及使生活世界去碎片化的复杂性。事实上，依据交往行为理论建立起来的作为地区性国际组织的欧盟，正在面临着美国干涉、经济低迷、金融危机、债务违约、高福利政策难以为继等多重压力，结盟和扩张面临内外部尤其是美国和俄罗斯的巨大阻力，其建制和建构方式仍存在不确定性和不稳定性。

　　建构生活世界和去碎片化的另一支力量是新自由主义。新自由主义兴起于20世纪70—80年代，它反对凯恩斯主义、社会主义和计划经济，主张市场经济和经济自由。在新自由主义代表人物哈耶克看来，自由主义是西方文明的固有传统和显著特征之一，它奉行自由放任原则，促进了商业发展、科学发展和物质财富增长。正是由于自由主义取得惊人的成就，西方人为了一劳永逸地获得不可丧失的占有物，逐渐放弃了自由主义，转而走向了极权主义、社会主义、计划经济。然而极权主义、社会主义、计划经济意味着奴役和苦难。"如果我们面对的不是自由和繁荣，而是奴役和苦难，那么，邪恶的势力必定已挫败我们的意图，我们成为了某种邪恶力量的牺牲品。"① 为了摆脱奴役和苦难，哈耶克主张继续秉持自由主义的西方文明特征。他指出西方文明能否存在下去取决于西方人能否在世界上

---

　　① ［英］哈耶克：《通往奴役之路》，王明毅、冯兴元等译，中国社会科学出版社1997年版，第18页。

将一种足够强大的力量团结在一个共同理想之下，这种共同理想也就是自由，自由是"具有普遍适用性的原则"①。新自由主义由撒切尔夫人和里根推行开来，加深了世界各国以及国家内部的经贸往来，促成了经济全球化的蓬勃发展，世界贸易组织和区域性经济合作组织得以成立，因此可以说自由主义是一种建构生活世界的力量。然而以普世主义自居的新自由主义又包含历史虚无主义和排他性的私利主义，它以偶然反必然、以经验驳理性、以无知斥有知，以竞争抑和谐，常常与霸权主义、战争和地区冲突联系在一起，常常招致两极分化和经济危机，因此新自由主义也是解构生活世界和使生活世界碎片化的力量。

如果说道家的"我无为，而民自化""治大国，若烹小鲜"能与市场经济的经济自由建立某种联系，那么儒家与资本主义、市场经济所能建立的联系则通过明清之际至近代的中国学者的思想观念显现出来，其中最具代表性的是康有为的大同思想。康有为的大同思想立足于中学传统并结合时代要求，主张去界通同和教化保民，追求合大地、平民族、同人类、保独立、为天民、公生业、治太平、爱众生、至极乐，因此是一种典型的近代性的代表中国气派风格的建构性理论。然而他在西方殖民入侵的背景下提出的大同理想，作为一种中国式的规划设计，又是对西式道路的反抗，其中包含了保国和独立的消解因素。他设计的公政府和太平世在当时至今的时代状况下，只能是无法实现的乌托邦。儒家与市场经济和资本主义的结合，也通过威廉·大内的 Z 理论以及李瑞智和黎华伦的儒学复兴论呈现出来，彰显了儒学的教化功能和集聚效应②。然而其中仍渗透着家国本位和民族主义的因素，通透性和普遍性并不彻底，又受到科技革命和市场环境变化的影响。陈来将儒学作为东亚现代性的共同基础③，也有建构性的意义和价值。然而东亚现代性具有地区性和复杂性，儒学受到异质文化和地区外力量的干涉和冲击。除此之外，干春松的"重回王道"和赵汀阳的"天下体系"，都试图立足中国传统文化重构世界秩序，代表了中国学者使生活世界去碎片化的尝试努力。然而他们以中学代西学的文化路向

① ［英］哈耶克：《自由宪章·前言》，杨玉生、冯兴元、陈茅等译，中国社会科学出版社1999 年版，第 17 页。

② 李瑞智、黎华伦：《儒学的复兴》，商务印书馆 2001 年版，第 62—63 页。

③ 陈来：《孔夫子与现代世界》，北京大学出版社 2011 年版，第 111 页。

似乎造成了另类的独语，未能与现实中的资本主义或社会主义接洽在一起，宏大叙事中缺少了微观建制的支持基础，因此他们的社会理想仍然不过是一种乌托邦式的规划设计。

在上述社会思潮和文化力量之外，还有社群主义和基要主义。前者依托社群反对个人主义的原子化倾向，后者依托宗教建立人际联系，因此都有建构生活世界和使生活世界去碎片化的功能。然而社群的开放度和包容性明显不足，以同一宗教信仰作为联系的纽带也存在开放度和包容性不足的问题，甚至会形成宗教极端主义和极端民族主义。由此看来，上述各种思潮既是建构的力量，也是解构的力量，从而彰显出生活世界去碎片化的艰巨性和复杂性。从历史唯物主义的观点来看，社会的分化固然与当前的社会生产力还不能将所有的生产要素高效统一地整合在一起、社会分工依然存在、每个人的交往都有局限性等存在关系，但也与社会主义和资本主义的竞争、国家竞争、个人竞争和文化竞争存在关系，上述竞争关系形成的多元性使统一性难以确立。思想理论的多元纷呈，深刻反映了后两极时代的过渡性，建构与解构的力量并存，世界仍在动荡和变迁之中。一些学者试图维护资本主义的统一性，却不免陷入黑格尔和福山式的历史终结论；另一些学者面对资本主义的千疮百孔，试图发掘传统文化资源予以矫正和补益，却难以避免神秘主义、等级主义、排他性、封闭性等错误的传统从头再来，反而在一定程度上加剧了碎片化。能否找到一条新路径，既避免生活世界的碎片化，又避免错误的传统从头再来，这是仍待解决的重大理论和现实问题。

## 四　去碎片化的新路径

生活世界的去碎片化，实质上就是在多元、分化和差异中寻找世界的统一性。赵汀阳在天下体系的论述中曾提出："在严格意义上来说，西方思想传统里只有国家理论而几乎没有世界理论（马克思主义是个例外）。"[①] 他认同马克思主义有世界理论，但并未展开论述，反而以在西方国家不成功和冷战结束消解了马克思主义。"马克思主义显示出一种世界

---

① 赵汀阳：《天下体系——世界制度哲学导论》，中国人民大学出版社 2011 年版，第 32 页。

尺度的思维，这一点至少与中国在'形式上'有所沟通。不过，马克思主义在西方并不太成功，就西方主流思想而言，民族/国家是人们更喜欢的概念"，"即使是当年马克思主义那样狂风暴雨般的观念革命，也没有完全超越西方思维模式。'阶级'定义了另一种意识形态和另一种异端，阶级虽然是任何国家都存在的，他以一种横切面方式解构了民族主义而制造了国际主义，但是仍然假设了世界的分裂性和斗争性（阶级斗争）……冷战的结束也是'共产主义异端'的结束，亨廷顿马上就发现了新的异端和文明的冲突"。① 无独有偶，哈耶克用西方的自由主义传统和苏联模式的弊端消解马克思主义，福柯也借助斯大林主义暴露的缺陷消解马克思主义。杜威的后继者罗蒂也利用宗教法庭的地牢和克格勃的审讯室等，反对基督教和马克思主义。"如果我们找到一个新的文献来向我们的孩子们提供激励和希望，它既摆脱了《新约》的缺陷，也弥补了《共产党宣言》的不足，那是再好不过了"，"今天的知识分子和官员已经不太相信这两个方案中的任何一个。马克思主义者对找到一个令人满意的市场替代物的尝试是一个几乎被普遍判断为失败的实验"。② 于是，罗蒂与哈耶克、福柯一样在对马克思主义的批判中，陷入了驻足当下的历史的终结，而驻足当下和历史的终结正是使生活世界碎片化的重要理论根源。

既然马克思主义中包含世界制度哲学，那么就应当将其发掘出来并给予动态的考察。既然罗蒂也承认马克思主义中包含有效性道德和关于未来社会的因素，那么便可以将其转化利用起来，而不是仅限于斯大林主义和苏联的静态考察。罗蒂认为今天的知识分子已不太相信马克思的方案太过武断，认为马克思主义者只是尝试寻找市场的替代物也有失偏颇。正如施韦卡特在反对罗蒂等的"社会主义死了"和"共产主义灭亡了"的"讣告"时所言："'讣告'也许早产了。本书会证明罗蒂的说法是错误的。我们确实能够看到一种运行起来的非资本主义经济体制会是怎样的。共产主义的领导在东欧和苏联的解体，尽管与我们讨论的问题不无相关，但并

---

① 赵汀阳：《天下体系——世界制度哲学导论》，中国人民大学出版社 2011 年版，第 65、67 页。

② ［美］罗蒂：《后形而上学希望》，张国清译，上海译文出版社 2009 年版，第 324、327 页。

不能证实罗蒂及其他人所说的话。"① 他指出："东欧和苏联各加盟共和国所进行的巨大实验已经在很大程度上失败了，在许多场合，甚至遭受灭顶之灾……世界上没有任何其他一个共产党政府——中国、越南、老挝、朝鲜或古巴——崩溃了，也没有任何这样的政府放弃他们的社会主义'遗产'"，"如果中国特色社会主义的大胆创新实验是成功的，那么21世纪必将是中国的世纪。如果中国真的能够完善一种真正民主的、工人自我管理的社会主义所要求（起码是）的某些机制，那么，'中国案例'将比苏联案例（尽管有这样那样的缺陷，但毕竟维持了半个世纪）要鼓舞人心得多"。② 由此可见，苏联解体和东欧剧变并不意味着马克思主义的破产和社会主义的消亡。西方国家也有赞同马克思主义的知识分子，世界上也存在着将社会主义与市场经济结合起来的国家。马克思主义并不独属于苏联和东欧国家，西方国家也有马克思主义；市场经济并不独属于资本主义，社会主义也可以发展市场经济。

马克思主义之所以能够成为世界制度哲学，是因为它秉持世界历史的视域，运用历史唯物主义的方法考察人类社会的发展变迁。"人们在自己生活的社会生产中发生的一定的、必然的、不以他们的意志为转移的关系，即同他们的物质生产力的一定发展阶段相适应的生产关系。这些生产关系的总和构成社会的经济结构，即有法律的和政治的上层建筑立在其上并有一定的社会意识形式与之相适应的现实基础。物质生活的生产方式制约着整个社会生活、政治生活和精神生活的过程。不是人们的意识决定人们的存在，相反，是人们的社会存在决定人们的意识。社会的物质生产力发展到一定阶段，便同它们一直在其中运动的现存生产关系或财产关系（这只是生产关系的法律用语）发生矛盾。于是这些关系便由生产力的发展形式变成生产力的桎梏。那时社会革命的时代就到来了。随着经济基础的变更，全部庞大的上层建筑也或慢或快地发生变革。"③ 马克思和恩格斯从社会生活的各种领域划分出经济领域，从一切社会关系中划分出生产关系，并把它当作决定其余一切关系的基本的原始的关系，进而将一切社

---

① ［美］施韦卡特：《反对资本主义·前言》，李智、陈志刚译，中国人民大学出版社2008年版，第1页。

② ［美］施韦卡特：《反对资本主义·中文版序》，李智、陈志刚译，中国人民大学出版社2008年版，第4、7页。

③ 《马克思恩格斯选集》第2卷，人民出版社1995年版，第32—33页。

会关系归结于生产关系，将生产关系归结于生产力的高度，从而将社会形态的发展看作自然历史过程，破天荒地破解了历史之谜，从而揭示了人类社会发展的规律，找到了人类社会或生活世界的统一性。他们认为在人类经历前资本主义社会和资本主义社会后必然走向共产主义社会，而共产主义社会是各种得到真正解决的社会。"人向自身、也就是向社会的即合乎人性的人的复归，这种复归是完全的复归，是自觉实现并在以往发展的全部财富的范围内实现的复归。这种共产主义……是人和自然界之间，人和人之间的矛盾的真正解决，是存在和本质、对象化和自我确证、自由和必然、个体和类之间的斗争的真正解决。它是历史之谜的解答，而且知道自己就是这种解答。"①

马克思和恩格斯由宗教批判进入资本主义批判，在批判中建立的唯物史观可做如下展开。首先，生产力是社会基本矛盾运动中最基本的动力因素，是人类社会发展和进步的最终决定力量。这意味着物质交往是一切社会交往的最终决定力量，人们之间的政治交往和文化交往都由物质交往所决定。其次，前资本主义社会的小生产方式具有封闭性，但其中的商品交往是资本主义社会化大生产和市场经济的萌芽。资本主义的社会化大生产和市场经济突破了田园牧歌式的小生产方式以及国家、民族和地域的界限，使物质交往具有世界性，使整个世界联结成一个整体。再次，资本主义存在自身难以克服的矛盾，矛盾尖锐化势必引发经济危机并通过殖民方式转嫁危机。这会导致工人阶级以及殖民地人民的强烈反抗，甚至导致无产阶级革命和战争。又次，全世界无产阶级革命的结果是资产阶级的消亡和无产阶级的胜利，人类社会由资本主义社会进入共产主义社会。最后，共产主义社会是自由人的联合体，国家和阶级消亡，工农、脑体、城乡的差别消失，每个人自由而全面地发展。这就意味着马克思主义既非历史虚无主义，也非历史终结论。它认同前资本主义社会和资本主义社会对于建构生活世界的历史作用，但也揭示了其中存在使生活世界碎片化的缺陷，这种缺陷唯有进入共产主义社会才能得到根本解决。

中国是马克思主义的身体，中国特色社会主义道路是马克思主义的现实建制。马克思主义的中国化破除了以"天朝大国"自居的神话和小生产方式的封闭性，破除了资本主义唯我独尊的神话和封闭，已经并正在破

---

① 《马克思恩格斯文集》第 1 卷，人民出版社 2009 年版，第 185—186 页。

除机械化生产方式带来的对人的宰制。中国特色社会主义作为马克思主义中国化的最新理论成果，它坚持马克思主义的基本原则和立场，立足中国优秀文化传统并吸收西学的合理养分，提供了建构生活世界抑或使生活世界去碎片化的新路径，即社会主义与市场经济相结合。运用市场手段的功效在于破除小生产的封闭性，促进社会生产力的发展以及各行业、各地区和各国家之间相互融通，从而使人们在开放状态下结为一体；坚持社会主义的功效在于避免资本主义的唯我独尊、宰制主义和两极分化，从而使人们在和谐状态下结为一体。展开来说，中国特色社会主义始终坚持把发展作为第一要务，坚持以人为本，统筹城乡发展、统筹区域发展、统筹经济社会发展、统筹人与自然和谐发展、统筹国内发展和对外开放。在微观层面上，它以股份制和合作制为主要组织形式；在宏观层面上，它以公有制主导和支持下的宏观调控，协调平衡各方利益；在国际层面上，打造亲诚惠容的周边外交关系，建立新型大国关系，进行"一带一路"建设等，都意在推进人类社会的共同发展。中国特色社会主义以共同发展为价值目标，它有别于私利主义的个体发展和静止于当下的共存观念，是具有交互性、批判性、代际性和整合性的价值观念与现实建制方式，是马克思主义的实现每个人自由而全面发展的转化表达和落实方式，能够更好地去除生活世界的碎片化，使人类有机和谐地联结在一起。

# 五 结束语

生活世界的碎片化和去碎片化，深刻反映了人类社会现实存在的种种矛盾。矛盾时常存在，这决定了生活世界碎片化的可能与现实；矛盾走向和解，提供了生活世界去碎片化的空间。运用历史唯物主义的观点来看，传统社会具有建立在家国本位基础上的使生活世界去碎片化的思想资源和建制方式，因而可以转化和利用。但也难以避免因小生产方式和家国本位本身的封闭性以及历史终结论造成的生活世界碎片化的缺陷，因而又需要予以超越；资本主义的社会化大生产方式和市场化的资源配置方式，突破了传统社会的家国本位的界限，使得生活世界在全球范围内联结起来，因而也可以转化利用。然而由于它难以克服社会化大生产与生产资料的资本主义私人占有之间的矛盾，明显暴露出私利主义、宰制主义和历史终结论等缺陷，生活世界的碎片化问题仍难根本解决，因此也需要予以超越而另找新路。

马克思和恩格斯在世界历史视域下创建的历史唯物主义，既非历史终结论，也非历史虚无主义，它面向传统社会和未来社会而展开。历史唯物主义以世界的物质统一性为基石，把人类社会的一切社会关系和交往方式，归结为生产关系和物质交往，又将生产关系归结为生产力的发展，进而从生产力与生产关系、经济基础与上层建筑的矛盾运动中考察人类社会的历史变迁，揭示了人类社会从原始社会到奴隶社会再到资本主义社会直到共产主义社会的一般规律。这种人类社会一般规律的发现，恰恰有助于克服历史终结于前资本主义或资本主义社会造成的生活世界的碎片化，使人类能在以自由人的联合体的意义上重新建构生活世界，实现每个人自由而全面发展。它的中国化表达便是建设人类命运共同体，实现全人类的共同发展。

历史并未因苏联解体和东欧剧变而终结，中国特色社会主义作为马克思主义中国化的最新思想理论和现实建制方式，承担着通向共产主义社会的历史使命。中国特色社会主义之所以能成为去碎片化的新路径，从根本上说是由于它立足于中国文化的优秀传统，将社会主义与市场经济结合了起来。中国文化的优秀传统包括仁者爱人、民为邦本、以义制利、协和万邦、长而不宰、天下大同等，这些优秀文化传统都创造性地转化进入中国特色社会主义的理论体系和价值观念中。市场经济能够摆脱小生产的封闭性和家国本位的界限，通过资源的市场配置使各部门、各地区和各国家紧密联系起来。社会主义能够利用公有制经济和国家宏观调控的力量，防止私利主义、宰制主义和两极分化，保证社会和谐与公平正义。由此可以认为，以建设人类命运共同体和实现全人类共同发展为价值目标的中国道路或中国模式提供了非宰制性的普遍性和统一性，可以在消除城乡差别、工农差别、脑体差别和南北差距的过程中，去除生活世界的碎片化。

# 第 五 章

# 宗教共同体与人类命运共同体

宗教冲突是一个历久弥新的议题。这不仅是因为宗教冲突伴随了人类社会发展的历史进程，也尤其是因为当今世界的地区冲突和局势紧张往往以宗教冲突为背景，各种宗教的一神论抑或排他性倾向也加剧了彼此之间的紧张关系，致使当前人类社会依然充斥着血腥和暴力。如何由宗教冲突走向宗教和谐，依然是学界乃至人类社会不得不认真面对的理论和现实问题。本章基于安伦的宗教共同体观念及其引发的争论，尝试回应和解答上述问题。

## 一　宗教共同体观念的提出

1. 宗教冲突走向宗教和谐的路径是建立宗教共同体

安伦提出宗教共同体观念，既针对现代人的信仰危机，也针对宗教冲突问题。他引用马克思的"宗教是这个世界的总的理论，是它包罗万象的纲领"，指出在当今时代，作为这个世界总纲领的宗教自身经历着种种危机，就像是重病缠身的患者，需要救治和复壮。在他看来，宗教面临的危机首先是对信仰合理性的质疑。自从欧洲启蒙运动以来，各种类型的思想家就将宗教信仰判定为人类愚昧无知的产物或人类自身形象的投射，预言其将退出历史舞台。持续三个世纪劳而无功的有神论和无神论的辩论至少没有给宗教信仰提供预期的坚实依据。而且伴随着科学技术的高速发展、知识的普及和宗教与理性冲突的加剧，对信仰合理性的质疑进一步演变成致使宗教走向衰落的信仰危机，造成信徒信仰虔诚度的大幅降低和信众的世俗化流失。卫道者们对过时的传统教义的誓死捍卫不仅没有挽救颓势，反而加剧了信仰危机。在宗教与科学以及宗教与理性的冲突中，宗教不可救药地处于劣势。

安伦也指出，宗教冲突是宗教面临的重大危机。"各宗教还面临着各教派间相互排斥对立和自身无限分裂的传统危机。各教派都倾向于将本教派视为正教，而将其他教派视为伪劣宗教而加以排斥，这不仅造成宗教纠纷和冲突等人为灾害，而且从整体上降低了宗教的可信度。无休止的分裂对立使得各宗教四分五裂、永无宁日，加剧了宗教的危机。宗教导致的极端、暴力和战争则更进一步毁坏了宗教教义标榜的道德伦理和宗教的声誉。"① 除此之外，世俗社会诸如精神世界的空虚、公允价值观的缺陷、社会道德的沦丧、邪恶和冲突的频发、政局的动荡、毁灭性战争的威胁等危机，也与宗教有着深刻的联系，其中一些危机与宗教冲突有着内在的联系。

安伦认为在应对宗教自身的危机和世俗社会的危机中，宗教迄今为止扮演的都是非自觉的被动角色。对信仰和理性的辩护完全出于自卫，对信仰危机束手无策，对科学和理性的挑战顽固守旧，对宗教分裂危机听之任之，对宗教对立和相互排斥习以为常，对于世俗社会的种种危机更是袖手旁观。安伦对宗教的这种回天乏术的状况并不满意，在他看来，既然宗教信仰是这个世界包罗万象的总理论和总纲领，是人类精神世界和内心思想活动的主导力量，宗教就完全应当并且完全可能在化解自身和世俗危机中扮演积极主导的角色，运用其潜在的巨大能量造福人类。他为此设立了宗教共同体的观念，"如果人们能就诸神同一、诸教同源、求同存异达成共识，其合乎逻辑的演进是各宗教交汇融合形成人类宗教共同体。在全球化人类趋同的背景下，宗教融合不仅是势不可挡的历史必然，而且能给人类带来难以估量的巨大利益。除了化解宗教危机，中兴宗教，为人类大众提供精神升华和救赎之外，各宗教还能在共同体中群策群力，有效消除纠纷、暴力和战争，提升社会伦理道德，维护社会正义，促进和谐与和平，其潜力将是任何世俗手段都无法比拟的"②。

2. 建立宗教共同体首先要确认宗教信仰具有合理性

针对启蒙运动以来的思想家对宗教信仰的毁灭性攻击，安伦以予以了回应。他指出信仰是人类文明迄今为止无所不在的普遍现象，"古往今来

---

① 安伦：《理性信仰之道——人类宗教共同体》，学林出版社 2009 年版，第 2 页。

② 同上书，第 5 页。

没有哪个民族没有宗教信仰，也没有哪个民族一劳永逸地完全消除过宗教信仰。人类迄今的经验证明，哪里有人类，哪里就有信仰"①。如果将宗教信仰定义为人类发展初期的阶段性现象，则遍观全球发达的和不发达的文明，至今还找不到宗教信仰自然消失的佐证。如果宗教信仰仅仅是人类愚昧无知的产物，则令人困惑的是，全世界所有的民族和文明从古至今似乎都沉浸在愚昧无知的信仰海洋之中，毕竟全世界各种宗教的信仰者仍然占世界人口的83%，宗教信仰仍然是人类意识形态的主导力量。安伦强调指出，人类历史证明，宗教信仰是人类的天生本能，具有顽强的生命力，难以用人为的方式加以消灭，即便是无神论者也很难完全摆脱对超自然力量的信仰和敬畏。历史事实还证明，人们发自内心的信仰崇拜只能被另一种信仰所取代，而不能被消灭。

安伦提供了有神论与无神论的几种争论类型，有神论包括安瑟伦的本体论、威廉·佩里的类比目的论、肯迪和阿奎那等的宇宙论、康德的道德论、温伯恩的累积论和概率论等，这些理论都有反对的观点，其中包括昆廷·史密斯用宇宙大爆炸理论对上帝存在的否定，而恶对有神论的挑战被认为是无神论者最强有力的论证，对有神论最大的打击可能莫过于传统宗教与科学的严重冲突。在安伦看来，参与争论的多是饱学之士，然而争论最终难以形成定论，各方无法证明自身观点的原因就在于，"对终极神圣这样伟大无限的存在本来就不能用人类有限的理解方式和能力去完全认识，也不能仅靠思辨论证的方法去证实或证伪。哲人们运用了错误的证明方法，并且错误地、甚至自以为是地认为掌握了对神的全面认识，所以绞尽脑汁，到头来仍旧是徒劳无功"②。安伦用宠物狗和人的关系类比说明，人类不可能了解终极神圣，就如同狗不可能了解人类。"当人们把至高无上的神屈尊降低到同属人类的水平，并且以权威的口气断言自己拥有对神的完全认识时，谬误和偏执就不可避免地产生了。当人们在自以为充分了解神的错觉中企图用自己的认识、思维和推理方式论证神的属性时，却失望地发现：神并不像人类那样会留下其属性的证据；他们的辩论徒劳无功，他们的论点软弱无力。"③

① 安伦：《理性信仰之道——人类宗教共同体》，学林出版社2009年版，第7页。
② 同上书，第18页。
③ 同上书，第19页。

安伦由此认为人类不仅有理由信仰神，而且有充足和良好的理由笃信神。他为宗教信仰提供了五方面的合理性证明：第一，人类内在的信仰本能。宗教信仰的先天倾向在人类心灵中是一股复杂强大的力量，这是因为人在面对生老病死、灾变祸福时都会对自己的命运、社会和宇宙产生反思，不由自主地感受到超自然的力量对个人命运的左右和对社会进程及自然环境的主宰，不约而同地对超自然的终极神圣产生敬畏之心。第二，人类永恒的需求。宗教信仰永恒存在的原因是人类对于宗教信仰的需求不会泯灭，宗教信仰的根源从恐惧论、救赎和解脱论、终极关切论、信仰本能论得到证明。第三，存在即合理。宗教信仰伴随着人类的文明史始终存在，就像人类文明的存在一样是合理的存在。宗教信仰在人类社会无处不在，就像人类社会的存在一样是合理的存在。第四，理性信仰造福人类。宗教信仰的合理性还在于能够从人类精神的充实、升华和发展，社会道德的提升和维持，社会的稳定、和谐及和平等方面给人类带来利益。第五，信仰的风险。视而不见、听之不闻、触而不着、证而无据的事物绝不等于不存在。神存在的概率远大于不存在的概率。信仰神可以获得精神的充实和升华、平静安详、道德的提升、社会有序和公正、和平，有神的眷顾和救赎，死后升入天堂或极乐世界，没有其他损失。不信神则与之相反。

3. 建立宗教共同体的本体论依据在于确认诸神统一

安伦认为不同的宗教有不同的终极信仰对象，其中有人格的终极体如上帝、大梵天、雅赫维等，也有非人格的终极体如梵、道、涅槃、法身、天等。在诸如实体、终极实体、终极者、超越者、超验者、永恒者、神圣、太一、至上原则等之间，安伦选用"终极神圣"体现不同宗教信仰对象的共同神圣特征。安伦指出："对于一神论的各主要宗教来说，各教的神必定是同一的。一神论的宗教都认为其信仰的是宇宙唯一的创造和主宰者。显而易见，同一个宇宙不可能有多个唯一的创造和主宰者，如果宇宙的唯一主宰客观存在，则必然是同一的。"[①] 基督教的三位一体的上帝就是犹太教的上帝雅赫维，伊斯兰教的《可兰经》以大量的篇幅复述了《圣经》记载的关于主神的事迹和启示。印度教虽与闪教各宗教没有渊源关系，但作为宇宙唯一创造神的大梵天同于作为造物主的上帝。各宗教所认识和信仰的是同一终极神圣，只不过基于不同角度对其认识和称谓不同

---

① 安伦：《理性信仰之道——人类宗教共同体》，学林出版社 2009 年版，第 32 页。

而已。这就如同各民族对太阳的称谓各有不同，但不能就此说不同的太阳理论持有者有不同的太阳。因此，仅仅根据称呼不同、认识上的差异而断言各宗教的终极神圣不同，就会像断言不同民族有不同的太阳一样荒谬。

安伦对于绝大多数宗教都声称的本教是唯一的正教，其他宗教都是旁门左道甚至异端邪说的说法提出了质疑。倘若各至高的神圣有优劣、强弱、高低之分，为什么唯一正教的终极神圣不施展大能，灭除竞争神和异端邪说，或明确次级神的地位，使人类都皈依同一正神，而允许各教长期并存？倘若诸神也像人间世界一样为了争夺宇宙主导权而征战不休、经历生死荣辱和改朝换代，那么神的世界就不值得人们崇拜和向往，各宗教声称的神的无所不能、至高无上、永恒不灭，岂不就都化成了泡影？倘若终极神圣像各宗教认为的那样是对于所有人类大众都开放的，而没有任何歧视，那么声称自己的宗教是唯一正教、自己的终极神圣是唯一正神的人就难以解释，为什么信仰其他宗教的占人类大多数的信众仅仅因为出生在某个家庭、某个社团或某个族群，而不是因为其自身的过失，就被终极神圣残酷地排除在得到救赎或解脱的特权人群之外，悲惨地堕入地狱或永世与苦难为伍；而为什么自己仅仅因为出生在某个家庭、某个社团或某个族群，而不是因为自己有何德能，就得以享受神的救赎或解脱特权。倘若如此，则神的公平和博爱何在？莫非神也像某些世人一样奉行种族主义的歧视政策？"深入的思考和推理可以进一步印证'诸神统一'观点的合理性。"[①]

安伦接着为诸神同一提供了本体论和认识论的多重证明。首先，大象无形。终极神圣无形对于信仰非人格神圣的各宗教来说是不言而喻的。梵、天、涅槃、法身、道都是无形的，这在各相应的宗教教义中都有明确的表述。例如印度教的经典之一《由谁奥义书》中讲梵"不为眼所见，不为言所述，也不为心意所知"；道教经典的《道德经》用"视之不见""听之不闻""博之不得"描述"道"，《庄子》称"道"为"无为无形，可传而不可受，可得而不可见"；佛教的经典《中部经典》将涅槃称为"深沉的，难以理解、难以捉摸"；《可兰经》称安拉为"众目见不到他，他却见到众目"；《圣经·旧约》坚持雅赫维无形。无形的终极神圣与有形的偶像之间，有形者属于多，无形者属于一。其次，神的不可全知性。

终极神圣不仅无形，而且不可全知。可知的是经验、低级、不完满的，意味着多；不可全知的是超经验、最高级、绝对完满的，只能是一。再次，多名的神。人类宗教史中数不尽的众多神灵也都是同一的终极神圣，只不过被人们赋予了无数多的名称，这种赋予只是为了使那些智慧较低的人和初习者容易了解神。最后，盲人摸象。林立和分化的宗教教派都只是对终极神圣的片面认知，以己排他甚至暴力相争都只是盲人摸象。激进主义者是盲人中的盲人，他们提倡分裂和排斥远大于包容和融合。

4. 建立宗教共同体的认识论基础在于理性认识神圣

安伦提倡以理性和科学来验证宗教的信念和经验，放弃业经证实的谬误、偏见和迷信，使之更接近真理和终极神圣。他所谓的理性认识或理性主义，"就是运用头脑对获得的感性材料分析、思考、判断、推理的认识方式，相对于感性认识是更高级的认识方式，也是人类优于其他动物的认识思维方式"，"理性认识是神赋予人类特有的认识能力．如果拒绝运用理性，就是有意将人的认识水平降低到普通动物的认识水平，就是辜负神对人的特别恩惠"。① 理性认识不同于威廉·克里夫德的证据主义的极端理性主义，后者要求所有宗教信念都必须有充足的证据证实作为相信宗教信念的前提，因而否定了所有未经证据证实的宗教信念；前者则认为人的认识能力是非常有限的，拒绝武断地否定尚未认识和难以认知的事物，以避免错杀，因而具有更大的客观性和包容度。理性认识也不同于德尔图良的极端信仰主义，后者主张所有宗教信念都应当不经证据和逻辑的理性验证而得到全盘接受，这是盲信；前者则认为所有宗教信念都应该接受证据和逻辑的理性验证，这是理性信仰。理性认识论的巨大价值就在于其在消除宗教偏见和冲突、促进宗教融合及人类社会和谐中可能起到关键作用。

安伦提供了理性认识终极神圣的几种方法：首先，启示和宗教经验。启示是终极神圣以不同方式向人自我揭示，显现、指示某种神意或预示将要出现的事物。启示是人们认识神的重要途径，对于确立信仰和把握教义具有关键作用。宗教经验包括启示的获得以及人们与终极神圣相遇、相交或接触的种种经验和经历，它可能产生于异象、神迹、梦中等非寻常场合，也可能与幻觉、错觉、精神错乱等现象混淆，也可能发生领悟偏差的情况，因此需要以理性方式加以验证。其次，科学。犹如爱因斯坦所言

---

① 安伦：《理性信仰之道——人类宗教共同体》，学林出版社 2009 年版，第 66 页。

"科学没有宗教就像瘸子，宗教没有科学就像瞎子。"科学与宗教并非水火不容，它们本来就是对同一终极神圣从不同领域或方面探索认知的人文体系，目标一致、殊途同归、相互验证、相辅相成。再次，哲学。哲学的本质在于究根问底，理性哲学思维的最终归宿是无限的最高存在者，它能够帮助人确立信念和价值并做出明智合理的抉择，在信仰的引导下探索和寻求人生的真正意义。又次，认识途径的辩证统一。存在包括神的存在、宇宙万物的存在和人的存在三种形式，三种存在实质上是同一的，后两者都是神的存在的表现。宗教、哲学和科学所认识的都是宇宙的本体终极神圣，它们相辅相成、殊途同归。最后，理性的验证。为了获得对终极神圣的正确认识，避免误入歧途，人类应当建立对于宗教经验和启示的理性验证方法，包括感受人范围内的验证、感受人宗教传统内的验证、与其他宗教经验的交互验证、科学的验证和哲学思辨的验证。

安伦还提供了诸教异同的目的论、对象性和伦理学等方面的证明。在他看来，人们信仰宗教的目的在于寻求救赎、解脱、人生的意义、庇佑和赐福，尽管各宗教的修行方法不一，但上述目的却是一致的；人类所有的宗教有同一的终极神圣，这是各宗教最本质的共同点。各宗教在教义、教规、崇拜仪式和组织形式上的差异成为次要差异，各宗教融合共荣的最大障碍因此得到消除；各宗教都强调与人为善，都提倡博爱、仁慈、友善、怜悯、乐善好施、扶危济困、轻物欲、戒贪欲、知足，强调宽恕、忍让、诚信、谦和、平等、公平、正义、和平，都禁戒偷盗、撒谎、坑害、欺诈、杀戮、奸淫、妄语、诽谤、嗔怒、痴迷、贪婪、仇恨，都主张自制和由自我中心向神为中心的转变。各宗教道德规则的高度趋同和相似，为各宗教的和平共处提供了共同的道德基础。除此之外，安伦还从各种宗教的宗教教义、宗教律令、宗教对话等方面，探讨了各种宗教融合同一，降低对立冲突的可能性。他认为"造成各宗教的矛盾差异和不兼容性的最主要原因是没有形成对终极神圣同一的共识"①，各宗教应有的态度是求大同存小异。

5. 建立宗教共同体的现实依据在于中国的宗教经验

安伦讲的宗教共同体，"并非标新立异的众多新生教派之一，而是人

---

① 安伦：《理性信仰之道——人类宗教共同体》，学林出版社 2009 年版，第 118 页。

类各宗教在信仰共同体终极神圣的基础上交汇融合的共存体"①。它在诸
神同一、理性信仰的基本原则下，继承吸收各宗教的全部精华，摒弃并消
除各宗教对立排他等消极因素，具有共同的信仰目标、共同的价值和伦理
取向，求大同存小异，允许各教派传统的教义、教规、仪式、方法、组织
形式等合理的部分自由存在和发展，各宗教教派可在此框架中和谐共存。
宗教共同体是理性信仰的必然产物，反过来也将极大促进信仰的合理化。
它以促进人类宗教信仰的共同发展、消除宗教教派之间的矛盾冲突、维护
促进人类的生存繁荣和社会稳定、促进人类和平等为宗旨；它的教义包括
对终极神圣的信仰和顺从、救赎或解脱、对生命意义的终极关切、与终极
神圣融合为一、善恶报应等；伦理道德坚持仁慈博爱、与人为善，接受神
的监督制约；信仰和修行方式包括祈祷、诵经、讲道、唱赞美诗、禅定
等；活动场所包括各宗教场所以及共同体崇拜灵修场所；组织形式包括所
有可能接受共同体理念的教堂、寺庙、宫观、团契以及宗教共同体普世神
学院等。宗教共同体的作用在于实现信仰理性化、化解宗教危机、避免信
仰风险、宗教的中兴、维护和平，消除宗教纠纷和战争，建立人类共同的
核心价值和道德体系、促进社会和谐公平正义、顺应全球化人类趋同
过程。

安伦认为中华民族与人类宗教共同体有着天然的渊源。"有别于世界
上其他民族宗教对立排他的强烈倾向，中华民族历来对各种宗教兼收并
蓄，具有超强的容忍力和融合力。宗教共同体的融合并存与中华民族的传
统宗教理念不谋而合。宗教共同体要化解普遍存在的宗教对立排他势力，
最终普及世界，就应当首先根植于中华民族的适宜土壤，成长壮大，并借
助中国日益强大的国际影响力走向世界。从另一方面看，中华民族也迫切
需要共同体式的宗教中兴。经过百年社会动荡的中华民族面临着信仰的缺
失、社会道德衰败、精神世界空虚等社会危机，亟须一种新型的理性信仰
的救助。宗教共同体与中华民族正可谓相得益彰。"② 宗教共同体对于中
华民族来说，可以化解现有的信仰危机，可以重建中华道德体系，可以奠
定社会稳定的重要根基，可以形成中华民族的融合力。

安伦最后深入论述了宗教共同体对中华民族宗教理念的适应性以及在

① 安伦：《理性信仰之道——人类宗教共同体》，学林出版社 2009 年版，第 128 页。
② 同上书，第 5—6 页。

华和向世界传播的可行性。他指出发端或传入华夏至今影响较大的宗教主要有道教、儒教、佛教、基督教（包括天主教）和伊斯兰教，中华民族现存的各宗教都有其终极神圣。中华民众在潜意识中对终极神圣的上天、上帝、佛、至高神有相似的认同，这种自然倾向恰恰符合诸神同一的真理，构成对宗教偏见、排斥和纠纷的天然免疫力。这种天然免疫力和对各宗教兼容并蓄的高度包容，自然适合于接受共同体宗教融合的理念；中国本土的儒教和道教都有明显的理性化倾向，共同体的理性信仰理念被中华民族广泛接受应该是顺理成章的；发端于中国本土的宗教与印度教和基督教等相比注重现世的效用或福利，这种理性化和功利主义倾向，更有利于促进社会和谐稳定。安伦还从内在需求、现代化程度、民族融合力以及宗教包容力等方面论述了宗教共同体在华的可行性，认为"多种优越条件的天然组合使得中华大地成为适合宗教共同体生长的最佳土壤，也使得共同体在华具有出类拔萃的可行性"[1]。中国的崛起为宗教共同体提供了良好的机会，它能够在中国生根发芽，并将随着中国与日俱增的国际影响力传播到全世界，为改变其他国家宗教的自我中心和排他主义提供足够强大的外力影响。中华民族理应担负起这一神圣的使命，为人类文明的繁荣发展作出举足轻重的贡献。

## 二　宗教共同体观念的质疑

### 1. 宗教是人类学常数还是问题的质疑

安伦的人类宗教共同体观念自提出以来，得到了王晓朝、李天刚、刘仲宇、梅康钧、李向平等的认同，卓新平和张庆熊在响应的同时也提出一些追问和质疑。首先，宗教是人类学常数还是问题的质疑。卓新平指出若按安伦的说法，同一个宇宙就应该有同一个终极神圣，那么宇宙究竟是物质的还是精神的、是分离的还是统一的、是一元的还是多元的，就是宗教涉及的基本问题。[2] 与此直接相关的论题之一就是有神论与无神论的争论。无神论往往基于自信而肯定自我的能力和见解，采取靠自我来掌握世

---

①　安伦：《理性信仰之道——人类宗教共同体》，学林出版社2009年版，第216页。

②　卓新平、王晓朝、安伦主编：《从宗教和谐到世界和谐》，学林出版社2011年版，第12页。

界的态度；有神论往往对未知持一种敬畏和向往的态度，靠宗教对未知世界加以一种信仰的掌握。宗教共同体观念适用于有神论者，但难免遭受无神论者的非宗教化和去宗教化的质疑。宗教共同体难以周及无神论者，也就难以获得广泛的认同和支持。

与此相关的论题之二在于对宗教的社会作用和功能的判定。卓新平认为宗教共同体建立在宗教的国际共识和广泛认同的基础之上，然而对于怎样看待宗教实际上有认为宗教是常数和认为宗教是问题两种截然相反的观点。如伊利亚德等西方学者认为宗教是人类学的常数。宗教与人的基本属性、人的社会特点有密切的关联。就是说只要有人就必然有宗教，宗教是人类生活发展的一种常态。然而中国至今仍然尚未完全赞成国际上的这种观点，并不把宗教看作是人类学的常数。在中国社会比较有影响的观点是，宗教在历史过程中产生，也会在历史过程中消亡，宗教并不一定必然跟某个民族、某种文化的发展紧密地联系在一起。这种观点在 20 世纪初的中国思想界就有，如蔡元培和胡适等人在新文化运动开始的时候对中国传统宗教和外国宗教都抱有相对否定的态度。"这种态度影响到中国社会，尤其是中国社会的知识群体对宗教的认知。"① 缺乏宗教认同，宗教共同体的创建便失去了基础。

两者的联系在于，中国不仅有不少人持无神论，也有很多知识分子强调中国社会文化的非宗教性。他们认为宗教不一定是文化中必不可少的组成部分，不一定是其理想的、应该积极推动的构建。他们并不认同宗教是中国社会文化的常数，因而缺乏一个共同的语境，与国际文化背景中的宗教认知形成巨大的反差。如果没有一个共同体的语境，那么宗教共同体的构建可能就比较虚，很难形成一个大家共同努力的氛围。在信仰问题上，很多中国人强调我们中华民族是有信仰的，但一些人认为这不一定是宗教信仰，而是有其他信仰，如政治信仰。很多人把信仰单一化，故而认为宗教信仰势必会与其他信仰如政治信仰存在矛盾和冲突。那么在这种情况下，如果有国外背景的宗教在中国传播，其传播过程中就会有宗教渗透、意识形态等方面的张力。受此影响，宗教共同体的构建就面临着压力。而且中国在改革开放过程中虽在对宗教的宽容方面已经有了巨大的进步，但

---

① 卓新平、王晓朝、安伦主编：《从宗教和谐到世界和谐》，学林出版社 2011 年版，第 5 页。

是在宗教认知方面并没有发生质的变化，从积极意义上谈宗教的本质只是少数知识分子的共识，而非全社会的共识，这也是宗教共同体建构面临的问题。

2. 宗教共同体是否是普世宗教的质疑

卓新平指出，德国社会学家滕尼斯曾提出过"共同体—社会"之说，他旨在以此说明人类从田园牧歌般的共同体到错综复杂的社会之发展演变，并希望靠这种共同体的理念或理想来指导、引领社会的重建，即以更开阔的视野、更宽阔的胸襟在社会中重建共同体。这里说到了共同体所蕴含的社会开放性、普遍性问题，而安伦所言的宗教共同体也就涉及比如史密斯等学者谈到的普世宗教的问题。"宗教共同体实际上是顺着宗教普世性这个思路来的。'普世性'这个表述在今天的中国社会也是个非常敏感的话语，例如前阵子我们听到对于'普世价值'观的批判。这是因为在这种批判看来，所谓的'普世'的观点其实是某一种思想、某一种具体的文化形态想要取得普世的地位，从而进行扩张、渗透，这样就在文化之间形成了排拒。"[1]

卓新平认为构建一种超越各种宗教的宗教，从理论上来说"也就是形成一种普世性的宗教"[2]。然而到目前为止，这还只是一种愿望或愿景，并没有现实中的可操作性。举例说来，人类开始交流时就曾希望有一种共同的语言供沟通使用，但《圣经》中修建巴别塔时人类口音被变乱的典故说明了这一想法的破灭。现代有些学者如柴门霍夫创制了世界语，原指望替代地方语言，但这个世界语事实上还是没能流行起来，现在仍然只是个别学者研究的领域，而真正通行的还是英语等一些大的语种。汉语能否通行世界，则还要看今后的发展趋势。

若把宗教共同体作为普世宗教，西方文化主体论就会说，这种普世性的宗教已经存在，并且正在以基督教的形式来推行，因为基督教的人数已经占到世界人口的三分之一甚至更多。这种把较狭隘的宗教集团当成共同体的做法，势必带来唯我独尊和排除异己的危害，形成对新的宗教共同体构建的排拒。对于中国来说，基督教是一种边缘性和少数的存在，对于世

---

① 卓新平、王晓朝、安伦主编：《从宗教和谐到世界和谐》，学林出版社 2011 年版，第 15 页。

② 同上。

界来说基督教则是影响非常大的张扬性的存在。在这种情况下，宗教共同体作为各种宗教的综合体或整合，就有如何面对强势宗教的问题。而且基督教内部各教派间也是分分合合，这一过程并未结束。

3. 宗教共同体如何组织建构的质疑

卓新平指出在中国的政教关系中，政治是处于主导地位的，实际上是政治促成了宗教的整合和发展。从这个意义上讲，宗教共同体不一定是宗教内部的自发行为，而是有政治上的引导、社会上的扶持，由此形成的一种发展态势。按照西方人的态度，宗教是它自己的事情，政治是不加干涉的。但在中国这种情况下，政治应不应该作为？应该怎样作为？这些都是值得我们思考的。另一个较为独特的原则是，在历史上国外一些国家在政教关系上，执政者自身是有某种信仰的，在中国历史上也有类似情况。"但在今天中国这种情况下，要促使共同体的实现，至少执政者会宣称自己是没有宗教信仰的。所以，这就涉及到政治和宗教的主体地位的问题，就是谁来实现'宗教共同体'。"①

卓新平不仅提出宗教共同体的实现主体问题，还提出宗教共同体的实现方式问题。在他看来，现有中国特色的五大宗教，实际上各个宗教都已形成了共同体，因而能够作为会影响到宗教共同体形成的基础。"但问题是，如何把这些基础共同构建成'一'，即我们仍面临着从'五'到'一'这个过渡的问题。"② 我们现在主要是以五大宗教共构的宗教和平委员会的形式在世界舞台上亮相，但它不是一个常设机构，只是一个临时、随意的机构。当今世界，政治上有联合国这种常设机构，经济上有 WTO，它们都是共同体，那么宗教共同体的发展是不是有这种模式呢？宗教共同体的构建在学术上是可以发挥想象力的，但在现实中，宗教共同体的构建就难免受政治的影响。在中国没有政府的支持，五大宗教很难独立地去共同活动。现在政府很多活动是通过民族宗教委员会的方式开展的，这个委员会既虚也实。宗教共同体是不是也应像民族宗教委员会这样的机构在功能上有一种整合？但这样其政治色彩就会更浓一些。那么，又能否在社会层面上有一种比较松软的建构，协调各种宗教之间的关系，使宗教共同体

① 卓新平、王晓朝、安伦主编：《从宗教和谐到世界和谐》，学林出版社 2011 年版，第 22 页。

② 同上书，第 25 页。

的发展不至于太虚太空呢?

卓新平的这种追问,从根本上来说就是"体"的追问。"我们在价值理性、纯粹理性方面取得了进展,达成了共识,而在工具理性、实践理性方面却仍显不足,尚有缺陷。这种共识现在就是没有形成所谓的'体',求观念的'共同'是达到'共同'了,但还没有形成一个'体'的方式,缺乏实现'共同'的工具、过渡的载体或桥梁。"① 在中国和世界的一些民间宗教和新兴宗教的发展中,虽然的确可以找到这种共同之体的努力,比如福建历史上的三一教、台湾和海外发展的一贯道、国外新兴的巴哈伊教,它们以"体"的方式包容涵括不同宗教,但是这些"体"并未获得人们的公认。因此这个"体"的构建太难了,如果真有这样一个"体"的话,那真是一种创举,现在世界上显然还没有。从"体"的构建上来说,它要么是以一种新的宗教来容纳各个宗教,要么它自己会变成另外一个宗教。

4. 宗教共同体信仰共同基础的质疑

除了卓新平的追问和质疑外,张庆熊也对安伦的宗教共同体观念提出质疑。张庆熊首先对宗教共同体信仰的共同基础表示质疑。在他看来,世界上各种宗教有不同的信仰,佛教信佛,道教信道,印度教信梵;犹太教、基督教、伊斯兰教虽然都信上帝,但犹太教不承认耶稣是"圣子"及上帝是"圣父""圣子""圣灵"三位一体的,伊斯兰教则把耶稣降格为次于穆罕默德的先知之一。"如果要形成一个宗教的共同体,那么这个共同体要不要有一个获得各种宗教基本认可的信仰纲要呢? 要不要有共同的教义呢? 如果没有基本统一的信仰纲要和教义,那么这个共同体是否缺乏共同的基础? 一旦没有共同的基础,这个共同体是否还能成立? 是否还成其为共同体?"②

张庆熊认为安伦的理性信仰之道及其引发出的宗教共同体存在值得商榷的地方集中在如下几方面。首先,"终极实在"不是一个宗教信仰的概念,而是一个宗教哲学的概念。这个概念很抽象和空洞,不能像"上帝""安拉""道"或"梵"那样能够解释世界如何产生和演变、人世间的痛

---

① 卓新平、王晓朝、安伦主编:《从宗教和谐到世界和谐》,学林出版社 2011 年版,第 34 页。

② 同上书,第 57 页。

苦如何产生、人类如何获得拯救，也缺少栩栩如生的宗教叙事，因而不具备宗教信仰对象所应有的对人生的影响力，宗教信徒不会去相信它。其次，终极实在不可能是理性推导的唯一的必然结果。宇宙有无始因和终极目的都未形成定论，宗教也非都是一元论，因而安伦的宇宙唯一必然终极实在唯一的推导太过仓促。最后，宗教主要不是靠理性的方式来确立信仰。神职人员常常宣称他们是靠启示或神秘的体验获得信仰，他们的说法应受到尊重。"事实上，宗教中的一些核心信仰，如基督教中的'三位一体'的上帝、佛教中的'涅槃'，至今没有任何对此能够成立的理性的论证方式，而且我认为将来也不会找到。"① 何况宗教徒在遇到理性推导与核心信仰发生矛盾时，会采取排斥理性的立场。"正因为其荒诞，我才相信"正说明宗教中特有的理性与信仰的紧张关系。宗教中虽然具有哲学，但宗教中的哲学是为信仰服务的，哲学自身具有理性的限度，也难以改变宗教自身的那种依赖启示或神秘经验确立信仰的性质。

5. 宗教共同体理性沟通体制的质疑

张庆熊坚持认为宗教是多元的，不同宗教的世界认知和生活取向是不同的。佛教徒认为现存的世界是无常和虚幻的，他们认为这种无常和虚幻的世界是由于人的贪婪和欲望造成的，因此寻求通过克服欲望通达一个无欲无为、寂静恒常的本真世界；儒家认为现存的世界存在动乱不和，而原本的世界应该是阴阳互补、万象谐和的，因此他们致力于重建和谐的秩序；基督教认为现存的世界充满罪恶，人深陷罪孽中不能自拔，而要克服罪恶、获得幸福，必须依靠上帝的拯救。这种差异表现人们生活取向上的差异，佛教更关注内心的宁静，儒家更关心社会秩序的安定，基督教更关注权力制衡和法制的完善。即使在基督教内部也存在天主教和东正教关注对象的差异。"因此，要使宗教信仰统一起来，绝不是单单靠提出一个'终极实在'之类空洞的哲学概念就能解决的。宗教信仰与人的生活方式交织在一起，而人的生活方式具有多样性，宗教信仰也必然是多元的。在这个意义上，我认为具有多种多样的宗教要比只有一个宗教好，因为我喜

① 卓新平、王晓朝、安伦主编：《从宗教和谐到世界和谐》，学林出版社 2011 年版，第 59 页。

欢人类生活形态的丰富多彩。"①

　　张庆熊基于宗教的多元提出理性并不能为宗教找到共同的信仰基础，但理性有助于宗教之间的沟通。他所谓的理性是在商讨中提出有说服力的证据说服人，有说服力的证据是建立在公共可观察的事实和大家可分享的生活经验基础上的。他由此主张把宗教信仰的问题引向生活实践的问题，引向生活态度的问题。举例说来，在基督徒和非基督徒之间关于耶稣是否救世主的问题上势必难以达成一致，但可以在是否乐意关爱人和帮助人的问题上形成交叠共识；佛教徒与非佛教徒在涅槃问题上难以达成一致，但可以在保持清净安宁的心上形成交叠共识。张庆熊利用哈贝马斯的翻译理论，认为在面对现代化过程中的伦理缺位问题上，可以让宗教融入公共领域。"通过把宗教引入公共领域的商讨，可使得信教公民和不信教公民互相学习。不信教的公民可学习信教公民的道德意识和道德行为，信教公民需要学习以公共可理解的理性的方式表达他们对人生和社会的关怀。"② 这样便可以摆脱伦理缺位，促进宗教健康发展，使宗教对社会和人生的积极作用发挥出来，化解不同宗教之间的冲突，加强公民的团结和合作。

　　张庆熊最后指出，要使宗教融入公共领域之中，参与公共领域中的理性沟通，需要体制保障。但在当今的世界范围内还不存在这样的体制保障，宗教成为扩张民族国家软实力以及由于历史和地缘政治原因造成的文明冲突的一个因素，宗教自身难以搭起一个世界范围内的平等交流的平台，联合国的力量还很薄弱，难以提供相应的体制保障。对于中国而言，哈贝马斯有关宗教融入公共领域的设想，具有启发意义。譬如，建立或完善一些具有较强影响力的宗教公共交流的平台，组织召开具有公共影响力的宗教研讨会，适当安排一些公共场所阅读宗教书籍，在大学中成立宗教系和开设有关宗教知识的课程等，都将有助于化解宗教冲突，形成交叠共识，达成宗教与哲学以及信仰和理性的互补。

---

　　① 卓新平、王晓朝、安伦主编：《从宗教和谐到世界和谐》，学林出版社 2011 年版，第 61 页。

　　② 同上书，第 68 页。

# 三　宗教共同体观念的回应

1. 宗教是人类学常数还是问题的回应

对于卓新平和张庆熊的追问和质疑，安伦以积极和坚定的态度予以了回应。关于宗教是人类学常数还是问题，安伦坚持认为宗教是人类学常数。他的理由是：首先，宗教是人类无时不在、无处不在的存在，既不能被消灭，也没有任何办法令其不存在。中国宗教信仰缺失的状况不是人类常态的自然例外，而是由于"文革"等人为因素造成的例外，当人为因素消失之后，必然会走向回归，重新恢复到人类的正常本能状态。他讲："现在能看到一种趋势，就是改革开放以后，原来已经被彻底消灭的宗教不仅死灰复燃，而且发展的势头相当强，可以说方兴未艾。如果不能树立对宗教的正确认识，如果没有妥善的方法应对宗教的快速发展，宗教问题就会越来越严重，政治和社会就会陷入被动。"①

其次，传统中华文明是以儒释道为核心的宗教共同体文明，这就意味着宗教是中国人的根和魂。如果作为中华文明主干的儒释道是宗教，那么两千年来普遍信仰这些宗教的中华民族就毫无疑问地是有宗教信仰的民族，中华民族完全符合宗教是人类学的常数。再次，宇宙是唯一的，因此从逻辑上讲宇宙的唯一主宰就是同一的，这个推理必然导致各宗教信仰的是同一终极神圣或诸神同一的结论。这为各宗教相互包容、和合共生在信仰对象上提供了共同基础。从现实意义上讲，这种共识的好处是在全球化时代为人类消除宗教冲突、和平共处、共同生存发展提供了宗教认识的基础。最后，世界上真正的无神论者低于世界人口的5%，就是说世界上有95%以上的人有宗教信仰或以某种方式相信有神存在，这就是宗教存在的基础。

安伦主张建立宗教共同体代表了中国学界致力于化解宗教冲突和建立和谐世界的一种积极探索和有益尝试，其求同存异的思想方法和寻求同一终极神圣的努力，也委实可以为宗教之间的对话交融提供宗教学前提。然而安伦的上述回应仍存在难以克服的问题：首先，现代化进程、宗教冲

---

① 卓新平、王晓朝、安伦主编：《从宗教和谐到世界和谐》，学林出版社2011年版，第4—5页。

突、无神论的批评等都弱化了宗教是人类学常数的命题，而使宗教凸显为问题；其次，中国的文化传统中固然有宗教的面向，但是也有孙武、韩非、范缜、韩愈等反对宗教神秘主义的面向，更何况当代中国主流意识形态是无神论的马克思主义；再次，同一个宇宙与同一种终极神圣并不存在必然的联系，非宗教人士尤其是无神论者就不以宗教意义上的终极神圣看待宇宙及其运行规律；最后，95%的人信教是世界范围内而非中国范围内的事情，此种推论存在着以偏概全的瑕疵，更何况非宗教化或去宗教化是现代化的主导倾向，中国这方面的特征尤其明显。

2. 宗教共同体是否是普世宗教的回应

在宗教共同体是否是普世宗教的问题上，安伦指出首先要对宗教共同体有适当的界定。宗教共同体既不是单凭想象创建的一种新兴宗教，也不是将所有的宗教合并而成的单一宗教，而应当是顺应全球化趋势、为了共同生存发展而必将形成的各宗教信徒和教派多元通合、和而不同、和合共生的信仰机制。它要求各宗教放弃对立排他的因素，但不要求各宗教放弃各自的特色和身份。从全球视域来看，宗教共同体的主要作用是消除宗教对立、冲突和战争，避免毁灭，维护人类共同的和平生存发展，提供地球村人类共同的核心价值和伦理体系。就这一点来说，它远比宗教对话更有效和更可行。从中国视域看，宗教共同体的主要作用是复兴和弘扬中华文明、重建民族核心价值和道德体系、维护社会和谐稳定、提供民族凝聚力、解决日益严重的宗教问题。就这一点来说，它是任何单一宗教和其他的社会力量所不能提供和替代的。

由此界定出发，安伦指出："回到有没有普世宗教的问题，我的回应是'有'，但不是基督教或任何单一宗教，而是'宗教共同体'。"① 宗教共同体犹如滕尼斯所描述的以最开阔的胸襟包容吸纳人类所有宗教信仰，对所有宗教和信众开放，是真正意义上的普世宗教，能够提供真正的普世价值。当今世界上各大宗教都有一定的势力影响范围，世界多数国家都有强势排他的主导宗教。但正如史密斯和汉斯·昆等人提出的，在西方的视域中看不到普世宗教实施的可行性。然而唯独中国具有首先实现宗教共同体，继而将之推广传播到世界的优越条件和可行性。这是因为中华民族具

① 卓新平、王晓朝、安伦主编：《从宗教和谐到世界和谐》，学林出版社 2011 年版，第 18 页。

有超强的民族融合力和宗教包容力，中国没有强势主导性的宗教，因此没有强烈的宗教排他张力，有的是五大宗教在政府的指导下协调行动的格局，这其实已经构成宗教共同体的雏形。

安论的上述回应包含着他对西方宗教排他主义和普世主义的拒斥，也包含着对中国化解宗教纷争的认同和期寄。然而上述回应也面临不容回避的问题：首先，当今时代西方宗教的排他主义色彩依然浓厚，甚至像亨廷顿揭示的成为干涉他国内政和颠覆其他国家政权的工具[1]，宗教共同体在这样的国际背景中如何建立？其次，世界上的宗教类型不止儒教、道教、佛教、印度教、犹太教、基督教和伊斯兰教，既存在着上述宗教的诸多变种，还有许多其他宗教类型，人类如何能够将这许多种宗教统一起来？再次，各国历史上总是面临宗教纷争，中国也不例外。当前的中国既有合法宗教的合法存在，也面临宗教极端势力、宗教邪恶势力、国外宗教渗透和破坏国家安全的因素的影响，在这种情况下宗教共同体如何建立？最后，既然中国的宗教需要政府的指导协调，那么世界上的宗教关系靠谁指导和协调？如果要靠各国政府，又如何对待和解决部分国家的政府利用宗教干涉他国内政的问题？这就关系到宗教共同体如何组织建构的问题。

3. 宗教共同体如何组织建构的回应

关于宗教共同体如何组织建构的质疑，安伦也给出了自己的回应。在他看来，如果合是人心所向、大势所趋，那么宗教共同体的实现就有良好的基础。特别是中国人传统的大一统思想，历史上中国宗教一直走合的道路，中华民族有圆融、融合、包容、宽容和吸纳的特别优势，儒道佛相互融合共生的传统实践，这些都是有利于共同体在中国实现的优越条件。另从政教关系上来看，宗教的兴旺发展总是和政治有密切配合的关系。"不仅在中国是这样，在其他文明也是这样，比如佛教、基督教的兴起和发展都是靠执政者的支持和配合。共同体在中国也应该保持这种关系，就是顺应政主教从的传统，宗教配合政治实现社会的稳定和谐，同时受到政治的支持"，"一旦执政者认识到共同体对社会治理的各种巨大潜能和利益，是维护政权和社会稳定的有力工具，愿意积极支持，共同体最大的可能性

---

① 参见［美］亨廷顿《第三波：20 世纪后期的民主化浪潮》，欧阳景根译，中国人民大学出版社 2013 年版，第 66—77 页。

问题就解决了。"① 至于宗教与马克思主义的关系，安伦认为两者并非竞争对立关系，完全可以建立起相互配合的关系。马克思主义可以继续保持政治意识形态的主导地位，宗教可以向社会提供精神、道德和慈善等层面的服务，两者可以相互配合，共同实现社会的和谐稳定。

关于"体"的组织形式，安伦认为由于错综复杂的因素，宗教共同体的实现形式要在实践中探讨、演进和完善。解构现在的五大宗教或者由"五"过渡到"一"可能没有必要，五大宗教可以保留现有建制以专业宗教的身份参加共同体活动，各宗教的信众、团契、家庭教会等，也可以像目前没有宗教信仰的有神论者一样分别直接加入共同体的活动。"宗教共同体不是单一的宗教，也不要求各宗教放弃它们的身份和特色。"② 我国现有的五大宗教在政府协调指导下已在很大程度上形成共同体的雏形，具备了共同体协调行动的某些功能。为了协调宗教共同体内部的管理和运作、代表中国宗教界在世界舞台亮相、负责与政府管理部门协调、接受政府指导和监控，某种形式的以民主方式产生的地方性和全国性的共同体常设管理协调机构是必要的。

安伦的上述回应在继续认同中国的意义和作用的同时，也肯定了现代世界的政治和宗教的特殊关系。他主张动态地看待宗教共同体的组织构建，也合乎当今世界错综复杂和力量此消彼长的国际关系格局。然而安伦的回应也留下令人深思的问题：首先，既然宗教与政治是政主教从的关系，那么宗教共同体的创建是否从根本上来说就是政治共同体的创建问题。从世界范围来说，已经成立但又力量薄弱的联合国如何领导建立宗教共同体；从中国来说，中国政府又如何建立宗教共同体。如果说中国的宗教共同体只是在政府的协调指导下形成雏形，那么政府的协调管理结构究竟是宗教机构还是政府机构，这就存在如何定位的问题。其次，如果宗教共同体不能现实地形成合五为一，那么宗教共同体是否就只是一个抽象和空洞的概念。再次，中国历史上固然有圆融、融合、包容、宽容和吸纳的特别优势，有着儒道佛相互融合共生的传统实践，但主要体现在思想领域，最明显的是宋明理学对释道的吸收，但未在组织和权力上形成统一。

---

① 卓新平、王晓朝、安伦主编：《从宗教和谐到世界和谐》，学林出版社2011年版，第21、22页。

② 同上书，第26页。

组织和权力上的统一仅出现在宗教支持的世俗政治领域。最后，宗教信仰与政治信仰是否存在某种转换关系，比如韦伯式的或马克思式的转换关系，从而使得与其关注宗教共同体的创建，倒不如着力关注世俗的政治共同体创建问题。

4. 宗教共同体信仰共同基础的回应

安伦对张庆熊提出的共同基础的质疑也作了回应。在安伦看来，张庆熊对于"共同体"的认同被限定在政治、伦理和学术的层面上，只是对"宗教共同体"具有异议。然而当他赞同宗教之间形成多元通和、和而不同、和合共生的机制时，"实质上已经全面认同'宗教共同体'的理念"①。安伦反复强调他的宗教共同体观念并非要将各种宗教合并为同一宗教，并指出宗教共同体并不必须要统一的宗教信仰纲要和教义作为其形成的共同基础。在多元通和、和而不同、和合共生的机制下，它们的共同之处已经可以完全满足共同基础的需要。

关于终极实体问题，安伦指出他所谓的"终极神圣"泛指各宗教的终极信仰对象，如道教的道、儒教的天、印度教的梵、基督教的上帝、伊斯兰教的安拉等，既非抽象的哲学概念，也没有把宗教中的叙事故事去除掉。他的宗教共同体著作"主要是从信众和社会的角度探讨信仰问题，而非哲学著作，最不可能犯的错误就是像冯友兰主张的那样以哲学代替宗教"②。作为道、梵、天、上帝、安拉等的别名，终极实在恰恰因其抽象和空洞而具有超越性，并能成为信仰对象。同一个宇宙中的终极神圣不可能有多个，各宗教的唯一终极神圣如果都真实存在，就必然是同一的。

安伦与张庆熊一样坚持了宗教的多元性，从而避免了以一排他的独断主义。他反对冯友兰的"以哲学代宗教"，也避免了对于宗教的拒斥。然而问题首先在于，各宗教既已并存、共生、融通，如若没有一种有实际控制权的宗教组织能够掌控各宗教组织，那么宗教共同体究竟是一种怎样的"体"，就难免令人困惑质疑。其次，哲学与宗教如何能够分离。"终极实体"若不是一种哲学或理性的抽象，那么它究竟是一种怎样的抽象？它

---

① 卓新平、王晓朝、安伦主编：《从宗教和谐到世界和谐》，学林出版社 2011 年版，第 76 页。

② 同上书，第 78 页。

的宗教属性难道仅仅因为是道、天、梵、上帝、安拉等的别名？再次，"终极实体"或"终极神圣"究竟是谁的信仰，各宗教徒究竟信仰道、天、梵、上帝、安拉还是"终极神圣"，"终极神圣"究竟是各宗教徒的信仰，还是对道、天、梵、上帝、安拉信仰可能做出的一种理解？最后，以教义的相似编造一种适于所有宗教的宗教教义或信仰纲要无疑有利于对话和交流，但是否能因此规避宗教冲突和各宗教信徒对教义理解上的差异？终极神圣同一且信仰纲要同一意味着各宗教信徒可以等同道、天、梵、上帝、安拉等的信仰，并在这些信仰之间任意转换，因为信此就是信彼，这是否是安伦本人的一厢情愿？毕竟像三一道（或称三才教）这样的宗教共同体都没有将终极神圣合而为一。

**5. 宗教共同体理性沟通体制的回应**

对于张庆熊提出的沟通机制问题，安伦辩护性地指出宗教共同体的设立并不意味着抹杀宗教的差异和多样化，差异和多样化是自然发展的规律，也是使这个世界精彩的重要因素，人类不可能，也没有必要去徒劳地消除必然存在的差异和多样化。在安伦看来，当张庆熊使用"这座山"的比喻时，就已经在潜意识之中以"山"的同一性肯定了终极神圣的存在。对于张庆熊引用的哈贝马斯的理性与信仰的差别，安伦认为哈贝马斯的议论充其量只能算作谬论，如果其议论成立，那么宗教必须由毫无头脑、毫无理性思辨能力的人去创立和信仰。如果宗教只能靠启示确立信仰，而理性不能参与信仰，那么启示和神秘经验如何能够不经获得者的理性而转化成为人类可理解的概念、语言和教义？不用理性又如何判定宗教教义的真伪？宗教中的谬误、迷信、偏见、反科学等又如何甄别、检验和纠正？安伦赞成这种洞见："宗教信仰的认识层次越低，越多低俗迷信；认识层次越高，越多哲学理性和超越向度。"[①]

对于张庆熊提出的宗教进入公共领域以解决伦理缺位的论述，安伦表示完全赞同，认为与他本人关注的问题之一几乎一致。但安伦认为宗教进入公共领域之前还有大量更重要的问题需要深入探讨和解决，比如宗教具体以何种方式融入公共领域，是否应该建立一种宗教与政治分工合作的机制，是否要先消除彼此的对立排斥然后进入等。另至于保障机制问题，安

---

① 卓新平、王晓朝、安伦主编：《从宗教和谐到世界和谐》，学林出版社 2011 年版，第 86 页。

伦认为张庆熊没有提出任何有效的保障机制，原本的希望却看到是绝望。其实，"张教授急切需要的'保障机制'就在他的脚下，只是他没有意识到而已。'宗教共同体'的主要目的和作用岂不就是张教授寻求的消除宗教间对立排斥，让各宗教共同融入公共领域，共同发挥积极作用，提升社会伦理，造福社会？'理性信仰'的目的岂不就是清除传统宗教中迷信、低俗、狭隘、矛盾、过时等不良因素，使宗教信仰得以净化升华？相对于张教授探索过并认定不可行的各种体制保障途径，'宗教共同体'岂不就是最有可能的'体制保障'"①。安伦最后指出，他与张庆熊的观点虽然有些相左，但目标一致，他愿与张庆熊一道共同为推动宗教和社会进步作出努力。

安论的回应抓住了张庆熊的"山"的比喻的漏洞，无论人们观察的角度如何，"山"仍是一个整体或同一体。在处理理性与信仰的关系时，安伦也吸收了近代启蒙运动以来的成果，能以理性的方式对待宗教，避免了盲信主义或狂信主义。然而安伦的观点仍存在一些问题：首先，他的宗教共同体并无实体性构建的依据，这恰是卓新平和张庆熊提出质疑的根本原因；其次，中国的宗教政策以爱国以及独立自主自办为要求，如何在世界意义上构建宗教共同体；再次，宗教自身包含迷信和排他等因素，作为宗教的共同体如何能够将之驱逐出去；最后，在经历了启蒙运动和现代化的洗礼后，宗教统治已经让位于世俗政治，在这样的背景下，宗教共同体抑或各宗教的共生融通究竟由宗教自发产生，还是由世俗政治的协调平衡产生，应当有较为明了的答案。若由世俗政治协调平衡产生，那么保障机制便不能追寻到宗教共同体，而要追寻到世俗政治。更何况世俗政治不仅仅能提供法律规范，也能通过教育、舆论传播和行政约束等方式提出道德要求，而且法律规范能使道德要求更具执行力。这样便弱化了宗教进入公共领域的必要性，或者说使哈贝马斯的命题不再具有唯一的合理性。尤其是在中国这样的有着儒家世俗主义和实用理性传统的国家，不一定非要宗教融入公共领域，或者说不一定非要包含道德教化内容的文化传统以宗教的姿态融入公共领域。

---

① 卓新平、王晓朝、安伦主编：《从宗教和谐到世界和谐》，学林出版社2011年版，第90页。

# 四　宗教共同体观念的转换

## 1. 宗教冲突问题是现实冲突问题的曲折反映

安伦提出的"宗教共同体"以及就此与卓新平和张庆熊等的对话，包含了对宗教冲突、道德滑坡、信仰迷失等现实问题的强烈关怀和解决问题的思想努力，其理论构建与对话本身也具有理论深度和积极意义。然而如前文指出的，立足中国再放眼世界，宗教共同体的构建存在许多障碍和制约因素。与其着力关注宗教共同体的构建，倒不如着力关注世俗共同体的构建。如李泽厚所言："孔子没有把人的情感心理引导向外在的崇拜对象或神秘境界，而是把它消融在满足在以亲子关系为核心的人与人的世间关系之中，使构成宗教三要素的观念、情感和仪式统统环绕和沉浸在这一世俗伦理和日常心理的综合统一体中，而不必去建立另外的神学信仰大厦。这一点与其他几个要素的有机结合，使儒学既不是宗教，又能代替宗教的功能，扮演准宗教的角色，这在世界文化史上是较为罕见的。不是去建立某种外在的玄想信仰体系，而是去建立这样一种现实的伦理—心理模式，正是仁学思想和儒学文化的关键所在。"[1] 因此儒家代表的中国文化传统具有世俗化特征，更关心世俗社会的冲突与和谐秩序的建立，而不是要在神学信仰大厦中寻找化解矛盾冲突与构建和谐秩序。由此就中国文化的传统而论，力求化解冲突的共同体的构建应当朝向世俗社会而非宗教信仰领域。

卓新平曾指出中国的主流意识形态是马克思主义，这无疑也是中国的国情。这种国情意味着作为无神论的马克思主义要求关注人类社会和世俗生活，而不去另外关注宗教神学信仰大厦的秩序构建。众所周知，马克思曾经是一名基督徒，他通过欧洲启蒙思想家走向了对宗教的批判，进而通过对欧洲启蒙思想家的批判走向了无神论。"反宗教的批判的依据是人创造了宗教，而不是宗教创造了人……人就是人的世界，就是国家，社会。这个国家、这个社会产生了宗教，一种颠倒的世界意识，因为它们就是颠倒的世界……宗教里的苦难既是现实的苦难的表现，又是对这种现实的苦

---

[1]　李泽厚：《新版中国古代思想史论》，天津社会科学院出版社 2008 年版，第 22 页。

难的抗议。"① 安伦着力构建宗教共同体,然而他忽视了马克思的告白,宗教问题的实质是世俗社会问题。他引用马克思的"宗教是这个世界的总理论",然而马克思也曾专门针对宗教及其捍卫的封建制指出,一切坚固的东西都烟消云散了。"真理的彼岸世界消逝以后,历史的任务就是确立此岸世界。"② 对于现代世界尤其是现当代中国来说,经过近现代的启蒙运动之后,宗教已经不再也不能成为世界的总理论和总纲领,马克思主义以及以此为根基的中国主流意识形态要求人们着力关注世俗社会的共同体构建问题。

进一步说来,以宗教为当今世界总理论和总纲领势必会助长两种趋势。其一,复古主义。宗教是古代社会的产物,尽管它有所演进,也可以对其提出理性化的要求,但它总体上代表传统。构建宗教共同体不免造成复归传统的态势,这就与现代化的趋势形成背离。其二,有神论者与无神论者的冲突。且不管各宗教之间能否相互包容,宗教共同体包含着对无神论者的拒斥,这样不免造成有神论者与无神论者的冲突和疏离,与建立共同体以求化解冲突的原意形成背离。因而与其谈论建立宗教共同体,倒不如着力构建世俗社会的共同体。事实上,诸如欧共体和东盟等都是世俗性社会共同体。中国既构建和参与了一些国际性的共同体,也构建和形成了企业、社群、慈善组织等共同体。当然这里面可以有宗教的积极参与,比如宗教的慈善组织,但这些"体"与抽象的未见其形的宗教共同体相比是实体而非虚体。

2. 政主教从的关系决定了共同体创建的方向性

现当代的政教关系是政主教从的关系,这一点在安伦与卓新平的对话中得到说明。但还必须说明的是,这种关系决定了共同体创建的方向性。亨廷顿对此有系统的论证和说明,在他看来,多元宗教代表了世界的多元文明,宗教文化冲突构成多元文明的冲突。在这种多元文明冲突的背景下,美国要以基督教作为国家和文化身份认同的工具,用基督教将整个西方世界联合起来,作为防止西方衰落、促进非西方世界民主化和解构社会主义的思想武器。他讲:"西方文明的价值不在于它是普遍的,而在于它是独特的。因此,西方领导人的主要责任,不是试图按照西方的形象重塑

---

① 《马克思恩格斯选集》第 1 卷,人民出版社 1995 年版,第 1—2 页。

② 同上书,第 2 页。

其他文明，这是西方正在衰落的力量所不能及的，而是保存、维护和复兴西方文明独一无二的特性。由于美国是最强大的西方国家，这个责任就不可推卸地落在了美利坚合众国的肩上"①，"在更多的情况下，教皇却是非常明确地支持地方教会反对威权政府的斗争，而且在访问波兰、危地马拉、尼加拉瓜、智利、巴拉圭和其他地方期间，他立场鲜明地把自己认定为威权政权的反对者。当然，他发挥出的最大影响力是在波兰……这是一次伟大的朝圣，是共产主义在东欧终结的开始"②。由此不难看出，西方国家的固有观念是把排他性的基督教作为国家身份认同的根基和干涉他国的武器，它们试图建立的基督教化的国家共同体朝向资本主义而非社会主义。

中国对宗教提出的爱国守法以及独立自主自办原则，包含反对西方国家利用宗教干涉中国内政的政治意义，也包含对西方利用排他性的基督教进行文化入侵的拒斥。这一方面形成避免宗教冲突和文明冲突的减震器，对于反对霸权主义和文化殖民具有重要意义；另一方面既形成制衡人类宗教一体化的体制，又保证了人类文明的多样性。除了爱国守法以及独立自主自办原则外，体现政主教从关系的原则性要求，就是1993年中国共产党提出的"积极引导宗教与社会主义社会相适应"。到21世纪，中国共产党又提出"要发挥宗教在构建和谐社会中的积极作用"，十七大提出"要发挥宗教界人士和信教群众在促进经济社会发展中的积极作用"。由此可见，中国的政教关系要求宗教服从和服务于中国特色社会主义，这与西方国家形成根本差异。

积极引导宗教与社会主义社会相适应是中国宗教政策的基本方针，这一政策的根本理论依据是历史唯物主义，它昭揭了人类社会发展的客观规律。历史唯物主义既非历史虚无主义，也非历史终结论。它内在地要求传统接引和支持现代，现代引领和利用传统，这种关系也就从根本上决定了现代社会的政主教从关系。积极引导宗教与社会主义社会相适应具有丰富的内涵，如上所述包含爱国守法，国是社会主义国家，法是社会主义法

---

①　［美］亨廷顿：《文明的冲突与世界秩序的重建》，周琪、刘绯、张立平、王圆译，新华出版社2002年版，第360页。

②　［美］亨廷顿：《第三波：20世纪后期的民主化浪潮》，欧阳景根译，中国人民大学出版社2013年版，第75页。

律,两者都朝向世俗社会,因此中国的各种宗教都必须朝向世俗社会,遵循世俗社会的规则。积极引导宗教与社会主义社会相适应也包含宗教要在构建社会主义和谐社会中发挥积极作用,这自然少不了宗教的积极参与,也少不了各种宗教之间建立和谐关系。但宗教的参与只是社会参与力量的一个组成部分而非全部,宗教和谐只是社会和谐的一个层面而非全部,更何况宗教和谐应当服从和服务于社会和谐。

3. 宗教共同体的世俗转换是人类命运共同体

如前所述,安伦从全人类的视野考察宗教共同体的构建,他赋予这一共同体的完整命名是"人类宗教共同体",立论的重要依据是马克思的"宗教是这个世界的总理论"。然而这个总理论却是传统社会的总理论,并且是西方传统社会或中世纪的总理论,并非所有国家传统社会的总理论,也非近现代启蒙运动以来的社会的总理论,更非社会主义社会的总理论。因此这种总理论的说法对现代社会尤其是对现当代的中国来说,就失去了意义。既然人类宗教共同体的构建不代表现代化的发展趋势,也存在许多障碍和制约,那么我们不妨着眼于世俗社会构建共同体,把这种世俗社会的共同体称为人类命运共同体,把人类命运共同体作为安伦试图实现的人类和谐共生的人类宗教共同体观念的时代性和世俗性转化,以人类命运共同体引领和含涉各宗教组织与信教群众的和处共生,而非反过来通过构建神学信仰大厦中的宗教共同体来引领和含涉各世俗性的共同体。

人类命运共同体是属人的共同体,表明同属一个地球的全人类的命运是休戚相关的,任何一个人都不能独生,唯有人类和处共生才能更好地生存。人类命运共同体作为全球化时代的人类学观念,它的起源要追溯到人类社会发育的早期。在原始的氏族部落,人们为了抵御自然灾害和外敌入侵,组成强大的劳动能力,于是借助祖先崇拜、神灵崇拜和图腾崇拜等结合起来,原始宗教成为氏族共同体形成的重要纽带;在奴隶社会,原始宗教发展成为古代国家宗教,并与国家认同和国家政权结合在一起,共同御敌和生成社会生产能力;到封建社会,统于一尊的世界性宗教应运而生,呈现出宗法性的显著特征,并成为组织国家社会和安排日常生活的建制方式。正如贝克尔所言:"18 世纪的'哲学家们'就可以重写人类最初状态的历史而把伊甸园贬入神话的炼狱里去","新的天国必须被重新定位于地上生活的范围之内的某个地方,因为这是一个哲学信条:人生的目的就是人生本身，就是人的完美的尘世生活以及未来的生活"。① 资本主义启蒙运动以来的宗教已退出国家政治生活领域，企业、政府和政党成为尘世或世俗共同体的主导性组织力量。

中国的共同体建设由中国共产党领导，内在要求是使其具有社会主义属性或与社会主义社会相适应，外部要求是以谋和平与促发展的方式融入全球化过程。正如邓小平所言，中国的发展离不开世界，世界的发展也离不开中国。改革开放以来，中国运用政府和市场两种手段，落实科学发展观，一方面努力消除工农、城乡和脑体等的差别，培育具有共同语言、共同地域、共同经济生活和共同文化的民族共同体；另一方面积极参与和组织东盟、亚太经合组织、上海合作组织等，在全球性的共同体建设中发挥了重要作用。自中国共产党的十八大报告首次提出"人类命运共同体"以来，习近平也明确指出"在当今世界，人类生活在不同文化、种族、肤色、宗教和不同社会制度所组成的世界里，各国人民形成了你中有我、我中有你的命运共同体"②。他主张打造人类命运共同体，并赋予人类命运共同体求和平、谋发展、促合作、图共赢等内涵，成为中国参与全球治理的根本指针。毋庸置疑，建设人类命运共同体，离不开宗教的支持和参与。

4. 人类命运共同体的建设需要推进共同发展

习近平也深刻指明建设人类命运共同体必须推进共同发展。"人类只有一个地球，各国共处一个世界。共同发展是持续发展的重要基础，符合各国人民的长远利益和根本利益。我们生活在同一个地球村，应该牢固树立命运共同体意识，顺应时代潮流，把握正确方向，坚持同舟共济，推动亚洲和世界发展不断迈上新台阶。"③ 这意味着推进共同发展是建设人类命运共同体的基础条件，建设人类命运共同体是推进共同发展的实现形式和重要保障。两者作为全球化时代的必然要求和价值目标，都顺应和平和发展的时代主题。这种"体"的建设并不局限于一国，也开放性地朝向亚洲乃至整个世界。

---

① ［美］卡尔·贝克尔：《启蒙时代哲学家的天城》，何兆武译，江苏教育出版社 2005 年版，第 109 页。

② 习近平：《习近平谈治国理政》，外文出版社 2014 年版，第 261 页。

③ 同上书，第 330 页。

习近平也深刻阐明了如何推进共同发展。首先，勇于变革创新，为促进共同发展提供不竭动力。其中包括摒弃不合时宜的旧观念，让各种发展活力迸发出来；加大转变经济发展方式，更加注重发展质量和改善民生；稳步推进国际金融体制改革和完善全球治理结构，为世界经济健康稳定增长提供保障。其次，同心维护和平，为促进共同发展提供安全保障。国家无论大小、强弱、贫富，都应该做和平的维护者和促进者。再次，着力推进合作，为促进共同发展提供有效途径。要做到互通有无、优势互补，不断扩大共同利益汇合点。最后，坚持开放包容，为促进共同发展提供广阔空间。尊重各国自主选择社会制度和发展道路的权利，把世界多样性和各国差异性转化为发展活力和动力。要秉持开放精神，积极借鉴其他地区发展经验，共享发展资源，推进区域合作。①

"人类命运共同体"和"共同发展"是崛起的中国适应时代要求发出的巨响，是当代中国的世界主义和共同体规划。这种规划不同于等级主义的以城邦为中心的理想国，不同于注重差等和来世的上帝之城，也不同于私利主义的推行殖民和霸权统治的资本主义启蒙规划。这种规划以马克思主义为指导，是"实现每个人的自由而全面发展"的转化表达，但又吸收了中国传统文化的统一、大同、和谐、和平等优秀成分，也吸收了西方文化的科学、平等、市场等合理要素。这种规划具有鲜明的以人为本的特征，突出强调人的发展。但这种发展并非少数人的发展，而是每个国家的每个人的共同发展。这种发展也非一代人的发展，而是代际性的人的发展。因此这种规划是一种崭新的启蒙规划，是中国人用于国家治理和参与全球治理的独特创造和发明。

5. 人类命运共同体的建设有赖于中国的崛起

安伦试图通过构建宗教共同体的方式构建和谐世界，这是一种富有积极意义和正能量的尝试和努力。他从本体论、认识论、社会学、政治学等角度为其观念提供了论证，然而他的观念依然缺乏洞察力和深刻性。在现当代世界，政主教从关系决定了宗教冲突源于政治冲突，在更深层次上源于经济利益冲突。从世界范围来看，这种冲突的根源就在于霸权主义。亨廷顿的文明冲突论对此已有较明确的展现，布尔迪厄更尖锐地指出霸权主义是全球动荡和恐怖主义的根源。当今世界，无论国际上的"9·11"事

---

① 习近平：《习近平谈治国理政》，外文出版社2014年版，第330—331页。

件、伊拉克战争、利比亚危机、叙利亚危机、"伊斯兰国"，还是发生在中国昆明和新疆的暴恐事件、香港的"占中"事件、台湾的"太阳花"运动，冲突的背后都有西方霸权主义的魅影，都与西方推行自己的价值观念和制度模式，追求自身的政治经济利益不无关系。西方常常利用基督教作为干涉他国内政和颠覆社会主义的武器。基督教既然被西方国家用作干涉和宰制工具，其他国家的非基督教的宗教就必然成为反抗工具。这样就形成了宗教之间的冲突和斗争，也因此助长了宗教的基要主义、宗教民族主义和宗教极端势力的兴起。

安伦认为中国有和谐处理宗教关系的传统，因此把实现宗教和谐与世界和谐的希望寄予中国，这是睿智而合理的。其论证方式有似于赵汀阳的"天下体系"和干春松的"王道政治"，也有似于汤因比以及王治河和樊美筠将人类的希望或后现代启蒙的希望寄予中国。他们共同确证了热爱和平和崇尚和谐的中国传统文化具有化解矛盾冲突的能力，但中国传统文化已不再是中国主导性的建制方式，主导性的建制方式是中国特色社会主义。正如邓小平指出的，中国反对霸权主义和强权政治，中国永远不称霸。继承传统文化优秀成果的中国特色社会主义旗帜鲜明地反对霸权主义和强权政治，反对干涉国家主权和践踏人权。这样就形成了对西方资本主义奉行的霸权主义的批判和制约，而且随着中国的快速崛起，形成了更加有效的批判力和制约力。因此以谋和平、求和谐、促发展的姿态崛起的中国，与仍奉行霸权思维的西方国家相比，更加有利于人类命运共同体的建立。

从文化类型上来说，中国的崛起无疑不是以宗教为文化特征的崛起，而是以中国特色社会主义为文化特征的崛起，或说是中国特色社会主义引领下的崛起。中国特色社会主义之所以能够发挥引领作用，是因为在中国现当代历史上，各大宗教都自觉地走向了认同社会主义，也是因为中国特色社会主义尊重和维护每个宗教信徒和非宗教人士的合法利益，中国的崛起和中国梦的实现代表了每个宗教信徒和非宗教公民的根本利益。从参与力量上来说，中国无疑不是构建人类命运共同体的全部力量，但却是最积极也最重要的参与。这是因为中国走了并且正在继续走和平发展道路，也是因为崛起的中国已经成为世界经济的重要发动机，"一带一路"和"亚洲梦"等的提出、亚欧经济体的对接、亚非之间的合作、新型大国关系的实施等，都把中国与世界连成一个有机整体。中国在上述战略的实施中，并不谋求霸权，而是要构建合作共赢、共同发展的人类命运共同体。

# 五　结束语

总体说来，安伦的人类宗教共同体观念富有积极意义和正能量，他对中国在构建和谐世界中的寄望也有合理性。然而深度考察其人类宗教共同体观念，不难发现，构建宗教共同体不仅存在诸多障碍和制约，而且与现代化趋势和政主教从关系形成某种背离。因此不妨从世俗社会的角度考虑人类共同体的构建，而中国特色社会主义理论中的人类命运共同体和共同发展观念，恰恰提供了现实可行的构建路径，这种构建路径又因中国的和平崛起以及"一带一路"、亚欧共同体、亚非共同体等战略的实施，更加彰显与西方霸权主义的比较优势。这条构建路径并不排斥宗教的有效支持和积极参与，它的意义正在于使具有不同宗教信仰的人们，能够在同一个地球上和平安宁地生活在一起。

# 第 六 章

# 启蒙的反思与重建

　　20 世纪晚期以来，启蒙受到文化保守主义、后现代主义以及马克思主义的反思和批判。若按艾恺和舒衡哲等的观点，把马克思主义作为继承启蒙运动遗产的新启蒙形态，再按哈贝马斯、克拉克、王治河和樊美筠的观点，把后现代主义作为由新文化保守主义催生，受到东方和中国传统文化影响的反启蒙或新启蒙的另类形态，那么文化保守主义与启蒙及其关涉的古今中西以及理性与情感、诗性的关系，就成为争论的焦点话题。文化保守主义者把传统文化做了道德、情感或诗性的处理，用以矫正、补益或平衡启蒙，但他们并未由其反思和批判承认传统文化具有启蒙属性。这便引发出一个问题：若非启蒙，便属蒙昧？启蒙学者坚持理性原则，他们的应对策略是从欧洲 18 世纪的启蒙运动中重新发掘合乎道德的原理，把情感与诗性做反启蒙的处理。这也引发出一个问题：启蒙是否拒斥情感和诗性？此两者是摆在文化保守主义者和启蒙学者面前的理论困局。

## 一　启蒙的固见

　　上述的困局源于启蒙的认知传统：首先，以反对宗教理解启蒙与启蒙时代。康德在《答复这个问题：什么是启蒙》中曾以理性的运用界定启蒙，而理性批判的对象在于宗教。"我把启蒙运动的重点，亦即人类摆脱他们所加之于其自身的不成熟状态，主要地放在宗教事务方面，因为我们的统治者在艺术和科学方面没有向他们的臣民尽监护之责的兴趣；何况这一不成熟状态既是一切之中最有害的而又是最可耻的一种。"① 中国的启

---

① ［德］康德：《历史理性批判文集》，何兆武译，商务印书馆 1990 年版，第 31 页。

蒙论者也表达了类似的思想观念。何干之指出："十八十九世纪各国唯物论者、无神论者、自然科学者都是反封建的斗士，都是启蒙运动者。启蒙运动是以理性为主宰的。"① 侯外庐讲："夫之论天，是照自然法则看取的，因而反对迷信礼拜。"② 萧萐父和许苏民以反对名教的名义界定启蒙，"早期启蒙学者所论述的个性解放的新道德，既有理性层面的对于理欲、情理、义理、个体与类之关系的哲学论说，又有感性层面上的对于伦理异化的突出表现——诸如残害妇女的节烈、纳妾以及'吃人'的忠孝观等等——的激烈批判"③。既然启蒙反对宗教，传统文化常被认为具有宗教属性，启蒙学者不免将传统文化归入蒙昧，文化保守主义者就难以将其定性为启蒙。

其次，以资本主义的生成和反封建理解启蒙与启蒙时代。18 世纪的英法等国已通过资产阶级革命，进入资本主义的发展期。德国也开始仿效英法发展资本主义，这在康德的启蒙哲学中反映出来。他在《答复这个问题：什么是启蒙》中，用"思想方式的真正改革""人间事务的一种可惊异的进程"和"思想自由"等④，表达了在德国发展资本主义的诉求。中国学者明确地将启蒙与资本主义联系起来。何干之指出："在奴隶社会或在封建社会从来听不到有所谓启蒙，有所谓启蒙运动。启蒙运动是资本主义兴起以后的产物"，"中国启蒙运动不用说也是随着资本主义出现的"。⑤ 他将中国启蒙运动的起点定在洋务运动时期。侯外庐向前推进了一步，将中国启蒙的起点定在了明清之际。"中国启蒙思想开始于十六、十七世纪之间，这正是'天崩地裂'的时代。思想家们在这个时代富有'别开生面'的批判思想"，"从十六世纪中叶到十七世纪初叶，也就是从明嘉靖到万历年间，是中国历史上资本主义萌芽最显著的阶段"。⑥ 丁守和和殷叙彝将中国启蒙后移到了五四时期："初期的新文化运动仍然属于资产阶级旧民主主义的范围，它是资本主义进一步发展的反映……激进民主主义知识分子清楚地看到了民主制度并没有在中国实现，但他们得出的

---

① 何干之：《中国启蒙运动史》，生活书店 1947 年版，第 2 页。
② 侯外庐：《中国早期启蒙思想史》，人民出版社 1956 年版，第 42 页。
③ 萧萐父、许苏民：《明清启蒙学术流变》，辽宁教育出版社 1995 年版，第 7 页。
④ ［德］康德：《历史理性批判文集》，何兆武译，商务印书馆 1990 年版，第 25、31 页。
⑤ 何干之：《中国启蒙运动史》，生活书店 1947 年版，第 1、3 页。
⑥ 侯外庐：《中国早期启蒙思想史》，人民出版社 1956 年版，第 3 页。

结论不是要回到专制，也不是要与封建势力妥协，而是要彻底铲除封建专制，实现真正的民主政治。"① 既然启蒙反对封建专制统治，传统文化产生在前资本主义社会且维护了封建专制统治，那么启蒙学者就不免将传统文化视为蒙昧，文化保守主义者就难以将其定性为启蒙。

再次，以民主、科学和进步等精神理解启蒙与启蒙时代。康德在《答复这个问题：什么是启蒙》中提倡科学、法律、自由和按照人的尊严看待人，从而反对宗教政治的神性观和对人的束缚。他指出："一个时代绝不能使自己负有义务并从而发誓，要把后来的时代置之于一种绝没有可能扩大自己的（尤其是十分迫切的）认识、清除错误以及一般地在启蒙中继续进步的状态之中。这会是违反人性的犯罪行为，人性的天职恰好就在于这种进步。"② 中国的启蒙论者也显著地以民主、科学和进步观念论述启蒙，从而与专制、蒙昧和退守的思想区别开来。如何干之讲："启蒙二字，从它的字义来说，是开明的意思；也即是'打破欺蒙，扫除蒙蔽，廓清蒙昧。'……在奴隶社会里，在封建社会里，奴隶们、农民们是没有这样的福气的。"③ 侯外庐既用科学、教育、自治和自由等概括启蒙思潮的特征，也用进步观念界定启蒙。"十七世纪的中国学者所提倡的'经世致用'之学或实际实物实效之学，是中古绝欲思想的对立物，是进步的资产阶级先辈的先进思想，他们所倡导的个人实践实质上是进步的'市民'的世界观。"④ 丁守和和殷叙彝讲："从戊戌时代的'托古改制'到五四时代的'打到孔家店'，这不能不说是一个历史意义的进步，正反映了我国民主主义力量的逐步增长和民主要求的日益成熟"，"初期新文化运动的中心内容是反对封建礼教和封建文化思想，大张旗鼓地宣传民主和科学"。⑤ 以启蒙崇尚民主、科学和进步，传统文化包含专制、愚民和退守的成分而言，启蒙学者也就有理由将传统文化视为蒙昧，文化保守主义者也就难以将其视为启蒙。

---

① 丁守和、殷叙彝：《从五四运动到马克思主义的传播》，生活·读书·新知三联书店1979年版，第21页。

② ［德］康德：《历史理性批判文集》，何兆武译，商务印书馆1990年版，第28页。

③ 何干之：《中国启蒙运动史》，生活书店1947年版，第1页。

④ 侯外庐：《中国早期启蒙思想史》，人民出版社1956年版，第33页。

⑤ 丁守和、殷叙彝：《从五四启蒙运动到马克思主义的传播》，生活·读书·新知三联书店1979年版，第23页。

　　最后，以西学的输入和影响理解中国的启蒙与启蒙时代。在《答复这个问题：什么是启蒙》中，康德既谈到启蒙的生成，也谈到启蒙的向外扩展。"这种自由精神也要向外扩展，甚至于扩展到必然会和误解了其自身的那种政权这一外部的阻力发生冲突的地步。"① 康德的启蒙扩展思想在鸦片战争以来的西学中渐中得到印证，中外学者也由此论述中国启蒙的生成问题。侯外庐认为："王朝由明而清，全国为落后民族所统治，而外国的商业资本主义及其文明也已经冲入中古不动的中国。万历年间，即传入了和天主教相依附的天文历算诸学，更警醒了学者们梦里摸索的宁静生活。"② 费正清和烈文森用冲击—回应模式指出，中国社会不能独立实现近代化转变，是西方的书写决定着 19 世纪以来的中国历史。③ 丁守和更直接地讲："启蒙思想是从外国学来的。在中国古代虽然也有'蒙学'，如《幼学丛林》《增广贤文》以及《三字经》《千字文》等，那主要是幼童入学时认识字的课本。"④ 姜义华也讲："近代中国启蒙运动是在西方文明的压力与刺激下产生的，它以西洋文明为'永恒真理'的王国，用这一王国来衡定中国的一切。"⑤ 既然启蒙源于西方，启蒙学者就有理由将中国文化视为蒙昧，文化保守主义者也就难以将中国文化作为启蒙。

　　上述关于启蒙理解形成了较为稳固的认知传统和学术语境，其要义在于以资本主义的生成及其反封建的意义理解启蒙。马克思和恩格斯也如此看待启蒙，"当基督教思想在 18 世纪被启蒙思想击败的时候，封建社会正在同当时革命的资产阶级进行殊死的斗争。信仰自由和宗教自由的思想，不过表明自由竞争在信仰领域里占统治地位罢了"⑥。这样就对启蒙和启蒙时代做了片段化的处理。中国学者片段化地看待启蒙和启蒙时代，将其与资本主义联系在一起的基本事实是，中国从明清之际开始走向衰落，自鸦片战争以来中国逐渐沦为半封建和半殖民地国家，天朝大国往日

---

① ［德］康德：《历史理性批判文集》，何兆武译，商务印书馆 1990 年版，第 30—31 页。

② 侯外庐：《中国早期启蒙思想史》，人民出版社 1956 年版，第 42 页。

③ 郑家栋：《列文森与〈儒教中国及其现代命运〉·代译序》，载［美］列文森《儒教中国及其现代命运》，郑大华、任菁译，中国社会科学出版社 2000 年版，第 9 页。

④ 丁守和主编：《中国近代启蒙思潮·绪论》，社会科学文献出版社 1999 年版，第 1 页。

⑤ 姜义华：《理性缺位的启蒙》，上海三联书店 2000 年版，第 96 页。

⑥ 《马克思恩格斯文集》第 2 卷，人民出版社 2009 年版，第 51 页。

的辉煌不再重现。感受到以民主和科学为显著优势的西方文化冲击，先进的中国人开始努力突破封建体制，主张效仿西方走资本主义道路。启蒙学者由此将明清之际以来的中国学术称为启蒙学术合乎情理，然而问题首先在于，将中国国力衰落之后的文化视为启蒙，而将中国国力领先时期的文化视为蒙昧，这是否制造了启蒙的某种悖论与霸权[①]；其次，启蒙是否意味着新旧文化的决裂，资本主义启蒙是否无先兆和前提地突然生成，是否存在着资本主义之前和之后的启蒙；再次，中国启蒙是否有自身的文化之源，是否有自身特色；又次，西方启蒙是否受到中国文化影响；最后，启蒙精神是否仅限于民主、科学和进步等文化观念，是否还有其他要素。要解决这些问题，就要立足于启蒙的事件总体与经典定义，对启蒙和启蒙时代等观念进行深入辨析。

## 二　启蒙的辨析

应当承认启蒙反对宗教的理解是合理的，这是因为启蒙的本义是祛除蒙蔽，而宗教以虚幻的方式制造了蒙蔽。问题的关键在于启蒙在何种意义上反对宗教，反对宗教是否意味着与宗教的彻底决裂。反观康德的启蒙观念，他提倡大胆运用理性是要高扬人性反对神性，他主张公开运用理性是要使宗教与国家和世俗政权相分离，他将启蒙的重点放在宗教事务方面是要促进艺术和科学的发展，他提倡运用理性编纂法律是要用世俗法庭取代教会裁判，这些构成启蒙反对宗教的基本面向。但康德并非全然拒斥宗教，他从两方面为宗教留下了余地。其一是理性的公开运用，即牧师等作为有自由和责任的学者，能从他不完全信服和赞同的宗教教义中，找出隐藏的真理并演绎出全部的实用价值来。[②] 结合马丁·路德的宗教改革而言，这意味着宗教中的自由意志和平等精神等向启蒙的转化，宗教中内含着使自身解体的胚芽。其二是理性的私下运用，即牧师有义务按照他所服务的教会的教义向他的公众运用自己的理性。结合康德的宗教在道德意义上具有合理性来看，这意味着宗教伦理向启蒙的滤透，自由受秩序制约，

---

① 梁漱溟在《东西文化及其哲学》中就曾反对西方文化的霸权，并以早熟论为中国传统文化进行辩护。

② ［德］康德：《历史理性批判文集》，何兆武译，商务印书馆1990年版，第26—27页。

社会需要相对稳定。由于启蒙继承宗教，黑格尔提出了"扬弃"，韦伯认为新教伦理导出了资本主义精神，贝克尔认为欧洲 18 世纪的启蒙思想家将基督教的天城转化成了人间天城。由此来看，激进主义的启蒙论者是把传统文化作为封建主义的伪道德一概弃掉了。杜维明、陈来以及王治河和樊美筠等却从道德和情感意义上发现了传统文化的价值，认为传统文化作为道德、情感或秩序可以创造性地转化利用。既然启蒙转化利用宗教或传统文化，就不能简单地将其视为蒙昧而一概弃，只能动态地将其视为还不够成熟的有光明和黑暗、需克服和保留的文化形态。

　　启蒙适应资本主义的理解也是合理的，这是因为启蒙要从困境中寻找出路，而资本主义就是摆脱封建专制统治的出路。问题的关键在于启蒙是否仅仅存在于资本主义时代。由此反观康德的启蒙观念，他基于对前人思想的系统考察和吸收指出："自然禀赋的宗旨就在于使用人的理性，它们将在人——作为大地之上唯一有理性的被创造物，——的身上充分地发展出来"，"那么理性就需要有一系列也许是无法估计的世代，每一世代都得把自己的启蒙流传给后一世代，才能使得它在我们人类身上萌芽，最后发挥到充分与它的目标相称的那种发展阶段"。[①] 康德由此表明启蒙具有代际性和流动性，它从理性在人类身上最初萌芽的阶段开始持续发展。康德又用"一个时代绝不能将使自己负有义务并从而发誓，要把后来的时代置之于一种绝没有可能扩大自己的（尤其是十分迫切的）认识、清除错误以及一般地在启蒙中继续进步的状态之中"，表明启蒙具有一般性。这种代际性、流动性和一般性，随后由孔多塞和黑格尔分别以"启蒙"和"光明"等从人类历史初期开始逐步向 18 世纪之后展开的方式呈现出来。福柯、哈贝马斯和施密特又用"启蒙的延续""后现代启蒙""新启蒙"，将 19 世纪晚期以来的启蒙标识出来。他们把尼采、杜威和马克思等作为启蒙思想家，这就与资本主义的新变化和社会主义联系在一起。作为文化保守主义者和中国最早界定启蒙期的梁启超，也基于对中学和西学的系统考察，指出启蒙具有代际性、流动性和一般性。"佛说一切流转相，例分四期，曰：生、住、异、灭。思潮之流转也正然，例分四期：一、启蒙期（生），二、全盛期（住），三、蜕分期（异），四、衰落期

---

① ［德］康德：《历史理性批判文集》，何兆武译，商务印书馆 1990 年版，第 4 页。

（灭）。无论何国何时代之思潮，其发展变迁，多循斯轨。"① 既然启蒙属于各国各时代，就不能限于资本主义谈论启蒙和启蒙时代。

以科学、民主和进步等观念界定启蒙也值得肯定。然而问题在于，这些启蒙的理性法则和价值谱系是否构成启蒙精神的全部内容，是否为资本主义所独有。由此反观康德启蒙观念，"清除错误"和"真正改革"②，表明启蒙是一种批判和革新的态度；"敢于认知，要有勇气运用自己的理性"的勇敢，表明启蒙中意志的存在；"配得上被天下后世满怀感激之忱"和"按照人的尊严——人并不仅仅是机器而已——去看待人"③ 的关怀人，表明启蒙中情感的在场，启蒙把人作为目的。因此启蒙精神不仅包括民主、科学和进步等价值观念，也包括批判的态度和以人为本等，启蒙精神是理性、情感和意志等的结合体。其后卡西尔、尼采、马克思、弗洛伊德、福柯和哈贝马斯等都各有侧重地转化利用了上述精神。又如丹皮尔和李约瑟等的科学技术史研究表明，科学技术思想渗透在人类社会的各个历史阶段；霍克海默和阿道尔诺的启蒙辩证法研究表明，自主观念早已见于荷马史诗时代而非黑格尔与韦伯用于标识现代性的欧洲的18世纪；蒂利、郝大维和安乐哲的民主研究表明，古希腊和先秦时期就已经形成了民主思想。④ 另至于教育观念也早见于古希腊和先秦时期，自由和平等的观念分别凸显于先秦道家和宗教伦理，进步观念亦由古代的日新、晋升、往升等观念演化而出。上述思想观念也为马克思主义所改造利用。由此看来，启蒙论者以科学、民主、进步和自由等观念论述启蒙并将其归为资本主义所独有，都存在理解的偏失。文化保守主义者以情感批判或补益启蒙，忽视了启蒙精神中原本包含情感⑤。

---

① 梁启超：《清代学术概论》，上海古籍出版社2005年版，第1—2页。

② ［德］康德：《历史理性批判文集》，何兆武译，商务印书馆1990年版，第28、25页。

③ 同上书，第30、32页。

④ 参见［美］蒂利《民主》，魏洪钟译，上海人民出版社2009年版，第23—26页；［美］郝大维、安乐哲《先贤的民主：杜威、孔子与中国民主之希望》，何刚强译，江苏人民出版社2004年版，第97—98页。

⑤ 启蒙精神中包含情感的另一些典型例证有亚当·斯密的"同情"，康德的"共通感"和"崇高感"，李贽的"天下亦只有一个情"的唯情论，黄宗羲的"非情亦何从见性"的性情观，康有为的"去苦界至极乐"的悲悯情怀，孙中山的博爱思想，五四运动的爱国主义，毛泽东思想中的"热爱人民"，中国特色社会主义理论中的"情为民所系"等，这些情感主张可以从轴心时代的思想文化或宗教伦理中找到源头。

　　以西学的输入与影响界定启蒙同样具有合理性，因为明清之际以来西学显著影响了中国，改变了中国人的精神面貌。然而问题在于，是否中学也影响了启蒙时代的欧洲，是否只有西学才能引起中国近现代社会和中国人精神面貌的改变，中学是否已经走进历史的博物馆而无法再发挥作用。由此反观康德的启蒙观念，他除了用"自己理性的公开运用"，表明启蒙的个体主体具有开放性外，也用"这里面还应该加入其他民族的国家史作为插曲（我们有关他们的知识正是通过这些启蒙了的民族才逐步地获得的）"和"自由精神也要扩展"①，表明启蒙还有国家或民族之间的开放性。这里的"其他民族"和"启蒙了的民族"是指英国和法国，然而正如黑格尔的历史哲学，朱谦之、何兆武和柳卸林等的中学西渐研究，王治河和樊美筠的后现代启蒙研究以及克拉克的东方启蒙研究表明的，中国哲学也影响了 18 世纪前后乃至 19 世纪后期以来的西方启蒙哲学。因此启蒙的开放性对于西方来说，也包含对中学的吸收。而至于费正清和列文森的冲击—回应模式，在柯文看来，实质上属于西方中心主义模式，是把中国 19 世纪、20 世纪可能经历的变化归于西方的入侵才能引起的变化，这样就堵塞了从中国内部探索近代社会自身变化的途径。② 柯文为此提出了中国中心观，主张从中国着手研究中国历史。与此相适应，萧萐父、许苏民和张光芒等中国启蒙论者坚持内因论的观点，认为中国启蒙有自身之源。明清之际以来的中国启蒙学术利用了中国古代哲学，中国哲学能够代际传承并在吸收西学的同时自主创新。既然西方近代以来和中国明清之际以来的启蒙学术都利用了中国传统文化，就不能简单地将中国传统文化视为蒙昧而放进历史的博物馆，不能将中国近现代以来的变化仅仅归于西方文化的冲击。

　　由上述分析不难看出，康德的启蒙观念中一定程度上蕴含了在启蒙内部整合传统与现代、本国与他国以及理性与情感等资源的整体性解决方案。将此种方案施以辅证便可更清晰地揭明，启蒙批判宗教或传统文化，也转化利用宗教或传统文化。既有资本主义的启蒙，也有资本主义之前和之后的启蒙。启蒙精神包括科学、民主和进步等理性法则，又不限于这些

---

　　① ［德］康德：《历史理性批判文集》，何兆武译，商务印书馆 1990 年版，第 20、30 页。

　　② ［美］柯文：《在中国发现历史——中国中心观在美国的兴起·译者代序》，林同奇译，中华书局 1989 年版，第 4 页。

理性法则。既有德国和西方的启蒙，也有东方和中国的启蒙。启蒙受外来文化影响，也以本土文化为根基。中外一些学者仅以西学和西方资本主义的影响论述中国启蒙的生成，一定程度上受到五四新文化运动的反传统主义的影响。然如梁启超所言："'清代思潮'果何物耶？简单言之：则对于宋明理学之一大反动，而以'复古'为其职志者也。其动机及其内容，皆与欧洲之'文艺复兴'绝相类。"① 明清之际至五四运动时期的启蒙学术也显著地依托中国传统文化而生成。陈来也讲："'五四'时代全盘西化的思潮盛行一时，但反传统主义在'五四'以后的三十年间对学术界影响十分微弱。1919 年至 1949 年的中国杰出学者所做的哲学工作都是把传统思想与西方思想加以结合。"② 他认为冯友兰、贺麟、金岳霖、熊十力乃至毛泽东的哲学，都注重与中国传统文化相结合。至于中国资本主义的生成，毛泽东指出"中国封建社会内的商品经济的发展，已经孕育着资本主义的萌芽"③。既然启蒙存于古今中西，我们不妨将古今中西作启蒙谱系的处理，从而细分和标识启蒙，进一步缓解古今中西的对立和紧张关系。

## 三 启蒙的谱系

在康德发表《答复这个问题：什么是启蒙》200 年之后，福柯创作了《何谓启蒙》。他把启蒙与现代性作为批判的态度，批判"在其合目的性上是谱系学的，在其方法论上是考古学的"④。福柯所谓的谱系，可作启蒙时代、启蒙国家、启蒙人物和启蒙精神的多方面理解。以启蒙时代来看，福柯把康德所谓的启蒙作了整体历史进程中与现时性相关联的现代性理解。然就福柯将现时作柏拉图、奥古斯丁、维科、康德和尼采等的界分，并反对前现代性、现代性和后现代性的时期划分，将现代性看作为一种态度而不是历史的一个时期，他就使批判抑或启蒙和现代性具有了一般

---

① 梁启超：《清代学术概论》，上海古籍出版社 2005 年版，第 6 页。
② 陈来：《回向传统：儒学的哲思》，北京师范大学出版社 2011 年版，第 6 页。
③ 《毛泽东选集》第 2 卷，人民出版社 1991 年版，第 626 页。
④ ［法］福柯：《何谓启蒙》，载杜小真选编《福柯集》，上海远东出版社 1998 年版，第 539 页。

性和通久性。它们贯穿于各个历史时期①，但又因针对事件或形成学术类型的差异形成康德未予细分的启蒙时代的谱系。事实上，柏拉图代表的古希腊时期因崇尚理性并接引文艺复兴和 18 世纪的启蒙运动已被盖伊确称为"第一次启蒙运动"②。奥古斯丁代表的中古时代虽有出世主义、狂信主义和教会的腐朽统治，但也延续了古希腊哲学的理性，缓慢地发展了科技、教育和艺术，提供了平等、博爱、诚信和谦逊等价值观念，又深远地影响了后世的西方哲学，因此可视为延续光明和启蒙的时代。③ 这就与维科代表的文艺复兴的回归理性、康德代表的 18 世纪启蒙运动的高扬和扩展理性、尼采等代表的后现代启蒙的反思和重建理性，共同构成西方启蒙时代的谱系。至于中国启蒙时代的谱系，梁启超曾在《论中国学术变迁之大势》中作胚胎时代、全盛时代、儒学统一时代、老学时代、佛学时代和近世的阶段划分，随后又在《清代学术概论》中以"复古为解放"的名义探索中国启蒙的前提和基础时，于清代之前划分出了先秦、西汉、汉唐和宋明等历史阶段。这就为冯友兰、萧萐父和冯契等自《易》《诗》《书》以来的中国哲学通史研究，奠定历史阶段划分的学术基础。既然中西方各个历史阶段都有哲学，也就都有公开运用理性的启蒙。它们构成中西方启蒙时代的谱系，反映了中西方社会的持续转型。

　　上述启蒙时代的谱系，关涉到启蒙国家的谱系。康德的启蒙观念能够延伸到的德国之外的国家，卡西尔、伯林、赖尔和威尔逊等将其展现为 18 世纪的欧美国家。梯利、罗素和叶秀山等冠以"西方"的哲学史书写，

---

　　① 福柯在《何谓启蒙》中立足于 18 世纪的启蒙运动寻求启蒙和现代性的一般，并将其界定为具有永久性的批判态度。西方哲学的各个历史阶段都有批判精神，这一点毋庸置疑。

　　② ［美］彼得·盖伊：《启蒙运动：现代异教精神的崛起》，刘森尧、梁永安译，"国立"编译馆与立绪文化合作翻译发行，2008 年版，第 105 页。

　　③ 梁启超在《论中国学术变迁之大势》中讲："中世纪黑暗时代，苟无教会以延一线光明，恐其堕落更有甚者。"丹皮尔在《科学史及其与哲学和宗教的关系》中讲："从古典时代经过拜占庭遗留下来的知识，即令在衰微的时候，也如火炬一样照耀于欧洲的黑暗中，照亮了走向西方学术复兴的道路。"沈清松在为吉尔松的《中世纪哲学精神》作的译序中基于对中世纪的学术成就及其对文艺复兴、德国古典哲学和海德格尔等的影响提出："中世纪实为文学、艺术、宗教乃至哲学上之光明时代。"伯特在为"理性的命运——启蒙的当代理解"学术会议提交的论文中，基于舍勒和施莱尔马赫对宗教情感的发掘以及对运用理性造成的自然与心灵、人与人疏离的反思，提出了"宗教的启蒙"。福柯在《疯癫与文明》中也借助中世纪宗教对麻风病人的恩宠和救助，批判现代社会对人的规训与惩罚。这些论述揭示了宗教文化的内在复杂性以及宗教与启蒙的纠缠关系，也表明后现代启蒙对于宗教文化的发掘利用。

则将历史总体的各个片段和谱系叙述出来。如同康德提供了通向中国启蒙的可能却未予以认同和揭明一样,福柯在《何谓启蒙》中也未论述中国启蒙,而仅在《词与物》中引用了一则有关中国思维方式的寓言。福柯由此表明存在一个非西方的文化谱系,西方人熟悉的理性思维方式具有局限性,他由此出发消解了西方 18 世纪启蒙运动建立的普遍理性。如同亨廷顿将基督教作为当代美国人身份与民族国家认同的基质,福柯把启蒙和现代性作为内含权力关系的承认自我的标识。冯友兰与萧萐父等的中国哲学史和中国启蒙哲学研究,也关系到中国人的身份和民族国家认同。确认中国也有哲学和启蒙,有助于消解西方哲学或西方启蒙的话语霸权,建立起中国文化的自信。加之侯外庐将先秦思想作为后世启蒙的"思想方法的胚芽"①,李泽厚将《淮南鸿烈》和董仲舒等的大一统思想视为理论思维的一种进步和先进理论,朱谦之将桓谭、王充和张衡称为启蒙学者,冯友兰将魏晋玄学视为对两汉哲学的一种革命和中华民族抽象思维的空前发展;陈来认为中唐至宋明时期的文化运动在许多方面与西欧近代的宗教改革和文艺复兴有类似的特点,基本精神是突出世俗性、合理性、平民性。萧萐父、丁守和、舒衡哲又肯定了明清之际、洋务运动或五四运动以来的中国启蒙。这些胚芽论、启蒙论、进步论、革命论或类比西方文艺复兴的评定和论述,总体上确证了存在一个中国的启蒙谱系,表明了在中国传统社会也有反对神性的理性和突出世俗化的持续社会转型。

启蒙的国家谱系是由启蒙主体作为支撑的谱系。康德将军官、税吏和牧师那样的很少数的有独立思想的学者以及如腓德列那样赋予公众自由的政治家,视为启蒙的主体。福柯据此将启蒙和现代性作为"使现在'英雄化'的意愿"②,他与康德的不同似乎在于,借助波德莱尔另把具有诗意美和创造力的画家作为启蒙的主体,也试图消解 18 世纪启蒙运动以来形成的自我对于他者的权力强化关系。然而康德也以推进艺术的发展论述启蒙,又用"公众要启蒙自己,却是可能的;只要允许他们自由,这还确实是无可避免的"③,表明公众或每一个人都是启蒙的主体。而且康德

---

① 侯外庐:《中国早期启蒙思想史》,人民出版社 1957 年版,第 34 页。

② [法] 福柯:《何谓启蒙》,载杜小真选编《福柯集》,上海远东出版社 1998 年版,第 534 页。

③ [德] 康德:《历史理性批判文集》,何兆武译,商务印书馆 1990 年版,第 24 页。

讲到的军官、税吏和牧师，也可以作为画家、诗人或文学家。因此福柯的启蒙主体观念并未移易或超越康德，而是康德启蒙主体观念的展开。与此相适应，达恩顿在他的启蒙研究中发现了出版商和科普工作者，罗什发现了商人、军人、教师、牧师、农民以及社团和沙龙。赖尔和威尔逊发现了政治家、科学家、画家、诗人、学者等，他们还将分别以自然主义和空想社会主义揭示启蒙运动局限的卢梭和傅立叶等呈现出来。丁守和等对中国启蒙的研究发现了政治家、知识分子、工人和农民等，舒衡哲发现了学生，余英时将文化保守主义者梁漱溟作为五四思想世界和心灵社群的"一个构成部分"①。事实上，启蒙的主体依然可以继续拓展，例如女权主义主张维护的妇女以及生态主义认同的环保主义者。上述启蒙的主体谱系表明，启蒙人物是由精英和大众构成的整体，启蒙追求的进步源于社会的合力。

　　启蒙的主体谱系关涉到启蒙的精神谱系，这是因为不同的启蒙主体会有不同的思想主张，或者说不同的启蒙主体在思想观念上会各有侧重。如前所述，康德的启蒙定义融含了理性和情感等要素，并在价值观念中尤为强调自由。福柯的启蒙定义似乎通过对浪漫主义的吸收，引进具有诗意美和创造力的画家来消解理性。然就福柯将启蒙和现代性作为批判的态度和"一种赋予对自由的渴望以形式的耐心劳作"②来说，他依然沿袭了康德的批判精神和自由观念，自由仍然是诗意或诗性内在遵循的理性法则。他赋予诗意的平等③，亦是康德赋予启蒙的重要原则。值得注意的是：其一，当福柯将启蒙作为有系统结构并且包含知识、权力和伦理轴线的事件总体时，他与康德一样表明启蒙精神的复杂性。由此而论，陈独秀将五四精神概括为民主和科学，胡适将五四精神概括为评判的态度，托多罗夫以自主、自由、平等和批判等概括启蒙的精神，都有所缺失。其二，当福柯利用波德莱尔的现代性观念阐述启蒙时，启蒙的精神谱系既可以作启蒙范式的时代转换的处理，也可以作现代性是一项未完成的规划的通久化处理，当然其中不一定限于自由、平等和批判，也可拓展到民主、科学以及

---

　　①　余英时：《现代危机与思想人物》，生活·读书·新知三联书店2005年版，第92页。
　　②　[法]福柯：《何谓启蒙》，载杜小真选编《福柯集》，上海远东出版社1998年版，第543页。
　　③　同上书，第534页。

情感和社会理想（如西方的世界正义，中国的天下大同）。其三，当福柯主张以改观方式改善权力关系时，他就与康德的公开运用理性的改革一样，化解了自由与秩序的矛盾。自由被发扬出来但又有所限制，秩序相对稳定但又能变通，启蒙得以进化。其四，当福柯试图使古希腊的道德以及宗教伦理等欧洲思想"重新启动起来"① 时，他就与格里芬、小柯布等后现代的启蒙学者一样以并举和整合的方式，将文化保守主义者激活的传统文化引入现时代，转变成为对于启蒙的启蒙。

由上述分析可见，康德以进步论和开放心态一定程度上揭示了启蒙的一般性和整体性，福柯以谱系学和知识考古学一定程度上揭示了启蒙的一般性和整体性。韩水法基于考察康德和福柯等的启蒙定义之后也指出："启蒙是在不同的地域以不同的方式发端的"，"启蒙概念自然也就是以这样的方式展开的，而不是一次性实现和完成的。它要从那些不同的地域和时代中层层展开的角度来理解"。② 既然启蒙具有一般性和整体性，其中包含理性、情感和诗性等多种要素，那么就可以把古今中西以及理性与情感和诗性等做启蒙内在化的处理，从而缓解彼此之间的紧张关系，而不再去制造启蒙与蒙昧截然二分和启蒙与反启蒙的绝然对立。但也必须看到，康德的启蒙定义主要基于德国和他所处时代的特殊和片段走向了一般和整体，未对历史阶段和所涉国家做出细分和标识；福柯谱系学的启蒙定义虽细分出历史总体的几个阶段，但他的整体性启蒙观念依然限于西方，而要加进中国的启蒙仍依赖于中国的启蒙书写。当他把柏拉图、奥古斯丁、维柯、康德和尼采等作现时性的理解时，启蒙的整体性就变成传统与现代的共同在场，批判和渴望自由的耐心劳作就变成传统对现代的消解，解构形成的碎片化和断裂化势必导致哲学、理性和历史统一性的消亡。此外，福柯的知识考古学同康德的历史哲学一样具有精神史观特征，并不能从根本上标识启蒙的整体进化。他以马克思主义、存在主义、人格主义和斯大林主义等人文主义的太过灵活、太多样、太不一贯，认为启蒙与人文主义是一种紧张状态而非同一性关系③，虽具有现实针对性，但有悖于康德确立

① ［法］福柯：《道德的复归》，载杜小真选编《福柯集》，上海远东出版社1998年版，第521页。

② 韩水法：《理性的命运：启蒙的当代理解》，北京大学出版社2013年版，第8页。

③ ［法］福柯：《何谓启蒙》，载杜小真选编《福柯集》，上海远东出版社1998年版，第538页。

的"按照人的尊严看待人"和"人是目的"的启蒙律令，也显示出他对马克思主义的误解，缺乏基于中国的动态理解。

## 四　启蒙的整体

上述问题的解决，仍需回到康德。康德在 1784 年《柏林月刊》的第4 卷上发表《答复这个问题：什么是启蒙》的同时，也发表了《世界公民观点之下的普遍历史观念》。他在此文中讲："历史学却是能使人希望：当它考察人类意志自由的作用的整体时，它却可以揭示出它们有着一种合乎规律的进程，并且就以这种方式而把个别主体上看来显得是杂乱无章的东西，在全体的物种上却能够认为是人类原始的禀赋之不断前进的，虽则是漫长的发展。"① 康德由此表明他要用启蒙的进化视野为世界历史的总体进程勾勒出一个线索，这种线索从人类的原始状态开始，并以加入其他民族国家和建立各民族联盟的方式，囊括了德国及其之外的民族和国家，这条线索贯穿的永恒主题就是人类的发展。他的《答复这个问题：什么是启蒙》，服务于对此线索和规律的追寻。这种线索和规律的追寻前承维柯和伏尔泰，后启孔多塞、黑格尔以及马克思和恩格斯。孔多塞将康德未细分出的人类历史进程划分为十个历史阶段，黑格尔按照康德所谓的"摆脱不成熟状态"，以光明隐喻以及童年、青年、壮年、老年的隐喻将人类历史进程划分为东方世界、希腊世界、罗马世界和日耳曼世界四个历史阶段。他们的历史观虽然呈现出西方中心主义和精神史观的特征，后者又陷入历史终结论，但他们却以进步和开放的心态确立了世界历史观念。

马克思和恩格斯继承欧洲启蒙运动的遗产创建了唯物史观。他们基于生产力状况考察社会形态变迁，为标识社会转型和启蒙进化提供了客观依据。"手推磨产生的是封建主的社会，蒸汽磨产生的是工业资本家的社会。人们按照自己的物质生产率建立相应的社会关系，正是这些人又按照自己的社会关系创造了相应的原理、观念和范畴。"② 他们基于物质交往肯定了市场的作用以及东西方文化的相互影响，指明了东西方世界能够通过暴力革命或和平革命方式共同走向共产主义乃至更久远的明天，这拓展

① ［德］康德：《历史理性批判文集》，何兆武译，商务印书馆 1990 年版，第 1 页。
② 《马克思恩格斯文集》第 1 卷，人民出版社 2009 年版，第 602 页。

了启蒙适应社会的类型空间。他们虽曾用文明时代与蒙昧时代、野蛮时代区分资本主义社会与传统社会，招致列宁以及一些中国学者对启蒙的激进理解①，但他们也曾指出人类的童年时代有永久魅力和"早熟的儿童"的一面，指出中国的火药、指南针和印刷术是资本主义发展的必要前提。他们曾主张共产主义的制度和文化与传统的制度和文化彻底决裂，但也指出社会意识具有相对独立性，主张扬弃人类文明成果。这种文化心态与康德和黑格尔的扬弃态度、波德莱尔的现代性观念、梁漱溟的早熟论互有契合。他们主张历史是群众的事业，赋予了康德的公众启蒙以新的内涵。他们从人性异化、贫富分化和生态恶化等方面批判资本主义，确立实现每个人自由而全面发展的价值目标，秉持了康德的人是目的和清除错误的启蒙律令和启蒙内涵。由此可见，马克思和恩格斯的唯物史观，继承发展了康德的启蒙和历史观念，进一步揭明了启蒙的整体性。他们的思想理论和批判精神，影响了霍克海默、阿多诺、哈贝马斯、福柯、德里达、萨义德、阿格尔、巴利特等思想家，促使启蒙在西方世界深入展开。

五四运动以来的中国学者，从中西方文化与马克思主义的思想武库中借来了若干资源论述和推进启蒙。梁启超从佛教中借来生住异灭，胡适从杜威那里借来科学主义，两者分别代表了启蒙自生与启蒙外生的两种倾向。中西启蒙皆得认可，宗教经受批判向道德和私人领域转化，中国启蒙语境中的古今中西之争由此显现。然如李大钊所言："东洋文明既衰颓于静止之中，而西洋文明又疲命于物质之下，为救世界之危机，非有第三新文明之崛起，不足以渡此危崖。"② 五四学人由封建主义和帝国主义的弊病，察觉中学和西学都有缺陷，不能解决中国问题，于是其中一些人最终选择了马克思主义和社会主义。作为舒衡哲和陈亚杰等冠以"新启蒙运动"的理论成果，毛泽东思想坚持在马克思主义指导下的古为今用和洋为中用，解决了启蒙问题上的体用中西之争，中学西学通过滤透性的转化利用融入新的启蒙。毛泽东基于传统文化和唯物史观提出的"为人民服务"，破解了公共领域与私人领域的现代性悖论。马克思主义指导下的新启蒙运动在改革开放中继续展开，中国特色社会主义摆脱了苏联模式对于马克思主义的教条化理解，通过引入资本主义显著利用的市场手段，使康

---

①　参见《列宁选集》第1卷，人民出版社1995年版，第109页。

②　《李大钊全集》第2卷，人民出版社2006年版，第214页。

德鼓动人们摆脱阿迦底亚式的牧歌生活以求自身更进一步发展在中国成为现实，使中国摆脱停滞落后状态的现代化快速推进，使中国人的精神状况更加科学、民主、自由、开放。

文化保守主义对启蒙的反思和批判，与马克思主义对资本主义的批判具有某些相似性。正如马克思主义者确证又推进启蒙一样，文化保守主义者也只能确证和推进启蒙。他们无法否定民主、科学、自由、平等等启蒙精神内生于传统社会，无法否定资本主义时期凸显出来的上述启蒙精神，对于推进人类社会发展的重要作用。他们在矫正、补益或平衡启蒙的名义下，利用传统文化的道德和情感因素针对物质主义、消费主义、功利主义和个人主义等批判启蒙。然而批判已属启蒙，后现代主义将其整合进入新启蒙，马克思主义指导下的新启蒙也将其转化利用。这种批判及其对象共存于古代和近现代社会，批判利用的道德情感因素也存在于近现代启蒙运动和马克思主义理论中。马克思主义在主张物质财富极大丰富的同时，也主张人们精神境界极大提高。而且另如艾恺在回应文化保守主义对于现代化的批判时所言：“为什么人们越来越不愿意回到‘前现代’时期的物质与社会条件中呢？我相信物质的舒适和个人自由都是会‘上瘾’的。无疑的，人类的物质欲望与预期所进行的只有一个方向：向上，向上提升得快而容易。”① 李泽厚也讲：“仁学结构也许能够在使人们愉快而和谐地生活一个高度物质文明又有显示精神安息场所这方面，做出自己的贡献”，“然而所有这一切都只有当中国在物质上彻底摆脱贫困和落后，在制度上、心理上彻底肃清包括仁学结构所保存的小生产印痕和封建毒素（这是目前主要任务）之后，才也许有可能”。② 物质的丰富、功利的追求、消费的改善和个体的自由，本是人类获得幸福生活的必备条件和必经之路。因此现代化虽有缺陷，但不能否定启蒙，而只能说还不够启蒙。为此必须在马克思主义指导下，秉持进步和开放的心态，以整合和转化利用中外启蒙的所有伟大成就，继续推进启蒙的方式予以解决。

然而如福柯警醒的要避免一切危险的传统卷土重来，首先要在启蒙时代问题上做到传统与现代的视域融合。不泥古倒退，不制造历史终结，不

---

① ［美］艾恺：《世界范围内的反现代化思潮：论文化守成主义》，贵州人民出版社1991年版，第234页。

② 李泽厚：《中国古代思想史论》，天津社会科学院出版社2008年版，第30页。

以蒙昧与启蒙截然二分传统与现代,而能取传统文化的精华加以利用。其次要在启蒙国家问题上实现民族国家的良性互动。不自满自大,而应自信又自牧;不以启蒙与蒙昧的截然二分制造民族国家之间的隔绝对立,而能彼此尊重、相互学习、和平共处、友好交往。再次要在启蒙主体问题上形成精英与大众的合力。要发挥精英人物的引领作用,尊重人民群众的首创精神,不以启蒙与蒙昧的截然二分制造愚民政治、极权主义和多数人的暴政。最后要在启蒙精神问题上整合理性、情感和诗性等各项资源。不以反对理性的方式否定启蒙,不以理性、情感与诗性相隔绝的方式制造启蒙的病变。这构成了启蒙的整体性,或者说是中道和合的启蒙观念。这种中和之道展开为和平、和谐、融通、平等、合作等,其中和平最具重要性。这种中和之道是《诗》《书》《易》以及《荷马史诗》等共同拥有且影响后世的文化传统。这种传统是理性的结晶和诗性的精义,是启蒙用于协调平衡科学、民主、自由、进步等的内在要求。唯有和平、和谐、融通、平等、合作,人类才能共同过有产有业、有教有养、幸福安宁的生活。然而和平、和谐、融通、平等、合作只是条件而非终极目的,正如批判只是手段而非目的,启蒙的永恒主题和终极目的是人的发展。然而发展不能限于少数人和一代人,只能是每个人和代际性的共同发展。和平而共同的发展,正是启蒙摆脱当前困境以继续前进的出路之所在,当然启蒙不排除采用暴力手段维护和平而共同的发展。

## 五 结束语

综上所述,面对文化保守主义者对启蒙的反思与批判,启蒙需要重新构建。重建的方式就在于摒弃以启蒙与蒙昧二分现代与传统、西方与他国、精英与大众,以启蒙与反启蒙将理性与情感、诗性隔绝对立,以民主、科学和进步等理性法则片面地概括启蒙精神的认知传统,树立开放和进步的文化心态,将启蒙从时代、地域、人物、精神等方面加以扩展,寻求在启蒙内部整合多种资源和力量并继续推进启蒙的整体性解决方案。这种整体性解决方案,已经部分性地蕴含在康德的启蒙定义和历史观念之中。其后包括梁启超、福柯以及马克思和恩格斯等在内的中外启蒙学者,都以不同策略确证和扩展了启蒙的整体性。他们对宗教以及传统文化的批判和利用,对东西方文明的系统集成和综合创新,对人类社会历史进程的整体建构和深沉反思，对人类社会发展进路的理性预设和不懈追寻，也深刻地揭明了启蒙的整体性。

明确启蒙的整体性，固然可以利用康德的启蒙和历史观念、福柯的谱系学和知识考古学、梁启超的学术史，然而也应清醒地认识到，康德的启蒙和历史观念并未认同中国也有启蒙，也未明确社会主义和共产主义的未来走向，他的启蒙和历史观念中仍包含着等级制、军事扩张和宰制主义的因素；福柯的谱系学和知识考古学并未深入触及中国文化，包含着消解普遍理性和共产主义的因素，解构会导致生活世界的碎片化；梁启超的学术史并未明确人民群众的历史地位，也未以社会主义或共产主义为追求目标。由此看来，明确启蒙的整体性，最合理有效的方法是历史唯物主义。历史唯物主义拥有世界历史的开放视野，以历史合力论和人民群众是历史的创造者看待历史主体，以人类社会发展的一般规律以及"古为今用、洋为中用"的态度看待历史进程和中西方文化。它可以创造性地转化利用文化保守主义倡导的仁爱、敬畏、惠民、和谐等文化传统，也可以批判性地吸收启蒙学者宣扬的自由、民主、平等、法治等文明成果。

明确启蒙的整体性，有助于我们以开放的态度对待各个国家及其文明成果，避免在启蒙问题上陷入以今非古、以古非今以及相互排斥、照搬他人的历史虚无主义、历史终结论以及宰制主义和教条主义，避免将传统文化简单地做蒙昧化和垃圾化的处理。认同启蒙具有整体性，并不意味着每个时代、国家或个人都不存在错误和不成熟，而是因为启蒙不是已经成为完成时的成熟无误，不成熟与摆脱不成熟以及存在错误与清除错误总是前后相随，启蒙就是要在不断摆脱不成熟和清除错误中推进人类社会的永续发展，一切传统在面对现实和朝向未来时，总是要有所克服又有所保留。启蒙的整体性意味着，启蒙与历史偕行，启蒙必须尊重和利用本土与外来文化，启蒙要形成精英和大众的合力，启蒙的进路就在于和平而共同的发展。中国有悠久的崇尚和平的文化传统和历史积淀，又在马克思主义的实现每个人全面而自由的发展的价值目标指导下，主张以共同发展的方式构建人类命运共同体，消除城乡差别、工农差别、脑体差别以及南北差距和生态危机，因此中国启蒙代表人类的希望和明天。

# 附　录

# 启蒙时代的整体性

## ——基于早期启蒙说生存状态的思考

启蒙时代是一种时间意识、空间意识、人物意识和精神意识，但由于不同学人对时间、空间、人物和精神有不同的理解，因此对启蒙时代就会有不同的界定，并制造出彼此间的紧张关系。中国学者对启蒙时代的界定始于梁启超，他最早提出"启蒙期"，并用于具体分析清代学术。此后侯外庐先生承接梁启超明确提出了"早期启蒙"，以武汉大学的萧萐父和许苏民等为代表的学人又坚持和捍卫，使早期启蒙说在学术界卓有影响。但同为武大学人的李维武却在近期指出，20世纪90年代以来，随着国外后现代主义思潮的引入，文化保守主义思潮再度兴起，反思和消解启蒙成为风尚，使早期启蒙说表现出了某种式微的态势。①

李维武的式微论，揭示出早期启蒙说面临的困境。当后现代主义者针对现代性的缺陷发动新启蒙，与新启蒙相呼应的文化保守主义者从早于明清之际的传统文化中寻找解决时代问题的资源时，阐述中国现代性初显的早期启蒙说不仅难以为此提供解释力，而且同近现代启蒙说一样正在遭受被消解的命运。这种消解从朱义禄的《逝去的启蒙》、邓晓芒的《20世纪中国启蒙的缺失》、许纪霖和罗岗的《启蒙的自我瓦解》、杜维明和黄万盛等的《启蒙的反思》、陈来的《孔夫子与现代世界》、卢风的《启蒙之后》以及霍克海默和阿道尔诺的《启蒙辩证法》、威塞尔的《启蒙运动的内在问题》、奥斯本的《启蒙面面观》、卡斯卡迪的《启蒙的结果》、伯恩斯和皮卡德的《历史哲学：从启蒙到后现代性》、萨莱诺的《超越启蒙

---

① 李维武：《早期启蒙说的历史演变与萧萐父先生的思想贡献》，《武汉大学学报》（人文科学版）2010年第1期。

时代》等文献中直接或间接地从不同层面反映出来。

上述捍卫与消解的矛盾，比较性地和关联性地反映出中方与西方以及传统与现代的不同启蒙时代观念之间的普遍紧张关系。这种紧张关系在西方突出表现为近代启蒙学者对基督教的批判与后现代主义者对近代启蒙思想的批判，两者又因作为中国近代启蒙思想萌芽的明清启蒙思想受西方基督教哲学影响并遭受西方后现代主义的消解而与早期启蒙说发生联系。是否能够确立一种可化解彼此之间紧张关系而且具有更强解释力的启蒙时代观念，这是我们需要解决的理论问题。鉴于李维武和吴根有等人对早起启蒙说的逻辑发展已有很好的梳理，故本篇章中予以隐去。

# 一　早期启蒙说的理论贡献

1. 追溯了中国启蒙话语的本土渊源

启蒙话语的溯源既包括"启蒙"一词的溯源，也包括与其相关的启蒙思想的溯源，它与中国启蒙思想何时产生、如何产生以及如何翻译西文的 Enlightenment、Aufklärung、les lumières 等密切相关。侯外庐和萧萐父等借助明清之际王夫之提出"破块启蒙，灿然皆有"，且王夫之和顾炎武、黄宗羲等人都有追求民主、科学、进步、平等和功利主义的思想倾向，认为"启蒙"和启蒙思想是本土自生的，初步解决了启蒙的词源、中国启蒙思想何时产生以及如何产生等方面问题，为说明中国近现代启蒙运动有着本土文化根基提供了强有力的论据。这就如同康德在《回答这个问题：什么是启蒙》中，既给出了启蒙的经典定义，又把他所处的时代称为启蒙的时代，还提供了启蒙的价值目标。这就为卡西尔、伯林、汉金斯、贝克尔、布朗、彼得·赖尔和艾伦·威尔逊等西方学者理解启蒙并把康德所处的 18 世纪称为启蒙的时代，提供了极为重要的依据。

2. 弥补了中国哲学史研究的某些不足

无论侯外庐还是萧萐父，都以社会和文化转型而论启蒙。侯外庐指出："中国启蒙思想开始于十六、十七世纪之间，这正是'天崩地裂'的时代。思想家们在这个时代富有'别开生面'的批判思想。十七世纪的中国社会，已存在着资本主义的幼芽，这是在十六世纪中叶开始的。……

中国的历史从这时起已经处于封建解体的缓慢过程之中。"① 萧萐父和许苏民也指出："明代中叶社会结构和社会风气的变化，迅速地反映到社会意识形态的层面，造成了传统学术的蜕变与挣脱囚缚的早期启蒙思潮的兴起。"② 他们认为明清之际是中国资本主义的萌芽时期，在李贽、黄宗羲、顾炎武、王夫之、颜元和戴震等人那里，民主、科学、进步、平等和功利主义思想得以显现，弥补了章太炎、刘师培、梁启超等中国早期治史者以及冯友兰早期研究中国学术史或哲学史的某些不足。这就如同卡西尔、伯林、汉金斯、贝克尔、布朗、彼得·赖尔和艾伦·威尔逊等西方学者，通过断代史的专门研究，从深度和广度上弥补了自伏尔泰以来对西方 18 世纪思想研究的某些不足。

3. 找到了近代启蒙学术的接引资源

如果说文化转型具有文化批判的意义，那么文化接引则有文化认同的意义。在《明清启蒙学术流变》中，萧许二学者力图说明，中国走出中世纪、迈向现代化及其文化蜕变，是中国历史发展的产物。西学的传入起过引发的作用，但仅是外来助因；明清早期启蒙学术的萌动，作为中国传统文化转型的开端，作为中国式的现代价值理想的内在历史根芽，乃是传统与现代化的历史结合点；中国近代的启蒙者魏源、冯桂芬和王韬等，既普遍接受西学，又充分肯定明清学术，兼顾民族性与时代性的认同，鲜明地显示了启蒙思潮的一贯性；同时，表明人类文化固有的趋同性。中西文化的正常交流，必将引向互补融合的前景，超越中西文化各自的局限，必将综合创造出未来人类的新文化。③ 萧许二学者的上述观念，给出了文化接引的基本厘定，即本土文化在兼容外来文化的过程中创造新的文化。本土文化是接引资源，体现了文化的民族性；外来文化是接引的辅助资源，体现了文化的时代性；新文化是被接引对象，体现了文化的趋同性。他们将接引资源限定为明清学术，将被接引的新文化视为近代启蒙学术或现代化的新文化。④ 这就如同卡西尔、汉金斯和贝克尔等西方学者从 17 世纪乃至更早的历史时期寻找接引资源，为 18 世纪启蒙哲学的形成提供文化

---

① 侯外庐：《中国早期启蒙思想史》，人民出版社 1956 年版，第 1 页。

② 萧萐父、许苏民：《明清启蒙学术流变》，辽宁教育出版社 1995 年版，第 48 页。

③ 同上书，第 24—25 页。

④ 同上书，第 21—24 页。

渊源和理论依据。

4. 提供了启蒙学术研究的有效方法

侯外庐、萧萐父和许苏民等早期启蒙论者，坚持运用马克思主义的逻辑与历史相统一的方法。除结合早期启蒙学者的时代背景阐述明清启蒙思想产生的社会根源外，还上承古代文化传统进行认同性和批判性的分析，下接近代启蒙思想进行接引性和承续性的分析，避免了以人为的方式割裂传统与现代的关系。与此同时又具体运用了复杂性分析与综合性分析、普遍性分析与特殊性分析以及比较分析等多种方法，研究明清之际的启蒙学术。这就避免了对明清学术的简单化处理，也能够在尊重差异的基础上寻求统一。例如，他们深入阐述了李贽、黄宗羲、顾炎武、王夫之、颜元和戴震等的不同学术理路，有以黄宗羲和唐甄为代表的反对专制主义的政治思想和工商皆本的经济思想，以顾炎武和颜元为代表的经世致用的实学思想，以方以智、方中通、梅文鼎为代表的缘数以寻理的科学思想，以傅山为代表的个性解放的思想等。① 早期启蒙论者认为，明清启蒙学者的思想互有交叉和继承，又互有分歧和指斥，既有进步因素也有保守成分，从而体现了明清启蒙学术的复杂性以及中国启蒙学术的特殊性。但明清启蒙思想家的思想却可以用宣扬个性解放的新道德、科学和民主来统领，这就体现了明清启蒙学术的共同性。早期启蒙论者进而通过与西方启蒙思想的横向比较及与明清之前思想的纵向比较，把这种共同性视为中西启蒙思想的普遍性、趋同性以及进步性。这就如同卡西尔和伯林等学者通过比较 18 世纪与前期的方法论差异以及 18 世纪启蒙思想家的个体差异，从崇尚理性和方法一致等方面发现了 18 世纪启蒙思想的统一性，也找到了 18 世纪启蒙运动时代在理性和方法上的进步性。

## 二　早期启蒙说的理论缺陷

1. 启蒙话语溯源不够彻底

侯外庐和萧萐父等早期启蒙论者虽从明清之际找到了中国启蒙话语的渊源，但若不能从更早的中国典籍中追溯中国启蒙话语的渊源，就无法解决是受基督教影响而引进还是他们设想的本土自生的问题。考察更早期的

---

① 萧萐父、许苏民：《明清启蒙学术流变》，辽宁教育出版社 1995 年版，第 4 页。

汉语典籍可以发现，《易经》中就已出现表达通过教化使人摆脱受蒙蔽状态的词汇"发蒙"，并有追求自由解放的语意①。经过孔子并用"启"和"发"②，且重视"启"的开意功能，再经过贾谊讲"启耳目"，扬雄讲"启发"，桓谭讲"启寤"，王充讲"启牖"③，直至汉末应劭提出了"启蒙"④，其后宋代学者朱熹和胡方平等也使用了"启蒙"，这些词语都有反对错误思想、形成正确思想和教化治世的语义。

从思想方面看，明清之际的启蒙思想家都发掘利用前期思想乃至先秦思想而别开生面。例如顾炎武的《日知录》、黄宗羲的《明夷待访录》和王夫之的《周易外传》等都依托于前期乃至先秦资源而求思想解放。侯外庐曾对此予以了肯定并指出："为什么像欧洲的启蒙哲学要回到希腊，像中国的启蒙哲学要回到先秦呢？这自然是由于他们企图摆脱封建统治阶级的迫害，不得不托古改制，但更重要的原因却在于，在古代哲人的思想体系里，曾出现过后世的思想方法的胚胎形态。"⑤ 既然明清学者依托先秦资源而求思想解放，先秦时期有明清启蒙的思想方法的胚芽形态，就应当从先秦时期开始谈启蒙思想的产生。选择明清之际谈启蒙思想的最初生成，就意味着此前中国没有启蒙思想抑或对人与世界的发现。这种观念难以成立，难以为明清之际及后世启蒙学者发掘利用古代思想资源的合理性提供正名，也无法从根本上说明明清启蒙思想是引进还是自生的问题。

这就如同西方学者从康德启蒙文献中找到了"启蒙"及其定义，而忽视了古希腊柏拉图的哲学以及基督教哲学中就有教化和光源隐喻，En-lightenment 借以形成的 enlighten 在 1384 年威克里夫的"圣经"译本中就

---

① 《易·蒙》："发蒙。利用刑人，用说桎梏，以往吝。"

② 《论语·述而》："不愤不启，不悱不发。"

③ 《新书·劝学》，《法言·问明》，《新论·启寤》，《论衡·别通》。

④ 北京大学哲学系的韩水法先生在《理性的启蒙与批判的心态》（见《浙江学刊》2004 年第 5 期）一文中，肯定了"启蒙"是一个纯粹汉语的词汇，一个人文中国的本原问题。在《启蒙的主体》（见《开放的时代》2008 年第 5 期）一文中，他肯定了汉语词汇"启蒙"源出于《风俗通·皇霸》的"每辄挫衄，亦足以祛蔽启蒙矣"；在《理性与启蒙》（见《哲学研究》2009 年第 2 期）和《展开：关于启蒙历史一个侧面的考察》（见《哲学分析》2011 年第 6 期）中，他又把中国启蒙思想的产生放到了先秦时期。浙江大学的陈立君女士也肯定了作为汉语词汇的"启蒙"源自《风俗通·皇霸》。陈立君并且指出启蒙的本义是开发蒙昧，引申义是社会的变化、观念的更新、新思潮的兴起。（见陈立君《代言与立言：新时期文学启蒙话语的嬗变》，浙江大学出版社 2007 年版，绪论部分第 1—2 页。）

⑤ 侯外庐：《早期启蒙思想史》，人民出版社 1956 年版，第 34 页。

已出现。也如同卡西尔和伯林等学者把西方的启蒙时代界定在 18 世纪，这也无法为他们同时代及后世启蒙思想家发掘利用 18 世纪前乃至古希腊和古罗马时期的思想资源的合理性提供证明。这就难怪美国当代史学家彼得·盖伊从 18 世纪启蒙学者发掘利用古希腊文化资源的意义上，把古希腊和古罗马时期视为第一次启蒙运动的时代。① 中国学者胡建则从哲学转向对旧时代的批判以寻找出路以及萌生西方近代启蒙价值端倪的意义上，将晚期希腊时期视为启蒙时代。②

2. 所述转型时期不具有唯一性

侯外庐和萧萐父等以资本主义萌芽和封建社会缓慢解体而论明清启蒙固然合理，说明中国封建社会内部的一次社会和文化转型也属于启蒙。但诚如萧萐父所谓"死的拖住了活的"，明清之际的社会和文化转型既非根本的社会转型，也非唯一的社会转型时期。这种转型观念既忽视了奴隶制向封建制的转型，忽视了封建制度内部的其他转型，忽视了资本主义向社会主义的转型，也忽视了社会主义制度内部的持续转型。

同为武大学人的哲学家范寿康曾指出，殷周之际、秦汉时期、鸦片战争后，是中国社会形态发生根本性变动的时期，成为中国哲学开展的三个重要转变期。③ 在他看来，殷周之际是奴隶制向封建制转型的历史时期，商业已经出现。周秦之际已进入封建制时代，手工业和商业已逐渐发达。秦以后整个中国社会停止于单纯商品经济制，直至鸦片战争中国的资本主义经济制才渐告成立。冯友兰先生也指出："自春秋迄汉初，在中国历史上，为一大解放之时代。于其时政治制度，社会组织，及经济制度，皆有根本的改变。"④ 冯契先生亦将春秋战国和近代称作"两个革命时代"⑤。春秋战国至明清之际的两汉、魏晋、隋唐和宋明时期的封建制内部的持续转型，冯友兰、冯契和萧萐父等在他们的中国哲学史著作中已有论述。受到佛教哲学和政治经济等方面影响，这些时期的社会和文化朝着陈来先生

---

① ［美］彼得·盖伊：《启蒙运动：现代异教精神的崛起》上卷，刘森尧、梁永安译，"国立"编译馆与立绪文化合作翻译发行 2008 年版，第 105—168 页。

② 胡建：《启蒙的价值目标与人类解放》，学林出版社 2000 年版，第 36 页。

③ 范寿康：《中国哲学史通论》，武汉大学出版社 2008 年版，第 14—18 页。

④ 冯友兰：《中国哲学史》上卷，生活·读书·新知三联书店 2009 年版，第 24 页。

⑤ 冯契：《中国古代哲学的逻辑发展·绪论》，东方出版中心 2009 年版，第 3 页。

所说的"世俗性、合理性、平民性"的方向持续转变①，并且伴随着商品经济的繁荣、科学的不断进步和权力的持续下移。因此以商品经济抑或社会和文化转型而论，上述历史时期都具有启蒙属性。

至于近代以来中国社会和文化的转型，何干之、王青、邱若宏、林启彦、顾昕、李泽厚、舒衡哲、姜义华、许纪霖以及王治河和樊美筠在他们的启蒙文献中已有详述，他们把近现代、当代乃至当下作为社会和文化转型的启蒙时代，揭示了中国从近代发展资本主义到当代中国进行社会主义改革的社会和文化转型的历程。这一过程相对于明清启蒙而言更贴近于当下，也体现了中国启蒙的整体性、连续性和流动性。侯外庐和萧萐父等学者仅仅强调一个阶段的启蒙学术，难以体现出中国启蒙的整体性、连续性和流动性。这就如同彼得·赖尔和艾伦·威尔逊以及托马斯·汉金斯、斯图亚特·布朗等仅强调西方 18 世纪的启蒙思想，难以体现西方启蒙的整体性、连续性和流动性。

3. 文化接引资源局限于明清之际

萧许二学者阐述早期启蒙，并以魏源、冯桂芬和王韬等对明清学术的认同，认为中国近代启蒙有着本土文化作为接引资源，表明了中国文化有着不断的传承关系，而非时代性的断裂关系。这种文化追寻和文化表白固然合理，但他们的文化接引抑或文化认同观念存在三方面问题。首先，正如毛泽东所言："自从一八四零年鸦片战争失败那时起，先进的中国人，经过千辛万苦，向西方国家寻找真理。"② 中国近代启蒙思想家的一个显著特征，就是向西方寻求真理。萧许二学者为寻找中国启蒙的特殊性，以近代启蒙学者对明清启蒙学术的认同把明清时期的本土文化作为接引近代启蒙学术或现代化的新文化的主要资源，把外来文化作为接引新文化的辅助资源。这种主辅观念不符合中国近现代启蒙学者显著地向西方寻求真理并最终认同马克思主义的实际，也并不比针对中国现实问题而在文化上互补融合和综合创造更为合理。

其次，中国近代学者如康有为、梁启超、章太炎、孙中山和鲁迅等受基督教、佛教和道教影响并以此为接引资源，明清学者也受伊斯兰教和基督教的影响，如李贽是伊斯兰教徒，王夫之、黄宗羲和顾炎武等明清启蒙

---

① 陈来：《宋明理学》，华东师范大学出版社 2004 年版，第 14 页。
② 《毛泽东选集》第 4 卷，人民出版社 1991 年版，第 1469 页。

思想家受到传教士利玛窦的影响，这就涉及如何以启蒙的名义为宗教思想，包括基督教和伊斯兰教以及佛教和道教等定性的问题。人们通常认为启蒙批判和反对的对象是宗教，但启蒙思想家又受到宗教文化的影响并以其为接引资源。这样的矛盾关系如何处理，就成为一个无法回避的问题。

再次，中国近现代的启蒙思想家如康有为、梁启超、王韬、严复、章太炎和李大钊等，更明显地从《诗》《书》《易》《春秋》《礼记》以及老子、孔子、孟子、墨子、庄子和佛教等的思想中获取资源。若按明清思想接引近代启蒙思想就将明清思想称为启蒙思想的逻辑，宋明、汉唐乃至先秦的思想也接引了明清启蒙思想，这样也就应当把宋明、汉唐乃至先秦的思想称作启蒙思想，但包括侯外庐、萧萐父和许苏民在内的早期启蒙论者并未提供如上证明。因而当后现代主义启蒙论者和文化保守主义者发掘利用明清之前的文化资源时，早期启蒙说难以为此提供解释力或合理性依据。这就如同卡西尔、伯林和布朗等人把西方的启蒙时代界定在 18 世纪，这就难以为尼采、海德格尔、福柯、德里达和罗蒂等新启蒙时代的启蒙学者发掘利用 18 世纪之前的文化资源，包括古希腊和中世纪的文化资源提供合理性依据。

4. 学术研究方法使用了类比推理

侯外庐和萧萐父等早期启蒙论者在研究明清启蒙学术时，运用了马克思主义的逻辑和历史相统一的方法，具体运用了复杂性分析与综合性分析、普遍性分析与特殊性分析以及比较分析等方法，为我们具体分析每一阶段和每位思想家的启蒙思想提供了有益的资鉴。但在对比分析中，侯外庐、萧萐父和许苏民也曾效法梁启超所谓的，清代学术的"动机及其内容，皆与欧洲之'文艺复兴'绝相类"①，将明清之际的社会变迁和学术流变与西方文艺复兴相类比。侯外庐讲："中国先秦诸子思想之花果，固然可以比美于希腊文化，而清代思想之光辉，亦并不逊色于欧西文艺复兴与宗教改革以来的成果。"萧萐父和许苏民也讲，从明代嘉靖至崇祯的时期，"是中国早期启蒙学术如万壑争流、千帆竞发、蔚为壮观的发展阶段，更多地具有西方文艺复兴时期'人的重新发现'与'世界的重新发现'的特征"②。

---

① 梁启超：《清代学术概论》，上海世纪出版集团 2005 年版，第 3 页。
② 萧萐父、许苏民：《明清启蒙学术流变》，辽宁教育出版社 1995 年版，第 3 页。

以明清学术类比西方的文艺复兴，存在三方面的问题：首先，早期启蒙论者借用的文艺复兴也被胡适先生类比五四运动。他讲："中国的文艺复兴，不是徒然采用了活的文字来做教育的工具，同时是做一切的文学作品的工具底一种运动"，"中国所谓文艺复兴运动，远在民国八年以前。不过'五四'运动有什么关系呢？'五四'运动这么一来之后，……北京大学的教授从前提倡所谓的文艺复兴运动，就是用白话文作文学这种主张，思想改革"①。宗白华先生也借用文艺复兴类比魏晋时代，"魏晋人生活上人格上的自然主义和个性主义，解脱了汉代儒教统治下的礼法束缚。……这种自我价值的发现和肯定，在西洋是文艺复兴以来的事"②。陈来先生也借用文艺复兴类比唐宋时期，"禅宗、古文运动和新儒家所代表的宗教的改革、古文的复兴、古典思想的重构，表示这确实是一个与新的时代相符合的文化运动，它在许多方面与西欧近代的宗教改革与文艺复兴有类似的特点"③。以类比文艺复兴而论，除五四运动时期之外，魏晋时期和唐宋时期也应是启蒙时期。其次，若以文艺复兴相类比，先秦时期和两汉时期也可视为人与世界发现的时期。《易经》的"君子终日乾乾"、《诗经》的"天生烝民"、《尚书》的"永葆小民"以及《老子》的天道无为和"爱民治国"、《论语》的亲亲之道和"仁者爱人"、《墨子》的"天之行广而无私"和"兼相爱交相利"等，无不体现人与世界的发现。西汉时期的陆贾和贾谊借助于仁义反对秦王嬴政的暴政和崇信神仙方术，亦有对人与世界的发现；东汉时期扬雄用玄道、桓谭用仁义、王充用元气批判谶纬迷信，也都体现出了祛魅的思想倾向以及对人与世界的重新发现，朱谦之明确地称桓谭为"先于王充和张衡的启蒙学者"④。

再次，运用类比推理虽能发现中西文化变迁的相似性或共同性，但以文艺复兴比附中国又难以体现中西启蒙以及中国历史上各阶段启蒙的差异。钱穆先生指出："文艺复兴城市兴起以后，其海外殖民以至于资本主义大企业之兴起，而中国亦无之。中国社会有士之一阶层，掌握政治教育之领导中心者，西方亦无之。果能平心从历史演进中尊重具体实例，一一

---

① 胡适：《胡适文集》第 12 册，北京大学出版社 1998 年版，第 42、854 页。

② 宗白华：《美学散步》，上海人民出版社 1981 年版，第 209 页。

③ 陈来：《宋明理学》，华东师范大学出版社 2004 年版，第 13 页。

④ 朱谦之校辑：《新辑本桓谭新论》，中华书局 2009 年版，第 2 页。

加以比较，则中西方之社会相异，显然可见。"① 在余英时先生看来，这种比附中内含着中国知识分子必然地诉诸某些西方理念、价值或制度，以作为学术研究正当性的最终依据。他宁可将启蒙当作一个光源隐喻，而不用之于比附。宁可冠予五四以"新文化"或"新思潮"的名称，将"新思潮"的根本意义视为"评判的态度"，而不愿以"文艺复兴"或者"启蒙运动"相称。② 侯外庐、萧萐父和许苏民的类比推理以及钱穆和余英时的批判，深刻反映出如何界定启蒙以及如何处理中西方启蒙关系等方面的问题。这就如同伏尔泰、黑格尔和福柯等的启蒙文献都触及西方文化与他国文化关系的处理，而卡西尔、伯林、布朗以及赖尔和威尔逊等则把启蒙作为欧美国家的单独事件，并未论及西方文化与他国文化的关系。

## 三　早期启蒙说的超越之路

### 1. 确立整体的启蒙时代观念

早期启蒙说是一项启蒙的断代史研究，它为考察中国启蒙的早期生成做出了重要贡献。但就侯外庐和萧萐父等不能将启蒙时代的确认和启蒙话语的溯源推向更早的历史时期而言，这项研究又不免给人以行千里而半五百之感。问题的解决还得回到侯外庐和萧萐父承袭的梁启超那里。梁启超在《清代学术概论》中，首先对学术思潮的历史分期给出了一般性的规定，即无论何国何时代之思潮，其发展变迁都可分为启蒙期、全盛期、蜕分期和衰落期。在他看来，启蒙时期也就是思想界大解放的时期。③

梁启超的这一分期理论，虽然带有循环论和机械论的色彩。例如他将自己划归蜕分期而非启蒙期，而后人则因其提倡变法、新民和乐利等，将其划归到近代启蒙思想家的行列。他认为衰落期是没有新思想产生的时期，弱化了章太炎和胡适等启蒙学者的思想贡献。但他的"无论何国何时代之思潮"，已说明启蒙期具有一般性，必须用整体的和流动的历史视域界分启蒙时期。

至于如何具体界分启蒙时代，梁启超提出要复宋之古对于王学而得解

---

①　钱穆：《国史概论》，生活·读书·新知三联书店 2005 年版，第 46—47 页。
②　余英时：《现代危机与思想人物》，生活·读书·新知三联书店 2005 年版，第 90 页。
③　梁启超：《清代学术概论》，上海世纪出版集团 2005 年版，第 4—9 页。

放，复汉唐之古对于程朱而得解放，复西汉之古对于许郑而得解放，复先秦之古对于一切传注而得解放。梁启超提出以复古为解放，虽有解除传注附会之意，但也表明清代学者从宋代、汉唐、西汉、先秦时代汲取养分，为社会变迁和学术进步寻找理论依据。依据他对启蒙期的一般性规定，上述时代都是包含启蒙的历史时期，任何后期的启蒙学术都以前期的启蒙学术为根基，这样就形成了一个始于先秦，经过两汉、隋唐、宋明而达于清代的前后相接的整体。当然我们还可以综合范寿康、冯友兰、侯外庐、萧萐父、冯契、李泽厚等对中国政治思想史、中国哲学史或中国思想史的时代划分，以及姜义华和许纪霖等提出的当代启蒙观念，将梁启超的启蒙时代观念加以拓展，向前推进到早于孔孟的殷周之际，将汉唐之间再分出魏晋南北朝时期，再由近代延伸到现当代乃至当下，这样就构成了中国启蒙完整的历史图景。

　　中国学者用以类比的文艺复兴，在伏尔泰的《风俗论》中以"一线光辉照亮"的名义进入到他历史研究的视域①。但作为 18 世纪法国启蒙巨擘的伏尔泰并未将他的历史视域局限于文艺复兴时期，而是在此书中展示了从文明古国开始直至他所处当下的，包含着世界各国独立发展而又彼此互动的整体的历史视域。这种整体的世界历史的视域，在随后康德的《世界公民观点下的普遍历史观念》、孔多塞的《人类精神进步史表纲要》、黑格尔的《历史哲学》中都明确地体现了出来。有所不同的是，伏尔泰描述人类风俗的进步并未使用启蒙而使用了光明，而康德、孔多塞和黑格尔都使用了启蒙也或使用了光明。康德明确地提出了启蒙的代际问题②，在《回答这个问题：什么是启蒙》中又指出他所处的时代是启蒙的时代，是大胆运用理性的时代，但还不是启蒙了的时代。③ 孔多塞紧接着在《人类精神进步史表纲要》中将人类历史分为十个包含启蒙的时代，并认为他所处的时代是最启蒙的时代。随后黑格尔以光明的名义谈文明从东方向西方的传播，然后以启蒙的名义从马丁·路德的宗教改革谈欧洲精

---

　　① ［法］伏尔泰：《风俗论》中册，梁守锵等译，商务印书馆 1997 年版，第 248 页。

　　② 康德在《世界公民观点之下的普遍历史观念》中指出："理性就需要有一系列也许是无法估计的世代，每一世代都得把自己的启蒙传给后一个时代，才能使得它在我们人类身上萌芽，最后发挥到充分与它的目标相称的那种发展阶段。"（见康德《历史理性批判文集》，何兆武译，商务印书馆 1990 年版，第 4 页。）

　　③ ［德］康德：《历史理性批判文集》，何兆武译，商务印书馆 1990 年版，第 23—30 页。

神的发展，并认为启蒙终结于他所处的时代①，从而把启蒙时代的末端延伸到了 19 世纪中叶。

黑格尔之后的时代，被詹姆斯·施密特称为新启蒙，他把新启蒙与尼采联系在一起②，这就进入到了后现代启蒙的领域。可以认为，古希腊和古罗马时期是发现人与世界的时代，文艺复兴和宗教改革直至黑格尔时代是重新发现人与世界的时代，尼采开始的后现代（中国学界多称为"现代"或"黑格尔之后"）是进一步发现人和世界的时代。

而至于近代启蒙学者批判的中世纪，梁启超讲："中世纪黑暗时代，苟无教会以延一线光明，恐其堕落更有甚者。"③ 丹皮尔也曾指出："从古典时代经过拜占庭遗留下来的知识，即令在衰微的时候，也如火炬一样照耀于欧洲的黑暗中，照亮了走向西方学术复兴的道路。"④ 沈清松基于考察吉尔松等 20 世纪西方学者对中世纪的重新研究提出："中世纪实为文学、艺术、宗教乃至哲学上之光明时代。"⑤ 中世纪虽有蒙昧主义、出世主义和狂信主义，以及教会的腐败和对世俗生活的干预，但也有对人的自由意志、平等、博爱和信念等的发现，有阿奎那等的理性主义，有大学建制和炼金术，还有罗吉尔·培根的经验主义、司各脱的唯物主义和奥卡姆剃刀等。因此中世纪虽不同于卡西尔和伯林等讴歌的 18 世纪的启蒙运动时代，但也是包含了光明和启蒙的时代，或者说是延续了光明和启蒙的时代。

整体性的启蒙时代观念，不仅是上述中西方国家启蒙思想独立发展的观念，也是各国启蒙思想在互动中向前发展的观念。这种互动在伏尔泰、黑格尔、伯林和布朗以及侯外庐、萧萐父和许苏民等的著作中都有所体现。但伏尔泰在《风俗论》中揭示的互动主要通过政治和军事等方面的事件体现出来，缺乏思想层面的深度论述；黑格尔在《历史哲学》中揭

---

① ［德］黑格尔：《历史哲学》，王造时译，上海世纪出版集团 2006 年版，第 386—413 页。
② ［美］詹姆斯·施密特：《启蒙运动与现代性》，徐向东、卢华萍译，上海人民出版社2005 年版，第 25 页。
③ 吴松等：《饮冰室文集点校》第 1 集，云南教育出版社 2001 年版，第 221 页。
④ ［英］丹皮尔：《科学史及其与哲学和宗教的关系》，李珩译，张今校，广西师范大学出版社 2009 年版，第 80 页。
⑤ ［法］吉尔松：《中世纪哲学精神·译序》，沈清松译，上海世纪出版集团 2008 年版，第6 页。

示的互动主要是文化从东方到西方的单向流动，缺乏对东方后期文化的认
识和西方文化对东方影响的研究；伯林的《启蒙的时代》和布朗的《英
国哲学和启蒙时代》，只涉及了英国哲学向欧洲的渗透；即使是彼得·赖
尔和艾伦·威尔逊的《启蒙运动百科全书》这样的巨著，也仅仅在介绍
18 世纪欧洲的洛可可艺术时提到了中国瓷器的影响①；福柯在《词与物》
中提到的那个中国的笑话②，并不能反映他对中国文化的深刻了解和广泛
认同。

侯外庐和萧萐父等对明清时期西学影响的说明，也主要是西方的基督
教以及某些科学技术。即使是侯外庐的《中国思想通史》和《中国近代
哲学史》、冯友兰的《中国哲学史》、冯契的《中国古代哲学的逻辑发
展》、萧萐父和李锦全的《中国哲学史》等著作，也都只是从外学中渐的
意义上来进行论述，缺少了中学外渐的研究。正如康德在《世界公民观
点下的普遍历史观念》中所言："在整体上勾画出一个体系。……还应该
加入其他民族的国家史作为插曲（我们有关他们的知识正是通过这些启
蒙了的民族才逐步地获得的）。"③ 康德由此表明，要确立整体的启蒙时代
观念，就必须与民族志上的他者进行文化交流和互动。

为此我们必须确立开放的启蒙心态，而不能在文化自觉和文化自信的
名义下仅仅认同本土文化。吕澂的《印度佛学源流略讲》、陈垣的《中国
佛教史籍概论》、朱谦之的《中国哲学对欧洲的影响》、王宁等的《中国
文化对欧洲的影响》、吴孟雪和曾丽雅的《明代欧洲汉学史》、张国刚和
吴莉苇的《启蒙时代欧洲的中国观》、黄见德的《西方哲学东渐史》、郑
匡民的《梁启超启蒙思想的东学背景》等，都以开放的心态研究中外文
化的互动，为我们从整体上审视中外文化的互动交流做出了贡献。但这些
研究在涉及的时代、国家和文化内容等方面仍有不足，仍需要世界各国学
者以世界历史的视域继续开展研究。

2. 关注中外文化的持续转型

早期启蒙论者深度剖析了明清之际中国社会和文化的转型，弥补了冯

---

① ［美］彼得·赖尔、艾伦·威尔逊：《启蒙运动百科全书》，刘北成、王皖强编译，上海
人民出版社 2004 年版，第 85 页。

② ［法］福柯：《词与物——人文科学考古学·前言》，莫伟民译，上海三联书店 2001 年
版，第 1 页。

③ ［德］康德：《历史理性批判文集》，何兆武译，商务印书馆 1990 年版，第 20 页。

友兰早期在中国哲学史研究中的某些不足。但他们关注的仅是中国文化的一次转型，而且是一次非根本性的转型。运用整体的启蒙时代观念来看，《诗》《书》《易》因对殷商暴政和天命决定的批判而成为启蒙典籍，生生变易、以德配天和永保小民等成为论证殷周转换的合理性依据，《易·蒙》最直接系统地论述了启蒙问题①；诸子哲学因对周礼繁苛和失信天下的批判而成为启蒙思想，近人远神、尊道贵德和仁者爱人等成为时代精神的主题，蔽而新成、不蔽和解蔽等成为重要的启蒙话语。

贾谊、扬雄和桓谭等汉代哲学家因对秦王暴政、焚书坑儒和崇信方术的批判彰显启蒙属性，实施仁义、尚礼辅法、反对迷信等体现了时代精神的积极方面，求新进取、移风易俗、祛蔽启蒙等成为重要的启蒙话语；王弼、鲍敬言和郭象等魏晋玄学家因对汉室集权和谶纬迷信的批判而彰显启蒙属性，他们提倡的贵无和崇有、得意忘形、自足其性等体现了时代精神的主题，代故以新和与时俱往等成为重要的启蒙话语；智顗、玄奘、法藏和慧能等对佛教哲学进行了世俗化、大众化和心理化的改造而彰显启蒙属性，他们提倡的止观双休、转识成智、理事无碍和即心即性等反映了时代精神的状况，心得解脱、生正解、吹却迷妄等成为重要的启蒙话语；韩愈和李翱等以儒家道统批判佛教道教的神秘主义和出世主义，进一步推动了时代精神的世俗化、大众化和心理化转向。

宋明理学因对佛心滥觞和觊觎王权的私欲膨胀的批判而彰显启蒙属性，李觏、王安石和张载等提倡的功利主义、变法思想、即物穷理和民胞物与等反映了时代精神的主题，新故相除、变通趋时和正蒙等成为重要的启蒙话语②；李贽、王夫之、颜元和戴震等明清学者因对存理灭欲和礼教纲常的批判而彰显启蒙属性，存理于气、义利统一、提倡格物反映了时代

---

① 邓晓芒先生在《20 世纪中国启蒙的缺失》（见《读书》2007 年第 9 期）中，引用朱熹对"童蒙"解释，认为《易·蒙》是在讲对儿童的教育。邓晓芒先生借用朱熹而解释《易·蒙》，脱离了商周转换的时代背景，忽视了"童蒙"泛指作为奴隶的广大民众，也忽视了《易·蒙》中的"发蒙"有着教化和带领民众摆脱商纣暴虐统治而获取自由的语义。联系《易·乾》和《易·随》等卦可知，《易经》中的"君子"，也以明道者自居。由此可以判定"发蒙"是汉语中最早的启蒙词汇，《易经》是中国最早的启蒙典籍之一，《易·蒙》直接系统地论述了何人启蒙、如何启蒙、启蒙目的何在、为何继续启蒙等问题。此外隋代中国佛教哲学家智顗创作的《童蒙止观》中的"童蒙"，也并非专指儿童，而是喻指广大佛教信众。

② 张载的"正蒙"源出于《易传》的"蒙以养正"，有着祛除错误思想影响，以正确思想教化治世的语义。明清之际的启蒙思想家王夫之作《张子正蒙注》，也使用了"正蒙"。

精神的主题，是非无定、日新之化、动而时出等成为重要的启蒙话语。这些便是冯友兰和冯契等学者在中国哲学通史研究中未以启蒙通称，而以文化批判和创新统领，所揭示的中国古代启蒙学术的逻辑进程，文化批判与创新中伴随着科学的不断进步和权力的持续下移。

殖民入侵和西学东渐，促生了中国近代启蒙学术。魏源首先提出"师夷之长技以制夷"，他论及了"器"的变化，但未论及"道"的变化问题，洋务运动的失败显示出其思想的局限性；洪秀全与洪仁玕既借来了西方的科学和民主之器，也搬来了基督教的上帝观念对抗儒家的纲常伦理，启蒙之中也制造了新的蒙昧主义，太平天国运动失败显示出其思想的局限性；康有为和梁启超借用了西方的科学、民主、进步和功利思想来改造儒家伦理，他们以之为天下公理并提倡变法和新民具有鲜明的启蒙属性，但寄望于圣主明君实现富国强民已失情势，戊戌维新失败显示出其思想的局限性；孙中山代表的民主革命派也从西方借来了民主、科学和进步等思想观念，他们宣扬和践行资产阶级革命具有启蒙属性，但辛亥革命的最终失败显示出其理论的局限性，至此中国近代启蒙运动结束。

五四启蒙学者在科学和民主的旗帜下接着寻找出路。鲁迅是封建礼教的激烈批判者，当他看到革命成果为大地主、大官僚和大军阀所窃取，他于是呐喊"救救孩子"，把寻找出路的希望放到了下一代身上；李大钊和陈独秀也是封建礼教的激烈批判者，他们受十月革命影响开始接受了马克思主义，率先在中国宣传马克思主义的普遍真理和无产阶级革命；毛泽东进一步地把马克思主义的普遍原理与中国国情结合起来，他发扬实事求是的精神，在与教条主义的长期斗争中走出了中国特色的革命道路，但晚年时期发动"文化大革命"并搞个人崇拜又导致了蒙昧主义和集权主义，至此中国现代启蒙运动结束。

以邓小平、江泽民、胡锦涛、习近平为代表的新一代政治家和理论工作者，在改革开放的实践中大力倡导解放思想、实事求是、与时俱进和开拓创新，用科学和民主消解蒙昧主义和集权主义的束缚，发动了新一轮启蒙运动。这些是何干之、李泽厚、舒衡哲、姜义华和许纪霖等在《中国启蒙运动史》《中国近代思想史论》《中国现代思想史论》《中国启蒙运动》《现代性：中国重撰》和《启蒙如何起死回生》等文献中论及的中国近现代和当代启蒙运动的逻辑发展，社会持续转型之中伴随着思想的不断解放和推陈出新。

　　早期启蒙论者类比的文艺复兴，无疑是西方文化的一次地方性的重要转型。而西方学者卡西尔和伯林所描述的，被彼得·赖尔和艾伦·威尔逊在国家上拓展的 18 世纪的启蒙运动①，也只是西方文化的另一次地方性的转型。用整体的启蒙时代观念来看西方文化的持续转型，从古希腊时期泰勒斯开始对世界本原的探索以及从苏格拉底开始的对人性的思索，就已经摆脱古希腊神话的母腹，运用理性从自然和人身上寻找摆脱蒙昧的出路。德国哲学家策勒尔因此指出："希腊哲学是欧洲理智生活的一个重要组成部分。……正是希腊人为人类赢得哲学思想的自由和独立，他们宣告了理性自主的权利。"② 彼得·盖依指出："我们要是把希腊人称为真正文明之父——换句话说，第一次启蒙运动之父——显然颠覆了基督宗教传统的历史纂方法，因为我们把过去人类的历史看成是世俗的，而不是神的纪录。希腊文明的精髓是哲学，而哲学的精髓在于否定宗教是人类的关注核心。"③

　　基督教哲学与古希腊哲学的根本不同，是以信仰为最高原则，把出路的寻求放到了属于上帝的天国。但不可否认奥古斯丁和托马斯·阿奎那等基督教哲学家，为论证上帝存在运用了古希腊哲学的理性，他们在编制幸福天城的同时，也承认了人的自由意志以及每个人平等的信仰权利和追求幸福的权利等。正是由于基督教哲学对人的意志自由、平等、博爱和信念等的独特发现，吉尔松中肯地指出："人类有许许多多步骤必须走过。尤其有一步是属于形而上学的，但并不只形而上学单独在走：形而上学把存有的问题推进到存在的层面上，因而开展出一条新路给伦理学。这一步是由教父和中世纪哲学家所完成的。"④

　　文艺复兴和宗教改革时期是批判基督教会的黑暗统治，还人以尊严的历史时期。薄伽丘、但丁和达·芬奇等开始把潜藏在基督教中的被压制着

---

　　①　彼得·赖尔和艾伦·威尔逊在《启蒙运动百科全书》中，将卡西尔和伯林等论述的 18 世纪的英国、法国和德国，拓展到了奥地利、匈牙利、意大利、荷兰、比利时、瑞士、瑞典、丹麦、西班牙、葡萄牙、波兰、俄国和美国等欧美国家，但并未扩展到欧美之外的亚非拉国家。

　　②　［德］策勒尔：《古希腊哲学史纲》，翁绍军译，山东人民出版社 2007 年版，第 1—4 页。

　　③　［美］彼得·盖依：《启蒙运动：现代异教精神的崛起》上卷，刘森尧、梁永安译，"国立"编译馆与立绪文化合作翻译发行 2008 年版，第 106—107 页。

　　④　［法］吉尔松：《中世纪哲学的精神》，沈清松译，上海人民出版社 2008 年版，第 290页。

的人的才能、自由和美发现出来，哥伦布的航海旅行、布鲁诺的日心说以及罗吉尔·培根的经验主义都开启了对自然的重新发现，马丁·路德的"因信称义"把上帝的观念放入人的心中从而开发出了人的心性，因此布克哈特和恩格斯将其称为"世界的发现和人的发现""人类以往从来没有经历过的一次最伟大的、进步的变革"的时代①。从笛卡儿到黑格尔的时代，是将人的心性明确为理性并以理性排斥神性的世俗化时代。理性在方法论上渐次表现为17世纪的归纳与演绎、18世纪的分析与综合、19世纪的辩证法，从思想上表现为科学、民主、自由、平等、博爱、功利和进步等。这一时期虽然有卢梭的自然主义以及柏克的保守主义和施莱格尔等的浪漫主义对理性主义的批判，但他们并不完全反对理性，而是要警醒、补充或调整理性，防止以人为方式招致文明的蜕变和割裂与传统的关系。启蒙主义与浪漫主义和保守主义共同构成黑格尔和马克思在辩证法中讲克服与保留，讲扬弃的理论来源。

尼采开启的后现代是理性在反思和批判中继续推进，并开发出人的非理性的时代。无论我们将后现代的启蒙称为人本主义和经验主义的转向，还是语言学和现象学的转向，抑或结构主义和解构主义的转向等，都标志着西方哲学范式的革命。人类理性在反思和批判中得以完善，交往理性以及情感和意志等非理性的因素被开发出来，相对于自我的他者得到尊重。马克思恩格斯亦属于黑格尔之后，他们发现了唯物史观和剩余价值理论。他们批判资本主义而宣扬人类解放和每个人自由而全面的发展，是要为全世界无产者谋求福祉和利益。就此而言，关注中外文化的持续转型，就必须肯定启蒙具有批判性，肯定中外启蒙思想通过批判在历史上持续流动，通过批判使全面展现于当下的各种启蒙思想向未来敞开。

3. 肯定接引资源具有多样性

毋庸置疑，萧萐父和许苏民等早期启蒙论者就魏源、冯桂芬和王韬等对明清学术的认同，认为明清学术接引了近代启蒙思想是合理的，反映了文化上的继承和认同关系。但考察近代及其以后中国启蒙思想家的文献，可以发现先秦以来的中国传统文化以及外来文化，为近代乃至现当代中国

---

①　[瑞士]雅各布·布克哈特：《意大利文艺复兴时期的文化》，何新译，商务印书馆1979年版，第280页；[德]恩格斯：《自然辩证法》，载于《马克思恩格斯选集》第4卷，人民出版社1995年版，第261页。

启蒙思想提供了丰富的接引资源。自《诗》《书》《易》等成书以来，后世学者就通过不断的援引、注释和论述等方式入儒入道入佛等，进而影响到整个中国学术，保证了中国文化的延续性。

再从外来文化对中国文化的影响上看，汉代开始印度佛教就已传入中国，并通过译经、注释、论述、创宗、判教等方式逐步形成中国佛教，其内含的科学、平等、自觉等方面思想，成为接引宋明理学、清代哲学和近现代中国哲学的重要文化资源；明清之际，以利玛窦为代表的西方传教士传入中国的基督教，其中内含的科学、平等和博爱等方面思想，也被中国学者批判吸收，进而成为接引清代学术和近代中国哲学的重要资源；近代启蒙学者康有为、梁启超、王韬、严复和胡适等，吸收西方的民主、科学、进步和功利思想，这些思想又成为接引马克思主义的重要资源；陈独秀和李大钊等接受马克思主义，进而成为接引毛泽东思想和邓小平理论的文化资源。

同样考察近代以来及其以后西方启蒙思想家的文献，也可以发现古希腊以来的传统文化以及外来文化，为近代乃至现当代的西方启蒙思想提供了丰富的接引资源。这在康德的三大批判、黑格尔的《历史哲学》、卡西尔的《科学史及其与哲学和宗教的关系》、韦伯的《新教伦理与资本主义精神》、贝克尔的《启蒙时代哲学家的天城》、盖依的《启蒙运动：现代异教精神的崛起》、施密特主编的《启蒙运动与现代性》以及朱谦之的《中国哲学对欧洲的影响》、王宁等的《中国文化对欧洲的影响》等著作中，已经明显地呈现了出来。即使是罗伯特·达恩顿揭示的深刻影响18世纪欧洲的《百科全书》的出版，也关系到中国活字印刷术的影响。由此我们不难看出，各国启蒙思想是在相对独立并与外来文化的交融中向前发展的，因此必须肯定启蒙思想的接引资源具有多样性。肯定启蒙思想接引资源的多样性，也就是要肯定启蒙思想接引资源的民族性和世界性，肯定启蒙在文化认同上的广泛性，当然这种文化认同是批判性的文化认同。

承认接引资源的多样性，也必须肯定接引资源和被接引资源的多元性与统一性。这是因为不同的启蒙思想家凭借不同的文化资源寻求出路，势必产生对未来的不同规划。但这些差异性的规划中又包含着统一性，代表了人类社会发展的进路和方向。这在侯外庐和萧萐父等论述的明清启蒙思想以及卡西尔和伯林等论述的欧洲18世纪的启蒙思想中表现了出来，也在中西方的其他启蒙时代中表现了出来。例如先秦时期老子主要引易而留言，庄子主要援老而成篇，他们共同提倡无为而治；孔子主要引诗书而对话，孟子主要引孔子而雄辩，他们共同推崇仁义礼智；墨子综合儒道而主张兼爱非攻，韩非基于商鞅并兼容儒道倡导严明法度。他们彼此之间虽有差异，但却都主张近人远神和尊道贵德，与周室的天命决定和繁苛礼制相比是一种进步。其后以老庄为代表的道家主要接引了魏晋玄学和道教哲学，以孔孟为代表的儒家主要接引了汉代哲学和宋明理学，以商鞅和韩非为代表的法家主要接引了后世的变法家，墨家思想主要流传民间且接引思想家较少。而儒家和道家又共同接引了佛家思想，它们一道接引了明清启蒙学术及至近现代启蒙学术。

另如古希腊时期的苏格拉底接引了柏拉图，进而接引了亚里士多德。柏拉图倡导理念论并主张建立君主政体，亚里士多德则奉行经验论并认为立宪制是现实中最佳的政体。两者的思想虽有差异，但在崇尚理性和正义等方面却具有一致性。其后柏拉图显著地接引了奥古斯丁、笛卡儿和康德，进而接引了韦伯、卡西尔和罗尔斯等；亚里士多德显著接引了阿奎那和黑格尔，进而接引了马克思、格林、克罗齐和泰勒等。

对于由文明之源衍生出的差异性的多元进路，侯外庐和萧萐父以及卡西尔和伯林等都在断代史研究中找到了时代精神的统一性，冯友兰和文德尔班等更从整体性上明确了历史进步的统一性。冯友兰先生讲："历史是进步的"，"欲看中国哲学进步之迹，我们第一须将各时代之材料，归之于各时代；以某人之说话，归之于某人。如此则各哲学家之哲学真面目可见，而中国哲学之进步亦显然矣"。① 文德尔班也曾讲："哲学史是一个发展过程，在这个过程中欧洲人用科学的概念具体表现了他们对宇宙的观点和对人生的判断。"② 就此而言，肯定启蒙接引资源和被接引资源的多样性也同时就肯定了其统一性，进而肯定了多元思想整合的可能性。虽然后现代主义针对现代性的个体主义和宰制方式等问题用多样性解构统一性是合理的，但用家族相似和不可通约否定统一性又不合乎逻辑与历史。正如在格里芬等的《后现代科学》和《后现代性精神》与王治河和樊美筠的《第二次启蒙》等文献中显示的那样，后现代性正是对现代性的自由、民

---

① 冯友兰：《中国哲学史》上卷，生活·读书·新知三联书店 2009 年版，第18—19页。

② ［德］文德尔班：《哲学史教程·绪论》上卷，罗达仁译，商务印书馆 1987 年版，第18页。

主、科学、平等和博爱等启蒙观念在深度广度上的推进。

　　承认接引资源的多样性，还必须肯定接引主体或启蒙主体具有多元性和交互性。这是因为每个时代、每个国家和每个人受时代因素、个体经验和文化背景等多方面影响，对本土或外来的文化有不同的掇取和利用，在独立思考且与同时代的他者进行思想交锋中影响当下和后世，使接引主体或启蒙主体呈现出多样性和交互性的特征。这种接引主体或启蒙主体突出表现为一些国家的政治家和思想家等社会精英，这是绝大多数的启蒙学术研究抑或从事哲学史、思想史、观念史或精神史研究的成果展现出来的倾向，尽管他们的启蒙属性和程度有所不同。另一种倾向是凸显西方的民族主义或国家主义，典型代表是黑格尔。在他的观念中，最启蒙的民族国家无疑最有理性和智慧，他者因不是最启蒙的民族国家就缺少了理性和智慧。

　　上述两种借助于抽象方式形成的强调个体的历史观念，存在着一个重大缺陷或者隐患，会造成话语霸权和对他者的宰制，林鸿信的《谁启蒙谁》和韩水法的《启蒙的主体》等都指出了其中的问题。从推进历史进步的主体上看，马克思恩格斯在他们的《共产党宣言》中发现了全世界无产者，达恩顿在《启蒙运动的生意》和《催眠术与法国启蒙运动的终结》中发现了出版商和科普工作者，舒衡哲在《中国启蒙运动》中发现了学生，丹尼尔·罗什在《启蒙运动中的法国》中发现了农民、商人、军人、教师和牧师等以及社团、沙隆和交谈等的作用，这样就把那些潜隐着的启蒙主体发掘了出来。事实上，启蒙的主体仍可以拓展，比如妇女和环保工作者等，这是女权主义者和生态主义者等的呈现。这也正是康德提倡大众启蒙①，马克思主张历史活动是群众的事业②具有的重要意义。

　　从国家层面看，民族文化的高傲和过度自信制造了宰制和霸权，导致对他者文化的漠视和拒斥。黑格尔曾发现东方和阿拉伯世界，但局限在了古代和中古世纪。彼得·赖尔和艾伦·威尔逊发现了更多的启蒙国家，但局限在了西方世界。侯外庐、何干之和萧萐父以及郑匡民等对中国和日本的发现，无疑是在启蒙主体问题上对西方中心主义的解构，尽管他们的解构因未向更早的本国历史进行追溯而且所述思想家受到西学影响而显得不

---

① ［德］康德：《历史理性批判文集》，何兆武译，商务印书馆1990年版，第24页。

② 《马克思恩格斯全集》第2卷，人民出版社1957年版，第104页。

够彻底。由此我们能够发现哈贝马斯讲"自由和平等"的对话①，马克思恩格斯讲"各民族的各方面的相互往来和各方面的相互依赖"②，具有的重要意义。为了避免霸权主义、宰制主义和蒙昧主义，我们有必要在尊重各国历史和文化差异的基础上，继续重申和推进启蒙，在对话交流中使科学和民主等理性之光普照世界各地。

4. 明确启蒙与现代性的关系

早期启蒙论者运用"文艺复兴"类比明清学者的思想启蒙，意义在于寻求中西启蒙的一般规律。但中国学者用文艺复兴类比多个时代，并遭受到钱穆和余英时的质疑，说明必须从根本上界定何谓启蒙，并明确启蒙与现代性的关系。在中国学界，最早界定"启蒙"的或许要数何干之。他讲："启蒙二字，从它的字义来说，是开明的意思；也即是打破欺蒙、扫除蒙蔽、廓清蒙昧。更浅显一点来说，就是解放人们头脑的束缚，教他们耳聪目明，教他们了解为什么，了解怎样做。"③ 何干之的定义指出了启蒙的本义是扫除蒙蔽，明确了启蒙的目标是人的解放。但他却由此启蒙的一般走向了启蒙的特殊，他认为奴隶社会或封建社会从来听不到有所谓启蒙和启蒙运动，启蒙运动是资本主义兴起以后的产物，亦即洋务运动开始以后的产物，这就以启蒙的名义割裂了传统与现代的联系。

尔后定义启蒙的便是萧萐父，"思想启蒙、文艺复兴之类的词，可以泛用；但纳入马克思主义的历史科学，应有其特定的含义。狭义地说，14世纪以来地中海沿岸某些城市最早滋生的资本主义萌芽的顺利发展，以及由于十字军东征，关于古希腊罗马文献手稿和艺术珍品的大批发现，促成了意大利等地出现空前的文艺繁荣。好像是古代的复活，实际是近代的思想先驱借助于古代亡灵来赞美新的斗争，为冲决神学网罗而掀起人文主义思潮。'在惊讶的西方面前展示了一个新世界'，使得'中世纪的幽灵消逝了'。正是在这个意义上，文艺复兴又被广义地理解为反映资本主义萌芽发展、反对中世纪蒙昧主义的思想启蒙运动。"④ 萧萐父先生虽在传统与现代之间建立了联系，但他的广义理解并未包括资本主义之前和之后，

---

① ［德］哈贝马斯：《对话伦理学与真理的问题》，沈清楷译，中国人民大学出版社2005年版，第10页。

② 《马克思恩格斯选集》第1卷，人民出版社1995年版，第276页。

③ 何干之：《近代中国启蒙运动史》，生活书店1947年版，第1页。

④ 萧萐父：《吹沙集》，巴蜀书社1991年版，第10页。

他用类比推理谋求的启蒙一般还不具备整体的历史视域。

西方学者界定启蒙始于康德。在《回答这个问题：什么是启蒙》这篇文献中，他提出启蒙就是人类脱离自己加之于自己的不成熟状态，启蒙的口号是要有勇气运用自己的理智。① 康德从主体、目的、手段和过程等方面界定了启蒙。他明确的启蒙主体是人类，包括学者、政治家和公众；他明确的启蒙目的是人的自由和社会进步，明确的启蒙手段是科学和民主，明确的启蒙过程是永远的和代际的。他讲："必须永远要有公开运用自己理性的自由，并且惟有它才能带来人类的启蒙"，"一个时代绝不能使自己负有义务并从而发誓，要把后来的时代置之于一种绝没有可能扩大自己的（尤其是十分迫切的）认识、清除错误以及一般地在启蒙中继续进步的状态之中"。② 在《世界公民观点下的普遍历史观念》一文中他坚持了这种代际的和永远的启蒙过程观念，并以人类或世界公民的视野考察启蒙的进步，这样就形成了整体的启蒙时代观念，将他处的时代仅仅看作是启蒙持续进步的一个环节。康德将这个环节称为腓德烈的时代，这为黑格尔在启蒙问题上宣扬国家主义或民族主义埋下了伏笔。

黑格尔认为启蒙就是认识理性法则的合法性，或者说精神意识到它自己的自由。③ 在《历史哲学》中，他也用世界历史的视域谈论人类精神的发展问题。他虽然使用"光明"讲述文明从东方经阿拉伯世界向西方的传播，但却以"现代"和"启蒙运动"的名义仅仅谈及马丁·路德的宗教改革对于精神意识到它自己的自由的重要意义，笛卡儿至法国大革命时期法国启蒙思想向德国的传播，腓德烈二世对于德国启蒙运动的重要作用。这样就把启蒙与现代性等同起来，将启蒙限定在了一个狭小的历史领域，形成了一种具有强烈民族主义色彩的启蒙时代观念。

在康德发表《回答这个问题：什么是启蒙》200年后，后现代主义者福柯又发表了《何为启蒙》。为解构黑格尔式的现代性启蒙时代观念并继续推进启蒙，福柯采用了尼采的系谱学方法，利用光谱色差的原理继续探讨启蒙的含义以及与时代的关系。他将启蒙定义为"批判的态度"，并指出启蒙并没有使我们变成成年，而且我们现在仍未成年，批判工作是一种

① ［德］康德：《历史理性批判文集》，何兆武译，商务印书馆1990年版，第23页。
② 同上书，第25、28页。
③ ［德］黑格尔：《历史哲学》，王造时译，上海书店出版社2006年版，第412页。

赋予对自由的渴望以形式的耐心的劳作。① 福柯发现了他者，并指明了启蒙有待继续。但他的批判工作强化了文化的断裂关系而削弱了联结关系，这种断裂关系在库恩的《科学革命的结构》中以科学范式革命的名义同样地显现出来。

侯外庐和萧萐父等早期启蒙论者对于启蒙与时代关系的理解，无疑受到了黑格尔历史哲学的影响。然而无论我们把启蒙理解为光源隐喻、理性抑或人与世界的发现，都应当从雅斯贝尔斯所谓的轴心时代乃至更早的历史时期算起。因此我们有必要将启蒙与启蒙运动区分开来，赋予启蒙以一般的意义，赋予启蒙运动以西方的 18 世纪、日本的明治维新和中国的五四运动时期等的特殊理解。至于如何从一般意义上界定启蒙，康德用不成熟的隐喻定义启蒙，并不比黑格尔所谓的新思想和新观念更为合理，也不比余英时所谓的新文化更能准确地表达意义；福柯把启蒙定义为批判心态，强化的文化断裂关系并不比黑格尔所谓的扬弃更为合理，也不容易正确处理启蒙主义与保守主义和浪漫主义的关系。

为此我们不妨将启蒙理解为，为追求人类解放和社会进步而扬弃旧文化和创造新文化的流动性过程。由此观念出发审视启蒙与时代的关系，我们仍有必要回到康德，将现代性的启蒙作为整体启蒙的一个阶段，毕竟人类的不成熟和摆脱不成熟是与生俱来并需要持续推进的。这也是《易经》以未济而终、姜义华讲"现代性的中国重撰是一个至今仍在持续之中，将来还将继续相当长时段的历史过程"② 以及波德莱尔讲"现代性就是过渡、短暂、偶然，就是艺术的一半，另一半是永恒和不变"③、哈贝马斯讲"现代性是一项未完成的设计"④ 等揭示的道理。就此而言，黑格尔的历史终结论式的启蒙时代观念是不符合历史发展规律的，他通过论证德国文化集他者文化于一身且高于他者文化，而试图确立的国家主义或民族主义的启蒙理性观念也是需要解构的。

经历过两次世界大战和冷战对峙等的洗礼，我们已能发现包括福柯、德里达、罗蒂以及生态主义者等在内的学者解构现代性启蒙叙事，以去中

---

① ［法］福柯：《何为启蒙》，顾嘉琛译，载杜小真选编《福柯集》，上海远东出版社 1998 年版，第 533、542—543 页。

② 姜义华：《现代性：中国重撰·序言》，北京师范大学出版社 2008 年版，第 4 页。

③ ［法］波德莱尔：《现代生活的画家》，郭宏安译，浙江文艺出版社 2007 年版，第 32 页。

④ ［德］哈贝马斯：《现代性的哲学话语》，曹卫东等译，译林出版社 2004 年版，第 1 页。

心或多中心方式继续推进启蒙事业的合理性，使现代性呈现出流动性和原有的多样性。但继续推进启蒙无疑不能以批判的名义将传统与现代以及自我与他者的文化割裂开来，毕竟人类文明的灿烂千阳以及世界历史的形成原非一国一时代的文化之力，乃是各国各时代的多元文化相互碰撞和相互交融的结果，文化的创新需要以前期文化作为前见和根基，需要我们拥有开放的文化心态并采用融合的历史视域。因此要继续推进启蒙，继续推动人类社会的发展，就必须在结合各国实际的基础上，尊重各国各时代启蒙思想的差异，将所有启蒙的伟大成就整合起来进行综合创新。而整合的力量就在于马克思和恩格斯设定的价值目标，即人类的解放和每个人自由而全面的发展。这是胡建在《启蒙的价值目标与人类解放》、卢风在《启蒙之后》、姜义华在《现代性：中国重撰》中虽未使用整合的概念，但已从中西方两个维度重申的命题，其合理性依据就在于这一价值目标符合启蒙不断演进的总体趋势和发展规律。

## 四　结束语

综上可见，启蒙时代是人类在蒙昧中摆脱蒙昧的时代，在危机中寻找出路的时代，在思想僵化中进行文化创新的时代。它从时间上来说是短暂的和永恒的，从空间上来说是民族的和世界的，从人物上来说是精英的和大众的，从精神上来说是人文的和理性的。由此观念出发，再度审视侯外庐和萧萐父等的早期启蒙说，它虽揭示了明清启蒙的上述某些特征，但也存在整体性、流动性和开放性不足等问题。为此我们需要从历史唯物主义的观念出发，以追求人与社会的发展为目标，确立整体性的启蒙时代观念，肯定启蒙思想是在历史上持续进步又在当下全面展开并向未来不断敞开，肯定各国各时代的启蒙思想是独立发展又彼此互动并进行综合创新，肯定各国各时代的启蒙思想具有差异但又能寻找统一性并进行多元整合。历史不会终结，启蒙和启蒙学术研究也不会终结，它们必将随着人类对启蒙价值目标的不断重申、调整和追求持续向前推进。